dtv

Eine junge Frau von heute begegnet auf phantastische Weise einem mittelalterlichen Minnesänger, was ihr Leben völlig verändert. Ein zauberisch begabter Kater trifft in einer geheimnisvollen Welt auf Alice aus der berühmten Geschichte von Lewis Carroll, der Ritter Morholt und die Dienerin Branwen aus dem Mythos um Tristan und Isolde erscheinen in einer ganz anderen Rolle als in der bekannten Version. Vergangenheit, Gegenwart und Zukunft werden in diesen acht Erzählungen brillant verknüpft, Fantasy, Science-Fiction und Horror bunt gemischt. Und die Fans des Hexers Geralt aus Sapkowskis berühmtem Zyklus erfahren hier, wie seine Eltern sich kennengelernt haben – und dass es einen alternativen Schluss für den gesamten Romanzyklus gibt …

Andrzej Sapkowski, geboren 1948, ist Wirtschaftswissenschaftler, Literaturkritiker und Schriftsteller. Er lebt in Łódź. Sein Fantasy-Zyklus um den Hexer Geralt erreicht weltweit ein Millionenpublikum. Die komplette Hexer-Saga sowie Sapkowskis historische Trilogie um den schlesischen Medicus Reinmar von Bielau sind bei dtv lieferbar.

Andrzej Sapkowski

Etwas endet, etwas beginnt

Erzählungen

Aus dem Polnischen
von Erik Simon

Deutscher Taschenbuch Verlag

Ausführliche Informationen über unsere Autoren und Bücher finden Sie auf unserer Website
www.dtv.de

MIX
Papier aus verantwortungsvollen Quellen
FSC® C019821
FSC www.fsc.org

Deutsche Erstausgabe 2012
Deutscher Taschenbuch Verlag GmbH & Co. KG, München

Titel der polnischen Originalausgabe:
›Coś się kończy, coś się zaczyna‹
Niezależna Oficyna Wydawnicza
(NOWA sp. z o.o., Warschau)
Zusätzlich in den Band aufgenommen wurde
die Erzählung ›Maladie‹, © 1992 Andrzej Sapkowski

(weitere Quellenhinweise siehe S. 429)
Umschlagkonzept: Balk & Brumshagen
Umschlagbild: Darren Winter
Satz: Fotosatz Amann, Aichstetten
Gesetzt aus der Garamond 10,5/12,75
Druck und Bindung: Druckerei C. H. Beck, Nördlingen
Gedruckt auf säurefreiem, chlorfrei gebleichtem Papier
Printed in Germany · ISBN 978-3-423-21353-0

Inhalt

»Der Weg, von dem niemand zurückkehrt«,

die zweite Erzählung, die ich geschrieben habe, erschien 1988 in der Augustnummer der Zeitschrift Fantastyka, *also ein Jahr und neun Monate nach meinem Debüt »Der Hexer«, das im Dezember 1986 ebenfalls in der* Fantastyka *gedruckt worden war. Sie – also die verehrten Damen und Herren Leser – müssen indes erfahren, dass ich mich damals seit etlichen Jahren bemühte, einen Fantasy-Roman zu schreiben, dass ich eifrig verschiedene Fragmente dafür dichtete, Situationen entwarf, Helden, Szenarien usw. Und da ereigneten sich gleich zwei wichtige Umstände. Der erste war die unerwartet gute Aufnahme des »Hexers« durch die Leser und Fans.*

Zweitens machte ich mir bewusst, dass ich zwar vielleicht Erzählungen in der Fantastyka *veröffentlichen konnte, dass aber kein Verleger einen Roman eines in diesem Genre debütierenden polnischen Autors annehmen würde. Ich musste also nüchtern und realistisch denken. Als daher die* Fantastyka *auf den jungen, aber vielversprechenden Debütanten ein wenig Druck ausübte, indem sie den jungen, aber vielversprechenden Debütanten instän-*

dig um eine zweite Erzählung bat, dachte der junge und vielversprechende Debütant nüchtern und realistisch nach, worauf er, ohne sich lange zu zieren, ohne eine Spur von Bedauern die Fragmente des geplanten Romans auf den Umfang einer Erzählung zurechtstutzte. Und so entstand »Der Weg …«.

Die Erzählung war ursprünglich in keiner Weise mit dem Zyklus vom Hexer Geralt verknüpft und sollte es auch nicht sein, und zwar aus dem einfachen Grunde, dass ich damals an einen solchen Zyklus noch gar nicht dachte. Nicht in meinen kühnsten Träumen! Später, als der Zyklus allmählich entstand, sind mir Übereinstimmungen bei Namen und Begriffen unterlaufen, die vermuten lassen, es handle sich um dasselbe Never-Never-Land. *Aber ich habe es weiterhin vermieden, völlig eindeutige Verknüpfungen herzustellen – der beste Beweis dafür ist, dass Murmelmenschen und Krahlinge – Humanoide, die im »Weg« auftauchen – im Hexer-Zyklus überhaupt nicht vorkommen, sie werden so gut wie nie erwähnt.*

Auf den Gedanken, dass die Druidin Visenna aus dem »Weg« die Mutter des Hexers Geralt ist, kam ich verhältnismäßig spät. Dieses Detail sollte eine Wendung in Fabel und Handlung von »Etwas mehr« bringen – der Erzählung, die den Episodenroman Das Schwert der Vorsehung *abschließt und die bislang zwölf Erzählungen über den Hexer miteinander verklammert. Die Fabel erforderte dieses Element in der Biographie des Hexers, das gewisse Dinge erklärt, und außerdem – ich gestehe es offen und ohne falsche Reue – tat es mir um den schönen Namen Visenna leid. Welchselbigen Namen ich eingestandenermaßen ebenso wie viele andere in der* Altpolnischen Enzyklopädie *von Zygmunt Gloger ausgegraben habe. Visenna kehrte also in den Zyklus zurück, indem sie zu Geralts Mutter wurde: ein wenig eine Rabenmutter, aber trotzdem sympathisch, die im Leben des Hexers genau in dem Moment auftaucht, da sie gebraucht wird. Und die ihm – im übertragenen wie im wörtlichen Sinne – zum zweiten Mal das Leben schenkt.*

Dem anderen Protagonisten des »Wegs«, Korin, ist eine Rückkehr nicht vergönnt gewesen. Der Name ist ziemlich landläufig – und ich schwöre, dass ich ihn mir selbst ausgedacht habe, ohne auf C. S. Lewis zurückzugreifen; der Korin in Der Ritt nach Narnia *fiel mir erst post factum ein, ich gestehe, dass mir »Narnia« zu kindlich war, als dass ich mir die Bücher öfters vorgenommen und mir die Namen der Helden gemerkt hätte. Doch für die Fabel, die laut nach einer Mutter des Hexers verlangte, war der Vater das sprichwörtliche fünfte Rad am Wagen. Der Stammbaum des Hexers auf der Schwertseite brachte nichts ein und führte nirgendwo hin. Daher kam nicht ich auf den Gedanken, dass just Korin der Vater des Hexers sei, sondern Maciej Parowski von der* Fantastyka, *dem dieses Konzept blendend zupass kam, um die über viele Hefte laufende Comic-Serie über den Hexer zu eröffnen. Maciej Parowski, der Konzept und Szenarium dieses Comics entworfen hat, mochte den »Weg«, wie er wiederholt gesagt hat; er hat diese Erzählung auch 1992 in die Anthologie polnischer SF und Fantasy* Immer größere Fliegen *aufgenommen. Also wurde Korin, der Held des »Wegs«, im Comic zum Vater des Hexers. In seinem Szenarium gab Maciej Parowski Korin jedoch keine Gelegenheit, sich seines Nachkommen zu erfreuen. Er übertrieb die Perfidie des adaptierten Autors noch ein wenig und machte Korin am Morgen nach einer leidenschaftlichen und berauschenden Liebesnacht mit Visenna den Garaus. Wer übrigens wissen möchte, wie das damals genau in dem Comic war, wird selbst nachschauen müssen, indem er sich die mittlerweile selten gewordenen Hefte bei einem Sammler besorgt.*

Denjenigen, die das tatsächlich tun werden, muss ich noch etwas erklären. Auf den Gedanken mit dem Krahling, einem Humanoiden mit großen roten Augen, hat mich das Titelbild eines SF-Buches gebracht, das ich in einer Berliner Buchhandlung gesehen habe – dort kam just so ein groß- und rotäugiger Außerirdischer vor. An den Titel des Buches erinnere ich mich nicht, es stammte aber zweifellos aus dem Heyne Verlag, der für die kunst- und geschmackvolle Gestaltung seiner Titelbilder berühmt war. In dem besagten Comic hat der Zeichner, Bogusław Polch, den Krahlingen außer meinen roten Augen auch noch reptilhafte Gestalt und Physiognomie verpasst, sogar grüne Schuppen. Das ist jedoch seine eigene dichterische Freiheit als Zeichner.

Zum Abschluss noch eines: Als der »Weg« in der Fantastyka *erschien, erlaubte sich der hier schon vielfach erwähnte Maciej Parowski gewisse redaktionelle Korrekturen, ohne diese mit dem Autor abzusprechen – wer sollte mit einem Debütanten schon große Umstände machen. Dem Radiergummi des Redakteurs fielen vor allem Wendungen zum Opfer, die in Fantasy nicht benutzt werden dürfen, denn »damals wurde nicht so gesprochen«. Beim Durchlesen der in der* Fantastyka *abgedruckten Erzählung bemerkte ich also mit einiger Verwunderung, dass aus »Arroganz« »Hochmut« geworden war, aus »Intelligenz« »Klugheit« usw. Da ich entschieden für die Theorie eintrete, dass Fantasy in keinem »Damals« spielt und dass sowohl eine altertümelnde wie auch eine besonders stilisierte Sprache verfehlt sind, habe ich aus der Version, die Sie sogleich lesen werden, Parowskis Korrekturen eliminiert und bin zu meinem ursprünglichen Typoskript zurückgekehrt. Sie haben also eine Version vor sich, die die Angelsachsen als* unabridged *bezeichnen. Ich überlasse es Ihrem Urteil, ob der Text dadurch gewonnen oder verloren hat.*

Der Weg, von dem niemand zurückkehrt

I

Der Vogel mit dem bunten Gefieder, der auf Visennas Schulter saß, begann zu schreien, flatterte mit den Flügeln, stieg schwirrend auf und glitt ins Gebüsch. Visenna zügelte das Pferd, lauschte einen Moment lang, dann ritt sie vorsichtig den Waldweg entlang.

Der Mann schien zu schlafen. Er saß mit dem Rücken an den Pfahl gelehnt, der mitten auf einer Wegkreuzung stand. Näher herangekommen, sah Visenna, dass seine Augen offen waren. Schon vorher hatte sie bemerkt, dass er verwundet war. Der provisorische Verband, der die linke Schulter und den Oberarm bedeckte, war von Blut durchtränkt, das sich noch nicht schwarz gefärbt hatte.

»Grüß dich, junger Mann«, ließ sich der Verwundete vernehmen und spuckte einen langen Grashalm aus. »Wohin reitest du, wenn man fragen darf?«

Visenna gefiel dieses »junger Mann« nicht. Sie warf die Kapuze zurück.

»Fragen darf man«, erwiderte sie, »aber man sollte seine Neugier begründen.«

»Verzeiht, Dame«, sagte der Mann und kniff die Augen zusammen. »Ihr tragt Männerkleidung. Und was die Neugier betrifft, so ist sie begründet, und wie! Das ist ein ungewöhnlicher Kreuzweg. Mir ist hier ein interessantes Abenteuer widerfahren …«

»Ich sehe«, fiel ihm Visenna ins Wort und betrachtete die reglose, unnatürlich gekrümmte Gestalt, die halb im Gebüsch verborgen lag, höchstens zehn Schritt von dem Pfahl entfernt.

Der Mann schaute in dieselbe Richtung. Dann trafen sich ihre Blicke. Visenna tat so, als streife sie sich die Haare zurück, und berührte das Diadem, das unter dem Stirnband aus Schlangenhaut verborgen war.

»Ach ja«, sagte der Verwundete ruhig. »Dort liegt eine Leiche. Ihr habt einen raschen Blick. Sicherlich haltet Ihr mich für einen Räuber. Habe ich recht?«

»Hast du nicht«, sagte Visenna, ohne die Hand von dem Diadem zu nehmen.

»Ach …«, stöhnte der Mann. »Ja. Na …«

»Deine Wunde blutet.«

»Die meisten Wunden haben diese sonderbare Eigenschaft.« Der Verwundete lächelte. Er hatte hübsche Zähne.

»Unter einem Verband, der nur mit einer Hand angelegt worden ist, wird sie lange bluten.«

»Würdet Ihr mich wohl mit Eurer Hilfe beehren?«

Visenna sprang vom Pferd, zog dabei mit dem Absatz eine Spur in den weichen Boden.

»Ich heiße Visenna«, sagte sie. »Ich pflege niemanden zu beehren. Außerdem kann ich es nicht leiden, wenn mich jemand in der Mehrzahl anspricht. Mit deiner Wunde werde ich mich befassen. Kannst du aufstehen?«

»Ja. Muss ich denn?«

»Nein.«

»Visenna«, sagte der Mann, während er sich leicht streckte, um ihr das Abwickeln des Stoffes zu erleichtern. »Ein hübscher Name. Hat dir schon jemand gesagt, Visenna, dass du schöne Haare hast? Das nennt man kupferfarben, nicht wahr?«

»Nein. Rotblond.«

»Aha. Wenn du fertig bist, werde ich dir einen Strauß Lupinen schenken, da, die dort im Graben wachsen. Und während der Operation werde ich dir erzählen, einfach nur so zum Zeitvertreib, was mir widerfahren ist. Ich bin, weißt du, denselben Weg wie du gekommen. Ich sehe, da steht am Kreuzweg ein Pfahl. Ja, der hier. An dem Pfahl ist ein Brett befestigt. Das tut weh.«

»Die meisten Wunden haben diese sonderbare Eigenschaft.« Visenna riss die letzte Schicht Stoff ab, ohne besonders behutsam zu sein.

»Stimmt, hatte ich vergessen. Wo war ich … Ach ja. Ich komme heran, sehe, was auf dem Brett steht. Schrecklich ungelenk, ich kannte mal einen Bogenschützen, der konnte hübschere Buchstaben in den Schnee pinkeln. Ich lese … Und was soll das sein, mein Fräulein? Was ist das für ein Stein? Oh, verdammt. Das hatte ich nicht erwartet.«

Visenna strich mit dem Hämatiten langsam über die Wunde. Die Blutung hörte sofort auf. Sie schloss die Augen und umfasste den Arm des Mannes mit beiden Händen, drückte die Wundränder kräftig zusammen. Sie ließ los – das Gewebe war zusammengewachsen, nur eine gezackte scharlachrote Linie war geblieben.

Der Mann schwieg und schaute aufmerksam hin. Schließlich hob er vorsichtig den Arm, streckte ihn, rieb über die Narbe, schüttelte den Kopf. Er zog den blutigen Hemdstreifen und das Wams zurecht, stand auf, hob vom Boden den Gürtel mit dem Schwert, der Geldkatze und der Feldflasche auf. Die Gürtelschnalle hatte die Form eines Drachenkopfes.

»Ja, das nennt man Glück haben«, sagte er, ohne den

Blick von Visenna zu wenden. »Ich habe eine Heilerin getroffen, mitten in der Wildnis, am Zusammenfluss von Ina und Jaruga, wo man für gewöhnlich eher einen Werwolf trifft oder, noch schlimmer, einen betrunkenen Holzfäller. Was ist mit der Bezahlung für die Heilung? Im Moment bin ich knapp bei Kasse. Wird ein Strauß Lupinen ausreichen?«

Visenna ignorierte die Frage. Sie trat näher an den Pfahl, hob den Kopf – das Brett war in Augenhöhe eines Mannes angenagelt.

»›Du, der du von Westen kommst‹«, las sie laut. »›Gehst du nach links, kehrst du zurück. Gehst du nach rechts, kehrst du zurück. Gehst du geradeaus, kehrst du nicht zurück.‹ Unsinn.«

»Genau das habe ich auch gedacht«, sagte der Mann, während er sich Tannennadeln von den Hosenbeinen klopfte. »Ich kenne diese Gegend. Geradeaus, also nach Osten, kommt man zum Klamat-Pass, auf den Händlerweg. Warum sollte man von dort nicht zurückkehren können? So hübsche Mädchen, die heiraten wollen? Billiger Schnaps? Eine freie Stelle als Bürgermeister?«

»Du schweifst ab, Korin.«

Der Mann sperrte aufs Höchste erstaunt den Mund auf. »Woher weißt du, dass ich Korin heiße?«

»Du hast es selber eben erst gesagt. Erzähl weiter.«

»Ja?« Der Mann musterte sie misstrauisch. »Wirklich? Na, kann sein … Wo war ich stehengeblieben? Aha. Ich lese also und frage mich, was für ein Trottel sich diese Aufschrift ausgedacht hat. Plötzlich höre ich hinterm Rücken jemanden plappern und murmeln. Ich blicke zurück und sehe ein altes Mütterchen, grauhaarig, krumm, mit einem Stock, klar doch. Ich frage höflich, was sie hat. Sie murmelt: ›Hunger hab ich, liebes Ritterchen, hab seit dem Morgen nichts zu beißen gekriegt.‹ Ich denk, also hat die

Oma mindestens noch einen Zahn. Ich bin mächtig gerührt, also nehme ich aus dem Knappsack ein Stück Brot und die Hälfte von der geräucherten Brasse, die ich von Fischern an der Jaruga bekommen habe, und gebe beides der Alten. Die setzt sich hin, kaut vor sich hin, krächzt, spuckt Gräten aus. Ich schaue mir weiter diesen seltsamen Wegweiser an. Plötzlich lässt sich die Alte hören: ›Bist 'n guter Kerl, Ritterchen, hast mich gerettet, sollst 'ne Belohnung kriegen.‹ Ich wollte ihr Bescheid geben, wo sie sich ihre Belohnung hinstecken kann, aber da sagt die Oma: ›Komm näher, ich hab dir was ins Ohr zu flüstern, ein wichtiges Geheimnis, wie du viele gute Leute vor dem Unheil bewahren, Ruhm und Reichtum erlangen kannst.‹«

Visenna seufzte, setzte sich neben den Verwundeten. Er gefiel ihr, groß, blond, mit schmalem Gesicht und ausgeprägtem Kinn. Er stank nicht wie die meisten Männer, denen sie begegnet war. Sie verscheuchte den aufdringlichen Gedanken, dass sie sich schon zu lange allein in Wäldern und auf Landstraßen herumtreibe.

Korin fuhr in seiner Erzählung fort: »Ha, dachte ich mir, da hat sich eine klassische Gelegenheit ergeben. Wenn die Oma keine Sklerose hat und noch alle Tassen im Schrank, dann ist das vielleicht wirklich von Nutzen für einen armen Krieger. Ich beuge mich herab, recke das Ohr hin wie der letzte Idiot. Und wenn meine Reflexe nicht funktioniert hätten, hätte es mich direkt in die Gurgel getroffen. Ich sprang zurück, das Blut sprudelte mir aus dem Arm wie aus einer Schlossfontäne, die Alte aber fuchtelt mit dem Messer, heult, prustet und spuckt. Ich dachte immer noch nicht, dass die Sache ernst ist. Ich ging auf Tuchfühlung, um ihr den Vorteil zu nehmen, und merke, das ist überhaupt kein altes Weib. Brüste, fest wie Feuerstein ...«

Korin schielte zu Visenna herüber, um festzustellen, ob sie rot geworden war. Visenna hörte mit einem höflichinteressierten Gesichtsausdruck zu.

»Wo war ich … Aha. Ich dachte, ich werfe sie um und entwaffne sie, aber von wegen. Stark wie ein Luchs. Ich merke, dass mir gleich ihre Hand mit dem Messer aus dem Griff rutschen wird. Was sollte ich machen? Ich habe sie fortgestoßen, das Schwert raus … Sie ist selber hineingelaufen.«

Visenna saß schweigend da, die Hand an der Stirn, als rücke sie in Gedanken versunken das Stirnband aus Schlangenhaut zurecht.

»Visenna? Ich sag's, wie es war. Ich weiß, dass das eine Frau war, und komme mir dumm vor, aber ich will krepieren, wenn das eine normale Frau war. Gleich nachdem sie gefallen war, verwandelte sie sich. Sie wurde jünger.«

»Eine Illusion«, sagte Visenna nachdenklich.

»Was?«

»Nichts.« Visenna stand auf, ging zu der Leiche, die im Farngestrüpp lag.

»Schau nur.« Korin trat neben sie. »Ein Weib wie eine Statue an der Schlossfontäne. Aber sie war krumm und runzlig wie der Hintern einer hundertjährigen Kuh. Dass doch …«

»Korin«, unterbrach ihn Visenna. »Hast du starke Nerven?«

»Hä? Was haben denn meine Nerven damit zu tun? Aber wenn es dich interessiert – ich kann nicht klagen.«

Visenna nahm das Stirnband ab. Der Edelstein in dem Diadem erstrahlte in milchigem Lichtschein. Sie stellte sich vor die Leiche, streckte die Hände aus, schloss die Augen. Korin schaute mit halboffenem Munde zu. Visenna neigte den Kopf, flüsterte etwas, was er nicht verstand.

»Grealghane!«, rief sie plötzlich.

Das Farnkraut bewegte sich heftig. Korin sprang zurück, zog das Schwert, erstarrte in Verteidigungsposition. Die Leiche begann zu zucken.

»Grealghane! Sprich!«

»Aaaaaaa!«, ertönte vom Farnkraut her ein anschwellendes heiseres Brüllen. Die Leiche krümmte sich, levitierte beinahe, wobei sie mit Rücken und Hinterkopf den Boden berührte. Das Brüllen klang ab, begann sich aufzulösen, ging in ein kehliges Stammeln über, in abgehackte Seufzer und Schreie, die allmählich an Tonfülle gewannen, aber absolut unverständlich waren. Korin spürte auf dem Rücken ein kaltes Rinnsal von Schweiß, das ihn irritierte wie eine kriechende Raupe. Er ballte die Fäuste, um das Kribbeln in den Händen zu unterdrücken, und kämpfte mit ganzer Kraft gegen den übermächtigen Drang an, in die Tiefe des Waldes zu fliehen.

»Oggg ... nnnn ... nngammmmm«, stammelte die Leiche, während sie mit den Fingernägeln den Boden aufkratzte und aus dem Mund blutige Blasen hervorstieß, die auf den Lippen platzten. »Nam ... eeeggg ...«

»Sprich!«

Aus den ausgestreckten Händen Visennas sickerte ein trüber Strom von Licht, in dem der Staub wirbelte und sich zusammenballte. Aus dem Farnkraut schossen trockene Blättchen und Halme empor. Der Leichnam verschluckte sich, begann zu schmatzen und plötzlich zu sprechen. Durchaus verständlich.

»... Kreuzweg sechs Meilen von der Quelle nach Süden. Höchstens. Sch... schickte. Dem Kreis. Einen Burschen. Schla...chchch... Eeen. Befohlen.«

»Wer?!«, schrie Visenna. »Wer hat befohlen? Sprich!«

»Fffff... ggg... genal. Alle Briefe, Blätter, Ringe, Amu...lette.«

»Sprich!«

»...pass. Der Knoch. Ge...nal. Briefe wegnehmen. Per...gamente. Er kommt von Maaaaaa! Eeeeeeee! Naaaaaaa!!!«

Die stammelnde Stimme begann zu vibrieren, in einem entsetzlichen Gebrüll zu zerfließen. Korin hielt es nicht aus, er ließ das Schwert fallen, schloss die Augen und presste die Hände an die Ohren. So blieb er stehen, bis er am Arm eine Berührung spürte. Er zitterte heftig, am ganzen Körper, als hätte ihn jemand in die Genitalien geschlagen.

»Es ist vorbei«, sagte Visenna und wischte sich den Schweiß von der Stirn. »Ich hatte gefragt, wie es mit deinen Nerven steht.«

»Was für ein Tag«, stöhnte Korin. Er hob das Schwert auf, schob es in die Scheide, bemüht, nicht in Richtung des nun schon reglosen Leichnams zu blicken. »Visenna?«

»Ja?«

»Lass uns hier weggehen. Möglichst weit fort von diesem Ort.«

II

Sie ritten zu zweit auf Visennas Pferd einen Waldweg entlang, der zugewachsen und uneben war. Sie vorn, im Sattel, Korin auf der Kruppe, hinter ihr, die Arme um ihre Taille geschlungen. Visenna hatte es sich längst angewöhnt, sich ohne Skrupel an den kleinen Annehmlichkeiten zu erfreuen, die das Schicksal sporadisch bot; also lehnte sie sich zufrieden gegen die Brust des Mannes. Beide schwiegen.

Als Erster rang sich nach fast einer Stunde Korin durch: »Visenna.«

»Was ist?«

»Du bist nicht nur Heilerin. Du bist vom Kreis?«

»Ja.«

»Nach dieser ... Vorführung zu urteilen, eine Meisterin?«

»Ja.«

Korin ließ ihre Taille los und hielt sich am Sattelknauf fest. Visenna kniff wütend die Augen zusammen. Er sah es natürlich nicht.

»Visenna?«

»Was ist?«

»Hast du etwas von dem verstanden, was die ... was das ... gesagt hat?«

»Nicht viel.«

Wieder schwiegen sie. Ein buntgefiederter Vogel, der über ihnen durchs Laub flog, schrie laut.

»Visenna?«

»Korin, tu mir einen Gefallen.«

»Hm?«

»Hör auf zu reden. Ich will nachdenken.«

Der Waldweg führte sie geradezu hinab in eine Schlucht, ins Bett eines flachen Baches, der träge zwischen Steinen und schwarzen Baumstämmen dahinrann. Es roch durchdringend nach Minze und Brennnesseln. Das Pferd glitt hin und wieder auf den Steinen aus, auf denen sich Lehm und Schlick abgesetzt hatten. Um nicht herunterzufallen, fasste Korin wieder Visennas Taille. Er verscheuchte den aufdringlichen Gedanken, dass er sich schon zu lange allein in Wäldern und auf Landstraßen herumtreibe.

III

Die Siedlung war ein typisches Straßendorf, an den Berghang geschmiegt, Hütten von Stroh und Holz, schmutzig, zwischen krumme Zäune geduckt. Als sie näher ritten, begannen Hunde zu kläffen. Visennas Pferd trottete ruhig mitten auf der Straße voran und beachtete die eifrigen Köter nicht, die ihre schaumbedeckten Schnauzen nach seinen Fesseln ausstreckten.

Anfangs sahen sie niemanden. Dann erschienen hinter den Zäunen hervor, von den Pfaden, die zu den Gehöften führten, die Einwohner – sie kamen langsam heran, barfuß und finster dreinblickend. Sie trugen Mistgabeln, Stangen und Dreschflegel. Jemand bückte sich und hob einen Stein auf.

Visenna zügelte das Pferd, hob eine Hand. Korin sah, dass sie darin ein kleines goldenes Messerchen hielt, wie eine Sichel geformt.

»Ich bin Heilerin«, sagte sie deutlich und klangvoll, aber keineswegs laut.

Die Bauern ließen die Waffen sinken, begannen zu murmeln, wechselten Blicke. Es wurden immer mehr. Ein paar von den am nächsten Stehenden nahmen die Mützen ab.

»Wie heißt diese Siedlung?«

»Schlüssel«, erklang es nach kurzem Schweigen aus der Menge.

»Wer ist euer Oberster?«

»Topin, gnädige Herrin. Dort, die Hütte.«

Ehe sie sich in Bewegung setzten, drängte sich durchs Spalier der Landleute eine Frau mit einem Säugling auf dem Arm. »Herrin …«, stöhnte sie und berührte zaghaft Visennas Knie. »Das Töchterchen … Es ist ganz heiß vor Fieber …«

Visenna sprang aus dem Sattel, berührte das Köpfchen des Kindes, schloss die Augen.

»Morgen wird sie gesund sein. Wickle sie nicht so warm ein.«

»Danke, gnädige … Tausend Dank …«

Topin, der Dorfälteste, stand schon auf dem Vorhof und überlegte gerade, was er mit der Mistgabel machen sollte, die er bereithielt. Schließlich schob er damit den Hühnerdreck von der Treppe.

»Verzeiht«, sagte er und stellte die Gabel unters Vordach der Hütte. »Herrin. Und Ihr, gnädiger Herr. Die Zeiten sind so unsicher … Tretet bitte ein. Lasst Euch bewirten.«

Sie gingen hinein.

Topins Frau, zwei sich an ihren Rock klammernde strohblonde Mädchen im Schlepptau, servierte Rührei, Brot und Sauermilch, worauf sie in der Kammer verschwand. Im Unterschied zu Korin aß Visenna wenig, saß missmutig und still da. Topin rollte mit den Augen, kratzte sich an verschiedenen Stellen und redete.

»Die Zeiten sind unsicher. Unsicher. Uns geht es schlecht, gnädige Herrin. Wir halten Wollschafe, die Wolle ist zum Verkauf gedacht, aber jetzt hat's keine Kaufleute, also schlachten wir die Herden, Wollschafe schlachten wir, um was auf dem Tisch zu haben. Früher sind die Kaufleute um Hornstein, um Grünstein in den Amell gezogen, über den Pass, dort sind die Bergwerke. Dort fördern sie den Hornstein. Und wenn die Kaufleute vorbeikamen, haben sie auch Wolle genommen, haben bezahlt, verschiedene Waren dagelassen. Jetzt hat's keine Kaufleute mehr. Nicht einmal Salz hat's; was wir schlachten, müssen wir in drei Tagen aufessen.«

»Die Karawanen machen einen Bogen um euch? Warum?« Visenna berührte ab und zu nachdenklich das Stirnband.

»Sie tun's eben«, knurrte Topin. »Die Straße zum Amell ist zu, auf dem Pass hat sich der verdammte Knoch breitgemacht, lässt keine Menschenseele durch. Wie sollen da Kaufleute kommen? Um zu sterben?«

Korin erstarrte, den Löffel mitten in der Luft.

»Der Knoch? Was ist denn ein Knoch?«

»Ja, woher soll ich das wissen? Der Knoch, heißt es, ist ein Menschenfresser. Auf dem Pass soll er sitzen.«

»Und er lässt keine Karawanen durch?«

Topin schaute sich in der Hütte um. »Manche schon. Seine eigenen, heißt es. Seine eigenen lässt er durch.«

Visenna runzelte die Stirn. »Was heißt: seine eigenen?«

»Eben seine«, murmelte Topin und wurde blass. »Die Leute vom Amell sind noch schlechter dran als wir. Wir können uns wenigstens ein bisschen vom Wald ernähren. Aber die sitzen auf dem nackten Fels und kriegen nur, was ihnen die Leute vom Knoch für den Hornstein verkaufen. Das ist übel, denn die sollen sich alle Waren teuer bezahlen lassen, aber was sollen die vom Amell machen? Den Hornstein können sie ja nicht essen.«

»Was für ›Leute vom Knoch‹? Menschen?«

»Menschen und Krahlinge und noch welche. Schergen sind das, Herrin. In den Amell bringen sie, was sie uns wegnehmen, tauschen es dort gegen Hornstein und Grünstein. Und uns nehmen sie's mit Gewalt weg. In den Dörfern haben sie schon oft geraubt, Mädels vergewaltigt, und wenn einer Widerstand geleistet hat, haben sie gemordet und gebrannt. Schergen. Die vom Knoch.«

»Wie viele sind es?«

»Wer soll die denn zählen, gnädiger Herr. Da verteidigen sich die Dörfer, halten zusammen. Und was nützt's, wenn sie uns nachts überfallen, Feuer legen? Da gibt man lieber gleich, was sie verlangen. Denn sie sagen ...« Topin wurde noch blasser, begann am ganzen Körper zu zittern.

»Was sagen sie, Topin?«

»Sie sagen, dass der Knoch, wenn er böse wird, vom Pass herunterkommt, zu uns in die Täler.«

Visenna stand abrupt auf, ihr Gesicht hatte sich verändert. Korin lief ein Schauder über den Rücken.

»Topin«, sagte die Zauberin. »Wo ist hier die nächste Schmiede? Mein Pferd hat unterwegs ein Eisen verloren.«

»Ein Stück hinter dem Dorf, am Wald. Da hat's eine Schmiede und einen Stall.«

»Gut. Geh jetzt und frage, ob jemand krank oder verwundet ist.«

»Habt Dank, gnädige Wohltäterin.«

»Visenna«, sagte Korin, sobald sich die Tür hinter Topin geschlossen hatte. Die Druidin wandte sich um, schaute ihn an.

»Bei deinem Pferd sind alle Hufeisen in Ordnung.«

Visenna schwieg.

»Hornstein ist offensichtlich Jaspis, und Grünstein ist Jadeit, für den die Bergwerke im Amell berühmt sind«, fuhr Korin fort. »Und zum Amell kommt man nur durch den Klamat, über den Pass. Der Weg, von dem niemand zurückkehrt. Was hat die Tote am Kreuzweg gesagt? Warum wollte sie mich umbringen?«

Visenna antwortete nicht.

»Du schweigst? Macht nichts. Es beginnt sich auch so alles schön zu klären. Das Weibsbild am Kreuzweg hat auf jemanden gewartet, der vor der dummen Aufschrift stehenbleibt, die es verbietet, weiter nach Osten zu gehen. Das war die erste Probe: ob der Ankömmling lesen kann. Dann vergewissert sich das Weib nochmals: Wer, wenn nicht ein guter Samariter aus dem Druidenkreis, wird heutzutage einer hungrigen Alten helfen? Jeder andere, wette ich, hätte ihr auch noch den Stock weggenommen. Das schlaue Weib forscht weiter, beginnt von armen, unglücklichen Leuten zu reden, die Hilfe brauchen. Der Reisende, statt sie mit einem Fußtritt und einem Schimpfwort zu bedenken, wie es ein gewöhnlicher, durchschnittlicher Bewohner dieser Gegend täte, lauscht gespannt. Ja, denkt das Weib, das ist er. Der Druide, der kommt, um mit der Bande aufzuräumen, die die Gegend unsicher macht. Und da sie selber zweifellos von dieser Bande geschickt worden ist, greift sie zum Messer. Ha! Visenna! Bin ich nicht ein Ausbund an Intelligenz?«

Visenna antwortete nicht. Sie stand da, das Gesicht zum Fenster gewandt. Sie sah draußen – die halbdurchsichtigen Membranen aus Fischblasen waren für ihren Blick kein Hindernis – den buntgefiederten Vogel auf einem Kirschbäumchen sitzen.

»Visenna?«

»Ja.«

»Was ist ein Knoch?«

»Korin«, sagte Visenna scharf und wandte sich zu ihm um. »Warum mischst du dich in Dinge ein, die dich nichts angehen?«

»Hör mal« – Korin scherte sich nicht um ihren Tonfall –, »ich bin schon in deine, wie du es ausdrückst, Dinge verwickelt. Wie es sich so ergeben hat, sollte ich an deiner Stelle umgebracht werden.«

»Zufällig.«

»Ich dachte, Zauberer glauben nicht an Zufälle, nur an magische Anziehung, Verkettung von Ereignissen und derlei. Beachte, wir sitzen auf demselben Pferd. Im wörtlichen und im übertragenen Sinne. Kurzum ... Ich biete dir meine Hilfe bei der Mission an, deren Zweck ich mir denken kann. Eine Ablehnung werde ich als Zeichen von Arroganz betrachten. Man hat mir gesagt, dass ihr vom Kreis auf gewöhnliche Sterbliche ziemlich herabseht.«

»Das ist gelogen.«

»Umso besser.« Korin ließ die Zähne blitzen. »Verlieren wir also keine Zeit. Reiten wir zur Schmiede.«

IV

Niklas fasste die Stange fester mit der Zange und drehte sie in der Glut. »Gib Wind, Zapf!«, befahl er.

Der Geselle hängte sich an den Griff des Blasebalgs. Sein pausbäckiges Gesicht glänzte vom Schweiß. Trotz der weit geöffneten Tür war es in der Schmiede unerträglich heiß. Niklas hob die Stange auf den Amboss, schlug mit ein paar mächtigen Hammerschlägen das Ende platt.

Der Stellmacher Radim, der auf einem unbehauenen Birkenklotz saß, schwitzte ebenfalls. Er knöpfte sich den Kittel auf und zog das Hemd aus der Hose. »Ihr habt gut reden, Niklas«, sagte er. »Ihr kennt Euch aus mit dem Kämpfen. Jeder weiß, dass Ihr nicht das ganze Leben lang in der Schmiede gestanden habt. Früher sollt Ihr auf Köpfe eingeschlagen haben, nicht aufs Eisen.«

»Dann seid froh, dass Ihr so einen bei Euch habt«, beschied ihn der Schmied. »Ich sage Euch nochmals, dass ich vor denen nicht länger buckeln werde. Und nicht für sie schuften. Wenn Ihr nicht mit mir geht, dann gehe ich eben allein oder mit solchen, die Blut in den Adern haben, kein Dünnbier. Wir werden in die Wälder gehen, sie einzeln erledigen, wenn wir einen erwischen. Wie viele sind es? Dreißig? Vielleicht nicht einmal so viel. Und wie viele Dörfer gibt es auf dieser Seite? Kräftige Burschen? Gib Wind, Zapf!«

»Tu ich doch!«

»Mehr!«

Der Hammer schlug rhythmisch auf den Amboss, fast melodisch. Zapf zog den Blasebalg.

Radim schnäuzte sich in die Finger und wischte sich die Hand am Stiefelschaft ab. »Ihr habt gut reden«, wiederholte er. »Und wie viele werden aus Schlüssel dazukommen?«

Der Schmied senkte den Hammer, schwieg.

»Das dachte ich mir«, sagte der Stellmacher. »Niemand wird kommen.«

»Schlüssel ist ein kleines Dorf. Ihr hättet in Schwelle und in Strunk nachfragen sollen.«

»Habe ich auch. Ich habe Euch gesagt, wie es ist. Ohne Krieger aus Mayena werden sich die Leute nicht regen. Manche reden so: Diese Murmelmenschen und Krahlinge können wir eins, zwei, drei auf die Gabeln nehmen, aber was machen wir, wenn der Knoch über uns kommt? In den Wald fliehen. Und die Hütten, die Habe? Auf den Rücken können wir die nicht nehmen. Und gegen den Knoch sind wir machtlos, das wisst Ihr selbst.«

»Woher soll ich das wissen? Hat ihn jemand gesehen?«, schrie der Schmied. »Vielleicht gibt es überhaupt keinen Knoch? Vielleicht wollen sie euch Bauern bloß Angst einjagen? Hat ihn jemand gesehen?«

»Redet nicht, Niklas.« Radim hielt den Kopf schief. »Ihr wisst selber, dass beim Geleitschutz der Kaufleute rechte Schlagetote waren, mit Eisen behängt, die reinsten Mordskerle. Und ist einer vom Pass zurückgekehrt? Kein Einziger. Nein, Niklas. Man muss warten, sage ich Euch. Wenn der Burgvogt aus Mayena Hilfe schickt, dann ist es was anderes.«

Niklas legte den Hammer weg und die Stange abermals in den Herd. »Es wird kein Militär aus Mayena kommen«, sagte er missmutig. »Die Herren schlagen sich untereinander. Mayena mit Raswan.«

»Weswegen?«

»Wer versteht denn, weswegen und wozu sich die großen Herren schlagen? Wenn Ihr mich fragt – aus Langeweile, aus Übermut!«, schrie der Schmied. »Ihr habt ihn gesehen, den Burggrafen! Wofür bezahlen wir dem Mistkerl eigentlich den Zins?«

Er riss die Stange aus der Glut, dass die Funken sprühten, fuchtelte mit ihr in der Luft herum. Zapf sprang beiseite. Niklas packte den Hammer, schlug zu, einmal, zweimal, dreimal. »Wie der Burggraf meinen Jungen weggejagt hat, habe ich ihn zum dortigen Kreis geschickt, dass er um Hilfe bittet. Zu den Druiden.«

»Zu den Zauberern?«, fragte der Stellmacher ungläubig. »Niklas?«

»Zu denen. Aber der Junge ist noch nicht zurückgekommen.«

Radim schüttelte den Kopf, stand auf, zog die Hose zurecht. »Ich weiß nicht, Niklas, ich weiß nicht. Das ist mir zu hoch. Aber es läuft auch so auf dasselbe hinaus. Wir müssen warten. Bringt die Arbeit zu Ende, gleich wird man kommen, ich muss …«

Draußen vor der Schmiede wieherte ein Pferd.

Der Schmied erstarrte, den Hammer überm Amboss erhoben. Der Stellmacher begann mit den Zähnen zu klappern, wurde bleich. Niklas bemerkte, dass ihm die Hände zitterten; er wischte sie unwillkürlich an der Lederschürze ab. Es half nicht. Er schluckte und ging zur Türöffnung, in der sich deutlich die Silhouetten von Reitern abzeichneten. Radim und Zapf folgten ihm, hielten sich sehr dicht hinter ihm. Als er hinausging, lehnte der Schmied die Stange neben der Tür an die Wand.

Er sah sechs Leute, alle beritten, in mit Eisenplättchen besetzten Steppwesten, Kettenhemden, Lederhelmen mit stählernem Nasenschutz, der als gerader Strich von Metall zwischen den riesigen rubinroten Augen verlief, welche das halbe Gesicht einnahmen. Sie saßen auf den Pferden, ohne sich zu rühren, wie achtlos. Niklas, der den Blick von einem zum anderen schweifen ließ, sah ihre Waffen: kurze Spieße mit breiter Schneide. Schwerter mit sonderbar geschmiedeter Parierstange. Breitäxte. Gezähnte Gläfen.

Gegenüber dem Eingang zur Schmiede standen zwei. Ein hochgewachsener Krahling auf einem Grauschimmel, der eine grüne Kuvertüre trug, ein Sonnenzeichen auf dem Helm. Und der andere …

»Mutter«, flüsterte Zapf hinterm Rücken des Schmiedes. Und begann zu schluchzen.

Der andere Reiter war ein Mensch. Er trug einen dunklen Krahlingsmantel, doch unter dem schnabelförmigen Helm hervor schauten sie blassblaue – keine roten – Augen an. Im Blick dieser Augen lag so viel kalte, gleichgültige Grausamkeit, dass Niklas von einer entsetzlichen Furcht durchzuckt wurde, die kalt in die Eingeweide kroch, Übelkeit erregte, als Kribbeln in die Hinterbacken fuhr. Es war immer noch still. Der Schmied hörte die Fliegen summen, die über dem Misthaufen hinter dem Zaun schwärmten.

Der Mensch mit dem schnabelförmigen Helm sprach als Erster. »Wer von euch ist der Schmied?«

Die Frage war sinnlos, die Lederschürze und seine Statur verrieten Niklas auf den ersten Blick. Der Schmied schwieg. Aus dem Augenwinkel nahm er eine kurze Geste wahr, die der Blassäugige zu einem der Krahlinge hin machte. Der Krahling beugte sich im Sattel vor und schlug weit ausholend mit der Gläfe zu, die er in der Mitte des Schaftes hielt. Niklas krümmte sich zusammen, deckte reflexhaft Kopf und Schultern. Der Hieb galt jedoch nicht ihm. Die breite Klinge traf Zapf am Halse und drang schräg ein, tief, zerschmetterte ein Schlüsselbein und Wirbel. Der junge Mann stürzte rücklings gegen die Wand der Schmiede, taumelte an den Türpfosten und fiel unmittelbar beim Eingang zu Boden.

»Ich habe etwas gefragt«, erinnerte der Mann mit dem schnabelförmigen Helm, ohne den Blick von Niklas zu wenden. Mit der Hand im Handschuh berührte er die neben dem Sattel hängende Axt. Die beiden Krahlinge, die am weitesten entfernt standen, schlugen Feuer, zündeten Pechfackeln an, gaben sie an die anderen weiter. Ruhig, ohne Eile, im Schritt umringten sie die Schmiede, hielten die Fackeln ans Strohdach.

Radim hielt es nicht aus. Er schlug die Hände vors Gesicht, begann zu schluchzen und rannte geradewegs nach vorn, zwischen zwei Pferde. Als er auf Höhe eines hochgewachsenen Krahlings war, rammte der ihm mit Schwung einen Spieß in den Bauch. Der Stellmacher heulte auf, fiel, zuckte zweimal krampfhaft und breitete die Beine aus. Er bewegte sich nicht mehr.

»Na, was ist, Niklas, oder wie du heißt«, sagte der Blassäugige. »Du bist allein geblieben. Und wozu das Ganze? Die Leute aufwiegeln, irgendwohin um Hilfe schicken? Und dabei denken, wir erfahren es nicht? Dumm bist du. In den Dörfern gibt es auch Leute, die denunzieren, um sich lieb Kind zu machen.«

Das Strohdach der Schmiede knisterte, knackte, stieß schmutziggelben Rauch aus, schließlich flammte es fauchend auf, loderte, sprühte Funken, verströmte einen mächtigen Gluthauch.

»Deinen Gesellen haben wir erwischt, er hat ausgeplaudert, wohin du ihn geschickt hattest. Auf den, der aus Mayena kommen soll, warten wir auch«, fuhr der Mensch mit dem schnabelförmigen Helm fort. »Ja, Niklas. Du hast deine dreckige Nase in Dinge gesteckt, wo sie nicht hingehört. Dafür wirst du gleich ernste Unannehmlichkeiten bekommen. Ich denke, es wird sich lohnen, dich auf den Pfahl zu setzen. Findet sich hier in der Gegend ein anständiger Pfahl? Oder noch besser: Wir hängen dich an den Füßen im Scheunentor auf und ziehen dir die Haut ab wie einem Aal.«

»Gut, genug geredet«, sagte der hochgewachsene Krahling mit der Sonne auf dem Helm, während er seine Fackel in die offene Tür der Schmiede warf. »Gleich wird das ganze Dorf hier zusammenlaufen. Erledigen wir ihn rasch, holen die Pferde aus dem Stall und reiten fort. Woher habt ihr Menschen solche Freude daran, anderen Schmerz zuzufügen? Noch dazu unnützen? Los, erledige ihn.«

Der Blassäugige wandte den Kopf nicht zu dem Krahling hin. Er beugte sich im Sattel vor, drängte das Pferd gegen den Schmied. »Geh hinein«, sagte er. In seinen blassen Augen glomm Mordlust. »Ins Haus. Ich habe keine Zeit, um dich ordentlich zuzurichten. Aber wenigstens braten kann ich dich.«

Niklas tat einen Schritt zurück. Auf dem Rücken spürte er die Hitze der brennenden Schmiede, in der die vom Dach herabfallenden Balken prasselten. Noch ein Schritt. Er stolperte über Zapfs Körper und über die Stange, die der Junge im Fallen umgerissen hatte.

Die Stange.

Der Schmied bückte sich blitzschnell, packte das schwere Eisen, und ohne sich aufzurichten, von unten her, rammte er mit aller Kraft, die ihm der Hass verlieh, dem Blassäugigen die Stange geradewegs in die Brust. Die meißelförmig ausgeschmiedete Spitze durchstieß den Kettenpanzer. Niklas wartete nicht, bis der Mann vom Pferd fiel. Er rannte quer über den Hof. Hinter ihm Geschrei, Huftrappeln. Er erreichte den Holzschuppen, umklammerte mit den Fingern die an der Wand lehnende Wagenrunge und schlug sofort, aus der Halbdrehung heraus blindlings zu. Der Schlag traf mitten auf die Schnauze des Grauschimmels mit der grünen Kuvertüre. Das Pferd bäumte sich auf, warf den Krahling mit der Sonne auf dem Helm in den Staub des Hofes. Niklas duckte sich, ein kurzer Spieß fuhr in die Wand des Schuppens, stak zitternd fest. Ein zweiter Krahling zog das Schwert und spornte das Pferd an, um einem pfeifenden Hieb mit der Wagenrunge auszuweichen. Die drei nächsten galoppierten heran, schrien, fuchtelten mit den Waffen. Niklas stöhnte, während er sich mit einer schrecklichen Mühle des schweren Holzes deckte. Er traf etwas, wieder ein Pferd, das wieherte und auf den Hinterbeinen zu tänzeln begann. Der Krahling hielt sich im Sattel.

Über den Zaun, vom Walde her, kam in gestrecktem Sprung ein Pferd, stieß mit dem Grauschimmel in der grünen Kuvertüre zusammen. Der Graue scheute, riss an den Zügeln, warf den hochgewachsenen Krahling um, der versuchte, wieder aufzusteigen. Niklas traute seinen Augen nicht, als er sah, wie sich der neu aufgetauchte Reiter zweiteilte – in einen Hänfling mit Kapuze, der sich über den Pferdehals beugte, und einen hellhaarigen Mann mit einem Schwert, der dahinter saß.

Die lange, schmale Schwertklinge beschrieb zwei Halbkreise, zwei Blitze. Zwei Krahlinge wurden aus dem Sattel gefegt, sie stürzten zu Boden, in Staubwolken gehüllt. Der dritte, der fast schon an den Holzschuppen herangaloppiert war, wandte sich dem wunderlichen Paar zu und bekam einen Stich unter den Bart, knapp oberhalb des stählernen Brustpanzers. Die Schwertklinge glänzte auf, als sie für einen Augenblick aus dem Hals hervorragte. Der Hellhaarige glitt vom Pferd und lief über den Hof, um den hochgewachsenen Krahling von seinem Pferd abzuschneiden. Der Krahling zog das Schwert.

Der fünfte Krahling bemühte sich in der Mitte des Hofes, sein tänzelndes Pferd unter Kontrolle zu bringen, das vor der brennenden Schmiede scheute. Mit erhobener Breitaxt schaute er sich um, zögerte. Schließlich schrie er, gab dem Pferd die Sporen und stürzte sich auf den Hänfling, der sich an den Pferdehals klammerte. Niklas sah, wie der Kleine die Kapuze zurückwarf und sich ein Band von der Stirn riss, und erkannte, wie sehr er sich getäuscht hatte. Das Mädchen schüttelte den rotblonden Haarschopf und rief etwas Unverständliches, wobei es dem heranpreschenden Krahling die Hände entgegenstreckte. Aus den Fingern schlug ein dünner Lichtfaden, hell wie Quecksilber. Der Krahling wurde aus dem Sattel in hohem Bogen durch die Luft geschleudert und stürzte auf den Sand. Seine Kleidung rauchte. Das Pferd, das mit allen vier Hufen auf den Boden schlug, wieherte, warf den Kopf hin und her.

Der hochgewachsene Krahling mit der Sonne auf dem Helm wich langsam vor dem Hellhaarigen auf die brennende Scheune zurück, geduckt, beide Hände – in der rechten das Schwert – vorgestreckt. Der Hellhaarige sprang vor, sie wechselten ein paar Hiebe. Das Schwert des Krahlings flog zur Seite, er selbst aber blieb auf der Klinge hängen, die ihn durchbohrt hatte. Der Hellhaarige trat zurück, riss mit einem Ruck die Schwertklinge heraus. Der Krahling stürzte auf die Knie, kippte vornüber, mit dem Gesicht in den Sand.

Der Reiter, den der Blitz des rotblonden Mädchens aus dem Sattel geschleudert hatte, kam auf alle viere hoch, tastete um sich, um eine Waffe zu finden. Niklas hatte sich von der Überraschung erholt; er tat zwei Schritte, hob die Wagenrunge und ließ sie auf den Nacken des Gestürzten niedersausen. Knochen knackten.

»Das war nicht nötig«, hörte er direkt neben sich jemanden sagen.

Das Mädchen in der Männerkleidung hatte Sommersprossen und grüne Augen. Auf seiner Stirn blitzte ein seltsames Juwel.

»Das war nicht nötig«, wiederholte es.

»Gnädige Herrin ...«, begann der Schmied zu stottern und hielt seine Eisenstange wie ein Gardist die Hellebarde. »Die Schmiede ... haben sie angezündet. Den Jungen erschlagen. Und Radim. Erschlagen, die Mörder. Herrin ...«

Der Hellhaarige drehte mit dem Fuß den Körper des hochgewachsenen Krahlings um, betrachtete ihn, dann kam er herbei und steckte unterdessen das Schwert in die Scheide.

»Na, Visenna«, sagte er. »Jetzt habe ich mich aber schon tüchtig eingemischt. Das Einzige, was mich beunruhigt, ist, ob ich wohl die richtigen Leute niedergemacht habe.«

Visenna hob den Blick. »Du bist der Schmied Niklas?«, fragte sie.

»Ja. Und Ihr seid vom Druidenkreis, Gnädige Herrschaften? Aus Mayena?«

Visenna antwortete nicht. Sie schaute zum Waldrand hin, auf die im Laufschritt heraneilende Menschenmenge.

»Das sind unsere Leute«, erklärte der Schmied. »Aus Schlüssel.«

V

»Wir haben drei erwischt!«, dröhnte der schwarzbärtige Anführer der Gruppe aus Schwelle und schüttelte die gerade auf den Schaft gesetzte Sense. »Drei, Niklas! Sie sind den Mädels auf die Felder nachgelaufen, und da haben wir sie … Einer konnte mit knapper Not entkommen, hat ein Pferd erreicht, der Hundesohn!«

Seine Leute, auf der Lichtung in dem Kreis von Lagerfeuern gedrängt, die das Schwarz des Nachthimmels mit den Pünktchen fliegender Funken durchsetzten, schrien, lärmten, schüttelten die Waffen. Niklas hob die Hände, gebot Stille, weil er die folgenden Berichte hören wollte.

»Zu uns kamen gestern Abend vier geritten«, sagte der alte, spindeldürre Schulze von Strunk. »Meinetwegen. Es muss jemand verraten haben, dass ich mich mit Euch eingelassen hab, Schmied. Ich hab es auf den Trockenboden in der Scheune geschafft, die Leiter hab ich hochgezogen, die Gabel in der Hand, ›kommt‹, ruf ich, ›Hundsfötter, na, wer will‹, ruf ich. Sie wollten schon die Scheune anzünden, da wär ich erledigt gewesen, aber unsere Leute haben nicht zugeschaut, sind allesamt über sie hergefallen. Die waren beritten, haben sich durchgeschlagen. Von unseren sind ein paar gefallen, aber einen haben wir aus dem Sattel gerissen.«

»Lebt er?«, wollte Niklas wissen. »Ich habe Euch gesagt, dass ihr jemanden lebendig fangen sollt.«

»Tjaaa.« Der Dünne winkte ab. »Das haben wir nicht geschafft. Die Weiber haben siedendes Wasser genommen, die waren als Erste bei ihm …«

»Ich habe immer gesagt, dass sie in Strunk heiße Weiber haben«, murmelte der Schmied und kratzte sich im Genick. »Und den Spitzel?«

»Haben wir gefunden«, sagte der dürre Mann knapp, ohne sich in Einzelheiten zu verlieren.

»Gut. Und jetzt hört zu, Leute. Wo die sitzen, wissen wir schon. Am Berghang, neben den Schäferhütten, sind Höhlen im Fels. Dort haben sich die Räuber eingenistet, und dort werden wir sie erwischen. Wir nehmen Heu, Reisig auf die Wagen, räuchern sie aus wie Dachse. Den

Weg sperren wir mit einem Verhau, dass sie nicht entkommen. So habe ich es mit diesem Ritter hier, wo Korin heißt, beraten. Und ich, wie ihr wisst, kenn mich ja auch mit dem Kämpfen aus. Ich bin während des Krieges mit dem Heergrafen Grosim gegen die Krahlinge gezogen, ehe ich mich in Schlüssel niedergelassen habe.«

Aus der Menge klangen abermals kämpferische Rufe, wurden aber rasch von Worten zum Verstummen gebracht, die zuerst leise, unsicher gesprochen wurden. Dann immer lauter. Schließlich trat Stille ein.

Visenna schob sich hinter Niklas' Rücken hervor, stellte sich neben den Schmied. Sie reichte ihm nicht einmal bis zur Schulter. Die Menge begann zu raunen.

Niklas hob wieder beide Hände. »Es ist die Zeit gekommen«, rief er, »dass sich nicht länger geheimhalten lässt, dass ich zu den Druiden vom Kreis um Hilfe geschickt habe, nachdem der Burgvogt von Mayena sie mir versagt hatte. Ich weiß sehr wohl, dass viele von euch mich deswegen schief anschauen.«

Die Menge wurde allmählich stiller, wogte aber immer noch, murmelte.

»Dies hier ist Frau Visenna«, sagte Niklas langsam. »Vom Mayener Kreis. Sie ist uns auf den ersten Ruf hin zu Hilfe geeilt. Die aus Schlüssel kennen sie schon, sie hat dort Leute geheilt, mit ihrer Kraft gesund gemacht. Ja, Männer. Das ist eine kleine Dame, aber ihre Kraft ist groß. Sie geht über unsern Verstand und macht uns Angst, aber sie wird uns ja als Hilfe dienen!«

Visenna enthielt sich jeden Kommentars, sie sagte kein Wort und machte keine Geste zu den Versammelten hin. Aber die verborgene Kraft dieser kleinen sommersprossigen Zauberin war unglaublich. Korin spürte verwundert, wie ihn ein sonderbarer Enthusiasmus erfüllte, wie die Furcht vor dem, was am Pass lauerte, die Furcht vor dem

Unbekannten schwand, verflog, verschwand, nicht mehr wichtig war, solange das helle Juwel an Visennas Stirn funkelte.

»Ihr seht also«, fuhr Niklas fort, »dass auch gegen diesen Knoch ein Kraut gewachsen ist. Wir werden nicht allein gehen, nicht wehrlos. Aber vorher müssen wir diesen Räubern den Garaus machen!«

»Niklas hat recht!«, schrie der Bärtige aus Schwelle. »Zauberei hin, Zauberei her, was kümmert's uns! Zum Pass, Leute! Dass wir die vom Knoch erledigen!«

Die Menge rief einhellig Zustimmung, die Flammen der Lagerfeuer glänzten auf den hochgereckten Sensen, Piken, Äxten und Mistgabeln.

Korin drängte sich durch die Umstehenden zum Walde hin, fand ein über dem Feuer hängendes Kesselchen, eine Schale und einen Löffel. Er kratzte den Rest angebrannten Breis mit Speckgrieben vom Grunde des Kessels. Er setzte sich hin, stützte die Schüssel auf die Knie, aß langsam und spuckte die Gerstenspelzen aus. Nach einer Weile spürte er jemandes Anwesenheit.

»Setz dich, Visenna«, sagte er mit vollem Mund.

Er aß weiter, während er auf ihr Profil schielte, auf die halbverdeckte Kaskade von Haar, das im Feuerschein blutrot war. Visenna schwieg, den Blick in die Flammen gerichtet.

»He, Visenna, warum sitzen wir hier wie zwei Uhus?« Korin stellte die Schale ab. »Das kann ich nicht, mir wird gleich traurig und kalt zumute. Wo haben sie diesen Selbstgebrannten versteckt? Eben stand hier noch ein Fässchen; hol's der Teufel. Es ist finster wie im ...«

Die Druidin wandte sich ihm zu. Ihre Augen leuchteten mit einem seltsamen grünlichen Funkeln. Korin verstummte.

»Ja. Stimmt«, sagte er nach einer Weile und räusperte

sich. »Ich bin ein Dieb. Ein Söldner. Ein Räuber. Ich habe mich eingemischt, weil ich mich gern schlage, egal, mit wem. Ich weiß, welchen Preis Jaspis, Jadeit und die anderen Steine haben, die es sonst noch in den Bergwerken des Amells gibt. Ich will Beute machen. Es ist mir gleichgültig, wie viele von diesen Leuten morgen umkommen werden. Was willst du noch wissen? Ich sage es selbst, du brauchst nicht dieses Glitzerding zu verwenden, das unter der Schlangenhaut versteckt ist. Ich habe nicht vor, etwas zu verheimlichen. Du hast recht, ich passe weder zu dir noch zu deiner edlen Mission. Das ist alles. Gute Nacht. Ich gehe schlafen.«

Entgegen seinen Worten stand er nicht auf. Er nahm nur einen Stock und stieß damit ein paarmal nach den brennenden Scheiten.

»Korin«, sagte Visenna leise.

»Ja?«

»Geh nicht weg.«

Korin senkte den Kopf. Aus einem Birkenklotz im Feuer brachen blaue Flammengeisire hervor. Er schaute sie an, doch er ertrug den Blick der unheimlich funkelnden Augen nicht. Er wandte den Kopf zum Feuer hin ab.

»Verlang nicht zu viel von dir«, sagte Visenna und hüllte sich in den Mantel. »Es ist nun mal so, dass das Unnatürliche Furcht weckt. Und Abscheu.«

»Visenna …«

»Unterbrich mich nicht. Ja, Korin, die Menschen brauchen unsere Hilfe, sie sind dafür dankbar, oft sogar aufrichtig, aber sie verabscheuen uns, fürchten uns, blicken uns nicht in die Augen, spucken hinter unserem Rücken aus. Die Klügeren, so wie du, sind weniger aufrichtig. Du bist keine Ausnahme, Korin. Ich habe schon von vielen gehört, sie seien unwürdig, mit mir an einem Feuer zu sitzen. Aber es kommt vor, dass wir es sind, die die Hilfe der … Normalen brauchen. Oder ihre Gesellschaft.«

Korin schwieg.

»Ich weiß«, fuhr Visenna fort, »dass es leichter für dich wäre, wenn ich einen grauen Bart bis zum Gürtel und eine Hakennase hätte. Dann würde die Abscheu vor meiner Person kein solches Durcheinander in deinem Kopf erzeugen. Ja, Korin, Abscheu. Dieses Glitzerding, das ich an der Stirn trage, ist ein Chalzedon … Ihm verdanke ich in großem Maße meine magischen Fähigkeiten. Du hast recht, mit Hilfe des Chalzedons vermag ich die deutlicheren Gedanken zu lesen. Deine sind überaus deutlich. Verlange nicht, dass ich das als angenehm empfinde. Ich bin eine Zauberin, eine Hexe, aber außerdem eine Frau. Ich bin gekommen, weil ich mit dir schlafen wollte.«

»Visenna …«

»Nein. Jetzt will ich nicht mehr.«

Sie saßen da und schwiegen. Der buntgefiederte Vogel in der Tiefe des Waldes, im Dunkel auf einem Baumast, spürte Furcht. Im Wald gab es Eulen.

»Mit der Abscheu«, ließ sich schließlich Korin vernehmen, »hast du etwas übertrieben. Ich gestehe jedoch, du erregst in mir eine Art … Unruhe. Du hättest nicht zulassen sollen, dass ich das da am Kreuzweg mit ansehe. Diese Leiche, weißt du?«

»Korin«, sagte die Zauberin ruhig. »Als du bei der Schmiede dem Krahling das Schwert in die Kehle gerammt hast, hätte ich mich um ein Haar auf die Mähne des Pferdes übergeben. Ich hatte Mühe, mich im Sattel zu halten. Aber lassen wir unsere Spezialitäten ruhen. Wir sollten das Gespräch beenden, das zu nichts führt.«

»Wir sollten es beenden.«

Die Zauberin zog den Mantel enger um sich. Korin warf ein paar Tannenzapfen ins Feuer.

»Korin?«

»Ja?«

»Ich möchte, dass es dir nicht mehr gleichgültig ist, wie viele Leute morgen umkommen. Menschen und ... Und andere. Ich zähle auf deine Hilfe.«

»Ich werde dir helfen.«

»Das ist noch nicht alles. Es bleibt die Sache mit dem Pass. Ich muss den Weg über den Klamat öffnen.«

Korin zeigte mit dem glimmenden Ende eines Zweiges auf die anderen Lagerfeuer und die dort lagernden Menschen, die schliefen oder sich leise unterhielten. »Mit unserer glorreichen Armee sollten wir damit keine Probleme haben.«

»Unsere Armee wird sich nach Hause verziehen, sobald ich aufhöre, ihnen die Köpfe mit Zauberei zu vernebeln.« Visenna lächelte traurig. »Aber ich werde sie nicht vernebeln. Ich will nicht, dass jemand von ihnen im Kampf für eine fremde Sache stirbt. Und der Knoch ist nicht ihre Sache, nur die des Kreises. Ich muss allein auf den Pass gehen.«

»Nein. Allein gehst du nicht«, sagte Korin. »Wir gehen zusammen. Ich, Visenna, weiß von Kindheit an, wann man fliehen muss und wann es noch zu früh ist. Dieses Wissen habe ich in Jahren der Praxis vervollkommnet, und darum gelte ich gegenwärtig als mutig. Ich habe nicht vor, meiner Meinung von mir Abbruch zu tun. Du brauchst mich nicht mit Zauberei zu vernebeln. Zuerst wollen wir sehen, wie dieser Knoch aussieht. Übrigens, was meinst du, was ist dieser Knoch?«

Visenna neigte den Kopf. »Ich fürchte«, flüsterte sie, »es ist der Tod.«

VI

Die anderen ließen sich nicht in den Höhlen überrumpeln. Sie warteten im Sattel, reglos, aufrecht, den Blick auf die aus dem Walde kommenden Reihen bewaffneter Bauern gerichtet. Der Wind, der an ihren Mänteln riss, ließ sie wie hagere Raubvögel mit gesträubtem Gefieder aussehen, bedrohlich, Respekt und Furcht einflößend.

»Achtzehn«, zählte Korin, in den Steigbügeln aufgerichtet. »Alle beritten. Sechs Handpferde. Ein Wagen. Niklas!«

Der Schmied änderte rasch die Formation seiner Abteilung. Die mit Piken und Spießen Bewaffneten knieten sich am Rande des Unterholzes hin, die Enden der Waffen in den Boden gerammt. Die Bogenschützen bezogen Position hinter den Bäumen. Der Rest zog sich ins Dickicht zurück.

Einer der Reiter kam auf sie zu geritten. Er hielt das Pferd an, hob die Hand über den Kopf, rief etwas.

»Eine Finte«, murmelte Niklas. »Ich kenne sie, die Hundesöhne.«

»Vergewissern wir uns«, sagte Korin und sprang aus dem Sattel. »Komm.«

Langsam gingen sie zu zweit zu dem Berittenen. Nach einer Weile bemerkte Korin, dass Visenna ihnen folgte.

Der Reiter war ein Murmelmensch.

»Ich werde kurz reden«, rief er, ohne abzusitzen. Seine kleinen glänzenden Augen funkelten, halb vom Fell verborgen, das sein Gesicht bedeckte. »Ich bin der gegenwärtige Anführer der Gruppe, die ihr dort seht. Neun Murmelmenschen, fünf Menschen, drei Krahlinge, ein Elf. Der Rest ist tot. Es ist zwischen uns zu Meinungsverschiedenheiten gekommen. Unser ehemaliger Anführer, dessen Pläne uns hierhergeführt haben, liegt dort in der Höhle, gefesselt. Macht mit ihm, was ihr wollt. Wir wollen fortreiten.«

»Das war wirklich eine kurze Rede«, schnaubte Niklas. »Ihr wollt fortreiten. Und wir wollen euch die Kaldaunen herausreißen. Was sagst du dazu?«

Der Murmelmensch ließ die spitzen Zähne blitzen, reckte seine kleine Gestalt im Sattel. »Glaubst du, dass wir aus Angst vor euch zu Zugeständnissen bereit sind, vor eurer Bande von Hosenscheißern in Bastschuhen? Bitte sehr, wenn ihr wollt, reiten wir euch über die Wänster. Das ist unser Beruf, Bauer. Ich weiß, dass wir ein Risiko eingehen. Sogar wenn ein Teil von uns fällt, kommen die anderen durch. So ist das Leben.«

»Der Wagen kommt nicht durch«, sagte Korin mit Nachdruck. »So ist das Leben.«

»Darauf sind wir gefasst.«

»Was ist auf dem Wagen?«

Der Murmelmensch spuckte sich über die rechte Schulter. »Ein Zwanzigstel von dem, was in der Höhle geblieben ist. Und damit das klar ist: Wenn ihr verlangt, dass wir den Wagen zurücklassen, sind wir nicht einverstanden. Wenn wir aus dieser Geschichte ohne Profit herauskommen sollen, dann wenigstens nicht ohne Kampf. Na, was ist? Wenn wir uns schlagen sollen, dann wäre es mir jetzt am Morgen am liebsten, ehe die liebe Sonne zu brennen beginnt.«

»Du bist mutig«, sagte Niklas.

»So sind alle in meiner Familie.«

»Wir lassen euch ziehen, wenn ihr die Waffen niederlegt.«

Der Murmelmensch spuckte abermals aus, diesmal zur Abwechslung über die linke Schulter. »Nichts da«, knurrte er kurz.

Korin lachte auf. »Da drückt dich der Schuh. Ohne Waffen seid ihr Dreck.«

»Und was bist du ohne Waffen?«, fragte der Kleinwüchsige emotionslos. »Ein Prinz? Ich sehe doch, was du für einer bist. Hältst du mich für blind?«

»Mit Waffen könnt ihr morgen schon wiederkommen«, sagte Niklas. »Sagen wir, um den Rest zu holen, der in der Höhle geblieben sein soll. Um noch mehr Profit zu machen.«

Der Murmelmensch bleckte die Zähne. »Diesen Plan gab es. Aber wir haben ihn nach kurzer Diskussion aufgegeben.«

»Sehr richtig«, sagte plötzlich Visenna, trat hinter Korins Rücken hervor und stellte sich dicht vor den Berittenen. »Sehr richtig, dass ihr ihn aufgegeben habt, Kehl.«

Korin kam es so vor, als sei der Wind auf einen Schlag stärker geworden, er begann zwischen Felsen und Gräsern zu heulen, überfiel sie mit Kälte.

Visenna sprach weiter mit fremder, metallischer Stimme. »Jeder von euch, der versucht, hierher zurückzukehren, wird sterben. Ich sehe das und sage es vorher. Reitet sofort von hier fort. Sofort. Jeder, der versucht zurückzukehren, wird sterben.«

Der Murmelmensch neigte sich vor, schaute die Zauberin über den Pferdehals hinweg an. Er war nicht jung – sein Pelz war schon fast aschfarben, von weißen Strähnen durchzogen.

»Du bist das? Das dachte ich mir. Ich freue mich, dass … Aber genug davon. Ich habe gesagt, dass ich nicht vorhabe, hierher zurückzukehren. Wir haben uns Fregenal angeschlossen, um Gewinn zu machen. Damit ist es vorbei. Jetzt haben wir den Kreis am Halse und alle Dörfer der Gegend, Fregenal aber hat angefangen, von der

Weltherrschaft zu faseln. Wir haben genug von ihm und von diesem Schreckgespenst am Pass.«

Er riss an den Zügeln, wendete das Pferd. »Wozu sage ich das? Wir reiten fort. Macht's gut.«

Niemand gab ihm Antwort. Der Murmelmensch zögerte, schaute zum Waldrand, dann ließ er den Blick über die reglose Reihe seiner Reiter schweifen. Wieder beugte er sich im Sattel vor und schaute Visenna in die Augen. »Ich war gegen den Anschlag auf dich«, sagte er. »Jetzt sehe ich, dass ich recht hatte. Wenn ich dir sage, dass der Knoch der Tod ist, wirst du trotzdem auf den Pass gehen, nicht wahr?«

»Wahr.«

Kehl richtete sich auf, rief dem Pferd etwas zu, galoppierte zu den Seinen. Gleich darauf bildeten die Berittenen eine Kolonne rings um den Wagen, setzten sich zur Straße hin in Bewegung. Niklas war schon bei seinen Leuten, er redete auf sie ein, beschwichtigte den Bärtigen aus Schwelle und andere, die es nach Blut und Rache verlangte. Korin und Visenna beobachteten schweigend die an ihnen vorüberziehende Abteilung. Die Leute ritten langsam, blickten geradeaus, demonstrierten Ruhe und kalte Verachtung. Nur Kehl hob, als er an ihnen vorbeiritt, leicht die Hand zu einer Abschiedsgeste, während er mit sonderbarem Gesichtsausdruck Visenna betrachtete. Dann riss er abrupt das Pferd voran, trabte an die Spitze der Kolonne, verschwand zwischen den Bäumen.

VII

Der erste Leichnam lag gleich am Eingang zu den Höhlen, zerquetscht, zwischen Hafersäcke und einen Haufen Reisig gedrückt. Der Gang verzweigte sich, an der Gabelung lagen die beiden nächsten Toten – der eine fast kopflos vom Schlag mit einem Streitkolben oder einem Axtrücken, der andere von geronnenem Blut aus vielen Wunden bedeckt. Alle waren Menschen.

Visenna nahm die Binde von der Stirn. Von dem Diadem ging ein Licht aus, heller als der Fackelschein, und erhellte das dunkle Innere der Höhle. Der Gang führte sie in eine größere Grotte. Korin stieß einen leisen Pfiff aus. An den Wänden standen Kisten, Säcke und Fässer, Stapel von Pferdegeschirren, Wollballen, Waffen, Gerätschaften. Ein paar Kisten waren zerschlagen und leer. Andere waren voll. Im Vorübergehen sah Korin mattgrüne Haufen von Jaspis, dunkle Bruchstücke von Jadeit, Achat, Opale, Chrysopras und andere Steine, die er nicht kannte. Auf dem steinernen Fußboden, der hier und da von den verstreuten Pünktchen goldener, silberner und kupferner Münzen funkelte, lagen wirr zusammengepresst Pelzbündel – von Murmeltieren, Luchsen, Füchsen, Vielfraßen.

Ohne auch nur einen Augenblick stehenzubleiben, eilte Visenna in eine weiter entfernte Kaverne, die kleiner und dunkler war. Korin folgte ihr.

»Hier bin ich«, meldete sich eine dunkle, undeutliche Gestalt, die auf einem Stapel Lumpen und Felle lag, welche den Boden bedeckten.

Sie gingen näher. Der gefesselte Mann war untersetzt, kahl, beleibt. Ein riesiger Bluterguss bedeckte sein halbes Gesicht.

Visenna berührte das Diadem, der Chalzedon flammte für einen Moment in hellerem Licht auf.

»Das ist nicht nötig«, sagte der Gefesselte. »Ich kenne dich. Ich habe vergessen, wie du genannt wurdest. Ich weiß, was du auf der Stirn hast. Das ist nicht nötig, sage ich. Sie sind im Schlaf über mich hergefallen, haben mir meinen Ring weggenommen, den Stab zerstört. Ich bin machtlos.«

»Fregenal«, sagte Visenna. »Du hast dich verändert.«

»Visenna«, murmelte der Dicke. »Es ist mir wieder eingefallen. Ich dachte, es würde ein Mann sein, darum habe ich Manissa geschickt. Mit einem Mann wäre meine Manissa fertig geworden.«

»Ist sie nicht«, brüstete sich Korin, während er sich umschaute. »Obwohl man der Toten Gerechtigkeit widerfahren lassen muss. Sie hat sich größte Mühe gegeben.«

»Schade.«

Visenna blickte sich in der Höhle um, ging sicheren Schrittes in einen Winkel, drehte mit der Stiefelspitze einen Stein um, nahm aus der Vertiefung darunter einen kleinen tönernen Topf, der in gefettetes Leder gewickelt war. Mit ihrer goldenen Sichel durchtrennte sie ein Riemchen, zog ein Pergamentbündel hervor.

Fregenal schaute feindselig zu. »Bitte, bitte«, sagte er mit vor Wut zitternder Stimme. »Was für ein Talent, da muss man gratulieren. Wir können verborgene Dinge finden. Was können wir noch? Aus Ochsendärmen weissagen? Bei Färsen Blähungen kurieren?«

Visenna schaute sich Blatt um Blatt an, ohne ihn zu beachten.

»Interessant«, sagte sie nach einer Weile. »Vor elf Jahren, als du aus dem Kreis ausgestoßen wurdest, sind gewisse Seiten aus den Verbotenen Büchern verschwunden. Gut, dass sie sich wieder angefunden haben, noch dazu um Kommentare bereichert. Dass du es auch gewagt hast, das Doppelkreuz des Alzur anzuwenden – na, na. Ich glaube nicht, dass du vergessen hast, welches Ende Alzur genommen hat. Ein paar von seinen Geschöpfen sollen noch auf der Welt zugange sein, darunter auch das letzte, der Wij, der ihn umgebracht und halb Maribor zerstört hat, ehe er in die Wälder im Flussland geflohen ist.« Sie faltete ein paar Pergamente zusammen, steckte sie in eine Tasche am Puffärmel ihrer Jacke. Sie rollte die nächsten Pergamente auseinander.

»Aha«, sagte sie und runzelte die Stirn. »Die Formel der Baumwurzel, geringfügig abgewandelt. Und hier das Dreieck im Dreieck, die Methode, mit der man eine Folge von Mutationen und riesigen Zuwachs der Körpermasse hervorruft. Und was hat dir als Ausgangsgeschöpf gedient, Fregenal? Was ist das? Sieht wie eine gewöhnliche Geißelspinne aus. Fregenal, etwas fehlt hier. Du weißt hoffentlich, wovon ich rede?«

»Ich freue mich, dass du es bemerkt hast.« Der Zauberer grinste. »Eine gewöhnliche Geißelspinne, sagst du? Wenn diese gewöhnliche Geißelspinne vom Pass herunterkommt, wird die Welt vor Entsetzen die Sprache verlieren. Für einen Augenblick. Und dann wird sie losbrüllen.«

»Gut, gut. Wo sind die Sprüche, die hier fehlen?«

»Nirgends. Ich wollte nicht, dass sie in die falschen Hände geraten. Vor allem nicht in eure. Ich weiß, dass der ganze Kreis von der Macht träumt, die diese Sprüche verleihen können, aber nichts da. Ihr werdet nie imstande sein, auch nur etwas halb so Schreckliches wie meinen Knoch zu erschaffen.«

»Du scheinst eins auf den Kopf bekommen zu haben, Fregenal«, sagte Visenna ruhig. »Und dem ist auch zuzuschreiben, dass du das Denkvermögen noch nicht wiedergewonnen hast. Wer redet hier von Erschaffung? Dein Ungeheuer wird man vernichten müssen, auslöschen. Einfach durch Umkehr des Bindespruchs, also mit dem Spiegeleffekt. Der Bindespruch war natürlich auf deinen Stab abgestimmt, also wird man ihn auf meinen Chalzedon umstimmen müssen.«

»Zu viel ›man wird müssen‹«, knurrte der Dicke. »Du kannst bis zum Jüngsten Tag hier sitzen und ›müssen werden‹, mein überschlaues Fräulein. Wie kommst du auf den albernen Gedanken, ich könnte dir den Bindespruch verraten? Du wirst nichts aus mir herausbekommen, weder lebendig noch tot. Ich habe eine Blockade. Glotz mich nicht so an, sonst brennt dir dieses Steinchen die Stirn durch. Hurtig, binde mich los, mir sind schon die Glieder eingeschlafen.«

»Wenn du willst, kannst du ein paar Fußtritte kriegen.« Korin lächelte. »Das bringt dir den Kreislauf in Schwung. Du scheinst deine Lage nicht zu verstehen, du kahles Aas. Jeden Moment kommen die Bauern hier herein, denen du die Hölle heißgemacht hast, und reißen dich mit vier Pferden in Stücke. Hast du schon mal gesehen, wie das gemacht wird? Als Erstes reißen die Arme ab.«

Fregenal spannte das Genick an, machte Glotzaugen und versuchte, Korin auf die Stiefel zu spucken, aber aus der Lage, in der er sich befand, war das schwierig – er spuckte sich nur aufs Kinn.

»So viel«, schnaubte er, »so viel mache ich mir aus euren Drohungen! Ihr werdet mir nichts tun! Was bildest du dir ein, Landstreicher? Du bist in Dinge hineingeraten, die über deinen Horizont gehen! Frag sie, warum sie hier ist! Visenna! Kläre ihn auf, er scheint dich für eine edle Befreierin der Bedrängten zu halten, eine Kämpferin fürs Wohlergehen der armen Leute! Aber hier geht es um Geld, du Kretin! Um großes Geld!«

Visenna schwieg. Fregenal spannte sich an, dass die Fesseln knirschten, drehte sich mit Mühe auf die Seite, indem er die Beine in den Knien anwinkelte.

»Ist es vielleicht nicht wahr«, schrie er, »dass der Kreis dich hergeschickt hat, damit du den goldenen Wasserhahn wieder aufdrehst, aus dem nichts mehr herauskommt? Denn der Kreis schöpft Gewinn aus der Förderung von Jaspis und Jadeit, er nimmt von den Kaufleuten und Karawanen Zoll als Gegenleistung für die Schutzamulette, die jedoch, wie sich gezeigt hat, gegen meinen Knoch nichts ausrichten!«

Visenna antwortete nicht. Sie schaute den Gefesselten nicht an. Ihr Blick ruhte auf Korin.

»Aha!«, rief der Zauberer. »Du bestreitest es nicht einmal! Also weiß das schon alle Welt. Früher wussten davon nur die Ältesten, und Rotznasen wie dich hielt man im Glauben, der Kreis sei zu nichts anderem berufen, als gegen das Böse zu kämpfen. Das wundert mich nicht: Die Welt ändert sich, die Leute beginnen allmählich zu verstehen, dass man ohne Zauber und ohne Zauberer auskommen kann. Ehe ihr's euch verseht, werdet ihr arbeitslos sein, werdet von dem leben müssen, was ihr bis dahin zusammengestohlen habt. Nichts kümmert euch, nur der Gewinn. Darum werdet ihr mich auch auf der Stelle losbinden. Ihr werdet mich nicht töten und mich auch nicht töten lassen, denn das würde dem Kreis weitere Verluste einbringen. Und das wird euch der Kreis nicht verzeihen, ganz klar.«

»Das ist nicht klar«, sagte Visenna kalt, die Arme vor der Brust verschränkt. »Siehst du, Fregenal, solche Rotznasen wie ich schenken irdischen Gütern nicht allzu viel Beachtung. Was kümmert es mich, ob der Kreis Verlust oder Gewinn macht oder ob er überhaupt aufhört zu bestehen. Ich kann allemal davon leben, dass ich Blähungen bei Färsen kuriere. Oder die Impotenz bei solchen alten Knackern wie dir. Aber das ist unwichtig. Wichtig ist, dass du leben willst und aus diesem Grunde die Zunge wetzt. Jeder will leben. Darum wirst du mir jetzt, auf der Stelle, den Bindespruch verraten. Dann wirst du mir helfen, diesen Knoch zu finden und ihn zu vernichten. Und wenn nicht ... Tja, dann gehe ich ein wenig im Walde spazieren. Nachher kann ich dem Kreis sagen, dass ich nicht auf die wütenden Bauern geachtet habe.«

Der Zauberer knirschte mit den Zähnen. »Du warst immer zynisch. Sogar damals in Mayena. Vor allem in Beziehungen mit Männern. Du warst vierzehn, aber man redete schon viel von deinen ...«

»Hör auf, Fregenal«, unterbrach ihn die Druidin. »Was du sagst, macht auf mich nicht den geringsten Eindruck. Auf ihn auch nicht. Er ist nicht mein Liebhaber. Sag, dass du einverstanden bist. Und Schluss mit dem Gerede. Denn du bist doch einverstanden!«

Fregenal verdrehte die Augen, wandte den Blick ab. »Klar doch«, krächzte er. »Hältst du mich für einen Idioten? Jeder will leben.«

VIII

Fregenal blieb stehen, wischte sich mit dem Handrücken die schweißbedeckte Stirn ab. »Dort hinter diesem Felsen beginnt eine Schlucht. Auf alten Karten ist sie als Durtan-Orit vermerkt, als die Mäuseklamm. Das ist das Tor zum Klamat. Hier müssen wir die Pferde zurücklassen. Zu Pferd haben wir keinerlei Chance, uns ihm unbemerkt zu nähern.«

»Niklas«, sagte Visenna, während sie absaß. »Wartet hier bis zum Abend, nicht länger. Wenn ich nicht zurückkomme, geht nicht auf den Pass, auf gar keinen Fall. Kehrt nach Hause zurück. Hast du verstanden, Niklas?«

Der Schmied nickte. Bei ihm waren nur noch vier Dörfler. Die Mutigsten. Der Rest der Abteilung war unterwegs geschmolzen wie Schnee im Mai.

»Ich habe verstanden, Herrin«, murmelte er und schielte zu Fregenal hin. »Trotzdem wundere ich mich, dass Ihr diesem verdammten Kerl traut. Ich denke, die Bauern hatten recht. Man hätte ihm den Kopf abreißen sollen. Schaut Euch nur, Herrin, diese Schweinsäuglein an, diese Verräterfresse.«

Visenna antwortete nicht. Die Augen mit der Hand abgeschirmt, blickte sie zu den Bergen hin, zum Eingang in die Schlucht.

»Geh voran, Fregenal«, befahl Korin und zog seinen Gürtel straff.

Sie brachen auf.

Nach einer halben Stunde Marsch erblickten sie den ersten Wagen, umgestürzt, zerschlagen. Danach einen zweiten – mit einem gebrochenen Rad. Skelette von Pferden. Das Skelett eines Menschen. Das zweite. Das dritte. Das vierte. Einen Stapel. Einen Stapel zerbrochener, zermalmter Knochen.

»Du Hundesohn«, sagte Korin leise mit Blick auf einen Schädel, durch dessen Augenhöhlen sich schon die Stängel von Brennnesseln schoben. »Das sind Kaufleute, ja? Ich weiß nicht, was mich davon abhält, dir …«

»Wir haben eine Vereinbarung getroffen«, unterbrach ihn Fregenal rasch. »Eine Vereinbarung. Ich habe euch alles gesagt, Visenna. Ich helfe euch. Ich führe euch. Wir haben eine Vereinbarung getroffen!«

Korin spie aus. Visenna schaute ihn an, bleich, dann wandte sie sich dem Zauberer zu.

»Wir haben eine Vereinbarung getroffen«, bestätigte sie. »Du wirst uns helfen, ihn zu finden und zu vernichten, dann gehst du deiner Wege. Dein Tod macht die, die hier liegen, nicht wieder lebendig.«

»Vernichten, vernichten … Visenna, ich warne dich nochmals und wiederhole: Versetze ihn in Lethargie, lähme ihn, du kennst die Sprüche. Aber vernichte ihn nicht. Er ist ein Vermögen wert. Du kannst jederzeit ...«

»Hör auf, Fregenal. Wir haben darüber schon gesprochen. Führe uns.«

Sie gingen weiter, sorgsam den Skeletten ausweichend.

»Visenna«, schnaufte Fregenal nach einer Weile. »Bist du dir des Risikos bewusst? Das ist kein Spaß. Du weißt, mit dem Spiegeleffekt kann es so oder so gehen. Wenn die Inversion nicht wirkt, sind wir erledigt. Ich habe gesehen, was er vermag.«

Visenna blieb stehen. »Keine Ausflüchte«, sagte sie. »Für wen hältst du mich? Die Inversion wird wirken, wenn ...«

»Wenn du uns nicht betrogen hast«, warf Korin mit vor Zorn tonloser Stimme ein. »Und wenn du es getan hast ... Du sagst, du hast gesehen, was dein Ungeheuer vermag. Aber weißt du, was ich vermag? Ich kenne einen Hieb, nach dem der Getroffene noch ein Ohr hat, eine Wange und den halben Kiefer. Man kann es überleben, aber man kann danach, sagen wir, nicht mehr Flöte spielen.«

»Visenna, beruhige diesen Mörder«, stotterte Fregenal, blass geworden. »Erkläre ihm, dass ich dich nicht belügen konnte, dass du es gespürt hättest ...«

»Red nicht so viel, Fregenal. Führe uns.«

Ein Stück weiter erblickten sie die nächsten Wagen. Und die nächsten Skelette. Durcheinandergeworfene, verflochtene, weiß im Gras glänzende Brustkästen, aus den Trümmern ragende Schienbeine, gespenstisch grinsende Schädel. Korin schwieg, die schwitzende Hand um den Schwertgriff geklammert.

»Seht euch vor«, keuchte Fregenal. »Wir sind nahe. Geht leise.«

»Aus welcher Entfernung reagiert er? Fregenal, ich rede mit dir.«

»Ich werde dir ein Zeichen geben.«

Sie gingen weiter, ließen die Blicke über die Wände der Schlucht schweifen, die steil waren, von kriechenden, verkrüppelten Sträuchern bewachsen, gestreift von Klüften und Felsbrüchen.

»Visenna? Spürst du ihn schon?«

»Ja. Aber undeutlich. Wie weit ist es, Fregenal?«

»Ich werde dir ein Zeichen geben. Schade, dass ich dir nicht helfen kann. Ohne Stab und Ring kann ich nichts tun. Ich bin machtlos. Höchstens …«

»Höchstens was?«

»Das!«

Mit einer Geschwindigkeit, die man ihm kaum zugetraut hätte, klaubte der Dicke einen kantigen Felsbrocken auf und schlug ihn Visenna an den Hinterkopf. Die Druidin fiel ohne einen Seufzer mit dem Gesicht nach unten. Korin holte mit dem gezogenen Schwert aus, doch der Zauberer war unglaublich gewandt. Er ließ sich auf alle viere fallen, um der Klinge zu entgehen, rollte ihm vor die Füße und hieb ihm den Stein, den er nicht losgelassen hatte, gegens Knie. Korin heulte auf, stürzte hin; der Schmerz nahm ihm für einen Augenblick den Atem, und dann strömte eine Woge von Übelkeit aus den Eingeweiden zur Kehle. Fregenal sprang auf wie eine Katze, holte zu einem neuerlichen Schlag aus.

Der buntgefiederte Vogel fiel von oben herab wie ein Geschoss, fuhr über das Gesicht des Zauberers. Fregenal sprang zurück, fuchtelte mit den Händen, ließ den Stein fallen. Korin, auf den Ellenbogen gestützt, schlug mit dem Schwert zu, verfehlte den Dicken nur um Haaresbreite; der aber wandte sich um und rannte zurück in Richtung Mäuseklamm, schrie und lachte. Korin versuchte, aufzustehen und ihn einzuholen, doch von dem Versuch wurde ihm schwarz vor Augen. Er stürzte wieder hin und schickte dem Zauberer einen Schwall widerwärtiger Flüche nach.

Fregenal blickte aus sicherer Entfernung zurück, blieb stehen. »Du missratene Hexe!«, brüllte er. »Du rothaariges Stück Dreck! Du wolltest Fregenal überlisten? Mir gnädig das Leben schenken? Du hast gedacht, ich schaue ruhig zu, wie du ihn umbringst?«

Korin, noch immer am Boden, massierte sein Knie, um den pulsierenden Schmerz zu beruhigen. Visenna lag reglos da.

»Er kommt!«, schrie Fregenal. »Schaut! Erfreut euch an diesem Anblick, denn jeden Moment wird euch mein Knoch die Augen aus den Schädeln blasen! Er kommt schon!«

Korin schaute sich um. Hinter einem Gewirr von Felsbrocken hervor, gut hundert Schritt entfernt, ragten die klobigen Gelenke gekrümmter Spinnenbeine hervor. Gleich darauf schob sich über den Steinhaufen polternd ein Körper von mindestens sechs Meter Durchmesser, platt wie ein Teller, erdig-rostfarben, rau, von stachligen Auswüchsen bedeckt. Drei Paar Beine schritten gleichmäßig voran, trugen den tellerförmigen Körper durch das Geröll. Das vierte, vordere Paar von Gliedmaßen, überproportional lang, war mit mächtigen Krebsscheren bewaffnet, die Reihen von spitzen Stacheln und Hörnern trugen.

Das ist ein Traum, ging es Korin durch den Kopf. Ein Albtraum. Aufwachen. Schreien und aufwachen. Schreien. Schreien. Schreien.

Er vergaß das schmerzende Knie und sprang zu Visenna, zerrte an ihrer schlaffen Schulter. Die Haare der Druidin waren durchtränkt von Blut, das schon den Nacken herabrann.

»Visenna …«, presste er durch die angstgelähmte Kehle hervor. »Visenna …«

Fregenal brach in irres Gelächter aus, das als Echo von den Wänden der Schlucht zurückdröhnte. Das Gelächter übertönte die Schritte von Niklas, der im Laufschritt herbeieilte, die Axt in der Hand. Fregenal bemerkte ihn erst, als es schon zu spät war. Die Axt traf ihn ins Kreuz, ein Stück oberhalb der Hüfte, und drang bis zur Öse ein. Der Zauberer stürzte mit einem Schmerzensschrei zu Boden, so dass dem Schmied der Axtstiel aus der Hand gerissen wurde. Niklas stellte ihm den Fuß auf den Rücken, riss die Axt heraus, schlug abermals zu. Fregenals Kopf trudelte über den Gesteinsschutt und kam zur Ruhe, mit der Stirn gegen einen der Schädel gelehnt, die unter den Rädern des zertrümmerten Wagens lagen.

Korin zog humpelnd, über Steine stolpernd Visenna hinter sich her; sie war schlaff und weich. Niklas sprang herzu, ergriff das Mädchen, warf es sich mühelos über die Schulter und rannte los. Korin vermochte ihm auch ohne die Last nicht zu folgen. Er blickte über die Schulter zurück. Der Knoch kam näher, mit den Gelenken knirschend; die ausgestreckten Scheren fuhren durch das schüttere Gras, schurrten über Felsbrocken.

»Niklas!«, schrie Korin verzweifelt.

Der Schmied schaute zurück, legte Visenna zu Boden, rannte zu Korin, stützte ihn, zusammen liefen sie. Der Knoch wurde schneller, hob die stachligen Scheren.

»Wir schaffen es nicht«, keuchte Niklas nach einem Blick zurück. »Wir entkommen ihm nicht …«

Sie erreichten Visenna, die hingestreckt dalag.

»Sie verblutet«, stöhnte Niklas.

Korin besann sich. Er riss den Beutel von Visennas Gürtel los, schüttete den Inhalt aus und ergriff, ohne die anderen Dinge zu beachten, das rostrote, von Runenzeichen bedeckte Mineral, schob die rotblonden, vom Blut nassen Haare auseinander, drückte den Hämatit auf die Wunde. Das Blut hörte augenblicklich auf zu fließen.

»Korin!«, schrie Niklas.

Der Knoch war nahe. Er streckte die Vorderbeine weit aus, die gezähnten Zangen öffneten sich. Niklas sah die sich auf Stielen drehenden Augen und die darunter knirschenden halbmondförmigen Kiefer. Beim Vorankriechen zischte der Knoch rhythmisch: »Tsss, tsss, tsss …«

»Korin!«

Korin reagierte nicht, flüsterte etwas, ohne den Hämatit von der Wunde zu nehmen. Niklas sprang zu ihm, packte ihn am Arm, zerrte ihn von Visenna weg, nahm die Druidin auf die Arme. Sie rannten. Der Knoch, ohne einen Moment mit dem Zischen aufzuhören, hob die Scheren, schurrte mit dem Chitinbauch über die Felsen und eilte ihnen zügig nach. Niklas erkannte, dass sie keine Chance hatten.

Von der Mäuseklamm preschte in halsbrecherischem Tempo ein Reiter in einem Lederwams heran, das Breitschwert hoch über den Kopf mit der Kettenpanzer-Haube erhoben. In dem behaarten Gesicht funkelten kleine Augen, blitzten die spitzen Zähne.

Mit einem Schlachtruf stürzte sich Kehl auf den Knoch. Doch noch ehe er das Ungeheuer erreichte, schlossen sich die schrecklichen Scheren, fassten das Pferd mit den stachligen Zangen. Der Murmelmensch fiel aus dem Sattel, überschlug sich am Boden.

Ohne ersichtliche Mühe hob der Knoch das Pferd in den Zangen und spießte es auf den spitzen Dorn, der ihm vorn aus dem Leib ragte. Die sichelförmigen Kiefern klappten zusammen, das Blut des Pferdes spritzte auf die Steine, aus dem aufgeschlitzten Bauch platzten die dampfenden Eingeweide auf den Erdboden.

Niklas sprang hin, hob den Murmelmenschen auf, dieser jedoch stieß ihn zurück, riss das Schwert hoch, brüllte so laut, dass er die Todesschreie des Pferdes übertönte, und stürzte sich auf den Knoch. Mit affenartiger Gewandtheit schlüpfte er unter dem knochenartig verdickten Gelenk eines der Vordergliedmaßen hindurch und schlug mit ganzer Kraft nach einem Stielauge. Der Knoch zischte, ließ das Pferd los, warf die Scheren zur Seite, wobei er Kehl mit den spitzen Stacheln erwischte, riss ihn vom Boden hoch, schleuderte ihn seitlich auf das Geröll. Kehl stürzte auf die Steine, ließ das Schwert fallen. Der Knoch vollführte eine halbe Drehung, streckte die Zangen aus und packte ihn. Die kleine Gestalt des Murmelmenschen hing in der Luft.

Niklas schrie wütend auf, war mit zwei Sprüngen bei dem Ungeheuer, holte aus und hieb mit der Axt auf den Chitinpanzer ein. Korin ließ Visenna los und sprang ohne zu zögern von der anderen Seite hinzu, stieß das Schwert mit beiden Händen in eine Fuge zwischen dem Panzer und einem Bein. Er stemmte sich mit der Brust gegen den Griff und rammte das Schwert bis zur Parierstange hinein. Niklas ächzte und schlug nochmals zu, der Panzer platzte, eine stinkende grüne Flüssigkeit sprudelte hervor. Der Knoch zischte abermals, ließ den Murmelmenschen los, hob die Zangen. Korin stemmte sich mit den Füßen in den Boden, zerrte am Schwertgriff – vergebens.

»Niklas!«, rief er. »Zurück!«

Beide wandten sich zur Flucht, klugerweise in verschiedene Richtungen. Der Knoch zögerte, schurrte mit dem Bauch über den Fels und lief rasch direkt auf Visenna zu, die mit hängendem Kopf versuchte, sich auf alle viere zu erheben. Dicht über ihr schwebte in der Luft der buntgefiederte Vogel, schlug mit den Flügeln und schrie, schrie, schrie …

Der Knoch war nahe.

Beide, Niklas und Korin, sprangen gleichzeitig herzu, stellten sich dem Ungeheuer in den Weg.

»Visenna!«

»Herrin!«

Ohne stehenzubleiben breitete der Knoch die Scheren aus.

»Zur Seite!«, rief Visenna auf den Knien und hob die Hände. »Korin! Zur Seite!«

Beide sprangen fort, zu den Wänden der Schlucht.

»Henenaa fireaaoth kerelanth!«, schrie die Zauberin durchdringend und reckte dem Knoch die Arme entgegen. Niklas nahm wahr, wie sich etwas Unsichtbares von ihr auf das Ungeheuer zubewegte. Das Gras wurde zu Boden gedrückt, und kleine Steine wurden beiseite geschleudert wie unter dem Gewicht einer riesigen Kugel, die mit wachsender Geschwindigkeit einherrollte. Aus Visennas Handflächen schoss ein blendend heller, im Zickzack verlaufender Lichtstreifen, traf auf den Knoch, breitete sich als Netz von Flammenzungen auf dem Panzer aus. Die Luft riss mit einem ohrenbetäubenden Knall. Der Knoch explodierte, zerbarst zu einer grünen Fontäne von Körperflüssigkeit, zu einer Wolke von Chitin, von Beinen, Eingeweiden; das alles schoss empor, hagelte ringsum herab, prasselte auf die Felsen, raschelte im Gebüsch. Niklas ließ sich auf ein Knie sinken, hielt sich beide Hände über den Kopf.

Es war still. Wo eben noch das Ungeheuer gestanden hatte, breitete sich schwarz und rauchend ein runder Krater aus, von grüner Flüssigkeit bespritzt, von widerwärtigen, schwer zu erkennenden kleinen Bruchstücken übersät.

Korin wischte sich die grünen Flecken vom Gesicht und half Visenna beim Aufstehen. Visenna zitterte.

Niklas beugte sich über Kehl. Die Augen des Murmelmenschen waren offen. Das dicke Wams aus Pferdeleder war in Streifen gerissen, unter denen man sah, was von Schulter und Flanke übriggeblieben war. Der Schmied wollte etwas sagen, vermochte es aber nicht. Korin kam herzu, der Visenna stützte. Der Murmelmensch wandte den Kopf zu ihnen hin. Korin betrachtete seine Schulter und schluckte mühsam.

»Du bist das, Prinz«, sagte Kehl leise, aber ruhig. »Du hattest recht … Ohne Waffen bin ich Dreck. Und ohne Arm? Wohl Scheiße, was?«

Die Ruhe des Murmelmenschen entsetzte Korin mehr als der Anblick der zerschmetterten Knochen, die aus den ungeheuerlichen Wunden ragten. Dass das Geschöpf überhaupt noch lebte, war unvorstellbar.

»Visenna«, flüsterte Korin und schaute die Zauberin bittend an.

»Ich kann nichts tun, Korin«, sagte Visenna mit brechender Stimme. »Sein Metabolismus ist ganz anders als bei einem Menschen … Niklas … Fass ihn nicht an …«

»Du bist zurückgekommen, Murmelmensch«, flüsterte Niklas. »Warum?«

»Weil mein Metabolismus ganz anders ist … als bei einem Menschen«, sagte Kehl mit Stolz in der Stimme, wenn auch schon mit sichtlicher Mühe. Ein Rinnsal von Blut floss aus seinem Mund und befleckte den aschfarbenen Pelz. Er wandte den Kopf, schaute Visenna in die Augen.

»Na, rothaarige Hexe! Deine Prophezeiung war richtig, aber erfüllen musst du sie selbst.«

»Nein!«, stöhnte Visenna.

»Ja«, sagte Kehl. »Du musst. Hilf mir! Es ist Zeit.«

»Visenna«, seufzte Korin mit Entsetzen in der Stimme. »Du willst doch nicht etwa …«

»Geht weg!«, schrie die Druidin und unterdrückte ein Schluchzen. »Geht beide weg!«

Niklas wandte den Blick ab und zog Korin am Arm. Korin folgte ihm. Er sah noch, wie Visenna sich bei dem Murmelmenschen hinkniete, wie sie sanft über seine Stirn strich, die Schläfen berührte. Kehl zuckte, begann zu zittern, spannte sich an und erstarrte reglos.

Visenna weinte.

IX

Der buntgefiederte Vogel, der auf Visennas Schulter saß, neigte das schmale Köpfchen, fixierte die Zauberin mit einem runden, reglosen Auge. Das Pferd trottete über die löchrige Landstraße, der Himmel war kobaltblau und klar.

»Tuuit tuiit trk«, sagte Buntgefiederter Vogel.

»Kann sein«, stimmte Visenna zu. »Aber darum geht es nicht. Du hast mich nicht verstanden. Ich mache niemandem Vorwürfe. Es betrübt mich, dass ich von der ganzen Sache erst von Fregenal erfahren habe und nicht von dir, das schon. Aber ich kenne dich ja schon seit Jahren, ich weiß, dass du nicht gesprächig bist. Ich denke, wenn ich dich geradeheraus gefragt hätte, hättest du geantwortet.«

»Trk, tuuuit?«

»Klar. Schon seit langem. Aber du weißt selbst, wie es bei uns ist. Ein einziges großes Geheimnis, alles ist geheim. Und im Übrigen ist es nur eine Frage des Maßstabs. Ich lehne es auch nicht ab, mich für eine Heilung bezahlen zu lassen, wenn mir jemand das Geld aufdrängt und ich weiß, dass er es sich leisten kann. Ich weiß, dass der Kreis für bestimmte Arten von Diensten hohe Preise fordert. Und das zu Recht, alles wird teurer, und man muss sehen, wo man bleibt. Nicht darum geht es.«

»Twwiiit.« Der Vogel trat von einem Füßchen aufs andere. »Korriiin.«

»Bist ein schlaues Kerlchen.« Visenna lächelte säuerlich, neigte den Kopf zu dem Vogel hin, so dass er mit seinem Schnäbelchen leicht ihre Wange berühren konnte. »Das ist es, was mir Kummer macht. Ich habe gesehen, wie er mich angeschaut hat. Nicht nur eine Hexe, hat er sicherlich gedacht, sondern auch noch eine Schwindlerin, raffgierig und berechnend.«

»Tuwiit trk trk trk tuuuiiit?«

Visenna wandte den Kopf. »Na, so schlimm ist es wieder nicht«, murmelte sie und blinzelte. »Ich bin, wie du weißt, kein kleines Mädchen, ich verliere nicht so leicht den Kopf. Obwohl ich gestehen muss ... Zu lange treibe ich mich allein auf ... Aber das geht dich nichts an. Hüte deinen Schnabel.«

Der Vogel schwieg, sträubte das Gefieder. Sie kamen dem Wald immer näher; man sah, wie die Straße unter dem Portal der Baumkronen im Dickicht verschwand.

»Hör mal«, ließ sich Visenna nach einer Weile vernehmen. »Was meinst du, wie kann das in Zukunft aussehen? Ist es wirklich möglich, dass die Menschen uns nicht mehr brauchen? Wenigstens bei der einfachsten Angelegenheit, bei Fragen der Heilung? Ein paar Fortschritte sind da zu sehen, nehmen wir zum Beispiel die Kräuterkunde, aber kann man sich vorstellen, dass man eines Tages, sagen wir, mit dem Keuchhusten fertig wird? Mit Kindbettfieber? Mit Wundstarrkrampf?«

»Twiik twiiit.«

»Auch eine Antwort. Theoretisch kann es auch sein, dass sich jeden Moment unser Pferd in das Gespräch einschaltet. Und etwas Kluges sagt. Und was meinst du zum Krebs? Werden sie auch mit dem Krebs fertig? Ohne Magie?«

»Trrk!«

»Das denke ich auch.«

Sie kamen in den Wald, der nach Kühle und Feuchtigkeit roch. Sie überquerten einen seichten Bach. Visenna ritt auf eine Anhöhe, dann wieder hinab, inmitten von Heidekraut, das bis zu den Steigbügeln reichte. Sie fand den Weg wieder, der sandig war, zugewachsen. Sie kannte diesen Weg, sie war erst vor drei Tagen hier entlanggeritten. Nur in die entgegengesetzte Richtung.

»Mir scheint«, sprach sie wieder, »dass uns ein bisschen Veränderung aber ganz guttun würde. Wir verknöchern, klammern uns zu stark und zu unkritisch an die Tradition. Wenn ich zurückkehre …«

»Twiit«, unterbrach sie Buntgefiederter Vogel.

»Was?«

»Twiit.«

»Was willst du damit sagen? Warum nicht?«

»Trrrrk.«

»Was für eine Aufschrift? An welchem Pfahl denn nun wieder?«

Der Vogel stieg mit schwirrenden Flügelchen von ihrer Schulter auf, flog fort, verschwand im Laub.

Korin saß da, mit dem Rücken an den Pfosten am Kreuzweg gelehnt, und betrachtete sie mit einem dreisten Lächeln. Visenna sprang aus dem Sattel, ging näher. Sie spürte, wie sie gegen ihren Willen ebenfalls lächelte, mehr noch, sie argwöhnte, dass ihr Lächeln nicht besonders klug aussah.

»Visenna«, rief Korin. »Gib zu, benebelst du mich womöglich mit Zauberei? Ich empfinde nämlich eine riesige Freude bei dieser Begegnung, eine geradezu unnatürliche Freude. Unberufen, toi-toi-toi. Das muss Zauberei sein.«

»Du hast auf mich gewartet.«

»Du bist unheimlich scharfsinnig. Siehst du, am Morgen bin ich aufgewacht und habe gemerkt, dass du fortgeritten warst. Wie lieb von ihr, dachte ich mir, dass sie mich wegen so eines dummen, nichtssagenden Abschieds nicht geweckt hat, ohne den geht es schließlich auch. Wer begrüßt oder verabschiedet sich denn heutzutage noch, das ist doch weiter nichts als ein Vorurteil und eine Schrulle. Nicht wahr? Ich habe mich auf die andere Seite gedreht und weitergeschlafen. Erst nach dem Frühstück ist mir eingefallen, dass ich dir etwas ungewöhnlich Wichtiges zu sagen habe. Also habe ich mich auf ein Beutepferd gesetzt und die Abkürzung genommen.«

»Und was hast du mir denn zu sagen?«, erkundigte sich Visenna, während sie näher ging und in die blauen Augen schaute, die sie in der Nacht zuvor im Traum gesehen hatte.

Korin zeigte breit lächelnd die Zähne. »Die Sache ist von delikater Art«, sagte er. »Das lässt sich nicht in ein paar Worten zuammenfassen. Ich weiß nicht, ob ich es bis zur Dämmerung schaffe.«

»Fang wenigstens an.«

»Das ist es ja gerade. Ich weiß nicht, wie.«

»Herrn Korin fehlen die Worte.« Visenna schüttelte den Kopf, noch immer lächelnd. »Ein absolut unerhörtes Ereignis. Sagen wir also: Fang beim Anfang an.«

»Kein schlechter Gedanke«, erwiderte Korin mit gespieltem Ernst. »Weißt du, Visenna, es ist schon eine ganze Zeit, dass ich mich allein …«

»… in Wäldern und auf Landstraßen herumtreibe«, vollendete die Zauberin und schlang ihm die Arme um den Hals.

Buntgefiederter Vogel, hoch auf einem Zweig, flatterte mit den Flügelchen, breitete sie aus, warf das Köpfchen zurück.

»Trrrk twiit twiiit«, sagte er.

Visenna löste ihre Lippen von denen Korins, schaute zu dem Vogel hin, zwinkerte. »Du hattest recht«, antwortete sie. »Das ist wirklich ein Weg, von dem niemand zurückkehrt. Flieg, sag ihnen …«

Sie zögerte, winkte ab.

»Sag ihnen nichts.«

»Die Musikanten«

haben natürlich ebenfalls ihre Vorgeschichte. Die Erzählung entstand 1989 auf Bestellung Wojtek Sedeńkos, der mir vorschlug, mich an einer geplanten Anthologie polnischer Phantastik zu beteiligen. Die Anthologie, zu der Wojtek offensichtlich Harlan Ellisons berühmte Dangerous Visions *inspiriert hatten, erschien schließlich unter dem Titel* Alternative Visionen; *der ursprüngliche Titel sollte jedoch* Bedrohungen *lauten. Ebendiesen Titel nannte mir Sedeńko, als er mir die Teilnahme vorschlug. Er warnte mich jedoch, dass er keine Fantasy haben wolle, das Genre, mit dem ich damals untrennbar assoziiert wurde. Ha, dachte ich, wenn es keine Fantasy sein soll und noch dazu* Bedrohungen, *dann wird klar, in welchem Stil ich schreiben muss! Ich hatte vorher nie geplant, Horror zu verfassen. Ich mochte dieses Genre nicht, denn es war schon in seiner Definition verlogen, sogar im Namen. Vor allem, wenn es um den modischsten Filmhorror ging, der – wie zutreffend –* Splatter *genannt wird. Der, anstatt Entsetzen, Angst und Unruhe auszulösen, meistens nur lächerlich war und manchmal zusätzlich mit »special effects« einen fast zum Übergeben führenden Ekel aus-*

löste, indem er reichlich rote Farbe, grüne Gallerte und lebensecht aussehende Latex-Gedärme verspritzte. Ich aber war mit gutem Horror aufgewachsen. In meiner Jugendzeit, als das Tauwetter des Jahres 1956 das Eis auch bei den Übersetzungen und in der Verlagspolitik schmelzen ließ. Damals hatte ich die Klassiker der Unheimlichen Phantastik verschlungen, Horrorgeschichten, die den Namen wirklich verdienten, wie »Die Affenpfote« von W. W. *Jacobs, den »Schreienden Totenschädel« von F. Marion Crawford, »Schatten über Innsmouth« und andere Erzählungen Lovecrafts, Lems für das Genre innovativen Roman* Die Untersuchung. *Das waren Zeiten, das waren echte Gruselgeschichten. Dann gab es, wie schon gesagt, lange, lange nichts, bis* Rosemaries Baby *von Ira Levin und Blattys* Der Exorzist *erschienen. Und dann kam Stephen King mit seinem* Friedhof der Kuscheltiere. *Ob Sie es glauben oder nicht, aber als ich diesen Roman durchgelesen hatte – und das war ziemlich spät in der Nacht –, löschte ich irgendwie merkwürdig ungern das Licht.*

Aber es waren keineswegs die King'schen Kuscheltiere, die den Anstoß zu den »Musikanten« gaben. Sie müssen nämlich wissen, dass ich Katzen vergöttere, dass ich diese Geschöpfe geradezu irrsinnig liebe. Und wenn des Abends unter dem Fenster der Schrei einer gequälten Katze ertönte, begleitet von einem »Fass, Rambo!« des Nachbarn, eines Herrn Doktors der Zahnheilkunde, oder von den spitzen Lustschreien der Nachbarin, einer Frau Dozentin der Universität von Łódź, erfasste mich ... nein, nicht blinde, rasende Wut, nicht das Verlangen nach Erwiderung. Es erfasste mich das widerwärtig schändliche Bewusstsein meiner Machtlosigkeit. Und dann erfuhr ich, dass die Nachbarin aus dem vierten Stock, eine pensionierte Lehrerin, der es der geräuschvolle Katzensex nicht erlaubte, sich voll und ganz auf die Schicksale der Helden im Denver Clan *zu konzentrieren, die Tierchen fütterte, indem sie Fleischpastete auslegte, sorgsam vermischt mit – gemahlenem Glas …*

Und schon hatte ich eine Idee für eine Erzählung. Die zum Anthologietitel Bedrohungen *passte. Ihr quält die Tiere, weil sie machtlos sind und nicht Gleiches mit Gleichem vergelten können? Seht euch vor! Seid nicht so selbstsicher!*

»Die Musikanten« erschien 1990 in der erwähnten Anthologie. Es war meine erste Erzählung, die nicht zur Fantasy gehörte. Damit meine ich natürlich die Fantasy in ihrer klassischsten Ausprägung, in irgendeinem Nirgendland spielende Geschichten von der Art Sword and Sorcery, »Schwert und Zauberei«. Denn »Die Musikanten« kann man doch zur Fantasy zählen. Wie ein großer Teil des Horrors passt sie in die Definition des Teilgenres, das nach einem Roman Ray Bradburys »Something Wicked This Way Comes« (deutsch Das Böse kommt auf leisen Sohlen*) genannt wird. Verwandt sind auch – wegen der Vermenschlichung von Tieren –* Unten am Fluss *von Richard Adams und die übrigen Fantasys aus diesem »Tiergenre«.*

Und – fast – zum Schluss ein interessantes Detail: Nicht alle wissen, warum Sedeńkos Anthologie schließlich unter dem Titel Alternative Visionen *und nicht als* Bedrohungen *erschien. Die weitaus meisten Autoren nämlich – sei es aus Faulheit, sei es, weil sie sich in den vorgegebenen Begriff nicht einordnen konnten – schickten Wojtek Arbeiten, die sie vom Boden der Schublade oder aus den hintersten Winkeln der Festplatte geholt hatten. Wie man leicht erraten kann, war das Themenspektrum deshalb sehr breit, und absolut nichts verband die Erzählungen. In den meisten war wie zum Tort keine Rede von irgendwelchen Bedrohungen, also blieb Sedeńko nichts weiter übrig, als den Titel der Anthologie an ihren tatsächlichen Inhalt anzupassen.*

Ich erinnere mich auch, dass »Die Musikanten« in der »Katzenanthologie« des Verlages SuperNOWA erwähnt wurde. Aber das, wie es bei Kipling heißt, ist eine ganz andere Geschichte. Kommen wir zur Sache zurück, und das in Kürze.

Zum Schluss merke ich an, dass »Die Musikanten« 1990 mit dem Preis der Natalia-Gall-Literaturstiftung ausgezeichnet wurde. Das geschah fast gleichzeitig mit meiner ersten Auszeichnung im Fandom durch die Statuette des Janusz-A.-Zajdel-Preises. Das beweist, dass mich entgegen der landläufigen Ansicht der Mainstream keineswegs später als die Phantastik-Leute in ihrem Ghetto bemerkt und anerkannt hatte.

Die Musikanten

Die Senke

Dort, wo die Stadt praktisch zu Ende war, hinter der Wendeschleife der Straßenbahn, hinter den in einem Einschnitt verborgenen Eisenbahngleisen und dem bunten Quadrat der Kleingärten, erstreckte sich ein unebenes, huckeliges Feld, vermüllt und zerwühlt, das Betonbrocken und Stacheldrahtbüschel bleckte und dicht bewachsen war mit Disteln, Quecken, Straußgras und Amarant.

Es war ein Streifen Niemandsland, eine Pufferzone zwischen der steinernen Wand der Wohnblöcke und dem fernen, dunkelgrünen Wald, den der Smog graublau erscheinen ließ.

Dieses Gebiet nannten die Leute *Loch*. Das war nicht der wahre Name dieses Ortes.

Diese Gegend war immer leer, selbst die allgegenwärtigen Kinder drangen selten hierher vor – nach dem Vorbild ihrer Eltern zogen sie für ihre Spiele Orte vor, die in den sicheren und bequem zu erreichenden Stahlbetonschluchten lagen. Nur manchmal, und das ganz am Rande, ließen sich hier Trunkenbolde nieder, die einen atavistischen Hang zum Grünen verspürten. Sonst verirrte sich niemand in das *Loch*.

Ausgenommen die Katzen.

Katzen gab es in der ganzen Siedlung reichlich, aber das *Loch* war ihr Reich, ihre unbestrittene Domäne und ihr Asyl. Die Hunde aus der Siedlung, die von ihren Besitzern regelmäßig auf die Katzen gehetzt wurden, machten an der Grenze der Einöde halt, kehrten mit eingezogenem Schwanz und jaulend zurück. Ergeben nahmen sie die grausamen Prügel hin, die ihnen ihre Herren »für die Feigheit« verpassten – das *Loch* weckte in ihnen größere Furcht als die Schläge.

Auch die Menschen fühlten sich im *Loch* unbehaglich. Am Tage. Denn nachts wagte sich niemand in das *Loch*.

Ausgenommen die Katzen.

Tagsüber lauernd und vorsichtig, streiften die Katzen nachts mit weichem, bedrohlichem Schritt durch das *Loch*, nahmen die notwendigen Korrekturen an der Anzahl der örtlichen Ratten und Mäuse vor, weckten die Bewohner der angrenzenden Blöcke mit durchdringendem Geschrei, das Liebe oder blutigen Kampf verkündete. Nachts fühlten sich die Katzen im *Loch* sicher. Tagsüber nicht.

Die Bewohner der Siedlung mochten keine Katzen. Bedenkt man, dass sie die Geschöpfe, die sie mochten und die sie in ihren steinernen Nestern hielten, von Zeit zu Zeit bestialisch zu quälen pflegten, erhielt die Bezeichnung »nicht mögen« in Bezug auf die Katzen eine eigene, finstere Bedeutung. Es kam vor, dass sich die Katzen fragten, wo die Ursache für diesen Zustand liege. Es gab unterschiedliche Ansichten – die meisten Katzen meinten, schuld seien jene, scheinbar bedeutungslosen Kleinigkeiten, die die Menschen langsam, aber sicher töteten und in den Wahnsinn trieben – die spitzen, mörderischen Asbestnadeln, die sie in der Lunge trugen, die tödliche Strahlung, die die Platten verströmten, welche die Wände ihrer Wohnstätten bildeten, die saure, lebensfeindliche

Luft, die ständig über der Stadt hing. Kein Wunder, sagten die Katzen, dass jemand, der am Rande der Vernichtung balanciert, von Giften und Krankheiten zerfressen, Vitalität, Gewandtheit und Kraft hasst? Dass jemand, der zittert, der keine Ruhe kennt, mit Wut und Raserei auf die warme, flauschige und schnurrende Ruhe anderer reagiert? Nein, daran war nichts, worüber man sich wundern musste. Vielmehr musste man wachsam sein, musste fliehen, was die Beine hergaben, was der gestreckte Sprung erlaubte, wenn man am Horizont große oder kleine zweibeinige Silhouetten erblickte. Man musste sich vor einem Fußtritt in Acht nehmen, vor einem Stock, einem Stein, den Zähnen eines losgehetzten Hundes, den Rädern eines Autos. Man musste die Grausamkeit erkennen können, die sich hinter dem durch zusammengebissene Zähne gezischten »Miez, Miez« verbarg. Weiter nichts.

Unter den Katzen waren jedoch auch welche, die meinten, die Ursache des Hasses läge anderswo. Sie sei in den Alten Zeiten verborgen.

Die Alten Zeiten. Die Katzen wussten von den Alten Zeiten. Bilder aus den Alten Zeiten sah man nachts im *Loch*.

Denn das *Loch* war kein gewöhnlicher Ort. In hellen Mondnächten sahen die Katzen Bilder, die nur ihren Katzenaugen sichtbar waren. Neblige, verschwommene Bilder. Reigen von langhaarigen Fräuleins um sonderbare Bauwerke aus Stein, irrsinniges Heulen und Springen um verkrüppelte Körper, die von Holzgerüsten herabhingen, Reihen von kapuzenbedeckten Menschen mit Fackeln in den Händen, brennende Häuser mit Türmen unter dem Kreuzzeichen, das gleiche Kreuz, aber umgedreht, in die schwarze, pulsierende Erde gerammt. Scheiterhaufen, Pfähle und Galgen. Und einen schwarzen Mann, der

Worte herausschrie. Worte, die, wie die Katzen wussten, der wahre Name des *Loch* genannten Ortes waren.

Locus terribilis.

In solchen Nächten fürchteten sich die Katzen. Die Katzen spürten, wie der *Schirm* bebte. Dann pressten sie sich flach an den Boden, schlugen die Krallen in den Boden, öffneten lautlos die Mäulchen mit den Schnurrhaaren. Sie warteten.

Und dann ertönte Musik. Musik, die die Unruhe und die Angst der Katzen abklingen ließ, die Wohlgefühl verbreitete, Sicherheit verhieß.

Denn außer den Katzen wohnten im *Loch* die Musikanten.

Der Veehal

Der Tag begann ebenso wie alle anderen Tage – ein kalter Morgen erwärmte sich und entspannte sich zu einem warmen Herbstvormittag, hellte sich in seinem Zenit mit den Fäden des Altweibersommers auf, bezog und verdunkelte sich gegen Abend, begann zu verlöschen.

Es geschah völlig unerwartet, plötzlich, ohne Vorwarnung. Der Veehal zerriss die Luft, flog zwischen den Büschen einher wie ein Windstoß, vervielfältigte sich mit dem Echo, das die Steinwände der Wohnblöcke zurückwarfen. Eine entsetzliche Furcht machte, dass gefleckte und gestreifte Felle sich sträubten, Ohren angelegt, Zähne gebleckt wurden.

Veehal!

Qual und Tod!

Mord!

Veehal!

Der *Schirm*! Der *Schirm* reißt!

Und Musik.

Beschwichtigung.

Erst später ergossen sich die Sirenen der Krankenwagen über die Kleingärten. Erst später begann das hektische Gewimmel der weiß und blau gekleideten Menschen. Die Katzen betrachteten das aus den Verstecken heraus, ruhig und gleichgültig. Es betraf sie nicht mehr.

Die Menschen rannten, schrien, fluchten. Die Menschen trugen zwischen Lauben Körper hervor, die massakriert waren, verunstaltet, durch weiße Tücher hindurch Blut verströmten. Die Menschen in blauer Kleidung drängten von einem Drahtgitter andere Menschen weg, die von der Siedlung herbeigelaufen waren. Die Katzen schauten zu.

Einer von den Menschen in Blau hatte sich zu einem freien Platz hindurchgedrängt und übergab sich, krümmte sich. Jemand schrie, schrie grauenhaft. Wütend knallten die Türen der Autos, dann heulten wieder die Sirenen auf.

Die Katzen schnurrten leise. Die Katzen lauschten der Musik. Das dort betraf sie nicht mehr.

Der Picklige

In das Netz von Tönen verstrickt, die den durchbrochenen *Schirm* mit einem feinen Gespinst von Musik zusammenfügten und -klebten, wich der *Picklige* zurück, versprühte ringsum Tröpfchen von Blut, das ihm von Klauen und Fangzähnen rann. Er wich zurück, verschwand, von dem klebrigen Bindemittel am Durchgang gehindert, stieß ein letztes Mal, schon hinter dem *Schirm* hervor, mit Hass, Wut und Drohung nach den Musikanten.

Der *Schirm* wuchs zusammen, die letzte Spur des Risses wurde verwischt.

Die Musikanten

Die Musikanten saßen im Schatten eines verbeulten, rußigen, in den Boden eingegrabenen Ofens.

»Es ist gelungen«, sagte Kersten. »Es ist für diesmal gelungen.«

»Ja«, bestätigte Itka. »Aber nächstes Mal … Ich weiß nicht.«

»Es wird ein nächstes Mal geben«, flüsterte Pasiburduk. »Itka? Es wird ein nächstes Mal geben?«

»Ohne jeden Zweifel«, sagte Itka. »Kennst du sie nicht? Weißt du nicht, woran sie jetzt denken?«

»Nein«, sagte Pasiburduk. »Ich weiß es nicht.«

»Aber ich weiß es«, murmelte Kersten. »Ich weiß es gut, denn ich kenne sie. Sie denken an Rache. Darum müssen wir Debbe finden.«

»Müssen wir«, sagte Itka. »Wir müssen sie endlich finden. Nur sie kann sie aufhalten. Sie hat Kontakt zu ihnen. Und wenn sie erst bei uns ist, gehen wir hier fort. Nach Bremen. Zu den anderen. So, wie es das *Recht* gebietet. Wir müssen nach Bremen gehen.«

Das blaue Zimmer

Das blaue Zimmer hatte sein eigenes Leben. Es atmete den Geruch von Ozon und erhitztem Plastik, von Metall, Äther. In ihm pulsierte wie Blut die Elektrizität, die aus den isolierten Kabeln sprühte, aus den ölig glänzenden Schaltern, Tasten und Druckknöpfen. Das Zimmer flimmerte mit dem gläsernen Schein der Bildschirme, den vielen bösen, roten Augen der Sensoren. Es schwelgte in der Majestät von Chrom und Nickel, im Ernst des Schwarz, der Würde des Weiß. Es lebte.

Es flößte Respekt ein. Es dominierte.

Debbe bewegte sich unter dem Druck der Riemen, die sie platt an den mit Laken und Wachstuch bedeckten Tisch pressten. Sie fühlte keinen Schmerz – die in den Schädel gestoßenen Nadeln und die gezähnten Bleche, die an ihren Ohren befestigt waren, taten nicht mehr weh, drückten nur mit der verflochtenen Krone aus Drähten, waren lästig, schmachvoll, verursachten aber kein Leiden mehr. Mit reglosem, farblosem Blick schaute Debbe auf die Pelargonie, die auf dem Fensterbrett stand. Die Pelargonie war in diesem Zimmer das einzige Ding, das ein eigenes, unabhängiges Leben hatte.

Abgesehen von Iza.

Iza saß gebeugt am Tisch und schrieb schnell, füllte mit kleinem Gekritzel die Seiten eines Heftes, tippte von Zeit zu Zeit mit den Fingern auf den Tasten eines Computers. Debbe lauschte dem Pulsschlag des Zimmers.

»Na, Kleine«, sagte Iza und wandte sich um. »Fangen wir an. Ganz ruhig.«

Ein Schalter klickte, Motoren begannen zu surren, große Spulen zu zittern, blutrote Lämpchen flammten auf. Durch die runden, karierten Fenster der Bildschirme huschten hüpfend leuchtende Mäuschen. Stifte begannen zu zittern, wie dünne Spinnenbeine hin und her zu schwingen, Zickzacklinien krochen über Rollen. *Debbe*

Iza kaute auf dem Kugelschreiber, den Blick auf die Ziffernreihen gerichtet, die frappierend regelmäßig auf dem Bildschirm auftauchten, auf die Linien, die eckigen Diagramme. Sie murmelte etwas vor sich hin, schrieb in das Heft. Sie rauchte. Schaute die Ausdrucke durch. Schließlich klickte ein Schalter.

sah die Pelargonie. Sie fühlte Trockenheit in der Nase, eine eisige Hitze, die von der Stirn zu den Augen strömte. Sie spürte, wie der ganze Körper taub, taub wurde.

Iza sah die Ausdrucke durch. Einige davon zerknüllte sie und warf sie in den übervollen Papierkorb, andere, markiert mit schnellen Strichen des Kugelschreibers, heftete sie zusammen und legte sie auf einen ordentlichen Stapel.

Das Zimmer lebte.

Debbe

Der blaue Bildschirm zauberte Zickzackkurven und Geraden hervor, häufte in regelmäßigen Schichten Zahlenkolonnen an. Der Stift wogte fließend und ruhig hin und her und malte einen phantastischen Horizont auf die Papierrolle.

Das sind wir. Du musst,

wunderte sich, als sie diese Stimme hörte. Nie zuvor hatte sie diese Stimme gehört, eine Stimme, stärker als die Stimme des Zimmers, stärker als die Gluthitze, die in ihrem Hirn waberte. Die Nadeln, mit denen ihr Kopf gespickt war, begannen zu vibrieren.

Musik! Musik! Musik!

Die rote Linie auf dem Bildschirm schoss empor, der Stift ruckte und malte zittrig drei oder vier kräftige Zacken.

musst mit uns nach Bremen.

»Verdammt, was ist denn los?«, flüsterte Iza, den Blick auf den Bildschirm gerichtet. Sie vergaß ihre im Aschenbecher glimmende Zigarette, zündete eine zweite an. Einen nach dem anderen legte sie die Schalter um, versuchte, der verrücktspielenden Bildschirme Herr zu werden.

»Ich verstehe nichts. Was ist los, Kleine?«

Schließlich tat sie, was zu tun war. Sie schaltete den Strom aus.

»Neiiin«, sagte Debbe gedehnt. »Ich will nicht, Hellhaarige. Ich will niiicht!«

Iza stand auf, strich ihr über Kopf und Rücken. Alle

Linien auf dem Bildschirm schossen nach oben, und der Stift begann wild zu zucken. Iza sah es nicht.

»Armes Kätzchen«, sagte sie und streichelte das seidige Fellchen Debbes. »Arme Mieze. Wenn du wüsstest, wie leid du mir tust. Aber du wirst der Wissenschaft von Nutzen sein, Kätzchen. Dem Wissen.«

Hinter Izas Rücken wanderte der Cursor des Computers nach rechts, schrieb in Reihen von kleinen, eckigen Buchstaben »Incorrect statement« und erlosch. Völlig.

Der Stift blieb auf der Papierrolle stehen.

Das leuchtende Mäuschen auf dem runden, karierten Bildschirm piepste noch einmal und erstarrte.

Iza fühlte plötzlich eine Schwäche, von der ihr schwarz vor Augen wurde, sie sackte schwer auf das weiße, dreibeinige Tischchen.

Musik, dachte sie, *woher …*

Debbe maunzte ergriffen, passte sich leicht und mühelos, fließend und natürlich der Harmonie der von überall herandringenden Töne an. Sie fand sich in ihnen wieder, ihren Platz, ihre Vorherbestimmung. Sie fühlte, dass diese Musik ohne sie unvollständig war, ein Krüppel. Das bist du, sagten sie, das bist du. Glaube an dich. Ebendas bist du. Glaube.

Debbe glaubte.

Wir, sagten die Stimmen, sind du. Höre. Höre uns. Höre unsere Musik. Deine Musik. Hörst du?

Debbe hörte.

Wir warten auf dich, sagten die Stimmen. Wir werden dir den Weg zu uns zeigen. Und wenn du erst bei uns bist, brechen wir zusammen nach Bremen auf. Zu den anderen Musikanten. Doch zuerst musst du ihnen eine Chance geben. Nur du kannst das tun. Du kannst ihnen eine Chance geben. Höre. Wir werden dir sagen, was geschehen ist. Wir werden dir sagen, was zu tun ist, um sie aufzuhalten. Hör zu.

Debbe hörte zu.

Wirst du es tun?

Ja, sagte Debbe. *Ich tue es.*

Die Musik antwortete mit einer Kaskade von Klängen.

Iza schaute mit totem Blick zur Pelargonie.

Schau mich an, Hellhaarige, sagte Debbe. Der schwarze Buchstabe »M« auf der Stirn der Katze, die Kennung der Auserwählten, das Zeichen des Kankers, blitzte, leuchtete in metallischem pfauenblauem Glanz auf.

Schau mir in die Augen.

Nejman

»Zwei«, sagte die Krankenschwester. »Es sind zwei. Sie sitzen im Zimmer des Stationsarztes. Recka hat ihnen Kaffee gemacht. Aber sie sagten, sie hätten es eilig.«

»Was kann die Miliz von mir wollen?« Iza drückte den Rest der Zigarette auf dem geschwungenen Blechteller aus, der im Korridor als Aschenbecher diente. »Haben sie das nicht gesagt?«

»Nichts haben sie gesagt.« Die Schwester verzog das pausbäckige Gesicht. »Sie wissen doch, Frau Doktor. Die sagen nie was.«

»Woher soll ich das wissen?«

»Gehen Sie. Die haben gesagt, sie haben es eilig.«

»Ich gehe.«

Es waren wirklich zwei. Ein gutaussehender Blonder, ein ordentliches Stück Mann in einer Jeansjacke, und ein Brünetter im Pullover.

Beim Anblick der eintretenden Iza standen beide auf. Sie wunderte sich – die Geste war selbst bei gewöhnlichen

Männern nicht alltäglich und bei Milizionären ganz unwahrscheinlich. Bei Polizisten, berichtigte sie sich in Gedanken und schämte sich zugleich – wegen des Klischees, in das sie unbewusst verfallen war.

»Frau Dr. Przemęcka«, stellte der Blonde fest.

»Ja.«

»Izabella Przemęcka?«

»Ja. Nehmen Sie bitte Platz. Ich höre.«

»Nicht doch.« Der Blonde lächelte. »*Ich* höre.«

»Ich verstehe nicht recht, Herr …«

»Kommissar. Das entspricht dem ehemaligen Oberleutnant.«

»Ich meinte den Namen, nicht die Charge.«

»Nejman. Andrzej Nejman. Und das ist Anwärter Zdyb. Entschuldigen Sie, Frau Doktor. Ich hielt es für überflüssig, mich vorzustellen, denn Sie kennen mich ja. Sie haben mich angerufen. Wobei Sie meinen Namen erwähnten. Und die Charge, wie Sie sich witzig ausgedrückt haben.«

»Ich?« Iza wunderte sich aufrichtig. »Ich habe Sie angerufen? Bitte, ich dachte gleich, dass das eine Verwechslung ist. Und jetzt bin ich mir dessen sicher. Ich habe nie die Miliz angerufen. Niemals. Sie verwechseln mich mit jemand anderem.«

»Frau Iza«, sagte Nejman ernst. »Ich bitte Sie sehr, erschweren Sie mir nicht die Arbeit. Ich bearbeite den Mordfall in der Kleingarten-Kolonie ›Rosa Luxemburg‹, jetzt ›General Anders‹. Sie haben sicherlich von den drei Teenagern gehört, die mit einer Sichel, einer Sense, einem Feuerhaken oder etwas Ähnlichem abgeschlachtet worden sind. Haben Sie davon gehört? Das war hier in der Nähe, in der Vorstadt.«

»Ich habe davon gehört. Aber was habe ich damit zu tun?«

»Das wissen Sie nicht? Sie befassen sich mit einem Tatopfer. Einem mittelbaren Opfer, so nennen wir das. Elżbieta Gruber, neun Jahre alt. Das ist das kleine Mädchen, das den ganzen Verlauf des Vorfalls gesehen hat, den Tatverlauf. Sie liegt in dieser Klinik. Ich habe gehört, dass Sie sich mit ihr befassen.«

»Ach, dieses Mädchen in Zimmer ... Nein, meine Herren, das ist nicht meine Patientin. Dr. Abramik ...«

»Dr. Abramik, mit dem ich schon gesprochen habe, behauptet, dass Sie sich für diesen Fall sehr interessieren. Das Mädchen ist eine Verwandte von Ihnen?«

»Wie kommen Sie denn darauf ...? Keine Verwandte, ich kenne sie nicht. Ich wusste nicht einmal, wie sie heißt ...«

»Frau Iza. Hören Sie auf. Tolek, bitte.«

Der Brünette griff in die Aktentasche, nahm ein kleines, flaches Tonbandgerät heraus, ein National Panasonic.

»Bei uns«, sagte Nejman, »werden die Gespräche aufgezeichnet. Ihr Gespräch mit mir ist ebenfalls aufgezeichnet worden. Leider nicht von Anfang an ...«

Unwillkürlich errötete der Kommissar. Der Anfang des Gesprächs war aus einem prosaischen Grund nicht aufgezeichnet worden – in dem Gerät steckte damals eine Kassette mit »But Seriously« von Phil Collins, die von einer CD überspielt wurde.

Der Brünette drückte eine Taste.

»... lass sein, Nejman«, sagte Izas Stimme. »Was kümmert es dich, wer spricht? Wichtiger ist, was gesagt wird. Und gesagt wird dies: Du darfst nicht tun, was du vorhast. Verstehst du? Du darfst nicht. Was willst du erreichen? Willst du wissen, wer die Jungen in den Kleingärten ermordet hat? Ich kann es dir sagen, wenn du willst.«

»Ja«, sagte die Stimme des Kommissars. »Will ich. Sagen Sie mir bitte, wer es getan hat.«

»Es hat der getan, der durch den zerrissenen *Schirm* gekommen ist. Als der Veehal ertönte. Der *Schirm* riss, und er kam. Wenn der *Schirm* reißt, sind die, die sich in der Nähe befinden, verloren.«

»Ich verstehe nicht.«

»Brauchst du auch nicht«, sagte Izas Stimme scharf. »Du brauchst überhaupt nichts zu verstehen. Du sollst einfach zur Kenntnis nehmen, dass ich weiß, was du vorhast. Ich weiß auch, dass man das nicht tun darf. Und ich teile dir dieses Wissen einfach mit. Wenn du nicht auf mich hörst, werden die Folgen schrecklich sein.«

»Momentchen«, erwiderte Nejmans Stimme. »Sie sollten mir sagen, wer ...«

»Das habe ich schon gesagt«, fiel ihm Izas Stimme ins Wort.

»Dann wiederholen Sie es bitte.«

»Wozu? Glaubst du, du kannst demjenigen hinter dem *Schirm* etwas anhaben? Da täuschst du dich gewaltig. Er ist außerhalb deiner Reichweite. Aber du ... Du bist in seiner. Hüte dich.«

»Sie drohen mir.« Das war eine Feststellung, keine Frage.

»Ja«, sagte die Stimme Izas gleichmütig. »Ich drohe. Aber nicht ich bin es, die dir droht. Nicht ich. Ich kann dir viele Dinge, viele Tatsachen nicht erklären, kann die richtigen Worte nicht finden. Aber eins kann ich ... dich warnen. Hat es nicht schon zu viele Opfer gegeben? Diese Jungen, Elżbieta Gruber. Tu nicht, was du geplant hast, Nejman. Tu es nicht.«

»Hören Sie bitte ...«

»Genug. Merk es dir. Du darfst nicht.«

Ein Hörer wurde aufgelegt.

»Sie werden mir bestimmt nicht glauben …«, begann Iza.

»Wir sind nicht mehr per Du?«, unterbrach Nejman sie. »Schade. Das war nett und direkt. Was werde ich nicht glauben? Dass Sie das nicht waren? Wirklich, das würde mir schwerfallen. Und jetzt, bitte sehr, höre ich. Was habe ich geplant? Warum darf ich das nicht tun?«

»Ich weiß nicht. Das war nicht ich … Das war nicht meine Stimme.«

»Was bedeutet Ihnen die kleine Elżbieta?«

»Ich weiß nicht … Nichts … Ich …«

»Wer hat die Jungen in den Gärten ermordet?« Nejman sprach leise, er schrie nicht, doch seine Kiefermuskeln zitterten deutlich. »Wer war es? Warum ist er außerhalb meiner Reichweite? Weil er nicht normal ist, nicht wahr? Wenn ich ihn erwische, kommt er nicht in den Knast, sondern in eine Klinik, so eine wie diese? Vielleicht gerade in diese? Vielleicht war er schon hier? Was? Frau Doktor?«

»Ich weiß es nicht!« Iza hob unwillkürlich die Hände. »Ich sage Ihnen, ich weiß es nicht! Das war nicht ich, die angerufen hat! Nicht ich!«

Nejman und der Anwärter schwiegen.

»Ich weiß, was Sie denken«, sagte Iza langsam.

»Wohl kaum.«

»Sie denken … Wie in diesem Witz … Dass wir uns dadurch von den Patienten unterscheiden, dass wir über Nacht nach Hause gehen.«

»Bravo«, sagte Nejman ohne ein Lächeln. »Und jetzt höre ich.«

»Frau Doktor«, fuhr Nejman ruhig und beschwichtigend fort, wie zu einem Kind. »In Ordnung, ich weiß, dass ein Magnetband ein mickriger Beweis ist. Dass Sie es leugnen können. Dass Sie auf der jetzt üblichen Welle mitschwimmen und uns Manipulationen vorwerfen können, die Fälschung von Beweisen, was immer Sie wollen. Aber wenn Sie wirklich zu Recht über Nacht nach Hause gehen und nicht nur wegen eines Diagnosefehlers, dann wird Ihnen klar sein, welche Folgen es hat, wenn der Fall geklärt wird. Er muss geklärt werden, denn zufällig haben die ermordeten Jungen wichtige Eltern, und keine Macht wird die Ermittlungen aufhalten, ganz im Gegenteil. Sie wissen, was dann geschieht.«

»Ich verstehe nicht, was Sie wollen.«

»Dann sage ich es Ihnen. Sie denken, wenn der Verrückte aus den Gärten mit Ihnen verwandt ist oder Ihnen nahesteht, dann sind Sie nicht zu belangen, wenn Sie ihn decken. Mag sein. Aber außer der strafrechtlichen Verantwortung gibt es noch eine andere. Wenn sich herausstellt, dass Sie einen geistesgestörten Mörder gedeckt haben, dann sind Sie sowohl in dieser Klinik wie in jeder anderen Klinik dieses Fachbereichs auf der ganzen Welt erledigt. Retten kann Sie nur der gesunde Menschenverstand. Ich warte darauf, dass Sie ihn erkennen lassen.«

»Herr ... Ich wiederhole, ich weiß nicht, worum es bei alledem geht.« Iza senkte den Kopf. »Das war nicht meine Stimme, hören Sie? Ähnlich, aber nicht meine. Das war nicht die Art, wie ich mich ausdrücke. So spreche ich nicht. Da können Sie fragen, wen Sie wollen!«

»Habe ich«, sagte Nejman. »Viele Personen haben Sie erkannt. Ich weiß auch, von welchem Apparat angerufen wurde. Überlegen Sie es sich gut, Frau Iza. Hören Sie bitte auf, sich von Gefühlen leiten zu lassen. Wir haben es mit einem Mord zu tun, mit einem bestialischen Mord, der an Menschen verübt wurde. An Menschen, verstehen Sie? Sie verstehen, dass das mit nichts zu rechtfertigen ist, schon gar nicht mit der Sorge um das Wohl von Tieren. Dieses Verbrechen zeigt eine typische Reaktion eines

Wahnsinnigen, eines Verrückten. Er hat eine Katze gerächt, hat die Kinder ermordet, die sie gequält hatten. Und morgen ermordet er jemanden, der einen Hund schlägt. Übermorgen macht er Sie kalt, wenn Sie auf dem Bürgersteig einen Käfer tottreten.«

»Wovon reden Sie?«

»Ich behaupte, dass Sie genau wissen, wovon ich rede. Denn Sie wissen, wer das getan hat und warum. Denn Sie haben ihn behandelt oder behandeln ihn weiterhin, und Sie wissen, worin die, Verzeihung, Macke Ihres Patienten besteht. Das ist jemand, der, Verzeihung, nicht richtig tickt, wenn es um das Wohl von Tieren geht.«

»Herr Nejman«, sagte Iza, ohne des Zitterns ihrer Hände und des Drucks hinterm Brustbein Herr zu werden. »Sie sind hier derjenige, der nicht richtig tickt. Verzeihung. Verhaften Sie mich. Oder lassen Sie mich in Ruhe.«

Nejman stand auf, Anwärter Zdyb ebenfalls.

»Schade«, sagte der Kommissar. »Schade, Frau Iza. Wenn Sie es sich aber anders überlegen sollten, rufen Sie mich bitte an.«

»Ich habe mir nichts zu überlegen«, sagte Iza. »Und ich kenne Ihre Telefonnummer nicht.«

»Ach ja.« Nejman schüttelte den Kopf, während er ihr in die Augen schaute. »Verstehe. Schade. Auf Wiedersehen, Frau Iza.«

Chęclewski

»Herr Chęclewski«, sagte Polizeikommissar Nejman. »Ich dachte, ich hätte es mit einem ernsthaften Menschen zu tun ...«

»He!« Der Rechtsanwalt hob warnend die Hand. »Sehen Sie sich vor. Wir sind nicht im Kommissariat. Was, zum Teufel, wollen Sie?«

»Sehen Sie«, sagte Anwärter Zdyb, ohne seinen Zorn zu verhehlen. »Es gab so viel Witze über Milizionäre und so wenig über Anwälte. Und anscheinend zu Unrecht.«

»Noch ein Wort, und ich werfe Sie beide hinaus«, sagte Chęclewski langsam. »Was sind das für Redensarten? Was erlauben Sie sich, meine Herren Milizionäre?«

»Polizisten, wenn's beliebt.«

»Polizisten, in drei Teufels Namen. Der Mörder meines Sohnes läuft frei herum, und ihr kommt her und faselt Unsinn. Also los, die Karten auf den Tisch. Bei mir ist Zeit Geld, meine Herren.«

»Sie reden zu viel«, sagte Nejman. »Wenn Sie sich vergessen, können Sie nicht aufhören. Sie reden auf uns ein und, was schlimmer ist, auch auf andere. Und deswegen geht der ganze Fall vor die Hunde, Herr Anwalt.«

»Was geht vor die Hunde? Deutlicher bitte.«

»Sagt Ihnen der Name Przemęcka etwas? Dr. Przemęcka, aus dem Irrenhaus.«

»Ich habe keine Bekannten unter den Hirnis. Was ist das für eine?«

»Diese eine weiß alles, was wir geplant haben. Nicht von uns. Daraus folgt, dass sie es von Ihnen weiß. Und wenn dem so ist, dann nicht nur sie.«

»Unsinn, beziehungsweise Bullshit.« Chęclewski strafftte sich. »Von dem Plan wissen ausschließlich ich und Sie beide. Ich habe zu niemandem darüber gesprochen. Sie waren es, der gebarmt und gestöhnt hat, dass Sie nichts ohne Wissen der Vorgesetzten machen können. Also haben Sie Ihre Vorgesetzten informiert, und die haben bestimmt die halbe Stadt in Kenntnis gesetzt, darunter Dr. Przesmęcka, oder wie sie heißt. *Quod erat demonstrandum,* oder was zu beweisen war. Schade, meine Herren. Und Sie haben sich geirrt, Herr Zdyb. An den Witzen über die Milizionäre ist doch eine Menge Wahres.«

»Wir haben niemandem etwas gesagt.« Der Anwärter lief rot an. »Niemandem, hören Sie? Weder den Vorgesetzten noch unseren Frauen. Niemandem.«

»Gut, gut. Wunder gibt es nicht. Es sei denn … Diese Frau Doktor aus dem Irrenhaus, wie Sie sagen, kann Sie einfach hereingelegt haben. Geblufft. Was hat sie Ihnen gesagt? Wann? Bei welcher Gelegenheit?«

»Hören Sie es sich an. Gib das Tonbandgerät her, Tolek.«

Sie saßen da und rauchten eine Zigarette nach der anderen. Nejman beobachtete, wie im Haus gegenüber ein kahlköpfiger Typ mit Hilfe etlicher Kumpel auf dem Balkon eine große Schüssel anbrachte, die ganz nach einer Satellitenantenne aussah. Vom Nachbarbalkon, auf dem ein bunt bemaltes Schaukelpferd stand, kroch zu den Monteuren ein gestreiftes Meerschweinchen herüber. Ohne die Schüssel loszulassen, gab der Kahlköpfige ihm einen Tritt. Das Meerschweinchen fiel vom Balkon. Nejman stand nicht auf, um nachzuschauen, was aus ihm geworden war. Es war der siebte Stock.

»Jaaa«, sagte der Anwalt, nachdem er sich die Aufzeichnung zu Ende angehört hatte. »Ob die alle Tassen im Schrank hat, diese Ärztin? Kennen Sie den Witz …«

»Kennen wir«, sagte Anwärter Zdyb.

»Ein Schirm. Was für ein Schirm? Und dieser … Wehall, oder wie das heißt … Irgendein Gefasel. Diese Frau Doktor … Przesmyczka?«

»Przemęcka.«

»Kennen Sie sie? Haben Sie überprüft, was das für eine ist?«

»Haben wir. Jung, ohne große Klinikerfahrung, wenig Kontakte mit den Patienten. Befasst sich mit irgendwelchen Forschungen. Was Kompliziertes, verdammt, es geht um Hirnwellen, Neuronen – hab's vergessen.«

»Eine verrückte Frau Frankenstein.« Der Anwalt grinste. »Wissen Sie was? Ich würde mir wegen der ganzen Sache keine Gedanken machen.«

»Ich ganz im Gegenteil«, sagte Nejman. »Genauer gesagt, ich habe schon begonnen, mir Gedanken zu machen. Herr Chęclewski, bei uns ist noch nicht Schluss, die Säuberungen gehen weiter. Jemandem kann verdammt viel daran gelegen sein, mir eins reinzudrehen. Eine leicht bescheuerte Ärztin ist genauso ein Mittel zur Provokation wie jedes andere, weder besser noch schlechter. Das habe ich schon durch.«

»Sie sind ein Egozentriker, Herr Andrzej«, erklärte Chęclewski. »Ihre Person spielt in dieser Angelegenheit, verzeihen Sie, weiter keine Rolle.«

»Schön wär's.« Der Kommissar lächelte. »Ich würde mir lieber keine Sorgen machen. Aber auch Sie, lieber Herr Chęclewski, haben sich wohl geirrt. Nach dem Anruf von der Frau Doktor hätte ich meine Hand ins Feuer gelegt, dass Ihren Sohn ein zufälliger Verrückter ermordet hat. Das war kein Racheakt. Unabhängig davon, wen Sie während des Kriegsrechts verteidigt haben und warum und wie viel Sekretären Sie auf den Schlips getreten sind. Sie sind kein Piasecki. Sie werden verzeihen.«

»Schlussfolgerung?« Der Anwalt war leicht errötet.

»Klar wie Kloßbrühe. Wenn das ein Wahnsinniger ist, dann ist das vom Standpunkt des Rechts ein kranker Mensch. Ein Kranker, verstehen Sie, Herr Rechtsanwalt?«

»Wenn ich sowas höre«, explodierte Chęclewski, »dann klappern mir die Zähne! Ein Kranker, der Hurensohn! Meinen Maciek hat er … Ein Kranker!«

»Ich verstehe Sie. Mich schüttelt es auch. Aber es ist

nichts zu machen, und das hat diese Ärztin deutlich gesagt. Nehmen wir an, sie hat geblufft, sie weiß nichts von unserem Plan. Aber sie konnte es sich denken, also hat sie mich gewarnt. Sie hat mich deutlich gewarnt.«

»Sie hören aus diesem Gefasel eine Warnung heraus? Wovor?«

»Regen Sie sich nicht auf. Sie hat mich gewarnt, dass ich nicht versuchen soll, diesen Verrückten auf die kalte Tour zu fassen. Ich kann ihn mit sanfter Überredung verhaften, in eine Zwangsjacke stecken und den Spezialisten übergeben. Zur Heilung.«

»Sie haben Angst gekriegt, Herr Andrzej, und es deswegen falsch verstanden.« Der Anwalt verschränkte die Finger. »Ich habe diese Aufzeichnung auch gehört. Und darin war etwas ganz anderes der springende Punkt. Hören Sie. Machen wir ein Spiel. Ich bin Sie, und Sie sind Ihr Oberst oder Polizeidirektor – so heißt das jetzt, wenn ich mich nicht irre. Hören Sie, Herr Polizeidirektor. Ich habe das seltsame Gespräch mit Frau Dr. Ix analysiert. Mich hat frappiert, dass sie mehrfach Wörter verwendet hat, aus denen folgt, dass der verdächtigte Amokläufer schrecklich gefährlich ist. Das hat sich in meinem Unterbewusstsein so tief festgehakt, dass ich, als es zur Konfrontation kam, die Nerven verloren habe. Als ich sah, wie er mich mit einem gefährlichen Gegenstand angriff, habe ich von der Dienstwaffe Gebrauch gemacht, ohne die Grenzen der Notwehr zu überschreiten. Was? Das war in Ordnung, Herr Polizeidirektor. Eine gute Erklärung?«

»Stecken Sie sich diese Erklärung in den Arsch«, sagte Nejman ruhig. »Das würde, versteht sich, mein Direktor zu mir sagen. Herr Anwalt, Sie wissen, was Notwehr im Fall eines bewaffneten Polizisten bedeutet, der zudem weiß, dass er es mit jemand eingeschränkt Zurechnungsfähigem zu tun hat. Wir sind hier nicht in Amerika. Ich habe nicht vor, in den Knast zu gehen.«

Der Anwalt dachte nach, schwieg eine ganze Weile.

»Na schön«, sagte er schließlich. »Vielleicht haben Sie tatsächlich recht, Herr Nejman. Was tun wir also?«

»Wir lösen unsere Vereinbarung.«

»Nun, da gehen Sie aber ein bisschen zu weit, finden Sie nicht? Ich verstehe, Schießen kommt nicht in Frage, auch kein anderer ernsthafter Unfall. Aber der Kerl kann Widerstand leisten. Fliehen. Er kann stolpern und sich ordentlich stoßen. Ich habe von solchen Fällen gehört, immer mal wieder von meinen Mandanten. Übrigens, wissen Sie, dass etliche von meinen Mandanten jetzt in Warschau sind?«

»Und was heißt das?«

»Das heißt sehr viel. Mein Vorschlag lautet so: Wir halten unsere Vereinbarung aufrecht. Ich schlage lukrative Bedingungen vor. Dafür, dass Sie mir ermöglichen, persönlich an der Aktion teilzunehmen, für die Genugtuung, den Mörder meines Sohnes mit eigenen Händen und Füßen zu berühren, gebe ich Ihnen Rückhalt von sehr hoher Stelle für den Fall weiterer Säuberungen bei der Polizei beziehungsweise im Fall unvorhergesehener Komplikationen bei unserem Plan. Meine Freunde in Warschau werden, wenn nötig, auch Frau Przemęcka von den Hirnis zum Schweigen bringen, keine Angst. Na, und dazu kommt wie vereinbart eine konkrete finanzielle Gratifikation für Sie beide.«

»Drei«, sagte Anwärter Zdyb.

»Wieso denn das, zum Teufel?«, erwiderte Chęclewski ungehalten. »Drei? Drei sind eine Menge Leute, ihr Name ist Legion, verdammt. Wozu drei?«

»Um den Rapport glaubhaft zu machen. So macht man das bei uns immer. Ein Maurertrio. Herr Rechtsanwalt,

Sie sind für die Konzeption zuständig, wir fürs Technische. Wir kennen uns da aus.«

»Ist dieser Dritte wenigstens verlässlich?«

»Hundertprozentig.«

»Also meinetwegen.« Der Advokat runzelte die Stirn. »Und? Herr Nejman, ich hoffe, Sie sind überzeugt?«

»Nicht vollends«, sagte der Kommissar. »Tolek? Findest du …?«

»Es dürfte gut sein«, erklärte der Anwärter. »Eine Sache gibt mir zu denken. Ob wir nicht zu schnell annehmen, dass das ein psychisch Kranker ist. Es kann auch ein Grüner sein, Greenpeace, versteht ihr? Ein Tierfreund. Er hat gesehen, wie die Jungs die Katze gequält haben, und da ist er ausgerastet. Ich habe von einem ähnlichen Fall gelesen, ich glaube, im ›Przekrój‹. Dem Typen hatten sie den Hund geblendet oder die Katze, ich weiß nicht mehr. Wie ich das gelesen habe, habe ich gespürt, wie der Typ beim Schreiben darüber seine Wut, seine Trauer, seinen Rachedurst abgeladen hat. Ein anderer hätte sich anders abreagieren können. Er hätte ein Messer genommen, eine Hacke, eine Zaunlatte und seinen Hund gerächt.«

»Das kommt auf dasselbe heraus«, sagte Chęclewski. »Wer so reagiert, ist bekloppt. *Quod erat demonstrandum.*«

»Das kommt durchaus nicht auf dasselbe heraus«, nahm Nejman den Gedanken auf. »Ein Flitz in puncto Viehzeug gilt bei den Psychiatern vielleicht nicht. Aus ihrer Sicht kann der Typ völlig normal sein, und man wird auf ihn hören, wenn er erzählt, auf welche Weise wir ihn geschnappt und was wir dann mit ihm gemacht haben.«

»Ich habe in meiner Laufbahn eine Menge Leute gesehen, die erzählten, was ihnen bei der Miliz passiert ist«, sagte der Advokat mit einem schiefen Grinsen. »Aber ich kann mich an keinen erinnern, dem förmlich geglaubt worden wäre. Und sogar wenn er erzählt, auf welche Weise Sie ihn geschnappt haben, was dann? Glauben Sie, dass sich jemand wegen einer blöden Katze einen Kopf macht?«

»Vielleicht nicht«, sagte Zdyb. »Aber was, wenn diese Katze jemand hört, der mit der Sache gar nichts zu tun hat? Und wenn er gelaufen kommt, um zu sehen, was los ist?«

Nejman zuckte mit den Schultern. »Du machst Witze, Tolek. Darum würde ich mir nun gerade keine Gedanken machen. Wen kümmert denn eine Katze?«

»Apropos Katze«, sagte Chęclewski. »Wir müssen irgendeine beschaffen.«

»Das sollte kein Problem sein«, erklärte Nejman. »Katzen gibt es genug. Die Gören meiner Nachbarin beispielsweise haben eine. Die sollte sich eignen.«

Iza

Iza lag ruhig da, als fürchte sie, die geringste Bewegung könnte dieses schwindende, nicht zu fassende Signal stören, die betörende und trügerische Ankündigung des unerreichbaren Orgasmus. Der an sie geschmiegte Mann atmete gleichmäßig, er war offensichtlich schon weggedämmert. Irgendwo weit entfernt fiepte leise ein Autoalarm.

»Henryk«, sagte sie.

Der Mann zuckte, aus dem Halbschlaf gerissen, näherte sein Gesicht ihrer nackten Schulter. »Was ist, Bella?«

»Es steht schlecht um mich, Henryk.«

»Schon wieder?«, sagte der Mann erschrocken. »Verdammt, du solltest diesen deinen Zyklus endlich ein bisschen regulieren.«

»Das ist es nicht.«

Der Mann wartete eine Weile. Iza sprach nicht weiter.

»Was dann?«, fragte er schließlich.

»Henryk … Wovon sind Gedächtnislücken die Symptome?«

»Warum fragst du? Hast du welche?«

»In letzter Zeit oft. Sie sind ziemlich lang. Außerdem Halluzinationen. Akustische Täuschungen. Trugbilder.«

Der Mann schaute diskret auf die Uhr.

»Henryk.«

»Ich hab's gehört«, murmelte er ein wenig ungeduldig. »Ja, und? Du bist Spezialistin. Wie lautet deine Diagnose? *Anaemia cerebri?* Beginnende Schizophrenie? Ein Astrozytom am Stirnlappen? Eine andere Schweinerei, die gegen das Mittelhirn drückt? Iza, jeder Psychiater findet bei sich ähnliche Erscheinungen, das ist einfach eine beruflich bedingte Abweichung. Muss ich dir sagen, wie wenig wir vom Hirn wissen, von den darin ablaufenden Prozessen? Ich denke, du bist einfach überarbeitet. Du solltest nicht so viele Stunden mit deinen Katzen zubringen, bei dieser Apparatur. Du weißt doch, wie schädlich die Hochfrequenz ist, die Felder, die Bildschirmstrahlung. Lass das alles eine Zeitlang sein, nimm Urlaub. Erhole dich.«

Iza stützte sich auf den Ellenbogen. Der Mann, der auf dem Rücken lag, strich über ihre Brust, mit einer automatischen, einstudierten Bewegung, die sie nicht mochte.

»Henryk.«

»Hm?«

»Ich möchte, dass du mich untersuchst. Mit einem EEG oder mit Isotopen.«

»Kann ich, warum nicht. Aber …«

»Bitte.«

»Gut.«

Sie schwiegen.
»Henryk.«
»Ja?«
»Elżbieta Gruber. Du behandelst sie. Was ist wirklich mit ihr?«
»Interessiert dich das? Doch, ich habe es gehört. Das ist ein ziemlich sonderbarer Fall, Iza. Als sie sie brachten, stand sie unter Schock, mit den Symptomen, wie sie für eine Hirnblutung typisch sind. Sie ist fast sofort in einen komatösen Zustand übergegangen, der nicht nachlässt und nicht zurückgeht. Ich neige zu der Ansicht, dass der Schock bei ihr von einer Entzündung am Grunde des dritten Ventrikels oder im Sylvius-Aquädukt überlagert worden ist.«
»Encephalitis lethargica?«
»Hm. Warum fragst du?«
Iza wandte den Kopf ab. Durchs Fenster, vermischt mit dem nächsten verzweifelten Aufheulen des Autoalarms, drang das Jaulen eines Hundes, abgehackt, immer lauter.
»So einem würde ich den Arsch aufreißen«, ließ sich der Mann vernehmen, den Blick zum Fenster gerichtet. »Er hat Probleme auf Arbeit oder zu Hause und reagiert sich an dem armen Tier ab, das Vieh.«
»Der Veehal zerreißt den *Schirm*«, sagte Iza langsam.
»Was?«
»Der Veehal. Die Stimme eines gemarterten Tieres. Die Stimme von Verzeiflung, Angst, Schmerz, die jeden Gedanken raubt.«
»Iza?«
»Der Schrei, der kein Schrei ist.« Iza sprach immer lauter. »Der Veehal. Der Veehal zerreißt den *Schirm*. Das sagte … Ela Gruber. Sie hat es gesehen.«
»Anscheinend …« Der Mann stockte. »Iza! Sie kann

unmöglich … Das Mädchen liegt im Koma! Wovon redest du?«

»Sie spricht zu mir. Sie spricht und heißt mich bestimmte Dinge tun.«

»Iza, du musst wirklich Urlaub nehmen.« Der Mann schaute sie an, seufzte. »Und vorher kommst du zu mir, ich untersuche dich. Das ist dieser verdammte Stress, diese lausige Arbeit, überhaupt alles in diesem Land. Du darfst dir das nicht so zu Herzen nehmen, Iza.«

»Henryk.« Iza setzte sich im Bett auf. »Verstehst du nicht, wovon ich rede? Ela Gruber spricht zu mir. Ich höre sie. Sie hat gesehen …«

»Ich weiß, was sie gesehen hat. Das war gewiss der Grund für den Schock und die Blutung. Sie war Zeugin des Mordes auf den Grundstücken.«

»Nein.«

»Wieso nicht?«

»Das war später. Das hat sie nicht mehr gesehen. Gesehen hat sie … Das Brett, das sie einer Katze auf den Kopf gelegt haben, die sie bis zum Halse im Boden vergraben hatten. Die Füße, die auf diesem Brett herumtrampelten. Die Augen … Zwei Kügelchen …«

»Jesus Maria! Iza? Woher hast du davon … Von wem?«

»Sie haben … es mir gesagt …«

»Wer?«

»Die Musi …kanten …«

»Wer?«

Iza, den Kopf auf die angezogenen Knie gesenkt, wurde von Weinen geschüttelt.

Der Mann schwieg. Er dachte daran, wie wenig widerstandsfähig Frauen sind, in welchem Grade ihre Weibergefühle sie beherrschen, sie am Arbeiten hindern, am Genuss des Lebens. Er dachte daran, dass die Verweiblichung bestimmter Berufe, die für Frauen absolut unpassend sind, ein großes Unglück ist. Um Iza, dachte er, steht es wirklich schlecht. Er machte sich Sorgen. Einen Augenblick lang. Aber einen Augenblick später gewann eine andere Sorge die Oberhand – was er seiner Frau sagen sollte, wenn er von Iza nach Hause kam. In diesem Monat hatte er schon alle guten Ausreden verbraucht.

Er dachte, dass er Iza unbedingt untersuchen müsse, ein EEG machen, Tests durchführen. Er könnte das sogar am Dienstag tun, aber er hatte einem Kollegen versprochen, am Dienstag zu ihm aufs Grundstück zu kommen und ihm zu helfen, die Maulwürfe zu vergiften. Verdammt, dachte er, ich habe vergessen, heute das Strychnin aus der Klinik mitzunehmen.

»Nimm Urlaub, Iza«, sagte er.

Das blaue Zimmer

»Maryłka!«, rief Iza, während sie auf den leeren, von weißem Leinen und Wachstuch bedeckten Tisch blickte, auf die auseinandergeworfenen Drähte, Nadeln, Sensoren, Lederriemen und Klammern.

»Maryłka!«

»Ich bin hier, Frau Doktor.«

»Wo ist meine Katze?«

»Katze?«, wunderte sich die Laborantin.

»Die Katze«, wiederholte Iza. »Die getigerte. Die, die ich in letzter Zeit benutzt habe. Was ist mit ihr?«

»Wieso? Sie haben doch selbst …«

»Was habe ich?«

»Sie haben mir gesagt, ich soll sie da hinübertun … Da, wo der Käfig steht. Dann haben Sie mich Milch bringen lassen. Ich hab welche gebracht, und Sie haben die Katze gefüttert …«

»Ich?«

»Ja, Frau Doktor. Und dann haben Sie das Fenster aufgemacht. Wissen Sie das nicht mehr? Die Katze ist aufs Fensterbrett gesprungen. Da hab ich sogar noch gesagt, dass sie Ihnen weglaufen wird. Und sie ist weggelaufen. Und Sie haben ...«

»Was habe ich?« Iza hörte Musik. Sie rieb sich mit der Hand übers Gesicht.

»Sie haben zu lachen begonnen ...«

Ich muss, dachte Iza, ich muss zu Ela Gruber gehen.

Warum? Wozu?

Ich muss zu Ela Gruber ...

Warum?

Ela Gruber ruft mich.

Debbe

Debbe lief, bald schnell mit den Pfoten trappelnd, bald in lang gestreckten Sätzen. Sie wusste, wo sie hinlaufen musste. Die ferne Musik, der vage Ruf der stillen Melodie wiesen ihr unfehlbar den Weg.

Sie erreichte den Rand des Gebüschs, hinter dem wie die Oberfläche eines vergifteten Flusses der Asphalt glänzte. Darauf fuhr, dröhnend und zischend wie ein Drache, schwankend ein großer, schwerfälliger Autobus entlang.

Ich muss mich von ihr verabschieden, dachte Debbe. Ehe ich fortgehe, muss ich mich noch von ihr verabschieden. Und sie warnen. Zum letzten Mal. Wo das wohl sein mag, dieses Bremen?

Sie sprang.

Das heranfahrende Auto erfasste sie mit den Scheinwerfern. Eine Sekunde lang sah sie die rote, fette Visage des Mannes, der Gas gab und ruckartig das Steuer herumriss. Der Wagen stürmte auf sie zu; sie spürte, wie die Maschine zitterte vor Wut, Entschlossenheit und Mordlust. Sie sprang im letzten Augenblick beiseite, der Luftzug zauste ihr Fell.

Sie lief die Hecke entlang, ein kleiner getigerter Schatten.

Locus terribilis

Die Katzen waren überall ringsum – reglos, die Köpfe erhoben, schauten sie, lauschten. Sie drehten die Köpfe der vorbeigehenden Debbe hinterher, begrüßten sie mit Miauen, kniffen voller Hochachtung die Augen zusammen. Keine bewegte sich, keine kam näher. Das Zeichen des Kankers auf der Stirn der Katze leuchtete in der Dunkelheit in geisterhaftem Licht.

Sie spürte, dass dieser Ort seltsam war, gefährlich. Mit den Pfoten fühlte sie die Erde pulsieren, hörte unwirkliche flüsternde Stimmen. Einen Moment lang erblickte sie hinter einem Schirm aus waberndem Nebel … Feuer und Kreuze, umgekehrt, in den Boden gerammt …

Debbe begann im Takt der Melodie zu schnurren. Die Bilder verschwanden.

Von weitem sah sie eine schwarze Form – die Reste eines Ofens, der in den Erdboden eingegraben war wie das ausgebrannte Wrack eines Panzers auf dem Schlachtfeld. Neben dem Ofen, schwarz vorm Hintergrund des Himmels, drei kleine Silhouetten.

Ein schwarzer Hund mit einer krummen Pfote.

Eine graue Ratte mit Schnurrhaaren an dem langen Schnäuzchen.

Und ein kleiner rötlicher Hamster.

Die Musikanten.

»… Da lief der Räuber, was er konnte, zu seinem Hauptmann zurück«, las die Großmutter, »und sprach: ›Ach, in dem Haus sitzt eine gräuliche Hexe, die hat mich angehaucht und mir mit ihren langen Fingern das Gesicht zerkratzt. An der Tür steht ein Mann mit einem Messer, der hat mich ins Bein gestochen. Auf dem Hof liegt ein schwarzes Ungetüm, das hat mit einem Holzprügel auf mich losgeschlagen. Und oben auf dem Dache, da sitzt der Richter, der rief: Bringt mir den Schelm her!‹«

Der Junge lachte mit silberhellem Stimmchen. Venerdina, die auf dem Bett lag, rollte sich zusammen, spitzte ein Ohr.

»Und weiter? Lies, Oma!«

»Und das ist das Ende von dem Märchen. Die Räuber liefen weg und kamen nie wieder, und der Hund, die Katze, der Esel und der Hahn blieben in dem Waldhaus wohnen und lebten lange und glücklich.«

»Und sie sind dahin gegangen … na, da, wo sie hinwollten?«

»Nach Bremen? Nein. Ich glaube nicht. Sie blieben in dem Haus und wohnten dort.«

»Aha.« Der Junge überlegte, kaute an einem Finger. »Schade. Denn da müssen sie ja eigentlich hin. Das hat sich der Hund ausgedacht, als sie ihn wegjagten, weil er schon alt war. Das ist ganz hässlich. Ich werde nie erlauben, dass unsere Minka weggejagt wird, und wenn sie ganz, ganz alt ist.«

Venerdina hob den Kopf und schaute den Kleinen aus gelben, unergründlichen Augen an.

»Schlaf, Mariusz. Es ist schon spät.«

»Ja«, sagte der Junge schläfrig. »Sogar wenn sie ganz alt ist. Bei uns gibt es sowieso keine Mäuse. Und sie müssen nach Bremen gehen. Sie waren alle … Nimm Minka nicht weg, Oma. Sie soll bei mir schlafen.«

»Man schläft nicht mit der Katze …«

»Ich will aber.«

Ela Gruber

Iza riss den Kopf hoch, um munter zu werden, fuhr mit der Hand übers Laken. Draußen war es dunkel. Sie saß auf dem Bett, und die Berührung des Lakens frappierte sie mit Fremdheit, mit der brutal ehrlichen Gewissheit, dass sie …

Nicht hier sein sollte.

»Hörst du mich?«, sagte das Mädchen, das im Bett lag.

Iza nickte, bestätigte, was unmöglich war. Die Augen des Mädchens waren glasig und leer, übers Kinn lief ihm ein dünnes, glänzendes Rinnsal von Speichel.

»Hörst du?«, wiederholte das Mädchen, wobei es leicht lispelte und ungeschickt die gekrümmten Lippen bewegte, die mit weißlichem Belag bedeckt waren.

»Ja«, sagte Iza.

»Das ist gut. Ich wollte mich von dir verabschieden.«

»Ja«, flüsterte Iza. »Aber das ist doch …«

»Unmöglich? Wolltest du das sagen? Macht nichts. Es ist uns nicht gelungen, vieles ist uns nicht gelungen, Hellhaarige. Ich will mich von dir verabschieden. Vielleicht wird es dich wundern, aber … ich habe die Berührung deiner Hände liebgewonnen. Höre mir aufmerksam zu. Wenn heute Nacht der Veehal ertönt, wird der *Schirm* reißen. Ich weiß nicht, ob es uns gelingt … jene aufzuhalten. Darum musst du fliehen. Was sollst du tun? Wiederhole.«

»Ich weiß nicht«, stöhnte Iza.

»Du sollst fliehen!«, schrie Ela Gruber und warf den Kopf auf dem Kissen hin und her. »Fliehen, so weit wie möglich fort vom *Schirm*! Versuche nicht, etwas zu verstehen, und glaube, was du siehst! Mir scheint, du bildest dir ein, das sei ein Traum, ein Alb, aber es ist die Wirklichkeit! Verstehst du?«

»Nein … Ich verstehe nicht. Ich … bin wahnsinnig geworden, nicht wahr?«

Das Mädchen schwieg, schaute aus kleinen, nadelstichgroßen Pupillen zur Decke.

»Ja«, sagte es. »Alle sind wahnsinnig geworden. Schon seit langem. Noch eine Verrücktheit, ein kleines Körnchen auf dem Gipfel des riesigen Berges von Wahnsinn. Dieser letzte Veehal, der nicht sein dürfte. Wer weiß, vielleicht ist es heute? Hörst du mich?«

»Ich höre«, sagte Iza, vollkommen ruhig. »Aber ich bin Psychiater. Ich weiß genau, dass du nicht zu mir sprechen kannst. Du liegst im Koma. Das bist nicht du. Die Stimme, die ich höre, sendet mein krankes Hirn aus. Es ist eine Halluzination.«

»Eine Halluzination«, wiederholte das Mädchen lächelnd.

Das ist ein Krampf der Gesichtsmuskeln, nur ein Krampf, wie er nach Hirnblutungen auftritt, dachte Iza, daran ist nichts Gespenstisches. Nichts Gespenstisches, dachte sie und spürte, wie sich ihr die Nackenhaare sträubten.

»Eine Halluzination, sagst du«, fuhr Ela Gruber fort. »Oder etwas, was es in Wahrheit nicht gibt. Ein falsches Bild. Ja?«

»Ja.«

»Man kann es hören. Man kann es sehen. Aber es gibt es nicht. Ja?«

»Ja.«

»Wie sehr verschieden wir sind, du und ich. Anscheinend ist mein Hirn weniger gut entwickelt als deins, aber ich weiß zum Beispiel, dass es das, was ich sehe und höre, gibt. Dass es existiert. Wenn es nicht existieren würde, wie könnte ich es wahrnehmen? Und wenn es existiert und Krallen, Reißzähne, ein Maul hat, dann muss man davor fliehen, denn es kann dich verletzen, zermalmen, zerreißen. Ebendarum musst du fliehen, Hellhaarige. Durch den zerrissenen *Schirm* werden Halluzinationen kommen. Das ist eine gute Beschreibung für etwas, das keine eigene Gestalt hat, sie aber im Hirn desjenigen findet, der es betrachtet. Falls dieses Hirn solch einen Versuch aushält. Und kaum ein Hirn tut das. Ich sage zum letzten Mal: Leb wohl, Hellhaarige.«

Ela Grubers Kopf drehte sich kraftlos zur Seite, schaute Iza mit totem, gläsernem Blick an.

Die Katze

»Gut, es ist so weit. Jetzt«, flüsterte Chęclewski.

Nejman schaute auf die Uhr. Es war neun Uhr dreiundzwanzig. Während er hinschaute, begann die letzte Ziffer wie ein Gerippe in einem Trickfilm zu tanzen und wurde zur Vier. Auf den Gleisen, hinter einem Garten, donnerte und dröhnte in dem tiefen, mit Ebereschen bewachsenen Geländeeinschnitt ein Zug.

»Worauf warten wir, zum Teufel?«, fragte der Rechtsanwalt ungeduldig.

Nejman zog aus dem Plastiksack ein dickes Bündel, umwickelt mit mehreren Handtüchern und mit Jutestrick. Aus dem Bündel ragte ein schwarz-weißer Katzenkopf hervor, am anderen Ende Schwanz und Hinterpfoten des Tieres.

Nejman holte aus der Anoraktasche eine Kombizange, isoliert mit organgefarbenem Kunststoff.

Ein Stück weiter, hinter den Lauben, saß Zdyb neben Wenda, der heftig durch die verschnupfte Nase schniefte. Er zuckte bei dem Laut zusammen, der von den Gärten her zu ihm drang.

»Jesus«, schniefte Wenda. »Das muss ihr aber wehtun.«

Im *Loch* pressten sich die Katzen an den Boden, bleckten die weißen Zähne, legten die Ohren an.

Die Musikanten, alle vier, waren bereit.

Zdyb

Das Dröhnen des Zuges verstummte, hallte noch als Echo von den Wänden der Wohnblöcke wider. Und da wiederholte sich der ungeheuerliche Schrei von den Gärten her, explodierte wie eine Granate, stieg unglaublich hoch empor, bebend, abgehackt, schrecklich.

»Muttergottes!«, schrie Wenda. »Tolek! Das ist nicht die Katze!«

Zdyb sprang auf, knöpfte sich den Anorak auf, riss die Pistole aus dem Holster. Das Gebrüll – denn nun war es ein Gebrüll, kein Schrei – brach ab, barst vibrierend wie ein durchgeschnittener Stahldraht. Zdyb rannte. Er sprang über eine Hecke, schlug sich durch Stachelbeersträucher. In diesem Augenblick zerriss ein zweiter Schrei die Nacht, noch monströser als der vorherige, kurz, abgeschnitten.

»Andrzeeej!!!«, brüllte der Anwärter.

Er stürmte durch Tomatenstangen und stieß gegen ein Fass voll Wasser, prallte davon ab wie von einer Mauer, stolperte, fiel, sprang auf, rutschte aus, fiel abermals und rammte, als er sich instinktiv abzustützen versuchte, den

Lauf der P 83 in den nassen Boden. Hinter sich hörte er Wenda fluchen, der in einem elastischen Drahtzaun feststeckte.

»Andrzeeej!!!«

Wieder stolperte er. Er sah, worüber. Und da begann er zu schreien.

Nejman hatte keinen Kopf.

Etwas traf ihn gegen die Brust. Zdyb kniete da, atemlos, und schrie, schrie, dass es schmerzte, dass ihm das eigene Geschrei in den Ohren dröhnte. Mit einer heftigen, unkontrollierten Bewegung stieß er den Arm in dem blutigen Popeline-Ärmel von sich, aus dem ein glitschiger, glatter, sogar in der Finsternis weißer Knochen ragte.

Auf dem Rasen, vor dem Hintergrund einer deutlich sichtbaren, spärlichen Palisade von Sonnenblumen saß etwas. Etwas Großes. Groß wie ein Lkw. Der tiefblaue Himmel, von fernen Neonlichtern leicht rötlich getönt, war hinter dem Rücken des auf dem Rasen sitzenden Kolosses etwas heller geworden – es sah aus, als sei dieses riesige Etwas durch den Himmel gekrochen und habe hinter sich ein Loch und eine Strahlenschar von Rissen gelassen.

Der nächste Zug fuhr auf den Bahnübergang und hieb mit einer hellen Lichtkeule auf das Gebüsch ein. Zdyb öffnete den Mund und begann zu röcheln.

Das auf dem Rasen hockende bucklige Geschöpf mit einem gewaltigen, von Geschwulstknoten bedeckten Wanst, mit riesigen Ohren und einer länglichen, mit Zähnen besetzten Schnauze hob den Körper Chęclewskis mit den knorrigen Pfoten. Die Scheinwerfer des Zuges ließen die Gärten in tausend huschenden Schatten wabern. Zdyb röchelte.

Das Geschöpf öffnete den Rachen und biss knirschend, mit einem einzigen Zuklappen der Kiefer Chęclewski den Kopf ab und warf den Körper mit Schwung weit fort.

Zdyb hörte, wie der Körper dumpf gegen eine Konstruktion aus Wellblech schlug. Als warme Welle floss ihm Urin den Schenkel hinab. Er sah nichts mehr, doch er wusste, fühlte, dass das Ungeheuer mit gleichmäßigem Schritt der kurzen, großen Pfoten auf ihn zukam.

Zdyb röchelte. Er hätte sehr gern etwas getan. Irgendetwas.

Aber er konnte nicht.

Tropfen

Die Musik, die den *Schirm* flickte, riss, brach auf, zerfiel zu elastischen Streifen. Der Riss wurde größer, von der anderen Seite krochen stinkende Dunstschwaden heran, große, streifige Zirruswolken, ein Nebel, schwanger mit einer Flüssigkeit schwer wie Auswurf, die sich mit dem sauren Smog der Stadt mischte. Auf die Dächer, den Asphalt, die Fensterscheiben, die Autos fielen die ersten, spärlichen Tropfen.

Es fielen gelbliche Tropfen, die bei der Berührung mit Metall zischten, in Ritzen und Fugen drangen, wo sie die Isolation der Kabel verbrannten und das Kupfer der Leiter zerfraßen.

Es fielen bräunliche Tropfen, groß und klebrig, und wo sie hinfielen, vergilbte das Gras, rollten sich die Blätter zusammen, wurden Stängel und Zweige schwarz.

Es fielen tintenblaue Tropfen, und wo sie hinfielen, dampfte und schmolz der Beton, kochten die Ziegel, und der Kalk floss über die Mauern wie Tränen.

Und es fielen durchsichtige Tropfen, die gar keine Tropfen waren.

Renata

Renata Wodo hatte eine harmlose Obsession, eine sonderbare Gewohnheit – wenn sie zu Bett ging, prüfte sie jedesmal, ob der Klodeckel heruntergeklappt und die Tür zum Bad geschlossen war. Ein Klodeckel, der das geheimnisvolle und feindselige Labyrinth der Kanäle und Röhren offen ließ, war eine Bedrohung, er durfte nicht offen, nicht ungesichert bleiben – es konnte ja »etwas« dort herauskommen und Renata im Schlaf überraschen.

Diese Nacht hatte Renata wie üblich den Deckel heruntergeklappt. Als sie erwachte, unruhig, in kalten Schweiß gebadet, warf sie sich im Halbschlaf herum wie ein Fisch an der Angelschnur, versuchte, sich zu erinnern, ob sie die Tür geschlossen hatte. Die Tür zum Bad.

Habe ich, dachte sie, während sie wieder einschlief. Bestimmt habe ich sie geschlossen.

Sie irrte sich. Übrigens spielte das keine Rolle.

Der Klodeckel hob sich langsam.

Barbara

Barbara Mazanek hatte panische Angst vor allen möglichen Insekten und Krabbeltieren, aber wahre, adrenalinverströmende Furcht und den ganzen Körper durchzitternde Abscheu flößten ihr Ohrwürmer ein – flinke, plattovale, braune Monster mit Zangen am Hinterleib. Barbara war fest davon überzeugt, dass diese schnellfüßigen, in jede Ritze dringenden Widerlinge nur auf eine Gelegenheit warteten, ihr ins Ohr zu kriechen und von innen her das ganze Gehirn aufzufressen. Wenn sie im Urlaub in einem Zelt übernachtete, steckte sie sich jede Nacht vorsorglich Wattepfropfen in die Ohren.

Als sie diese Nacht unruhig erwachte, drückte sie instinktiv das linke Ohr ans Kopfkissen und legte den Arm übers rechte.

Das spielte keine Rolle.

Durch die undichte Balkontür begannen wie eine schmutzige, ölige Woge Milliarden von wimmelnden Insekten zu dringen und sich im Zimmer auszubreiten. Ihre kleinen Augen leuchteten rot, und die Zangen am Hinterleib waren rasiermesserscharf.

Die Musikanten

»Schluss«, sagte Kersten. Debbe schwieg; sie saß reglos mit weit offenen Augen da, bewegte leicht die schwarze Schwanzspitze.

»Schluss«, wiederholte der Hund. »Itka, wir können nichts machen. Nichts. Hört ihr? Pasiburduk, hör auf, es hat keinen Sinn.«

Der Hamster hörte auf zu spielen, erstarrte, hob den Blick aus den schwarzen Knopfaugen. So ist er nun mal, dachte Kersten, er ändert sich nicht. Alles muss man ihm zweimal sagen. Nun ja, er ist nur ein Hamster.

Debbe schwieg. Kersten legte sich hin, die Schnauze auf den Pfoten. »Es ist misslungen, und wir brauchen es nicht weiter zu versuchen« sagte er. »Der *Schirm* ist endgültig gerissen, und wir werden ihn diesmal nicht flicken können. Sie sind durchgekommen. Die Anderen. Natürlich wird der *Schirm* bald von selbst zusammenwachsen, aber ich brauche euch nicht zu sagen …«

»Brauchst du nicht.« Itka bleckte die Zähne. »Brauchst du nicht, Kersten.«

»Eine gewisse Chance hat diese Stadt noch. Solange der *Picklige* nicht auf diese Seite gekommen ist.«

»Und andere Städte?«, warf Pasiburduk unverhofft ein.

Kersten antwortete nicht.

»Und wir?«, fragte die Ratte. »Bleiben wir?«

»Wozu?«

Itka setzte sich auf, das spitze Schnäuzchen gesenkt. »Also … Nach Plan?«

»Siehst du eine andere Lösung?«

Von weitem, von der Siedlung her drang ein Geräusch zu ihnen. Eine Welle von Geräusch. Kersten sträubten sich die Haare, und Pasiburduk rollte sich zu einer rötlichen Kugel zusammen.

»Du hast recht, Kersten«, sagte Itka. »Es ist Schluss. Wir gehen nach Bremen. Dort warten die anderen.«

Die Ratte wandte sich Debbe zu, die noch immer reglos dasaß wie eine flauschige, getigerte Statue. »Debbe … Was ist mit dir? Hast du nicht gehört? Schluss!«

»Lass sie, Itka«, knurrte Kersten.

»Du siehst aus«, zischte die Ratte der Katze zu, »als ob sie dir leidtäten. Was, Debbe? Tun sie dir leid?«

»Was weißt du schon, Itka«, miaute die Katze leise, feindselig. »Leidtun? Kann sogar sein, sie tun mir leid. Mir tut es leid um die Berührung ihrer Hände. Um das Rauschen ihres Atems, wenn sie schlafen. Um die Wärme ihrer Knie. Es tut mir leid um unsere Musik, die ich verliere, kaum dass ich sie kennengelernt habe. Denn es ist eine unnütze Musik, und wir werden niemanden mehr damit retten. Weil in jeder Minute, in jeder Sekunde, an Tausenden von Punkten auf dem Planeten der Veehal ertönt und immer häufiger ertönen wird. Bis zum Schluss. Ihr tut mir auch leid, du, Itka, Kersten und Pasiburduk. Ihr tut mir leid, wie ihr verloren habt, zur Flucht gezwungen seid. Und ich selbst tue mir auch leid, denn ich werde ja mit euch kommen als eine von euch. Obwohl das keinerlei Sinn hat.«

»Du irrst dich, Debbe«, sagte Kersten ruhig. »Wir fliehen nicht. Diesmal ist es uns nicht gelungen. Aber in Bremen … in Bremen warten die anderen. Seit unvordenklichen Zeiten kommen die Musikanten in Bremen zusammen. Und wenn wir mehr sind, wird auch unsere Musik stärker sein, und eines Tages schließen wir den *Schirm* für immer, machen eine undurchdringliche Mauer daraus. Darum irrst du dich, wenn du glaubst, unsere Musik sei unnütz. Und dass du sie verloren hättest. Das ist nicht wahr. Und das weißt du.«

»Die Gefühle haben deinen Verstand überwältigt, Debbe«, setzte Itka hinzu. »Was macht es, dass sich diese Stadt ein wenig entvölkern wird. Schließlich haben sie es verdient. Du aber … denkst an die Rettung von Einzelnen. Von bestimmten Menschen, die du gernhast? Das ist irrational. Denk an die Gattung. Einzelne haben keine Bedeutung.«

Die Katze stand abrupt auf, reckte sich, bedachte die Ratte mit einem grünen, bösen Blick, in dem für einen Moment der blutige Hass zwischen den Gattungen aufflammte. Itka zuckte nicht einmal. Sie war Musikantin, und Debbe war Musikantin. Sie sah zu, wie Debbe fortging, zwischen die Disteln und die Baldachine der Gräser, ausdauernd, stolz und unbezwungen. Bis zum Schluss.

»Sentimentale Idiotin«, murmelte sie, als sie sicher war, dass die Katze sie nicht mehr hörte.

»Lass sie sein«, knurrte Kersten. »Du kannst sie nicht verstehen.«

»Ich kann.« Die Ratte bleckte die Zähne. »Aber ich will nicht. Den Grund erklären will ich auch nicht. Das Wichtigste ist, dass sie bei uns ist. Das ist eine gute Musikantin. Kersten, vielleicht sollten wir endlich losgehen?«

»Gehen?« Der Hund lächelte. »Warum sollen wir gehen, wenn wir fahren können?«

Dieter Wipfler rieb sich mit dem Handrücken über die Augen und versuchte, das Zittern, die Übelkeit und das Schwindelgefühl zu überwinden. Er wischte die schwitzenden Hände an der Hose ab, packte das Lenkrad, fuhr los, als das grüne Licht aufflammte. Er wusste nicht, wo er war. Das war ganz gewiss nicht die Strecke nach Schwedt, auf der er sich befinden sollte.

Die Straßen waren leer, ausgestorben, wie in einem Albtraum. Dieter Wipfler presste die Lider zusammen, fest, öffnete die Augen wieder. Was mache ich hier, dachte er, während er an einer Endstation der Straßenbahn vorbeifuhr, wo bin ich? Was mache ich hier? Was ist mit mir los, verfluchte Scheiße, ich muss krank sein. Ich habe irgendwas Giftiges gegessen. Ich muss anhalten. Ich darf in so einem Zustand nicht fahren. Anhalten. Was da am Bordstein lag, kann keine Leiche gewesen sein. Ich muss anhalten!

Dieter Wipfler hielt nicht an. Er fuhr an der Endhaltestelle und an Kleingärten vorbei, weiter auf der Schlackestraße, an einer grässlichen Einöde vorbei, mitten in eine wüste Mondlandschaft hinein. Er fuhr, obwohl er nicht fahren wollte. Er wusste nicht, wie ihm geschah. Er konnte es nicht wissen.

Durch die mit Schlieren bedeckte, vibrierende Windschutzscheibe sah Dieter Wipfler einen spitzen, schlanken Kirchturm, aus dem Flammenzungen schlugen. Er sah hölzerne Gerüste und davon herabhängende Körper.

Das ist unmöglich!

Er sah einen kleinen, schwarzen Mann, der mit einem Kruzifix fuchtelte und schrie …

Das ist unmöglich! Ich träume!

Locus terribilis!

Der Sattelschlepper fuhr langsam, zerquetschte mit den Rädern die Schlacke, prägte in Lehmflecken gezähnte Reifenspuren. Auf der blauen Flanke des mächtigen Aufliegers stand eine Aufschrift aus großen, leichenweißen Buchstaben:

KÜHN TEXTILTRANSPORTE GmbH

Und darunter der Name der Stadt:

BREMEN

Das gelbe Zimmer

Der Junge schlief unruhig, warf sich hin und her. Venerdina spitzte die Ohren.

Das Etwas, das über die Wand kroch, hatte keine ständige Form – es war ein schwarzer Fleck, ein Knäuel Finsternis, das pulsierte, sich aufblähte, das Dunkel mit langen Tentakeln durchdrang. Das Fell auf Venerdinas Rücken sträubte sich wie eine Bürste.

Das Geschöpf, schon auf dem Fensterbrett des angekippten Fensters, blies sich auf, begann fest zu werden, sich auf krumme Beine zu stellen. Es bekam Stacheln, reckte einen stachelbewehrten Schwanz empor.

Die Katze änderte die Stellung. Sie streckte sich leicht, reckte beide Pfoten vor, ließ die Krallen sehen. Während sie das Geschöpf mit weit geöffneten Augen anschaute, legte sie die Ohren an, verzog das Schnäuzchen, entblößte die Fangzähne.

Das Geschöpf zögerte.

Versuch es nur, sagte Venerdina. Versuch es nur. Du bist gekommen, um die Schlafenden zu ermorden; versuche, der die Stirn zu bieten, die wacht. Es gefällt dir, Schmerz und Tod zu verbreiten? Mir auch. Also, komm herein, wenn du es wagst!

Das Geschöpf bewegte sich nicht.

Fort, sagte die Katze voll Abscheu.

Das auf dem Fensterbrett lauernde Knäuel Finsternis, schwarz wie das Nichts, krampfte sich zusammen, erschlaffte. Und verschwand.

Der Junge stöhnte im Schlaf, drehte sich auf die andere Seite. Er atmete gleichmäßig.

Venerdina hörte gern zu, wie er atmete.

Iza

Ela Gruber lebte nicht. Ihre Augen waren offen, doch Iza war sich sicher, dass sie nicht lebte. Sie wusste nicht recht, was sie tun sollte. In diesem Augenblick ging die Tür auf. Eine Krankenschwester kam herein.

»Ich fürchte …«, begann Iza und stockte.

Das pausbäckige Gesicht der Schwester, das noch vor kurzem so sympathisch naiv gewesen war, hatte sich verändert. Jetzt war es das Gesicht einer Idiotin, einer schwachsinnig lächelnden Hebephrenikerin.

Ohne von Iza Notiz zu nehmen, ging die Schwester zu Ela Grubers Bett, rückte mit einer gedankenlosen, automatischen Bewegung das Kissen zurecht. Von dem daneben stehenden Tischchen nahm sie ein Glas. Den Blick zum Fenster gerichtet, zerdrückte sie das Glas in der Faust. Aus ihrer Handfläche floss ein Rinnsal von Blut. Die Krankenschwester beachtete es nicht, ihr Gesicht zuckte nicht einmal. Sie schob den linken Ärmel hoch und schnitt sich mit einem Glassplitter die Innenseite des Unterarms auf – mit einer scharfen, heftigen Bewegung von der Armbeuge bis ins Innere der Handfläche – einmal, dann noch einmal. Das Blut sprudelte auf die weiße Schürze, auf die schimmernde Tischplatte, aufs Bett, tropfte rasch aufs Linoleum. Die Schwester schüttelte sich in einem unterdrückten Gelächter, hob die Hand, betrachtete hingebungsvoll die pulsierenden Wellen spritzenden Blutes.

»Hilfeee!«, schrie Iza, als sie das Entsetzen überwunden hatte, das ihr die Kehle zuschnürte. »Leute! Zu Hilfe! Jemand soll helfen!«

»Leuteee!«, antwortete ein hysterischer Schrei vom Korridor her. »Leuteeee!«

Weitere Schreie fielen ein, laut, unnatürlich. Iza wurde gewahr, dass sie von der Sirene eines Rettungswagens überlagert wurden. Der Krankenschwester knickten die Beine weg, die junge Frau stürzte schwer aufs Linoleum, zog den Kopf ein, begann zu weinen.

Iza wich zurück, ohne den Blick von der Schwester wenden zu können, ertastete hinter sich die Klinke, lief auf den Korridor.

Bei einem Heizkörper, die Stirn gegen die Wand gestützt, kniete ein junger Arzt, den sie nicht kannte, und wischte sich mit dem Ärmel die übers Gesicht rinnenden Tränen weg. Er schaute Iza mit unstetem, verängstigtem Blick an.

»Das ist der Krieg«, stotterte er. »Das sind bestimmt Bomben mit psychotropem Gas. Bestimmt sind bakteriologische Waffen eingesetzt worden. Alle sind verrückt geworden … Alle … Das ist der Krieg! Man muss in die Bunker gehen!«

Iza wich entsetzt zurück. Von der Seite her, aus der Abteilung, drangen Scheppern und Kampfgeräusche. Etwas Schweres polterte gegen die geschlossene Tür.

»Wo ist hier der Bunker?«, rief der Arzt am Heizkörper. »Ich will nicht sterben.«

»Miliiiz!«, heulte jemand einen Stock weiter oben. »Jesuuus! Hilfeee!«

Die Tür ging auf, der dagegen gelehnte Körper, rot bespritzt, glitt auf den Korridor. Ein riesiger, halbnackter, unrasierter Mann, mit einer Eisenstange bewaffnet, schritt langsam, vorsichtig über den Leichnam. Der Arzt am Heizkörper brüllte los, presste das Gesicht gegen die Eisenrippen. Der Halbnackte stieß ein wildes Lachen aus und hob die Stange.

Iza wandte sich um und rannte den Korridor entlang, verfolgt von Schreien und dumpfen Schlaggeräuschen.

Sie lief vor die Klinik, rutschte direkt am Eingang auf welkem Laub aus, hielt mit Mühe das Gleichgewicht. Vor der Klinik stand ein Rettungswagen, blinkte mit dem rechten Blinker. Die Seitentüren standen offen, der Fahrer lag auf den Sitzen, sein Arm, im Schein der Rundumleuchte violett, hing schlaff heraus. Aus dem Inneren der Klinik drangen wahnsinniges Geheul, Gebrüll, das Klirren zerschlagener Scheiben und Glasgefäße.

Die Straße entlang kam ein Auto mit zerschlagener Vorderfront, mit hochgewölbter, verbogener Motorhaube. Über der Stadt, aus Richtung der Kleingärten, stieg langsam Feuerschein empor, Rauchwolken und Schreie, die aus der Entfernung wie das Summen von Maikäfern klangen.

Iza blickte zum Himmel, der inzwischen schon eine Purpurfarbe angenommen hatte, durchwoben mit dünnen goldenen Fäden. Tropfen fielen ihr aufs Gesicht. Sie wischte sie ab und lief los.

Im Haus gegenüber fiel klirrend eine Fensterscheibe heraus, und nach ihr ein Kind. Es überschlug sich dreimal in der Luft, ehe es auf den Beton stürzte. Iza rannte. Tropfen – vielleicht auch Tränen – rannen ihr über die Wangen.

Neben ihrem Fiat lag ein Mann im gestreiften Schlafanzug, halb gegen die Mauer am Tor gelehnt. Er atmete röchelnd, bei jedem Ausatmen wuchsen ihm an den Nasenlöchern blutige, platzende Blasen.

Sie fand die Wagenschlüssel in der Handtasche nicht. Mit zitternden Händen schüttete sie den ganzen Inhalt auf den Bürgersteig. Sie hob nur die Schlüssel und das Portemonnaie auf.

Etwas knirschte direkt neben ihr, dass sie zusammenfuhr und die Schlüssel fallenließ. Ein gusseiserner Kanaldeckel sprang hoch, fiel auf die Straße, und aus dem Kanal sprudelte mit dumpfem Schmatzen Blut, vermischt mit Unrat, und floss auf dem Asphalt breit, drang ihr widerlich warm in die Schuhe. Iza schrie auf, wich vom Auto zurück, stolperte über den Körper des Mannes im Schlafanzug, lehnte sich rücklings an die Mauer. Aus dem schwarz glänzenden Abgrund des Kanals bewegte sich etwas hervor, plätschernd und blubbernd.

Um die Straßenecke kam heulend ein Mann gelaufen, ihm nach ein zweiter, beide rannten in irrsinnigem Tempo an Iza vorbei. Iza erstarrte, blickte auf. Ein Wind, ein warmer Wind, der plötzlich aufgekommen war, traf sie mit entsetzlichem Gestank.

Um die Straßenecke …

Iza kannte dieses Gefühl. Sie erinnerte sich aus der Kindheit daran – der Traum, der sie so oft mit einem Schrei hatte erwachen lassen. Der Traum, in dem sie gelähmt, willenlos zur Tür blickte, die geschlossen und von innen verriegelt war, und wusste, dass diese Tür trotz des Riegels aufgehen würde. Sie würde aufgehen, und dahinter stünde etwas, wovor es weder Rettung noch Flucht gab. Etwas, das keine Hoffnung ließ.

Ohne es zu wissen, schrie sie mit dünnem, unablässigem Falsett, mit dem Schrei eines gemarterten Tieres. Plötzlich war sie zum Tier geworden, hier auf der dunklen, von Blut und Scheiße überfluteten Straße, inmitten von tausenderlei Produkten der Zivilisation, von denen in diesem Moment kein einziges auch nur die geringste Bedeutung hatte. Plötzlich war sie ein Biber, erstickt vom elastischen Draht der Fangschlinge, ein Fuchs, dem die stählernen Zähne der Falle die Pfote zermalmten, eine Robbe, der mit einem Knüppel der Kopf zerschmettert wurde, ein Reh, mit der Schrotflinte geschossen, eine sich in Krämpfen windende vergiftete Ratte. Sie war all jene, mit denen sie Furcht und Schmerz teilte und die Gewissheit, einen Augenblick später nichts zu sein – denn ein kalter, schmutziger, stinkender Kadaver ist nichts.

Das Etwas, das hinter der Straßenecke knirschte und rasselte, seine Schritte mit seinem schweren, heiseren Atem untermalte, kam hervor und blickte sie mit dem golden-karminroten Schein seiner riesigen Augen an.

Der Schrei erstarb in Izas Kehle zu einem Röcheln. Ihr Bewusstsein, ihr Verstand, ihre Intelligenz und ihr Wille explodierten und platzten wie eine aufs Pflaster geworfene Glühlampe.

Der *Picklige* war durch den zerrissenen *Schirm* gekommen.

»Tandaradei!«

So muss das geschrieben werden, mit Ausrufezeichen. Die Versionen ohne Ausrufezeichen sind falsch. Die Geschichte dieses Textes, meiner zweiten Horror-Erzählung und der dritten, die nicht vom Hexer handelte, hat recht viele Eigenheiten. Die Idee dazu entstand nämlich im Zug Gdynia–Łódź, mit welchselbigem prosaischem Verkehrsmittel ich im Dezember 1990 vom Nordcon zurückfuhr. Diese Convention, die zweite, die mich mit einer Einladung beehrte, war reich an Ereignissen und Attraktionen, von denen ich jedoch schweigen will, denn hier ist nicht Zeit noch Ort, sich ihrer zu erinnern, und viele von ihnen sollten überhaupt dem barmherzigen Vergessen anheimfallen. Ich beschränke mich also auf die Mitteilung, dass ich mir bei einer Buchversteigerung auf dem Nordcon unter anderem einen Band phantastische Erzählungen gekauft hatte und mir mit der Lektüre die Langeweile vertrieb, die für gewöhnlich mit Bahnreisen einhergeht. Unter den Erzählungen befand sich »You Are My Sunshine« von Tanith Lee. Diese Geschichte, reine SF, spielt in ferner Zukunft an Bord eines Passagierraumschiffs. Zu den Offizieren besagten Sternenschiffs gehört auch ein sogenannter P. L., ein Passenger Link, so eine Art (ich bitte meine mangelhafte Kenntnis der nautischen Fachbegriffe zu entschuldigen) Kultur- und Bildungsverantwortlicher, jemand, zu dessen Pflichten es gehört, den Passagieren jegliche Annehmlichkeit zu sichern, darunter auch die psychische. Ohne Tanith Lees Geschichte verraten zu wollen – der P. L., von dem die Rede ist, überschreitet seine Befugnisse etwas, indem er aus bösartiger Berechnung einer schüchternen, unansehnlichen Frau den Hof macht, die er sich unter den Passagieren ausgesucht hat. Und die Ergebnisse sind schrecklich. Geradezu katastrophal.

Den Vorwurf eines Plagiats kann ich mühelos entkräften – »Tandaradei!« spielt schließlich nicht in ferner Zukunft an Bord eines Sternenschiffs, sondern in der Gegenwart in Polen, hier und heute, und zweifellos ist »Tandaradei!« keine SF. Zwischen »You Are My Sunshine« und »Tandaradei!« gibt es zudem viel mehr Unterschiede als zwischen den Sieben Samurai *und den* Glorreichen Sieben*; es kann also auch von einem Diebstahl der Idee oder meinetwegen von einer sekundären Bearbeitung keine Rede sein. Einen Schriftsteller aber, der behauptet, den Großteil seiner Einfälle nicht aus der Lektüre zu schöpfen, nenne ich einen Lügner. Zur Klarstellung merke ich an, dass ich zur Lektüre nicht nur Zeitungen zähle, sondern auch Film und Fernsehen.*

»Tandaradei!« erschien 1992 im Feniks, *in der Januarnummer der Zeitschrift. Ihre Premiere hatte die Erzählung aber schon im Jahr zuvor: Gelegentlich der Convention Polcon-Cracon-Eurocon '91 wurde sie in das Conbuch aufgenommen, das unter dem Titel* Literarisch-kritische Zugabe *firmierte. Der Redakteur dieser* Zugabe, *der Schriftsteller Mirosław P. Jabłoński, würdigte »Tandaradei!« im Vorwort wie folgt: »Der intelligente, lyrische*

Text zeichnet sich unter anderem durch eine blendend und präzise dosierte dramaturgische Spannung aus.«

Danke, Mirek.

Ob »Tandaradei!« Horror oder Fantasy ist, könnte man lange und selbstvergessen erörtern; es fänden sich sicherlich sowohl viele Verteidiger der ersteren als auch der letzteren Option. Persönlich bevorzuge ich die bei Wladimir Wyssozki entlehnte Bezeichnung »Erzählung der Unruhe«. Aber keineswegs, weil mir die Bezeichnung und Etikettierung als Fantasy peinlich wäre; ein Narr, wer das glaubt.

Zum Schluss eine Merkwürdigkeit: Als der Feniks *»Tandaradei!« in der vorangehenden Nummer ankündigte, schmückte er die Ankündigung mit einer Illustration, die einen Ritter des Ordens vom Hospital St. Mariens der Deutschen in Jerusalem darstellte, also einen Kreuzritter – der Himmel weiß, warum, vielleicht, weil bei Sienkiewicz die Kriegsknechte der Kreuzritter ein Lied Walthers von der Vogelweide singen. Jedenfalls hatte ich später auf Lesungen eine Menge Mühe, dem Publikum zu erklären, wo die Kreuzritter abgeblieben waren.*

Tandaradei!

»Ich bin unansehnlich«, sagte Monika Szreder halblaut, während sie in den Spiegel schaute.

Monika Szreder hatte recht. Mehr noch, diesbezüglich stimmte Monika Szreders Ansicht völlig mit der Meinung ihrer Umwelt überein.

Nein, Monika war nicht hässlich. Sie war einfach unansehnlich. Sie war die Quintessenz der Unansehnlichkeit, strahlte eine Unansehnlichkeit aus, die alles übertönte, was jede andere schöner gemacht hätte, sogar eine Hässliche. Auf irgendeine unerklärliche Weise wurde das Konglomerat von Elementen, die jedes für sich attraktiv, hübsch, sogar schön waren, bei Monika farblos, unattraktiv und fade. Ihre Haare, die eigentlich dunkelblond sein sollten, waren in Wahrheit grau und stumpf; ihre natürliche Neigung zur Fülle, ihre ganz eigene und anmutige Tendenz, sich gegenüber jeder Art von Kämmen und Bürsten als störrisch zu erweisen, ließen sie tatsächlich verwahrlost und unordentlich erscheinen, und die Bemühungen, das zu ändern, fruchteten nichts. Nicht einmal das kunstvollste Make-up nützte etwas; noch so teure Kosmetika halfen nicht, etwas mit den Augen zu machen, die hinter dem dicken Brillenglas immer fablos und blass aussahen. Auf Monikas Figur, die eigentlich angenehm normal war, bewirkte jede Auswahl von geschmackvollen und attraktiven Dingen zusammengenommen einen Eindruck, der beim besten Willen nicht erfreulich zu nennen war.

Der Umstand, dass sich Monika Szreder sämtlicher erwähnter Faktoren durchaus bewusst war, machte alles noch schlimmer. Im Wissen, dass sie außerstande war, sich zu verschönern, tat Monika, seit sie erwachsen war, vorsätzlich und konsequent alles, um nicht hervorzustechen, um im Hintergrund zu bleiben, mausgrau und unauffällig. Diese eigenartige Mimikry, die im Grunde ihre Unansehnlichkeit vertuschen und überdecken sollte, bewirkte natürlich genau das Gegenteil.

Gerade jetzt, da sie früh um fünf vor dem fleckigen Spiegel im von Lichtstreifen durchzogenen Halbdunkel des Bungalows stand, empfand Monika stärker als jemals zuvor, wie unansehnlich sie war. Sie bedauerte, dass sie in diesen Ferienort gefahren war, in diese Belegung in der Einöde ohne Komfort, wo es angeblich romantisch sein sollte, aber in Wahrheit nur unbequem war. Reisebüro »Rommar Tour«, erinnerte sie sich. »Du bist einsam? Teile uns dein Alter mit, Beruf, Bildung, Interessen. Schreib auf, wovon du träumst, und wir organisieren dir den Urlaub deiner Träume.«

Der Urlaub meiner Träume …

Sie war gefahren, weil sie allein war und den Sommer nicht allein in der Stadt verbringen wollte. »Rommar Tour« hatte eigentlich weder gelogen noch übertrieben, obwohl sie in ihrem Fragebogen dem Punkt »Bildung« sichtlich zu viel Bedeutung bei der Auswahl beimaßen. Ringsum wimmelte es von schmachtenden Doktorandinnen und geschiedenen Dozenten.

Der Urlaub meiner Träume …

Mit der Reise hatte sich Monika abermals zu beweisen

versucht, dass sie Gesellschaft liebe. Der Versuch war wie viele zuvor misslungen. Zum wiederholten Male hatte sich Monika nichts bewiesen, als dass sie die Einsamkeit hasste.

Und sie war allein. Immer noch allein. Ihre zufällige Mitbewohnerin, Elka, die aus unerfindlichen Gründen das Schneehuhn genannt wurde und die ihr in den ersten Tagen des Aufenthalts mit Geplapper, Sorglosigkeit und Schlamperei auf die Nerven gefallen war, pflegte neuerdings abends zu verschwinden und spät in der Nacht wiederzukommen. Und manchmal – wie heute – erst am Morgen. Monika hatte keinen Zweifel, was das Schneehuhn im Fragebogen von »Rommar Tours« wohl in der Rubrik »Interessen« eingetragen hatte.

Anfangs war Monika entsetzt gewesen – sie fürchtete, das Schneehuhn gehöre zu den Mädchen, die einen ausführlichen und anschaulichen Bericht für eine Art Endspiel hielten, für den natürlichen und notwendigen Abschluss der nächtlichen Abenteuer. Das hätte Monika gewiss nicht ertragen. Zum Glück neigte Elka nicht zum Erzählen. Ganz im Gegenteil, sie war diskret. Das hinderte sie allerdings nicht, spontan Zufriedenheit und Überlegenheit zu demonstrieren, mit denen ein auserwähltes Weibchen einem verschmähten begegnen muss.

Monika Szreder fühlte sich nicht verschmäht. Sie war sechsundzwanzig Jahre alt und hatte schon zwei ernste erotische Experimente hinter sich. Wesen und Verlauf beider weckten keine Sehnsucht nach einem dritten.

Und dennoch …

»Ich bin unansehnlich«, sagte sie zu ihrem Spiegelbild. Ohne in Tränen auszubrechen. Dazu war sie zu stolz. Es gibt nichts Schlimmeres, als den Tag mit Weinen zu beginnen, dachte sie.

Den Tag? Das ist schwerlich schon Tag zu nennen,

dachte sie. Das Feriendorf schläft noch und wartet, dass die Sonne endlich den Tau trocknet, die Luft erwärmt, die mit ihrer Kälte noch immer die Haut beißt.

Sie legte sich hin, stellte das Kopfkissen hoch, griff nach dem Buch. Sie versuchte, die Stelle zu finden, wo sie am Abend die Lektüre unterbrochen hatte, schläfrig und vom Warten auf Elka ungeduldig. Stattdessen kehrte sie zum Anfang zurück, zu der Stelle, die mit einem kleinen, getrockneten Stiefmütterchen markiert war. Nur ein paar Strophen, dachte sie. Nur ein paar.

Under der linden
an der heide
dâ unser zweier bette was,
Dâ muget ir vinden
schône beide
gebrochen bluomen unde gras.
Vor dem walde in einem tal,
tandaradei,
schône sanc diu nahtegal.

»Tandaradei«, flüsterte sie gedankenverloren und ließ das Buch sinken. Sie schloss die Augen.

»Tandaradei«, sagte der Minnesänger.

Er war sehr schmächtig, geradezu mager, der Mantel, der seine Gestalt eng umhüllte und an dem der Wind zerrte, unterstrich diese Magerkeit noch. Sein Schatten, dünn, gerade wie ein schwarzer Strich, legte sich auf den Wandteppich, auf dem sich ein weißes Einhorn aufbäumte, die Vorderbeine zu einer heraldischen Pose erhoben.

»Tandaradei«, wiederholte der Minnesänger. »Dieses Lied …«

So viele Erinnerungen. So viele schöne Erinnerungen.

Under der linden, an der heide … Du … Ja, du bist das. Die Aschblonde …

Monika bewegte die Hände, strich die Blumen beiseite, die Tausenden von Blumen, zwischen denen sie lag. Die meisten waren Rosen, groß, nass, entwickelt, dass Blättchen herabfielen.

»Wie damals«, fuhr der Minnesänger leise fort, und seine Augen waren schwarz, kalt und tief wie der Rhein am Loreley-Felsen. »Im Schloss von Würzburg … Oder vielleicht noch später, in Schwaben, am Hofe Philipps … ich erinnere mich an die vollen Lippen von Beatrix, der Tochter Berengars von Passau. Und dann, viele Jahre später, habe ich dieses Lied in einer Herberge unweit von Worms gehört. *Vor dem walde in einem tal* … Du weckst mich aus dem Schlaf.«

Monika presste die Lider fest zusammen.

»Du weckst mich aus dem Schlaf. Dieses Lied … Es hat so lange überdauert. Ich weiß noch, wir haben es auf dem Marsch gesungen, als wir aus Marienburg zu dem Treffen mit dem Komtur Wolfram de Lys gegangen sind, zu den Furten durch die Drewenz. Und noch später, viele Jahre später, habe ich es zusammen mit anderen bei Frankenhausen gesungen, als an den Hängen des Hausberges das Blut der aufständischen Bauern herabfloss.

Du weckst mich aus dem Schlaf.«

Monika lag reglos auf dem Bett von Blumen. Sie blickte dem Minnesänger geradezu in die Augen. Noch nie hatte sie so kalte Augen gesehen. Noch nie dieses Gesicht. Nur das Lächeln …

Gib die Hand.

Ja, dieses Lächeln hatte sie schon einmal gesehen. Gewiss.

Doch sie erinnerte sich nicht, wo.

»Gib die Hand.«

Hinter dem Rücken des Minnesängers tauchten andere Gestalten auf, in grotesken Pelzmasken, die mit riesigen Ohren wedelten. Es ertönte ein leiser, rhythmischer, skandierter Singsang, ein vielstimmiger, stammelnder Chor, einzelne, akzentuierte, unverständliche Wörter …

Tandaradei!

»Monika!«, rief Elka, genannt das Schneehuhn. »He, Monika, weißt du nicht, wo der Zucker ist?«

»Was?« Monika fuhr auf, ließ das Buch zu Boden fallen, tastete mit den Händen übers Bett. »Was? Elka? Bin ich eingeschlafen?«

»Nein«, sagte Elka und schloss die Schranktür mit einem schrecklichen Krach, der die Reste des sonderbaren Traums verscheuchte. »Ganz im Gegenteil. Du bist aufgewacht, gerade rechtzeitig. Es ist um neun. Hör mal, Monika, ich kann meine Kaffeetüte nicht finden. Hab sie wohl irgendwohin verlegt. Kann ich ein bisschen von deinem nehmen?«

Monika rieb sich die Augen, langte nach der Brille. »Kannst du, Elka.«

Die Signale, die sich bald tags, bald nachts wiederholten, waren leise, scheinbar bedeutungslos, kaum zu bemerken. Die Frau Doktor in dem kleinen Haus auf der Hügelkuppe erfasste ihre Bedeutung nicht gleich. Wesentlich schneller erfasste sie der Kater – er ließ es an verändertem Verhalten erkennen, an Unruhe, ungezügelter Aggression, die er an allem ausließ, was ihm unter die Pfoten kam. Die Frau Doktor bemerkte es, machte sich aber keine Gedanken darum – sie schrieb die Launen des Tieres seiner unbändigen Raubtiernatur zu. Es wunderte sie auch nicht, dass der Dachs, der ihr für gewöhnlich wie ein Hund nachlief, sich in seiner Höhle verkroch und tagsüber nicht hervorkam. Die Frau Doktor erklärte das mit der Furcht vor dem Toben des Katers.

Die nächsten Signale waren schon deutlicher – das abendliche Konzert der Kröten wurde plötzlich abgeschnitten, unterbrochen von langen Pausen einer bedrohlichen, von Entsetzen erfüllten Stille. Die morgendlichen lautlosen Flüge von Ziegenmelkern, deren Schwärme den Himmel verdunkelten. Ein verändertes, zorniges Glucksen des Flusses zwischen den umgestürzten Bäumen.

Etwas ist im Gange, dachte die Frau Doktor. Etwas ist im Gange.

Tags darauf fand sie unmittelbar am Waldrand einen zerrissenen Eichelhäher; Tropfen von getrocknetem Blut glänzten wie Perlen auf den kleinen rötlichen Federn. Die Frau Doktor wusste, dass das nicht der Kater getan hatte – der Kater, der ihr nachgelaufen war, fauchte beim Anblick des getöteten Vogels, presste sich an den Boden und schaute ihr furchtsam in die Augen.

»In Tümpel und Tiefe«, flüsterte sie. Der Kater miaute.

Sie ging auf den Platz vorm Haus zurück, in Gedanken versunken, geistesabwesend. Und da …

Der Kater fauchte, machte einen Buckel.

An der Haustür fehlte die Sichel, die immer dort hing, zusammen mit einem trockenen Bund Kräuter. Sie drehte sich um – gerade rechtzeitig, um zu sehen, wie der blutige Stahl auf sie zugeflogen kam, wirbelnd, in der Luft pfeifend.

»Eth!«, schrie sie und presste sich mit dem Rücken an den Türrahmen.

Die Sichel begann zu rotieren, krümmte sich wie ein lebendes Band, wich von der Flugbahn ab, bohrte sich mit dumpfem Geräusch in die zerkratzte Tür, zitterte wütend, stieß ein metallisches Seufzen aus. Die Frau Doktor hörte, wie der schwarze Wald, über den Anhang gebeugt, mit boshaftem Lachen erbebte.

»Deskath«, flüsterte sie. »Du … Ich erkenne dich …«

Der Kater fauchte.

Die Sichel vibrierte, zitterte und sang.

»Also nein, Monika«, sagte Elka, genannt das Schneehuhn. Sie nahm die Sonnenbrille ab und cremte sich vorsichtig die Stupsnase ein. »So geht das wirklich nicht. Warum willst du nicht mitkommen? Mit der ganzen Meute? Warum sitzt du die ganze Zeit allein herum? Was?«

»Ich fühle mich nicht besonders.«

Das ist nicht einmal gelogen, dachte Monika. Schon beim Gedanken an die ganze lärmende Meute wird mir schlecht. Ich verstehe eure Witze nicht. Eure Fröhlichkeit steckt mich nicht an, im Gegenteil, sie macht mich nur verlegen. Und ich bin mir nicht sicher, ob ihr nicht genau das bezweckt.

»Wirklich, Monika«, plapperte Elka, die direkt neben ihrem Bett stand. »Du solltest mitkommen. Das ist so schön am Fluss, du hast gar keine Ahnung …«

Alexander, dachte Monika, geh mir aus der Sonne.

»Jacek, dieser Historiker, du weißt, der, der allein in der Zwölf wohnt« – das Schneehuhn verrieb den Rest der Creme auf den Handflächen und verbreitete ringum den Ponds-Geruch –, »der Kumpel von dem Blonden, der den dunkelblauen Audi hatte, weißt du …«

Ich weiß.

»… der erzählt so interessant.«

Ich weiß.

»Von der Geschichte dieser Gegend, von Kriegen, von Völkerwanderungen, von Hexensabbaten, vom Kult irgendwelcher Dämonen, von Ausgrabungen, ich sag dir,

Monika, man kann stundenlang zuhören. Weißt du, dass er mich nach dir gefragt hat?«

»Wer?« Monika hob den Kopf.

»Jacek. Dieser Historiker.«

»Nach mir?«

»Nach dir. Wo du herkommst, wo du arbeitest. Er hat ein Auge auf dich geworfen, Monika. Hast Glück. Das ist ein schrecklich prima Kerl.«

O Gott.

»Tu nicht so, als hättest du nicht bemerkt, wie er dich anschaut. Was, Monika?«

Hab ich, hab ich.

»Nein, Elka. Ich habe nichts bemerkt.«

»Ich kann wirklich nicht mit dir reden«, schmollte das Schneehuhn. »Was hast du denn, Mädel? Du siehst elend aus, weißt du das? Oder hast du vielleicht deine Tage? Oje, entschuldige, zieh nicht so ein Gesicht. Ich bin gleich weg. Wir sind in einer halben Stunde verabredet, ich gehe hin. Wir kommen zum Mittag wieder. Oder zum Abendessen. Tschüss.«

»Tschüss, Elka.«

Zwischen den Ästen einer Krüppelkiefer hatte eine Spinne ein Netz gewebt, eine regelmäßige, präzise Arbeit. Das Schöne in der Natur, dachte Monika, hat einen Zweck, es ist keine rein ästhetische Schönheit. Es hat einen Zweck, selbst wenn der Zweck das Töten ist.

Auf der Buchseite landete ein Marienkäfer. Monika schüttelte ihn ab. »Flieg zum Himmel«, sagte sie halblaut.

Der Käfer fiel nicht zu Boden, er breitete im Fluge unelegant die Flügelchen aus, stieg empor – geradewegs in die Mitte des Spinnennetzes.

Die Spinne, eine große Kreuzspinne mit dickem Hinterleib, sprang aus ihrem Versteck in einem zusammengerollten, von einem Kokon umsponnenen Blatt. Der

Marienkäfer zerriss mit dem Druck seines Chitinpanzers ohne Eile die Fäden. Noch ein Augenblick und er fällt herab, dachte Monika.

Doch die Spinne war schneller.

Lauf weg, dachte Monika mit zusammengebissenen Zähnen. Lauf weg, Spinne. Los!

Die Spinne machte auf den Fäden kehrt, verschwand blitzschnell in dem zusammengerollten Blatt.

Ich habe sie erschreckt, dachte Monika verwundert. Unsinn, dachte sie gleich darauf, die Spinne mag ganz offensichtlich keine roten Käfer, die in Chitinpanzer gehüllt sind. Sie zieht weiche und saftige Fliegen vor. Das ist sonnenklar.

Sie zuckte zusammen, als sie unmittelbar hinter sich Schritte hörte.

»Guten Tag, Monika.«

»Guten Tag, Jacek.«

O Gott.

»Wie üblich mit der Nase in einem Buch? Monika, ich mache dich darauf aufmerksam, dass das Ferien sind. Eine Erscheinung, die einmal im Jahr auftritt und leider so schnell vorübergeht. Wirklich, es ist schade um jede Minute. Monika.«

»Ja, Jacek.«

»Das Schneehuhn hat mir gesagt, dass du nicht mit uns an den Fluss fahren willst. Du sollst den Vorschlag abgelehnt und gnadenlos verworfen haben. Das betrübt mich besonders, denn es war mein Vorschlag. Ich bin also gekommen, um den Fehler zu korrigieren, der darin bestand, das Schneehuhn als Vermittlerin zu benutzen. Ich hätte dich selbst fragen sollen. Schon lange.«

Geh bitte. Ich fühle mich schlecht, wenn du so dastehst und mich anschaust. Ich will deinen Blick nicht. Ich will nicht, dass dein Blick mich berührt.

»Komm mit uns, Monika.«

Geh bitte fort.

»Nein ... Entschuldigung. Vielleicht ein andermal.«

»Ist womöglich die Lektüre, der du dich widmest, interessanter als die Aussicht auf meine ... unsere Gesellschaft? Was liest du, Monika?«

»Och ... Das sind Gedichte, Jacek. Alte deutsche Gedichte.«

»Das sehe ich. Ich erkenne es an der gebrochenen Schrift, die ich selbst nicht lesen kann, obwohl mein Deutschlehrer es geschafft hat, mir die Grundlagen der Sprache Goethes einzutrichtern. Gedichte, sagst du?«

»Ich glaube nicht ...«

»... dass es welche sind, die ein gewöhnlicher Historiker kennen kann? Ach, ihr Philologen. Wie oft ihr das Monopol auf die Kenntnis von Literatur und Sprache ursurpiert. Hast du eine kleine Ader für Glücksspiel, Monika?«

Sie hob den Blick und wusste dabei genau, dass sie das Gesicht und die Brille hob. »Ich verstehe nicht ...«

»Ich schlage dir ein kleines Spiel um einen großen Einsatz vor. Wie etwa bei Puschkin, Drei, Sieben, As. Wenn ich anhand von ein, zwei Zeilen erkenne, wessen Gedicht das ist, kommst du mit uns mit. Wenn ich mich irre, gehe ich betrübt meiner Wege und werde dich nicht mehr behelligen.«

Sie zögerte einen Augenblick lang. Es ist unmöglich, dachte sie. Es ist so unbekannt ...

»Gut«, sagte sie und senkte den Kopf, um sein Lächeln nicht sehen zu müssen.

Under der linden
an der heide
dâ unser zweier bette was ...

»Walther von der Vogelweide, ein mittelalterlicher deutscher Dichter und Troubadour, Ende zwölftes, Anfang dreizehntes Jahrhundert.« Er lächelte. »Das Gedicht heißt ›Under der linden‹. Du hast verloren, Monika. Eure Dame ist geschlagen, Genosse Hetman. Ich nehme alle Rubel vom Tisch. Und dich nehme ich auch mit, Monika.«

Sie lächelte, diesmal ohne es zu verbergen. Nun ja, dachte sie, vielleicht ...

»Unter uns gesagt«, erklärte er, »das passt zu dir.«

»Was?«

»Mittelalterliche Poesie, die Lieder der Troubadoure.« Er schaute ihr in die Augen. In die Brille, berichtigte sie sich in Gedanken. »Das passt zu dir. Eine poetische Natur, eine bezaubernd weltfremde, innerlich komplizierte, einzelgängerische Natur. Magie. Nun, aschblonder Elf, hol deine Sachen. Wir fahren.«

»Ja«, sagte sie, noch immer mit einem blassen Lächeln. »Nun ja, versprochen ist versprochen ... Ich komme gleich zu euch. Gleich.«

»Wir warten.«

Sie stand nicht sofort auf. Sie saß mit gesenktem Kopf da, den Blick auf die gebrochene Schrift geheftet, die steil und wehend war wie Banner, aufgepflanzt auf Turmzinnen. Sie hörte den Ton einer Laute, fern und leise.

Ein weißes Einhorn bäumte sich auf einem grünen Wandteppich auf, die Vorderbeine zu einer heraldischen Pose erhoben.

Die Hügelkuppe war eben, platt, wie mit einem Messer abgeschnitten. Das kleine Haus mit den geweißten Wänden, das zwischen krummen Apfelbäumen stand, zog sie an. Rief sie zu sich.

Sie stand unentschlossen da, schaute zu, wie die ganze

Gesellschaft nach unten zum Fluss lief, den sandigen, sonnenwarmen Hang hinab. Sie hörte die Männer rufen und lachen, den Bierkasten fern und leise klirren. Hörte die Frauen kreischen, die sich auf die feuchte Wiese fallen ließen.

»Eine merkwürdige Anhöhe, nicht wahr? Man sieht auf den ersten Blick, dass sie nicht natürlich ist.«

»Wie bitte, Jacek? Wieso nicht natürlich?«

»Schau dir die Form an, wie regelmäßig sie ist. Und die Lage. Monika, hier kann sich einst eine Burg befunden haben, die die Furt bewachte. Oder vielleicht der Tempel irgendeiner Göttin, die von den Pommern verehrt wurde. Vielleicht ein Opferplatz, eine heilige Anhöhe von heidnischen Pruzzen, Goten oder hierher verirrten Kelten? So viele Völker sind durch dieses Land gezogen, so viele noch unerforschte Dinge birgt dieser Boden ... Na, gehen wir. Darüber können wir uns noch auf unserem vorzüglichen Lagerplatz unterhalten.«

»Gleich ... gleich komme ich zu euch. Nur noch einen Moment.«

»Wozu?«

»Ich will spazieren gehen.« Sie senkte den Kopf.

»Darf ich ...?«

»Nein«, sagte sie rasch. »Entschuldige. Allein.«

Warum blickt er mich so an?

»Gut, Monika. Aber denk daran, wir warten auf dich. Ich möchte, dass du bei uns bist. Bei mir.«

Die Anhöhe. Unnatürlich?

Sie machte einen Schritt vorwärts. Plötzlich spürte sie, dass sie weitergehen musste. Denn hinter sich hatte sie die schwarze Wand des Waldes, der dunkel war und beunruhigend, vor sich aber die Sonne und das glänzende Band des Flusses, unten, tief zwischen den Erlen. Der Wald stieß sie ab, flüsterte mit furchteinflößender Stimme, mit einer Stimme, in der Drohung und Bosheit klangen. Das weiße Häuschen am Abhang war hell, warm, freundlich. Es rief sie, zog sie an, redete ihr zu.

»Guten Tag ... Ist hier jemand?«

Eine dunkle Diele, ein ins Dunkel getriebenes Band von Licht, aufgedunsen von wirbelndem Staub. Ich komme ungebeten in ein fremdes Haus, dachte sie. Gleich wird jemand herauskommen, mich unwillig anschauen, und ich werde mich zurückgestoßen fühlen, gekränkt. Und ich werde es übelnehmen, obwohl ich selbst schuld sein werde. Wie üblich.

Ein Zimmerchen voller dunkler Möbel. Der schwere, drückende Geruch von Kräutern.

»Guten Tag! Ich bitte um Entschuldigung ...«

Auf dem Tisch ein Glas in einem Metallkörbchen, ein Löffel, der in Kaffeesatz steckte, eine Brille mit Drahtgestell.

Und Bücher.

Ohne zu wissen, warum sie das tat, trat sie näher. Die Bücher waren alt, in abblätternde Pappe gebunden. Die goldgedruckten Buchstaben, die besagten, dies sei die Orgelbrand'sche Enzyklopädie, waren abgeschabt, kaum leserlich. Sie klappte den erstbesten Buchdeckel um.

Das war nicht die Orgelbrand'sche Enzyklopädie.

Diese gebrochene Schrift hatte keinen Lautenklang in sich. Diese Schrift war bösartig und schwarz, sie schrie drohend und teutonisch.

Geheymwissenschaften und Wirken des Teuffels in Preußen, Johann Kiesewetter, Elbing 1792. Auf der Titelseite ein Pentagramm, die Tierkreiszeichen, andere seltsame, beunruhigende Symbole.

Ein anderes Buch. Und wieder unter einem falschen Einband schwere, staubstarre, vergilbte Seiten und der wahre Titel: *Duymmermorck*. Weiter nichts.

Das nächste. Eine andere Schrift, anderer Druck. Ein Mensch mit dem Kopf eines Ziegenbocks, der die langfingrigen Hände vor der mageren Brust gekreuzt hatte. *La lettre noire – Histoire de la Science Occulte,* Jules de Bois, Avignon 1622.

Das nächste, das fast auseinanderfiel und eine einzige Formulierung schrie – in großen Spinnenlettern mitten auf einer zerstörten Seite: Gondelman, *Tractatus de Magiis.*

Und das nächste.

Als sie die Hand ausstreckte, um den lügnerischen Orgelbrand-Einband umzuschlagen, begann ihre Hand zu zittern, blieb in einem unerklärlichen Widerstand stecken, in einer Aura, die den Zugriff verhinderte. Gleichzeitig aber zog eine andere, entgegengesetzte Kraft ihre Hand an wie ein Magnet.

Spigel der Bissurmanischen Schwartzen Magie des Abdul von Hazred. Ins Polnische verdolmetscht von Ięndrzey Ślezkowski, Iesuit A.M.D.G. in Cracovia, in der Druckerey von Mikołai Zborski JKM Ord. Tipograf, im Jahr des Herrn 1696.

Schwere, zusammenklebende, ausgefranste Seiten, verblichene, halb ausgelöschte Schrift. Sie wollte eine Seite umwenden.

Etwas hielt sie zurück. Etwas, das sich in der Speiseröhre festsetzte, am Gaumen klebte, etwas Bedrohliches, Widerwärtiges, ekelhaft bis zur Übelkeit. Sie hatte den Eindruck, als beginne der klebrige Staub von der Seite ihr auf die Hand zu kriechen. Sie klappte das Buch zu, zuckte zusammen, im Kopf explodierte ihr unerwartet ein vielstimmiger Chorgesang, Gestammel, Geschrei, unverständliche Worte.

Hinaus, dachte sie. Ich muss hier weg.

Gegen ihren Willen griff sie stattdessen zum nächsten

Buch. *Phänomene, Dämonen und Zaubereysünden*, R. Ennemoser, Nürnberg 1613. Sie wandte eine Seite um.

Ein weißes Einhorn bäumte sich auf, die Vorderbeine zu einer heraldischen Pose erhoben.

Sie blätterte aufs Geratewohl weiter, in die Mitte des Bandes. Die verwaschenen gebrochenen Buchstaben schienen sich zu bewegen, drängten sich in den Blick und ins Bewusstsein.

... wie lautet der Name des Daemons? Der Hagere Junge, da er unsere geheymen Sünden und unsere Bösheyt frisset und trotzdem hager bleibet. Das Brennende Kind, so im Hasse brennet. Und der echte Name? Der ist unaussprechlich, schrecklich. Deskath, was zugleich Die Wahrheit oder Der Betrug bedeutet. Zernebock, der Schwartze Wahnsinn ...

Auf die Seite fiel ein rascher, unsteter Schatten, auf dem Tisch landete weich, aber schwer ein großer schwarzer Kater. Monika wich zurück, unterdrückte einen Schrei. Der Kater musterte sie mit unwilligem Blick aus goldgelben Augen, spannte sich, sprang vom Tisch und dann aufs Bett.

Die Alte war klein, aber nicht krumm, und ihr Gesicht, von Fältchen durchfurcht, ernst und konzentriert. Sie hatte große, ungewöhnlich helle Augen, so hell, dass sie fast durchsichtig waren wie Linsen, wie Opale, zu Cabochons geschliffen.

»Entschuldigen Sie«, stieß Monika hervor. »Die Tür stand offen. Ich weiß, dass ich nicht ...«

Sie nahm die Hände auf den Rücken und begann, sich die Finger zu kneten. Wie üblich.

»Macht nichts«, sagte die Alte und trat an den Tisch. Sie schloss das Buch, nachdem sie einen flüchtigen Blick auf die offene Seite geworfen hatte.

»Dieses Haus steht allen offen, die eintreten wollen«, sagte sie. »Ich höre, Kind.«

»Ich … Ich bin ganz zufällig hier. Ich bin vorbeigekommen und … Ich gehöre zu denen, die am Fluss sind … Sie haben sicherlich die Autos gesehen …«

»Du gehörst ganz und gar nicht zu denen, die am *Fluss* sind.« Die Alte nickte. »Solltest du aber. Du solltest bei ihnen sein, aber stattdessen bist du hier. Warum?«

Monika verstummte, den Mund halb offen.

»Du hast in dem Buch die Antwort auf eine Frage gesucht? Das ist nicht die allerbeste Methode, Kind. Vor allem würde ich nicht raten, die Bücher zu verwenden, die hier liegen.«

»Ich bitte nochmals um Entschuldigung. Ich sollte nicht … Ich gehe schon.«

»Ohne deine Frage gestellt zu haben?«

»Welche Frage?«

»Also das, liebes Kind, das weiß ich nicht.« Die hellen Augen der Alten wurden noch heller. »Ich kann doch die Fragen nicht kennen. Ich kenne nur die Antworten, und längst nicht alle.«

»Ich … verstehe nicht. Ich gehe jetzt.«

»Wie du willst. Wenn du zurückkommen und deine Frage stellen willst, denk dran, dass das Haus der alten Frau Doktor immer offen ist.«

Himmel, dachte Monika. Ich bin auf eine Kräuterhexe gestoßen. Auf eine Engelmacherin. Sie denkt, dass ich …

»Seltsame Gedanken schwirren dir im Kopf herum, Kind«, sagte die Alte scharf. »Verrückte, seltsame, unangemessene Gedanken. Du gefällst mir nicht. Komm her.«

Nein, dachte Monika, ich gehe nicht hin. Und sie machte einen Schritt nach vorn. Dann den zweiten. Und den dritten.

»Näher.«

Nein!

Noch einen Schritt. Gegen ihren Willen.

»Rede.«

Monika bewegte lautlos die Lippen. Augen, helle Augen, fast durchsichtig …

»Eine Vergessene«, murmelte die Alte.

Ein stammelnder Chor, einzelne unverständliche, entsetzliche Wörter, in rhythmischem Singsang hervorgestoßen …

»Nein«, sagte die Alte plötzlich. »Komm nicht näher. Keinen Schritt weiter.«

Monika erbebte unter der Kälte, die ihr plötzlich als Welle über Genick und Rücken lief.

»Eine Vergessene«, wiederholte die Frau Doktor und kniff die hellen Augen zusammen. »Ja, kein Zweifel. Euch zieht der *Fluss* an, dieser Hügel zieht euch an. Diese Bücher ziehen euch an, ziehen euch an wie ein Magnet.«

Der Kater, der flach auf dem Kopfkissen lag, fauchte, hob den Kopf.

»Geh«, wiederholte die Frau Doktor. »Geh zurück zu denen. Sie warten auf dich. Du gehörst zu ihnen. Du gehörst schon zu ihrer Welt, ob du willst oder nicht.«

Monika zitterte.

»Nun geh schon.«

Die Kopfschmerzen, die sie nachmittags überfielen, kurz nach der Rückkehr von dem Ausflug, dauerten an und wurden stärker, dass ihr schwarz vor Augen wurde, bis zum Abend. Sie vergingen nach zwei Gardan-Tabletten nicht, ließen auch nach zwei Pyralgin nicht nach. Die Schmerzen warfen sie um, ließen sie mit dem Gesicht am Kopfkissen kleben. Während sie dem dumpfen Pochen in den Schläfen lauschte, wartete Monika Szreder auf den Schlaf.

Sie stand reglos zwischen den krummen Apfelbäumen, inmitten eines wahnsinnigen Mahlstroms von grauen, lautlosen Vögeln, im Zentrum der Stille, die unter den lautlosen Schlägen der schmalen, spitzen Flügel wirbelte, unter tausend einherjagenden, grauen Halbmonden, von denen ein jeder auf sie zuzuschießen schien, aber im letzten Augenblick die Richtung änderte, sie streifte, aber nicht traf, nicht verletzte.

Eine Kerze, umgeben von einer gespenstischen Aureole wie durch Tränen hindurch gesehen, erhellte einen Raum voller dunkler Möbel. Die Augen, die sie betrachteten, waren hell, fast durchsichtig, wie Linsen, wie Opal-Cabochons.

»Stell deine Frage. Ich habe dich gerufen, damit du deine Frage stellst.«

Sie nickte zustimmend. Langsam hob sie die Hände, berührte damit die Haare, strich sie von den Schultern, fuhr sich mit den Fingern über Stirn, Wangen, Mund. Die Frau Doktor schaute sie nicht an. Sie blickte nicht von dem Buch auf, das auf ihren Knien lag.

Monika ließ die Hände sinken, trat einen Schritt vor. Der Kater fauchte. Sie schaute nach unten, auf die weiße Linie, die auf den Fußboden gemalt war und die man nicht überschreiten konnte. Die Frau Doktor hob den Kopf.

»Eine Vergessene«, sagte sie leise. »Du bist eine Vergessene. An Rückkehr darfst du nicht einmal denken, es gibt keine Rückkehr für eine wie dich. Du bist eine Vergessene, es wird für dich besser sein, wenn du es auch bleibst. Für alle wird es besser sein.«

Sie schüttelte verneinend den Kopf, fuhr sich mit den Händen über den Hals, dann weiter hinab.

»Nein«, sagte die Frau Doktor scharf. »Daran darfst du nicht einmal denken. Solch ein Gedanke wird dich nicht erwecken. Doch er kann jemand anderen wecken. Den, der Wahrheit und Betrug ist. Du wirst ihn, den ewig Hageren, mit deinen Träumen füttern. Ihn mit deinem Gesang wecken. Hüte dich. Er kommt in Träumen, an die du dich nicht erinnerst. Er aber vergisst nicht. Hüte dich.«

Gegen die Fensterscheibe schlug ein Nachtfalter, groß, grau, zitternd.

»Hüte dich, Vergessene. Wahrheit und Betrug unterscheiden sich nicht, sie sind eins. Beide werden gleichzeitig auf deinen Ruf hin kommen. Und dann streckt sich aus der Finsternis eine Hand nach dir aus. Wenn du diese Hand berührst, gibt es kein Zurück. Es wird das Brennende Kind auferstehen, die Glut wird auferstehen, die vom Hass brennt. Abermals wird der Schwarze Trug auferstehen, der Zernebock, auf einem Altar von Blumen.«

Die Frau Doktor verstummte, senkte den Kopf, streckte die Hände aus.

»Hüte dich vor der Hand, die sich aus der Finsternis streckt. Wenn du sie berührst, gibt es kein Zurück. *Va sivros onocheï!* Wenn du als Nachtfalter zurückkehrst, wirst du entflammen. Wenn du als Flamme zurückkehrst, wirst du verlöschen. Wenn du als Klinge zurückkehrst, wirst du vom Rost zerfressen. Geh.«

Sie spürte, wie ihr eine Träne über die Wange rann, lästig, aufdringlich. Ungewollt.

»Geh.«

Die Frage?

»Nein. Ich werde nicht antworten.«

Plötzliches Aufflammen, ein Ausbruch von Kraft …

»Nein!« In den hellen Augen Entsetzen. »Nein …«

Die Frage.

»Gut. Gut, Vergessene. Wenn du es so sehr willst …«

Ich will.

»Die Antwort lautet: Ja. Wirst du. Aber nur in den Augen der anderen. Und jetzt geh. Lass mich allein. Geh.«

Monika erwachte, setzte sich im Bett auf, schaute zum Fenster, in die Dunkelheit, die sich mit der Verheißung des neuen Tages blau einfärbte. Elka, genannt das Schneehuhn, schnarchte leicht; sie lag auf dem Rücken, den gekrümmten Arm um das Kopfkissen geschlungen.

Monika berührte das Buch, das in der Bettdecke vergraben lag und ihr mit der harten Kante des Einbands in den Schenkel stach. Ich bin beim Lesen eingeschlafen, dachte sie.

Und ich hatte einen ... seltsamen Traum.

Doch sie erinnerte sich nicht daran.

»Ich habe den Eindruck, dass du mir aus dem Weg gehst, Monika.«

Ja, das tue ich, dachte sie mutig, ohne sich entscheiden zu können, in welche Richtung sie blicken sollte. Nach kurzem Zögern siegten wie gewohnt die Spitzen der Turnschuhe.

»Wieso denn«, murmelte sie. »Überhaupt nicht.«

»Darf ich dir Gesellschaft leisten?«

Sie nickte, besorgt, nur ja nicht zu viel Eifer in dieses Nicken zu legen.

Sie gingen langsam das Spalier von weißstämmigen Birken entlang, einen Waldweg zwischen dunkelgrünen Büscheln von Heidekraut, die den Pfad wie ein Zaun säumten, mancherorts auswucherten und ihn versperrten.

Natürlich stolperte sie, darauf brauchte sie nicht lange zu warten. Er stützte sie, hakte sie unter, und die Berührung seiner Schulter durchzuckte sie wie ein elektrischer Schlag. Ein angenehmer Schlag.

»Der Sommer geht zu Ende«, brach er mit einer trivialen Feststellung das Schweigen. »Der Urlaub geht zu Ende.«

»Mhm.«

»Ich werde zurückfahren müssen. In die Stadt. Zu den Büchern, zu meiner Promotion. Schade.«

»Nächstes Jahr kommt wieder ein Urlaub«, presste sie hervor und überlegte, wie sie ihren Arm unter seiner Achsel herausbekommen könnte, ohne dass es schroff, aggressiv und unhöflich wirkte.

»Stimmt«, sagte er mit einem hübschen Lächeln und drückte ihren Arm stärker an sich. »Aber dass der Sommer zu Ende geht, macht mich traurig. Ich mag keine Enden. Das Ende ist der Schluss der Geschichte. Mir aber gefallen an der Geschichte die Episoden. Schöne Episoden, die eine trübsinnige Geschichte retten, das langweilige Szenario, das unser Leben ist. Ich philosophiere. Ich langweile dich doch nicht, Monika?«

Sie gab keine Antwort. Sie hielt Ausschau nach einem geeigneten Büschel von Heidekraut, über das sie stolpern und vor der Wärme fliehen könnte, die er verströmte.

»Monika?«

»Ja …?« Sie stolperte, aber gar zu gezwungen, zu künstlich; er hielt sie mühelos fest, ließ sie nicht los.

»Ich denke die ganze Zeit an … an dieses Gedicht, das du gelesen hast. An ›Under der linden‹ Walthers von der Vogelweide. In dieser Ballade liegt etwas Seltsames, etwas, das ich nicht erklären kann … Monika, ich möchte dich um etwas bitten. Schlag es mir nicht ab, wenn es geht.«

»Ich höre, Jacek.«

»Lies mir das Gedicht Walthers von der Vogelweide vor. Bitte.«

»Jetzt?«

»Nein. Nicht jetzt. Nach dem Abendessen, wenn es still und ruhig ist, wenn die Dämmerung hereinbricht. Mir scheint, dass diese Poesie nur abends gut klingen kann, wenn es kühl ist und finster wie ein steinernes Raubritterschloss. Ich komme gleich nach dem Abendessen bei dir vorbei, und wir widmen uns ein wenig dem Minnesang, den Liedern der Troubadoure.«

»Jacek, ich ...«

»Schlag es mir nicht ab, bitte.«

Monika blieb stehen, zog entschieden, aber nicht ruckartig den Arm unter seiner Achsel hervor.

Sie schaute ihm geradezu in die Augen. Kühn, wenn auch nicht herausfordernd. Natürlich. Offen. Mutig.

»Sag mir, was du von mir erwartest. Was du von mir willst, gerade von mir, wo es doch ringsum von Mädchen wimmelt, bunt und schön wie Kolibris, lustig, redselig, willig – wenn nicht zu mehr, dann wenigstens zu einem spielerischen Flirt. Sie alle schauen dich an, und keiner wäre es unangenehm, mit dir im Wald spazieren gehen und deine Worte hören zu können. Jede von ihnen würde sich auf einen Abend freuen, den sie mit dir beim Lesen von Gedichten verbringt. Keine würde zittern, wie ich jetzt zittere. Also sag, offen und ehrlich – warum gerade ich? Denn ich bin ja ...«

Ich bin unansehnlich!

Sie senkte den Blick, barg den Kopf in den Armen. Wie eine Schildkröte, dachte sie. Ich habe Angst.

»Monika?«

»Gut, Jacek.«

Was tue ich, dachte sie, über das Buch gebeugt. Was tue ich nur. Ich hätte mich ja mit Kopfschmerzen herausreden können, gleich nach dem Abendessen verschwinden, spät zurückkommen, die Tür zuschließen und vorgeben, ich sei nicht da. Ich hätte irgendwas tun können. Und jetzt sitze ich hier mit ihm …

»Lies weiter, Monika. Bitte.«

Ich kam gegangen
zuo der ouwe:
dô was mîn vriedel kommen ê.
Dâ wart ich emphangen,
hêre vrouwe,
daz ich bin sælic iemer mê.
Kuste er mich? wôl tûsentstunt:
tandaradei,
seht wie rôt mir ist der munt.

»Du hast eine schöne Stimme, Monika.«

Nein. Nein. Ich will das nicht, was schon einmal war. Ich ertrage es nicht, ich will die Erniedrigung nicht ertragen, die Trauer, die Leere, die Einsamkeit. Ich will niemandem Schuld geben oder die Schuld bei mir selbst suchen. Was schaut er mich so an? Er schaut, als wäre ich …

(Hübsch?)

»Lies, Monika.«

Dô het er gemachet
alsô rîche
von bluomen eine bettestat.
Des wirt noch gelachet
inneclîche,
kumt iemen an daz selbe phat.
Bî den rosen er wol mac,
tandaradei,
merken wâ mirz houbet lac.

»Das ist wirklich ein schönes Lied, Monika. Man hört geradezu die Saiten der Laute eines Troubadours klingen. Hat jemand ›Under der linden‹ ins Polnische übersetzt?«

»Ja. Leopold Staff.«

»Ich frage gar nicht, ob du diese Übersetzung kennst. Ich weiß, du kennst sie. Sag sie bitte. Diese beiden letzten Strophen.«

»Jacek … Ich erinnere mich nicht …«

»Es sieht hübsch aus, wenn du rot wirst. Aber ich weiß, dass du dich erinnerst. Bitte, Monika.«

Ich kam gegangen
Hin zur Aue
Mein Trauter harrte schon am Ort
Wie ward ich empfangen
O Himmelsfraue!
Dass ich bin selig immerfort
Ob er mich küsste? Wohl manche Stund.
Tandaradei!
Seht, wie ist so rot mein Mund.

Da tät er machen
Uns ein Bette
Aus Blumen mannigfalt und bunt
Darob wird lachen
Wer an der Stätte
Vorüberkommt, aus Herzensgrund
An den Rosen er wohl mag
Tandaradei!
Sehen, wo das Haupt mir lag …

»Es ist schön, Monika. Nur, entschuldige, dass man diese Strophe nicht mit hängendem Kopf und solcher Grabesstimme deklamieren darf. Du weißt selbst, dass Walther von der Vogelweide in diesem Lied den sinnlosen Kanon vom Minnesang und der ritterlichen Minne verwirft, die Exaltation und die Seufzer, die einer unerreichbaren Herzensdame gelten. Das, Monika, ist ein Lied von erfüllter Liebe, von der einzigen Liebe, die Sinn hat, die freudvoll ist. Eine schöne Episode, auf schöne Weise beschrieben. Dieses Lied singt ein Mädchen, das zusammen mit dem Geliebten auf einem Bett von Blumen gelegen hat … Mein Gott, wie hübsch du errötest. Sie war mit dem Geliebten zusammen und ist glücklich, und sie will es der ganzen Welt verkünden, sie möchte, dass alle die in die Blumen gedrückte Spur ihres Kopfes sehen, dass alle von ihrem Glück erfahren.«

»Es ist schon schrecklich spät, Jacek. Und mir tut ein bisschen der Kopf weh.«

»Die letzte Strophe, Monika.«

»Ich erinnere mich nicht an die Übersetzung …«

»Lies sie im Original. Aber lies mit der Stimme eines glücklichen Mädchens. Bitte.«

Daz er bi mir læge,
wessez iemen
(nu enwelle got!), sô schamt ich mich.
Wes er mit mir phlæge,
niemer niemen
bevinde daz, wan er und ich.
Und ein kleinez vogelîn:
tandaradei,
Daz mac wol getriuwe sîn.

»Du faszinierst mich, Monika.«

»Hör auf, Jacek. Ich bitte dich.«

»Du bist bezaubernd, weißt du das? Du hast eine Menge Zauber in dir. Ich verliere deinetwegen allmählich den Verstand. Ich weiß nicht, wieso, aber ich muss immerzu an dich denken.«

»Jacek ... Du bringst mich in Verlegenheit.«

»Monika ... Wenn ich die Augen schließe, sehe ich dein Gesicht, dein Lächeln. Ich fühle dann, wie etwas in mir erbebt, wie etwas mir die Kehle zuschnürt ...«

»Bitte, nicht. Geh jetzt. Es ist schon sehr spät, Elka wird gleich wiederkommen.«

»Noch einen Moment ...«

»Nein, bitte. Bis morgen. Jacek.«

»Sag es mir.«

»Was?«

»Dass du mich gernhast, Monika.«

(Ich?)

»Monika.«

»Ich hab dich gern.«

Der Minnesänger ist schmächtig, dünn, feingliedrig, der Wind zerrt an seinem schwarzen Umhang. Wo kommt dieser Wind her, hier im Thronsaal, wo nicht einmal die Kerzenflammen zittern, nicht die langen Schleier an den Hennins der gebannt lauschenden, in die Lautenklänge versunkenen Damen? Aber hinter dem Rücken des Minnesängers hängt nicht mehr der Wandtepppich mit dem Einhorn, dort stehen nicht mehr die Säulen und fehlen die Spitzbögen der Buntglasfenster. Hinter seinem Rücken liegen der Abhang und der schwarze Wald.

Die Augen des Minnesängers flammen im Halbdunkel, lodern mit einem schwarzen Feuer. In seinem Gesicht gibt es nichts, nichts als diese Augen, diese Glut.

Gib die Hand.

Eine Vergessene. Kein Zweifel. Dich zieht der *Fluss* an, dieser Hügel zieht euch an. Gib die Hand. *Sieh, wie ist so rot mein Mund.*

Man sieht auf den ersten Blick, dass diese Anhöhe nicht natürlich ist. Hier, am beherrschenden Ort, befand sich sicherlich eine Burg, die die Furt bewachte. Ein Heiligtum, ein Tempel, ein Opferaltar …

Nein, schreit Elka, genannt das Schneehuhn. Nein, dort gehe ich um nichts in der Welt hin, seht doch, wie grauenhaft finster dieser Wald ist, wie nass es dort ist, da gibt es Spinnen, ich fürchte mich vor Spinnen.

Gib die Hand. Du faszinierst mich. Die übrigen lachen, klatschen, die Pelzmasken auf ihren Köpfen wippen komisch mit den riesigen Ohren. *Zernebock, der Schwartze Wahnsinn*, schreit Elka, bis zum Gürtel nackt.

Gib die Hand.

Nein! Flieh! Helle Augen, fast durchsichtig. Kehre nicht hierher zurück, sonst entflammst du, verlöschst, wird der Rost dich zerfressen.

Monika, Monika, dass ich bin selig immerfort. Du bist bezaubernd, weißt du das?

Ich weiß.

Eine Vergessene. Mein Gott, wie hübsch du errötest. Wenn ich die Augen schließe, sehe ich dein Gesicht, dein Lächeln. Das Rot deines Mundes.

Gib die Hand.

Ein Sumpf, eine schwarzes, glänzendes Moor, mit Wasserlinsen bewachsen, durchzogen von trägen Wellen zwischen den Bläschen, die an der öligen Oberfläche platzen. Ein Abgrund, in dessen Tiefe die Tausend Stufen führen. Und am Grunde etwas, das ein unentschlüsseltes Geheimnis ist, etwas, das zuckt, schlägt und pulsiert. Und darauf wartet, gerufen zu werden.

Tandaradei!

Du wirst entflammen. Du wirst verlöschen. Der Rost wird dich zerfressen.

Sie erwachte.

Wie sie so auf dem schweißnassen, verrutschten, zerknitterten Laken lag, konnte sie lange nicht einschlafen, versuchte vergebens, die Splitter des Traums, an den sie sich nicht erinnerte, zu einem Ganzen zusammenzufügen.

Tags darauf stieg die ganze Korona wie üblich freudig und fröhlich in die Autos, um wie gehabt in irgendeinem Winkel, wo es still und ruhig war, Radau zu machen.

Die ganze Korona außer Monika, die diesmal entschlossen und überzeugend eine Migräne vortäuschte. Natürlich versuchte man, sie zu überreden. Er versuchte es. Natürlich lehnte sie ab. Er wollte bei ihr bleiben. Das lehnte sie ebenfalls ab.

Warum, fragte sie sich später, als sie allein spazieren ging, ohne Ziel, ohne auf die Gegend zu achten oder auf die an der Straße entlangführenden Trampelpfade anderer Urlauber. Warum habe ich abgelehnt? Wovor habe ich Angst?, dachte sie, während sie den zweiten am Wege gefundenen Zweig bog. Wovor fliehe ich? Vor dem Leben? Weil das Leben keine Poesie ist?

Ich werde bis zum Abend so spazieren, dachte sie. Und am Abend …

Am Abend werde ich wirklich Kopfschmerzen haben. Ich spüre es schon. Etwas Ungutes geht mit mir vor. Etwas sehr Ungutes.

Ein kleiner Junge, den seine Mutter mit Gewalt von einem Kiosk voller bunter Köstlichkeiten wegzog, schaute die vorübergehende Monika an und begann unvermittelt durchdringend, hemmungslos zu schreien.

Sie beachtete ihn nicht.

Wovor habe ich Angst?, dachte sie. Vor der Enttäuschung? Ist denn das, was ich jetzt tue, keine Enttäuschung? Was werde ich empfinden, wenn ich mich heute Abend verkrieche, mich vor ihm einschließe? Die erfüllte Liebe, von der die Geliebte Walthers von der Vogelweide singt – vielleicht liegt darin wirklich der Sinn? Und vielleicht steckt er nicht im Wort »Liebe«, sondern im Wort »Erfüllung«? Vielleicht könnte ich mich morgen früh, dachte sie, während sie ihren Zweig immer stärker bog, vielleicht wäre ich morgen früh tatsächlich imstande, stolz um mich zu blicken und zu rufen: Seht alle, seht, wie ist so rot mein Mund!

Vielleicht.

Ich weiß, wovor ich Angst habe, dachte sie, als sie über die Brücke ging.

Vor meiner eigenen Schwäche.

Wie viel, dachte sie, während sie den Zweig bog, würde ich dafür geben, stark zu werden. Nein, nicht schön, obwohl …

Aber stark.

Der Zweig brach mit einem Knacken.

Unter der Brücke, am Rande des Flusses, begann einer der vorüberfahrenden Kajakfahrer gotteslästerlich zu fluchen, während er konsterniert auf die beiden Bruchstücke des Paddels in seinen Händen starrte.

Flammen. Lodernde Flammen, die sie von allen Seiten umringen, Hitze, die in die Augen schlägt, Rauch ohne Zug. Eine Kette, die in den Leib schneidet, erbarmungslos fesselt … Das Fauchen des brennenden Ofens, bereit, Feuer und Kohlen zu versprühen …

Sonne. Und Wind. Wind vom *Fluss*, das Rauschen des Erlenlaubs. Ein Arm, um sie geschlungen, der Wärme und Kraft verströmt. Du bist bezaubernd, weißt du das? Du hast eine Menge Zauber in dir. Wenn ich die Augen schließe, sehe ich dein Gesicht.

Ach, Jacek.

Ich will nicht in den Wald, schreit Elka, genannt das Schneehuhn. Nein, dort gibt es Spinnen! Ich fürchte mich vor Spinnen! Ich würde wohl sterben, wenn …

Tandaradei! Helle Augen, fast durchsichtig. Wenn du als Nachtfalter zurückkehrst, wirst du entflammen.

Sag, dass du mich gernhast. Die Augen des Minnesängers sind schwarz und riesig. Sag es mit der Stimme eines glücklichen Mädchens, das zusammen mit dem Geliebten auf einem Bett von Blumen geruht hat. Und dort, auf dem Bett von Blumen …

Du wirst entflammen. Du wirst verlöschen. Der Rost wird dich zerfressen.

Wo habe ich dieses Lächeln gesehen?

Ein schwarzer Hain, riesige krumme Eichen, ihre schwarze Rinde bedeckt von Auswüchsen, die wie Geschwülste aussehen. Eine Menschenmenge, alle in Pelzmasken mit großen, hochstehenden Ohren. Ein Mädchen, nackt bis zum Gürtel.

Ein Stein, schwarz, flach. Auf ihm … Rosen?

An den Rosen er wohl mag
Sehen, wo das Haupt mir lag …
Tandaradei!

Zernebock, schreit Elka, genannt das Schneehuhn. Euch zieht der *Fluss* an, zieht euch an wie ein Magnet. Helle Augen, fast durchsichtig. Ein Einhorn, die Vorderbeine zu einer heraldischen Pose erhoben.

Gib die Hand. Das ist der Minnesänger. Nein, nein, schreit Elka, nehmt ihn weg, er ist abscheulich, ihr wisst, dass ich mich vor Spinnen fürchte.

Du weckst mich … Ich erinnere mich an die vollen Lippen von Beatrix, der Tochter Berengars von Passau.

Zernebock, schreit das halbnackte Mädchen und drückt die Rosen auf den flachen, schwarzen Stein. *Der Schwartze Wahnsinn!*

Gib die Hand. Steh auf. Du wirst mit mir kommen, um die Wahrheit zu erfahren. Klugheit bringt keinen Betrug, glaub das nicht. Klugheit gibt Kraft. Die Wahrheit ist Kraft. Und du möchtest stark sein, es verlangt dich nach Kraft und Herrschaft. Gib die Hand.

Nein! Helle Augen, fast durchsichtig.

Steh auf. Komm mit mir, um die Wahrheit zu erfahren. Ich werde dir zeigen, wie die Wahrheit aussieht.

Gib die Hand.

Sie erwachte.

Ich muss aufstehen und hinausgehen, dachte sie nüchtern, sofort. Ich muss aufstehen und hinausgehen. Dann werde ich die Wahrheit erfahren. So hat er es gesagt: *Die Wahrheit.*

(Die Wahrheyt?)

Monika Szreder stand auf, trat geradezu in die Pfütze von auf dem Boden vergossenem Mondlicht.

»Na, und wie war's?«

»Versuchst du, mir Komplimente abzunötigen?«

»Aha.«

»Das männliche Ego, nicht wahr? Also gut: Es war himmlisch. So eine Antwort passt in die Konvention, nehme ich an? He, hör auf! Was machst du, du Irrer?«

»Ich ändere die Konvention.«

»He! Das soll eine Änderung sein? Ich merke keinen Unterschied.«

»Du wirst unanständig unanständig.«

»Das musst du gerade sagen. Mmmm. Gefällt dir das?«

»Soll ich gemäß der Konvention antworten?«

»Du brauchst überhaupt nicht zu antworten. Lass Taten sprechen.«

»Wofür hältst du mich? Einen *clockwork lover*? Auf Bestellung?«

»Du hast dir größte Mühe gegeben, mich genau so von dir denken zu lassen, also keine Ausflüchte. Ich nehme mir übrigens sowieso, was ich will, so bin ich nun mal. Beweg dich nicht.«

»So?«

»Mmmm. Ooooch!«

»Was ist?«

»Eine Mücke hat mich in den Hintern gestochen.«

»Gleich fang ich den Wüstling und zerquetsche ihn. Was denkt der sich – dass das eine *menage à trois* ist? Wo hat er dich gestochen? Hier? Nicht dumm, das Insekt.«

»Aiii!«

»Elka?«

»Mmmmm?«

»Warum nennen sie dich das Schneehuhn?«

»Wir haben mal im Zug ein Kreuzworträtsel gemacht, da gab es eine Stelle, mit der niemand zurechtkam. Senkrecht, zehn Buchstaben. Vogel in den Mooren und Tundren des Nordens. Und ich hab's rausgekriegt.«

»Elka ...«

»Och ... Mmmm ... Jacek ...«

Monika, an die Wand gleich neben dem angekippten Fenster gepresst, zitterte vor Abscheu. Sie wollte weggehen. Sie konnte nicht.

»Jacek?«

»Mhm?«

»Und Monika?«

»Was ist mit Monika?«

»Du weißt genau, was ich meine. Denkst du, es merkt niemand, wie du sie bezirzt? Wie du um sie herumscharwenzelst?«

»O Gott, Schneehuhn. Zieh keine voreiligen und banalen Schlüsse. Sie tut mir leid, das ist alles. Ich möchte, dass sie einen netten Urlaub hat. So eine braucht ein bisschen Bewunderung. Ab und zu muss man so einer sagen, dass sie schön ist, dann wird sie tatsächlich schöner. Im Rahmen ihrer bescheidenen Möglichkeiten.«

»Noch besser ist es, mit so einer zu schlafen, dann wird sie noch schöner. Meinst du das?«

»Ha! Dass ich nicht gleich daran gedacht habe. Diesem Umstand habe ich also unser sympathisches Abenteuer zu verdanken, Elka? Wirklich, die Anspielung ist nicht schwer zu verstehen.«

»Also jetzt wirst du banal, wenn du mir Eifersucht unterstellst. Schlimmer noch, Neid. Und auf wen? Auf so eine graue Maus. Mein Gott. Spiel nicht den Pygmalion. Du bist mir vielleicht ein Wohltäter. Ich meine das völlig ernst, schlaf mit ihr. Wenn du das nicht tust, verdirbst du ihr den Urlaub. Lässt ihr ein Gefühl der Unbefriedigung. Schlaf mit ihr, Jacek.«

»Der Haken ist, dass ich nicht will. Es zieht mich nichts zu ihr.«

»Was soll das sein, *l'art pour l'art*? Wirklich, ein Pygmalion. Ein Professor Higgins für Arme.«

»Sie ist … unansehnlich. Einfach unansehnlich. Und asexuell.«

»Egoist. Opfere dich auf und tu es nur für sie. Mach die Augen zu und denk an England. Aber ich denke, du lügst. Gerade dass sie so eine graue Maus ist, macht dich an.«

»Elka, finden wir wirklich kein dankbareres Gesprächsthema?«

»Ich denke, Junge, wir vergeuden überhaupt zu viel Zeit aufs Reden.«

»Elka!«

»Mmmmmm.«

Sie lief aufs Geratewohl, blindlings durch den Wald, stieß gegen Bäume, verhakte sich in Brombeersträuchern, stolperte über Löcher im Boden, über Wurzeln, über herabgefallene Äste. Sie lief, um die Abscheu, die Erniedrigung möglichst weit hinter sich zu lassen, von der ihr das Gesicht angeschwollen war, die Scham, von der es ihr in den Schläfen pochte. Um das alles möglichst weit hinter sich zu lassen ...

Ich werde nicht weinen. Werde ich nicht. Nein. Nein. Nein.

Ein Zweig, elastisch und beißend wie eine Peitsche, hieb ihr über die Wange, erfüllte die Augen mit nassem, blendendem Schmerz, der es erlaubte ... der einen Vorwand bot ...

Auf den Knien, die Fäuste gegen einen Erlenstamm gestemmt, brach Monika Szreder in Tränen aus, erzitterte unter erstickten, schneidenden Schreien.

In dem weißen Haus auf der flachen Hügelkuppe, umflossen vom unruhigen, redseligen Lauf des *Flusses*, hob die Frau Doktor den Kopf über den vergilbten Seiten. Einen Augenblick lang lauschte sie der Stille, die sich unerwartet über die Gegend gesenkt hatte. Der schwarze Kater, zusammengerollt auf einem bestickten Kissen, öffnete die goldgelben Augen und begann zu fauchen, den Blick ins Dunkel gerichtet.

Die Frau Doktor wandte sich wieder dem Buch zu.

... man weiß auch, daß man Jenen, der viele Namen hat, nicht nach Belieben rufen noch beschwören kann – er

kommet nur dann, wann es ihm beliebet. Er steiget aus dem Abgrunde auf, so Radm-Agakh heißet, und schreitet über die Tausend Stufen. Er kommet auf einen Ruf, mag auch in selbigem Rufe sein Name fehlen. Er, so Pluribus Mortis Imago ist und so der Hagere ist. Keiner, so sich ihm in den Weg stellet, und sey er noch so weise, darf sich extra periculum wähnen. Denn ist es auch kein leicht Ding, ihn zu rufen, so ist es doch wohl hundertmal beschwerlicher, ihn aufzuhalten, wenn er nach seiner Beute kommet über die Tausend Stufen aus dem Abgrunde, so Radm-Agakh heißet …

Gegen die Scheibe schlug ein grauer Nachtfalter. Dann der zweite. Und der dritte.

Monika begann zu schluchzen, sie hielt den Erlenstamm umschlungen, eine Wange an den nassen Stamm geschmiegt. Der Wald, übergossen von bleichem, gespenstischem Mondlicht, erstarrte in unnatürlicher Stille.

Plötzlich ein Aufblitzen, ein Ausbruch von Kraft. Ein weißes Einhorn hob die Vorderbeine zu einer heraldischen Pose. Monika spürte, wie die Kraft in sie einströmte, sog Luft in die Lunge, streckte beide Fäuste gen Himmel und schrie, schrie mit makabrer, fremder Stimme in die Finsternis.

»Tandaradei!«

Die Frau Doktor seufzte, den Blick auf die Falter gerichtet, die in wahnsinnigem Stakkato gegen die Scheibe stießen.

»Bei Eisen und Kupfer«, flüsterte sie, »beim Silber. Magna Mater, Magna Mater …«

Der Mond, der halb hinter leuchtenden Wolken hervorschaute, lachte ihr geradezu ins Gesicht, zu einer beleidigenden Totengrimasse verzerrt.

Ehe sie die Anwesenheit spürte, nahm sie den Geruch wahr. Den Geruch eines schwarzen, von Wasserlinsen bewachsenen, fauligen, Methan verströmenden Sumpfes. Den Geruch eines bodenlosen Abgrundes, in dem etwas, das ein Geheimnis ist, Grauen und Entsetzen, zuckt, schlägt und pulsiert. Und darauf wartet, gerufen zu werden.

Es machte ihr keine Angst. Sie wusste, dass sie den kannte, der da kam. Sie wusste, dass er auf ihren Ruf hin kam, auf den Schrei.

Sie empfand keine Furcht, als sie die nassen, schlurfenden Schritte hörte, die vom Wasser trieften, das aus dem vollgesogenen Boden gepresst wurde.

Monika Szreder hob den Kopf.

»Da bin ich«, sagte der Minnesänger.

Sie fühlte, wie Ruhe sie erfasste. Eine Selbstvertrauen stiftende, starke, unbesiegbare Ruhe, eine Ruhe, kalt und blau wie das Wasser, wie die Flamme, wie …

»Gib die Hand«, sagte der Minnesänger.

Wie der Hass.

Sie schaute hin.

Der Minnesänger – sie brachte es immer noch nicht fertig, ihn wenigstens in Gedanken bei seinem wahren Namen zu nennen – lächelte. Ja. Sie hatte dieses Lächeln schon einmal gesehen. Sie erinnerte sich, wo. Sie hatte dieses Lächeln auf einer Illustration von John Tenniel gesehen, die die Cheshire-Katze darstellte. Gleich werde ich im Spiegelland sein, dachte sie unverhofft.

Die Augen des Minnesängers, groß und vom Lächeln nicht zusammengezogen, waren schwarz und bodenlos. Im lippenlosen Mund glänzten lange Zähne, rund, spitz zulaufend wie bei einem Raubfisch.

Sie empfand keine Furcht.

»Gib die Hand«, wiederholte der Minnesänger und atmete ihr Morastgeruch entgegen.

Sie streckte die Hand aus.

Jene dort in der Tiefe des dunklen Hains, im Kreis der mächtigen, von Auswüchsen bedeckten Eichen, warteten, um den flachen schwarzen Stein gedrängt, der mit tausend Rosen bedeckt war. Sie warteten in vollkommener Stille, die Köpfe hoch erhoben, die unter Pelzmasken mit Ohren steckten, in deren Öffnungen von Wahnsinn funkelnde Augen brannten.

Die Finger des Minnesängers waren kalt, die durchdrangen sie mit Nadeln, die ins Hirn brannten, im Körper mit Milliarden von Schmerzsplittern explodierten. Eines Schmerzes, den sie mit Genuss annahm.

Die Frau Doktor, die in einem Sessel in der Mitte eines Pentagramms saß, das einem Kreis eingeschrieben war, beide mit Kreide auf den Fußboden gezeichnet, nahm die Hände von den Schläfen, riss die Arme in einer heftigen Geste empor. Der glühende, ratternde Ofen heulte auf, begann zu brüllen, gegen die Scheiben prallten Wolken von Nachtinsekten.

»Deeeeskaaaath!«

Die Ofentüren sprangen krachend auf, die Feuerstätte verströmte Glut und Rauch, brennende Kohlen prasselten auf das Blech und die Dielenbretter wie Kartätschen, sprühten Funken.

Aus dem Feuer schoss wie eine Kugel ein nackter kleiner Junge. Er taumelte, überschlug sich, stand auf, wankte auf dicken, unsicheren Beinchen. Seine Haut war von rissigen, grauen Brandspuren bedeckt. Die einzige Strähne dünnen Haars auf dem kahlen Kopf wogte als rußende Flamme hin und her.

»Deskath«, sagte die Frau Doktor.

Der Junge verströmte Rauch, während er inmitten der auf dem Boden verstreuten Kohlen stand.

»Deskath«, wiederholte sie. »Du bist da ...«

»Ich bin da«, erwiderte der kleine Junge undeutlich mit zahnlosem Munde. »Wie hat dir mein Auftritt gefallen, Alte? Das macht immer Eindruck, nicht wahr? Weckt gewisse Erinnerungen. Weißt du noch?«

»Genug«, zischte die Frau Doktor.

Der sehr magerere, in Schwarz gekleidete junge Mann, der plötzlich an Stelle des brennenden Kindes erschien, lächelte und ließ dabei lange, spitze Zähne sehen.

»Bin ich dir in dieser Gestalt lieber? Bitte, da bin ich. Also, Hexe, zur Sache. Du hast mich zum unpassendsten Zeitpunkt gerufen. Du hast mich bei etwas ungeheuer Wichtigem gestört. Ich glaube, ich habe dir schon einmal angekündigt, was geschieht, wenn du mich störst. Wenn du es noch einmal wagst, dich mir in den Weg zu stellen.«

»Ich werde mich dir immer in den Weg stellen, Deskath.«

»Nein«, sagte er. »Wirst du nicht. Zu spät. Heute Nacht wird der Flammende wiedergeboren werden, in einer Lawine von Feuer, so, wie du es gerade eben gesehen hast. Alles ist schon vorbereitet. Dachtest du, diese elenden paar Dutzend Jahre würden genügen, dass man mich vergäße? Du hast dich getäuscht. Es gibt welche, die niemals vergessen. Die Erinnerung überdauert die Generationen.«

Neue Insektenschwärme stießen gegen die Scheiben, überzogen sie mit einer dicken, wimmelnden Schicht.

»Du wirst dich mit der Tatsache abfinden müssen, Weib«, fuhr der junge Mann fort, während er langsam um den Kreis ging, in dessen Mitte die Frau Doktor saß. »Du kannst nichts machen. Dir hilft weder dein Kreidezeichen noch die dilettantische Übersetzung des weisen Buches. Zu spät.«

»Es ist niemals zu spät«, sagte die Frau Doktor langsam. »Schau, Deskath.«

Sie hob die linke Hand und ließ ein Bernsteinamulett an einer Kette sehen, die eng um den Handteller geschlungen war.

Die Augen des jungen Mannes verengten sich. »Dreck«, sagte er. »Warum bringst du das nicht in die Stadt und verkaufst es auf dem Flohmarkt? Vielleicht hast du auch noch ein Kruzifix, was? Weihwasser? Du bringst mich zum Lachen, Hexe.«

»Bei Luft und Wasser«, sprach die Frau Doktor langsam. »Bei Weiden und Röhricht. Deskath! Kehre zurück an den Grund des Morasts. Kehre zurück in den Abgrund, der dich ausgespien hat. Versinke wieder im Sumpf, im Tümpel, in der Tiefe.«

»Worte, Worte, Worte«, sagte der junge Mann. Er näherte sich dem Kreis und überschritt ihn, stand lächelnd vor der Alten. »Worte, die schon vor langer Zeit Kraft und Bedeutung verloren haben, noch ehe die Eisenbahn begann, durch unser Tal zu fahren. Nichts ist geblieben von deiner früheren Kraft, Weib. Du gehst nicht mit der Zeit.«

»Du bist es, der seine Kraft überschätzt, Deskath.«

»Glaubst du? Das werden wir gleich sehen. Ich werde dich nicht töten, o nein. Ich werde dir nur beide Arme brechen. In deinem Alter heilen die Brüche schwer. Man wird dir die Arme bis zur Achsel eingipsen, und der Gips wird kalt sein, sehr kalt. Und dann, wenn das Fieber dich erfasst, werde ich dich im Krankenhaus besuchen. Ich werde durch die Nadeln des Tropfs, die in deine verkalkten Adern gestochen sind, in dich eindringen. Dann werden wir über die alten Zeiten sprechen. Und Bildchen anschauen. Gehen wir also an die Arbeit. Ich habe es eilig. Dort zwischen den Erlen erwartet mich ein wunderbares aschblondes Geschöpf, das mir nachts Lieder gesungen hat. Ich darf sie nicht warten lassen, das wäre sehr unhöflich.«

»Ein Schritt, Deskath«, flüsterte die Frau Doktor, »noch ein Schritt, und die Tausend Stufen tun sich unter dir auf.«

»Zu spät. Sie hat meine Hand berührt. Sie gehört mir. Heute Nacht wird der Flammende wiedergeboren werden.«

»Sie hat deine Hand berührt?«

»Ja.« Er lächelte jungenhaft. »Sie hat meine Hand berührt.«

»Dann schau auf deine Hand, Deskath.«

Er brüllte auf, riss den Arm hoch, schüttelte den formlosen, triefenden Stumpf, von dem grüne Schmiere tropfte und schwarzblaue, rauchende Fetzen, Brocken abfielen. Die langen, dünnen Knochen, die unter dem zerfallenden Fleisch zum Vorschein kamen, krümmten sich, zerflossen und verschrumpelten wie Gummi in der Hitze. Die Haut auf dem mageren Unterarm blubberte, schlug Blasen.

»Du weißt selber nicht, was du berührt hast, Deskath«, sprach die Frau Doktor. »Ein verhängnisvoller Irrtum.«

Der magere junge Mann verschwand. Der nackte kleine Junge, von einer Kruste von Brandstellen bedeckt, schrie auf, begann mit den bloßen Füßchen zu stampfen, schüttelte das rauchende Köpfchen, den schwarz werdenden Armstumpf.

»Fort, Deskath! Fort in Tümpel und Tiefe!«

Der Kleine schrie noch lauter. An den Fingerchen der heil gebliebenen Hand wuchsen ihm Krallen, groß wie bei einem Weih. Der geöffnete Mund war nicht mehr zahnlos.

»Magna Mater!«, rief die Frau Doktor. »Gladius Domini!«

Die Kohlen auf dem Fußboden und in der Feuerstelle zischten auf wie mit Wasser begossen, verströmten Dampfwolken, schwarzen Rauch.

»Ich kriege dich! Ich kriege dich noch!«, heulte der Junge, im Rauch verborgen. »Hörst du, Hexe?«

Der Rauch lichtete sich für einen Augenblick, ganz kurz, gerade genug, dass sie ihn in seiner wahren Gestalt sah, riesig, niedergebeugt, mit krummen Hörnern, die Schatten an die Decke warfen.

»Und sie«, dröhnte er mit merklicher Anstrengung, kaum verständlich, »sie kriege ich auch ... krie...ge sie ...«

»Ich glaube nicht, dass das möglich ist, Deskath.«

»Ich krieee...ge ...«, stammelte er, während er sich im bitteren, beißenden Rauch auflöste, der allmählich die Stube erfüllte.

»Nein«, flüsterte die Frau Doktor, die mit Mühe Atem schöpfte. Ihr Herz hämmerte, das Adrenalin schlug in schweren Wogen gegen die Gurgel, ließ es ihr schwarz vor Augen werden. »Nein, Deskath. Du kriegst sie nicht mehr. Niemand wird sie mehr kriegen.«

Die Nachtfalter, die an den Scheiben klebten, begannen wie wahnsinnig zu wirbeln, lösten sich, flogen in die Nacht.

»Niemand«, schluchzte die Frau Doktor tonlos. »Niemand wird sie mehr kriegen. Und niemand sie aufhalten.«

Monika stand allein inmitten der Erlen, schaute auf die Fingerspitzen der ausgestreckten Hand. Und wie sie so schaute, sagte sie ...

Nein. Nicht sie sagte es. Das sagte jenes Etwas, das in ihr war, tief drinnen. Dieses Etwas, das sie war.

»Endlich. Endlich frei.«

Jene in der Tiefe des Hains begannen durcheinanderzuwirbeln. Das bis zum Gürtel nackte Mädchen riss sich die groteske Maske vom Kopf. Jemand begann zu schreien, jemand fiel, krümmte sich in Krämpfen zwischen dem trockenen Laub. Jemand anders wandte sich ab, stürmte blindlings in den Wald, stürzte knackend durchs Unterholz, brach Zweige.

»Zernebock! Zernebooock!«

Das halbnackte Mädchen begann zu heulen, abgehackt, hysterisch, schrecklich.

Die Frau Doktor wagte es noch immer nicht, den Kreis zu verlassen, obwohl sie deutlich die erleichterte Leere spürte, die in der Luft pulsierende Abwesenheit des Bösen. Sie schaute zur Tür. Ich bin ausgelaugt, dachte sie, zu schwach, die nächste Anstrengung wird mich umbringen. Wenn ... sie ...

Der schwarze Kater schob sich vorsichtig unter dem Bett hervor, dehnte sich, miaute leise, unsicher. Dann setzte er sich, leckte sich die Pfote, kratzte damit am Ohr, ruhig, abwesend.

Die Frau Doktor atmete erleichtert auf, mit echter, ersehnter und endgültiger Erleichterung.

Was da durch den dunklen Wald ging, lachend und flüsternd, kam nicht auf die Anhöhe zu.

Es ging in die entgegengesetzte Richtung.

Monika rieb sich mit dem Handrücken über die Augen, betrachtete die Finger, die von dem bemoosten Erlenstamm grün geworden waren, gegen den sie sich mit den Fäusten gestemmt hatte, dort in der Tiefe des Waldes. Jetzt aber stand sie mitten in ihrem Ferienhaus, inmitten eines hellen Flecks Mondlicht, das durchs Fenster hereinfiel. Elka, genannt das Schneehuhn, ihre Mitbewohnerin, schlief in ihrem Bett, auf dem Rücken, den Mund halb offen, und schnarchte sacht. Sie war schon wieder in ihrem eigenen Bett.

Monika Szreder lächelte, erfüllt von Kraft und Ruhe.

Sie schaute zum Fenster, zu der Krüppelkiefer, wo in einer Astgabel das konzentrische Spinnennetz silbern vor Tautröpfchen schimmerte.

Mit einer leichten, achtlosen Bewegung streckte sie die Hand aus, winkte mit dem Finger.

Die große, fette Kreuzspinne kam sofort aus dem zusammengerollten Blatt am Rande des Netzes, ließ sich blitzschnell an einem Faden herab. Gleich darauf kroch sie schon über das Fensterbrett, die Wand hinab, über den Fußboden. An Monikas Fuß machte sie Halt, hob die beiden Vorderbeine zum Zeichen, dass sie wartete.

Noch immer lächelnd zeigte Monika auf den offenen Mund von Elka, genannt das Schneehuhn. Ohne zu warten ging sie aus dem Haus. Sie brauchte dazu nicht die Tür zu öffnen.

Gehorsam kroch die Spinne auf das Bett zu.

Er öffnete die Augen, keuchend, von dem Alb überwältigt. Er wollte die Hand zum Mund führen und konnte es nicht. Er wollte den Kopf heben und konnte es nicht. Er war wie gelähmt. Es roch durchdringend, süß nach Blumen, er fühlte die Berührung von Blütenblättchen, Stängeln, Stacheln, nassen Blättern, überall, an den Wangen, am Hals, an den Schultern.

Er lag in einem Haufen von Blumen.

Monika Szreder trat näher und lächelte. Als er dieses Lächeln sah, öffnete er den Mund zu einem Schrei. Zu einem Schrei, der im Grunde das ganze Feriendorf auf die Beine bringen musste, die ganze Stadt Tleń und sogar die Feuerwehr im fernen Laskowice. Doch was aus seiner Kehle drang, die von einem unsichtbaren Würgeisen zusammengepresst wurde, war ein kaum hörbares, verzweifeltes Krächzen.

Monika Szreder kam noch näher, blieb vor ihm stehen,

flüsternd, und in diesem Flüstern lag eine pulsierende Leidenschaft, ein wahnsinniger, wütender Ruf, eine überwältigende Kraft. Er reagierte, entsetzt darüber, dass er es tat. Er hörte das Flüstern immer deutlicher.

Ich kam gegangen
Hin zur Aue
Mein Trauter harrte schon am Ort
Wie ward ich empfangen
O Himmelsfraue!
Dass ich bin selig immerfort
Ob er mich küsste? Wohl manche Stund.
Tandaradei!

Sie zog sich langsam aus, ohne Eile und immer noch lächelnd. Er schaute sie an, die Augen aufgerissen, dass es geradezu schmerzte. Und bis zum Schmerz war er der Ihre.

Als sie ihn berührte, erbebte er, als habe man ihm ein glühendes Schüreisen auf die Brust gedrückt. Als sie ihn umarmte und die Schenkel um ihn schlang, war ihm, als werde ein Eimer flüssigen Sauerstoffs über ihn ausgegossen. Er sah ihre Augen direkt über sich.

»Sieh, wie ist so rot mein Mund.«

»Und, Herr Doktor?«

»Eine massive Blutung. Eine Ader im Hirn ist geplatzt. Er hat sich übernommen, der Casanova.«

»Das heißt, Sie glauben …«

»Die Obduktion wird es bestätigen. Aber aus dem, was ich sehe, schließe ich, dass es ein schöner, männlicher Tod war. Er ist im Kampfe gestorben, auf dem Schlachtfeld, sozusagen.«

»So jung? Er war noch keine vierzig, schätze ich.«

»Junge Leute haben auch schwache Adern, Herr Kazik. Nun ja, ein romantischer Typ war das, sehen Sie nur diese Blumen. Was für eine Phantasie, verdammt. Er hat Blumen aufs Bett gestreut, und auf diesen Blumen hat er sie …«

»Hol's der Teufel. Was soll ich jetzt machen? Jetzt werde ich sie ja ausfindig machen müssen, dieses Weib, das bei ihm war. Und wie? Soll ich umhergehen und fragen?«

»Wozu? Seit wann ist das strafbar? Das war eine Blutung, sage ich Ihnen. Das hätte ihm auch bei der Arbeit oder beim Trinken passieren können.«

»Na ja … eine Zeugenaussage oder irgendein Protokoll müsste man schreiben. Aus dem, was Sie sagen, folgt, dass sie bei ihm war, als … Sie wissen schon.«

»Klar war sie das. Ein Wunder, dass sie da selber keinen Schock gekriegt hat. Aber was soll's. Ich gehe den Transport rufen, ich werde ihn nicht mitnehmen. Und Sie suchen halt dieses Weibchen, wenn Sie Lust dazu haben. Und sei es anhand der Spuren.«

»Welcher Spuren?«

»Ein Sherlock Holmes sind Sie nicht gerade. Schauen Sie auf die Blumen, aufs Kissen.«

»Tu ich. Und was?«

»Das da ist ein Abdruck ihres Kopfes.«

Der Zug aus Czersk, der nach Laskowice fuhr, traf pünktlich ein, hielt am Bahnsteig, kaum dass die wütend rasselnde Klingel an der Sperrschranke verklungen war. Der Bahnsteig war leer, nur drei Angler mit Tornistern, Rucksäcken und röhrenförmigen Futteralen für die Angeln stiegen über die eisernen Stufen in den Waggon.

Sie verteilten das Gepäck auf Borden und Sitzen, schälten sich aus den dicken Anoraks, die sie trugen, obwohl der Morgen warm und sonnig war. Einer holte aus einer Tasche seiner phantasievollen Weste eine Schachtel Zigaretten, hielt sie den anderen hin.

Doch die Gefährten des Anglers saßen reglos da und starrten die junge Frau an, die schräg gegenüber, auf der anderen Seite des Ganges, den Kopf leicht über ein Buch beugte.

Der Angler erstarrte mit ausgestreckter Hand. Er konnte den Blick nicht abwenden. Denn diese Frau war … sie war … geradezu unwahrscheinlich … unglaublich …

Schön.

Die Erzählung

»Im Bombentrichter«

wurde für eine Anthologie geschrieben. Die Anthologie hat leider nicht das Licht der Welt erblickt. Und wie es dazu kam, will ich erzählen. So um den Februar Anno Domini 1992 brachte der Briefträger einen Brief von Rafał A. Ziemkiewicz, dem bekannten Schriftsteller und Politiker; kurz darauf aber erhielt ich einen zweiten Brief – von Jacek Inglot, dem bekannten Schriftsteller und Kritiker. Der Tenor beider Briefe war ähnlich. Die Welt ringsum ist verkommen, käuflich und krank, schrieben die bekannten Persönlichkeiten, sie kreischt, dabei sollte sie doch gleich nach dem Systemwechsel zu jubilieren anheben wie der Vöglein voll und zugleich leise murmeln wie ein Gebirgsbächlein. Unsere Pflicht als Schriftsteller ist es, schrieben sie, zu reagieren. Nach dem Vorbild Bonapartes. Verzeihung, nach dem Vorbild von Janusz A. Zajdel. Zajdel protestierte, entlarvte, verhöhnte und verdammte – natürlich das ancien régime. *Obwohl das Regime jetzt neu zu sein scheint, schrieben sie, gibt es immer noch etwas, wogegen man protestieren kann, das man entlarven und verdammen kann. Also ans Werk, Streiter der Feder, lasst uns eine Anthologie zusammenstellen und herausgeben. Eine Zajdel'sche Anthologie.*

Ich nahm die Sache ernst, obwohl ich mich – unter uns gesagt – bemühte, mich an die Verkommenheit der Welt ringsum zu gewöhnen; von der Wirklichkeit erwartete ich nichts anderes als Gekreisch, Illusionen hatte ich mir nie gemacht, also empfand ich jetzt auch keine schmerzliche Enttäuschung. Aber bitte, dann eben eine Anthologie, ein anständiger Autor verweigert sich keiner Anthologie und ignoriert sie nicht, und ich war sowieso schon im Rückstand – es hatte von mir keine Erzählung in der Schwarzen Messe *gegeben, der turnusmäßigen Anthologie Wojtek Sedeńkos von 1991. Dabei war ich es gewesen, der sich den Titel* Schwarze Messe *ausgedacht und die Idee zu dieser »antiklerikalen« Anthologie geliefert hatte – aber als es ans Schreiben ging, erwies ich mich wohl als nicht antiklerikal genug. Ha, dachte ich, diesmal gebe ich mich nicht geschlagen. Ich ging zügig ans Werk und schrieb zu dem von Ziemkiewicz und Inglot vorgegebenen Termin eine Erzählung. Andere schrieben auch welche. Zur Einschätzung und Bewertung der Erzählungen in Hinsicht auf ihre Eignung für die Anthologie fand sich eine spezielle Kommission zusammen. Heute würden wir sagen – eine Evaluierungskommission. Der Ertrag der Auslese waren … zwei Erzählungen. Zwei: »Im Bombentrichter« vom Verfasser selbigens sowie »Schön ist's im Tal« von Rafał Ziemkiewicz. Doch aus zwei Erzählungen, wie leicht zu begreifen ist, lässt sich keine Anthologie zusammenstellen.*

Die geplante Anthologie hatte vorgesehen, dass den Erzählungen Einführungen der Autoren vorangehen sollten, die dies und jenes erläuterten. »Im Bombentrichter« wurde natürlich auch mit solch einer Einführung versehen. Ich zitiere sie hier in extenso.

Unsere Phantastik-Anthologien haben sich schon zwei Traditionen zugelegt. Die erste ist, dass Anthologien nach dem Prinzip des Großen Preises von Pardubice geschrieben werden, also Startschuss und los geht's. Die Schnellsten kommen aufs Siegerpodest und erhalten den Titel eines »führenden Autors der polnischen SF«. Die anderen fallen in den Vorläufen aus oder stürzen an den ersten Oxern. Diesen letzteren bleibt nur noch, die Kräfte für mörderische Rezensionen zu sammeln.

Die zweite Tradition ist es, den Erzählungen Autorenkommentare voranzustellen: Der Verfasser verrät, wo er die Idee her hat, was er damit sagen wollte, legt allerlei Geständnisse ab. Manchmal fügt der Autor der Erzählung ein Motto hinzu. Das Motto soll den Leser davon überzeugen, dass der Autor nicht nur schreibt, sondern mitunter auch liest, und zwar kluges Zeug, aus dem man Mottos gewinnt.

Also soll es auch mir vergönnt sein, der Erzählung einen Kommentar voranzustellen, noch dazu einen ausschweifenden.

Vor langer, langer Zeit, als ich noch ein junger, unglaublich ansehnlicher brünetter junger Mann war, erschien ein Buch von Leopold Tyrmand, das Der Böse *hieß und für einiges Aufsehen sorgte. Entgegen dem Anschein handelte es nicht davon, wie Luzifer der heiligen Agnes erschien, oder davon, wie das Weib den Teufel anführte. Übrigens wissen alle, wovon* Der Böse *handelte, obwohl man sich lange Zeit nicht zu einer Nachauflage des Bestsellers durchrang, weil nach Meinung gewisser Leute der Autor noch böser war.*

Doch nicht von Tyrmands Buch soll die Rede sein, sondern vom Vorwort dazu, das auf den Schutzumschlag gedruckt ist. Der Schutzumschlag meines Exemplars des Bösen *ist leider der Zeit und den Personen, die das Buch gelesen haben, zum Opfer gefallen.*

Ich entsinne mich jedoch eines bestimmten Fragments aus jenem Vorwort. Ein Kritiker, dessen Namen die Sklerose aus meinem Gedächtnis gelöscht hat, schrieb dort ungefähr dies: »Das Warschau aus dem Bösen *existiert nicht und hat niemals existiert, ebenso, wie das London der* Dreigroschenoper *nie existiert hat.«* Toutes proportions gardées *gebe ich hiermit zur Kenntnis, dass die Stadt Suwałki und ihre Umgebung im weiteren Sinne, wie sie in der Erzählung »Im Bombentrichter« beschrieben sind, niemals existiert haben, wie das London der* Dreigroschenoper *nie existiert hat.*

Obige Einführung zu der Erzählung wurde aus dem einzigen Grunde geschrieben, dass es sich verbot, das Motto aus König Ubu *zu verwenden, denn das Motto aus* König Ubu *ist so bekannt, dass es keinen Sinn hat, sich mit seiner Kenntnis zu brüsten.*

Der Verfasser tut gleichzeitig kund, dass eine aus der Erzählung möglicherweise folgende Ähnlichkeit von etwas mit allem und nichts rein zufällig ist und sich aus diesem und jenem ergibt. Auf die Frage, warum das so ist, antwortet der Verfasser: Damit es mehr Spaß macht.

»Im Bombentrichter« erschien 1993 in der Aprilnummer des Feniks. *1994, auf dem Polcon in Lublin, erhielt ich dafür den »Zajdel«. So pflegt man in Fankreisen eine Statuette zu nennen, den alljährlich vergebenen Janusz-A.-Zajdel-Preis.*

»Im Bombentrichter« ist meine einzige Erzählung, von der sich mit Gewissheit sagen lässt, dass es keine Fantasy ist. Dank dem »Bombentrichter« darf ich mich also erhobenen Hauptes einen Science-Fiction-Autor nennen.

Im Bombentrichter

Das war so: Ich fiel also früh am Morgen in den Bombentrichter. Ich schaue mich um und sehe den Truthahn. Er sitzt so da …

Nein. Beginnen wir ganz am Anfang. Euch steht eine Einleitung zu, ein Anfang, ein paar erklärende Worte, und sei es nur, damit ihr nicht glaubt, in einen Bombentrichter zu fallen gehöre zu den normalen, alltäglichen Verrichtungen, die ich jeden Morgen zu vollführen pflege. Denn seht ihr, das war reiner Zufall. Ich fiel zum ersten Mal in einen Bombentrichter. Und hoffentlich auch zum letzten.

Also, ich muss damit beginnen, dass jener Tag – und es war ein Donnerstag, meine Lieben – von Anfang an unter einem schlechten Stern stand. Als ich mir die Augen mit kaltem Wasser wusch, stieß ich mit dem Kopf an das Brettchen unter dem Spiegel und warf alles herunter, was drauf stand. Den Tuben, Zahnbürsten, dem Kamm und den PVC-Bechern schadete der Fall natürlich nicht. Leider stand auf dem Brettchen auch das Glas mit dem Gebiss meines Vaters. Das Glas, wie es Gläser so an sich haben, zerbrach in kleine Teile, das Gebiss aber rutschte mit der Wucht eines Wasserfalls unter die Wanne und fiel in den Abfluss. Zum Glück war der Abfluss voller Schlick und Haare, das Gebiss blieb darin hängen wie im Sargassomeer, und ich konnte es herausholen, ehe es in der städtischen Kanalisation verschwand. Da war ich aber froh. Vater ohne sein Gebiss – könnt ihr euch das vorstellen? Vater hat keine Zähne mehr. Überhaupt keine. Tschernobyl, klar.

Ich spülte das Gebiss ab und linste dabei zum Schlafzimmer hin. Anscheinend hatte Vater aber nichts gehört. Es war um sieben morgens, und so früh pflegt er süß und fest zu schlafen. Der Vater ist justament arbeitslos, weil sie ihn aus den Pfarrer-Skorupka-Nährmittelkonzentratwerken rausgeschmissen haben, vormals Nährmittelkonzentratwerke Marceli Nowotko*. Der Entlassungsgrund war, wie behauptet wurde, eine nicht geregelte Einstellung zum Glauben und Mangel an Achtung vor den Symbolen, die allen Polen heilig sind. Aber meine Schulkameraden haben bei sich zu Hause gehört, dass der Grund in Wahrheit eine Denunziation war. Die übrigens der Wahrheit entsprach. Noch unter dem alten Regime ist Vater einmal bei der Maidemonstration mitgegangen und hat noch dazu eine rote Fahne getragen. Meinen Vater, wie ihr euch denken könnt, können diese Werke mal, die kurz vor der Pleite stehen und in denen alle naselang gestreikt wird. Wir kommen auch so ganz gut zurecht, denn Mutter arbeitet bei den Deutschen, überm Fluss, in der Ostpreußischen Anilin- und Sodafabrik, die zu den Vier Schwestern gehört; sie verdient dort dreimal mehr als früher mein Vater bei den Skorupka-Konzentraten.

* Ignacy Skorupka, Feldgeistlicher der polnischen Armee, fiel 1920 im Kampf gegen die Rote Armee. Marceli Nowotko (1893–1942) war ein kommunistischer Funktionär und Erster Sekretär der von ihm auf Veranlassung Stalins mitbegründeten Polnischen Vereinigten Arbeiterpartei.

Ich sammelte schleunigst die Glassplitter auf und wischte das vergossene Wasser weg, dann wischte ich noch einmal nass über den Boden, damit uns die Corega Tabs nicht das Linoleum zerfressen. Mutter hatte auch nichts gemerkt, denn sie war im großen Zimmer beim Make-up und schaute sich dabei Stellen aus dem »Denver Clan« an, die ich ihr am Abend zuvor mitgeschnitten hatte. In der litauischen Version, weil ich zur polnischen zu spät gekommen war. Mutter kennt kein Wort Litauisch, aber sie behauptet, dass das im Fall des »Denver Clans« keine Rolle spielt. Außerdem wird die litauische Fassung nur dreimal von Werbung unterbrochen und dauert bloß anderthalb Stunden.

Ich zog mich rasch an, nachdem ich zuerst mit der Fernbedienung meinen persönlichen Sony eingeschaltet hatte. MTV sendete »Awake On The Wild Side«. Meine Sachen suchte ich zusammen und zog die Jacke über, während ich im Rhythmus von »Tomorrow« zuckte, dem neuen, mächtig gepushten Hit von Yvonne Jackson aus dem Album »Can't Stand The Rain«.

»Ich gehe, Mama!«, schrie ich, schon unterwegs zur Tür. »Ich gehe, hörst du?«

Ohne mich eines Blickes zu würdigen, wedelte Mama heftig mit der Hand mit den purpurrot angemalten Fingernägeln, und Jamie Lee Verger, die Ariel Carrington spielte, eine von den Enkelinnen des alten Blake, sagte etwas auf Litauisch. Blake verdrehte die Augen und sagte »Alexis«. Entgegen allem Anschein war das kein Litauisch.

Ich lief auf die Straße, in einen frischen Oktobermorgen. Bis zur Schule ist es ein ganzes Stück Weg. Zeit hatte ich aber genug, also entschloss ich mich, die ganze Strecke in leichtem Laufschritt zurückzulegen. Jogging, versteht ihr? Nichts als Gesundheit und Kondition. Zumal der öffentliche Nahverkehr in der Stadt vor einem halben Jahr Pleite gemacht hatte.

Dass etwas im Gange war, merkte ich sofort. Das war keine Kunst – von der nördlichen Seite der Stadt her, von der Maniówka, ertönte plötzlich Kanonendonner, und gleich darauf knallte etwas derart rein, dass das ganze Haus wankte, aus dem Gebäude der See- und Kolonialliga zwei Scheiben herausfielen und an der Fassade des Kinos »Palladium« die Plakate für den Propagandafilm »Erbarmen, Mama« zu flattern begannen, der in schlecht besuchten Matineevorstellungen lief.

Ein paar Minuten später knallte es wieder, und hinter den Dächern schossen in Kampfformation vier braun- und grüngefleckte Mi-28 »Havocs« hervor, gehüllt in den Rauch der von den Auslegern verschossenen Raketen. Rings um die Hubschrauber blitzten Leuchtspurgeschosse auf, die vom Boden abgefeuert worden waren.

Wieder, dachte ich. Es geht wieder los.

Damals wusste ich noch nicht, wer wem zusetzte und warum. Aber Möglichkeiten gab es auch wieder nicht gar so viele. Die Mi-28 gehörten bestimmt den Litauern von der Division »Plechavicius«. Unsere Armee war nicht in der Gegend, denn sie war an der ukrainischen Grenze zusammengezogen worden. Aus Lwiw, Kiew und Winniza waren wieder einmal die von uns abgesandten Jesuiten vertrieben worden, und in Uman, hieß es, war auch etwas im Gange. Das würde bedeuten, Widerstand konnten den Šaulissen* entweder die Bürgerwehr leisten oder die Deutschen vom Freikorps. Es konnten auch die Amerikaner von der 101. Airborne sein, die in Gdańsk und in

* »Šaulis« (litauisch für »Schütze«) ist in Polen eine abfällige Bezeichnung für litauische Soldaten, insbesondere für die Litauer, die im Zweiten Weltkrieg auf deutscher Seite kämpften.

Königsberg stationiert war und von dort aus startete, um die Plantagen im Mohndreieck Biała Podlaska–Pińsk–Kowel mit Napalm zu belegen.

Es konnte auch ein gewöhnlicher Überfall auf unsere örtliche Chemical Bank sein oder die übliche Abrechnung von Schutzgeldbanden. Ich hatte nie gehört, dass die Racketeers von der Organisation »Unsere Sache« über Mi-28 »Havocs« verfügten, aber man konnte es nicht ausschließen. Immerhin hatte jemand in Sankt Petersburg den Kreuzer »Aurora« gestohlen und war damit dem Abendrot entgegengefahren. Warum also nicht auch einen Hubschrauber? Ein Hubschrauber ist doch wohl leichter zu mausen als ein Kreuzer?

Ach, egal. Ich drückte mir die Hörer auf die Ohren und schaltete den Walkman ein, um »Julie« zu hören, ein Lied der Gruppe Jesus and Mary Chain von ihrer neuen CD »Cruising«. Ich drehte die Lautstärke voll auf.

Julie, your smile so warm
Your cheek so soft
I feel a glow just thinking of you
The way you look tonight
Sends shivers down my spine
Julie
You're so fine
So fine …

An einer Haustür, an der ich vorbeikam, stand mein Nachbar und Mitschüler Prusak, er hielt Mäuschen, seine kleine Schwester, bei der Hand. Ich blieb stehen und nahm die Kopfhörer ab.

»He, Prusak. Grüß dich, Mäuschen.«

»Blierrppp«, sagte Mäuschen und besabberte sich ein bisschen, weil ihr die Oberlippe auseinanderging.

»Grüß dich, Jarek«, sagte Prusak. »Du gehst in die Schule?«

»Ja. Du nicht?«

»Nein. Du hörst doch wohl?« Prusak zeigte zur Maniówka hin und allgemein nach Norden. »Weiß der Teufel, was das werden kann. Krieg, Kumpel, volles Rohr.«

»Stimmt«, erwiderte ich. »Man hört, dass Gewalt mit Gewalt zurückgeschlagen wird. *Who's fighting whom?*«

»Keine Ahnung«, sagte er auf Deutsch, und dann wieder polnisch: »Wo ist der Unterschied? Aber ich werde doch Mäuschen nicht alleinlassen, was?«

Im ersten Stock des Hauses waren aus den offenen Balkontüren heraus Schreie und Gebrüll zu hören, der Klang von Schlägen und ein piepsiges Wimmern.

»Nowakowski«, erklärte Prusak, der meinen Blick verfolgt hatte, »verprügelt seine Frau, weil sie bei den Zeugen Jehovas eingetreten ist.«

»Du sollst keine anderen Götter haben neben mir«, sagte ich und nickte.

»Was?«

»Urpppl«, sagte Mäuschen, verzog das Gesicht und kniff ein Auge zusammen, was bei Mäuschen Lächeln bedeutete. Ich strich ihr leicht über die Härchen, die schütter waren und hell.

Von der Maniówka her ertönten Explosionen und das wütende Gekläff von MGs.

»Ich gehe«, sagte Prusak. »Ich muss noch Klebstreifen übers Küchenfenster kleben, sonst fällt wieder eine Scheibe raus. *Bye*, Jarek.«

»*Bye*. Tschüss, Mäuschen.«

»Birppp«, piepste Mäuschen und sprühte Spucke.

Mäuschen ist nicht schön. Aber wir alle haben Mäuschen gern. Ich auch. Mäuschen ist sechs Jahre alt. Sie wird niemals sechzehn sein. Tschernobyl, wie ihr ganz richtig denkt. Die Mutter von Prusak und Mäuschen liegt gerade im Krankenhaus. Wir sind alle neugierig, was sie zur Welt bringen wird. Sehr neugierig.

»Du Ketzerin!«, brüllte von oben her Nowakowski. »Du Judenvettel! Dir werde ich dieses Heidentum aus dem Schädel prügeln, du rothaarige Äffin!«

Ich schaltete den Walkman ein und lief weiter.

Julie, Julie
There's nothing for me but to love you
Hoping it's the kind of love that never dies
I love the way you look tonight
Julie
You're so fine
You're all that really matters …

Der Neumarkt war fast menschenleer. Die Ladenbesitzer verriegelten ihre Türen, ließen die eisernen Jalousien und Gitter herab. Nur McDonald's hatte auf, denn McDonald's ist exterritorial und unantastbar. Wie üblich saßen dort und futterten die Korrespondenten verschiedener Pressekonzerne und die Fernsehteams verschiedener Sender. Auch die Buchhandlung »Atena« hatte geöffnet, sie gehörte einem Bekannten von mir, Tomek Hodorek. Ich war oft bei Tomek, kaufte bei ihm unter der Ladentheke verschiedene Schmuggelware, Samisdat- und andere Bücher, die die Kirche verboten hatte. Außer seinem Buchhandel widmete sich Tomek Hodorek auch der Herausgabe der gern gelesenen Monatszeitschrift *Birbant*, einer örtlichen Mutation des *Playboy*.

Tomek stand gerade vor dem Laden und wusch mit Verdünnung das aufs Schaufenster geschmierte »DU WIRST HÄNGEN JUDE« ab.

»Servus, Tomek.«

»*Salve*, Jarek. *Come inside*! Ich habe *Der Meister und Margarita* vom Verlag Sewer. Und *Die Blechtrommel* von Grass.«

»Habe ich beides schon, alte Ausgaben. Vater hat sie versteckt, als sie sie verbrannt haben. Hast du den Salman Rushdie aufgetrieben?«

»Ich bekomme ihn in zwei Wochen. Zurücklegen?«

»Klar. Mach's gut. Ich muss in die Schule.«

»Justament heute?« Tomek zeigte in Richtung Maniówka, woher immer erbitterterer Feuerwechsel zu hören war. »Pfeif auf die Schule und geh nach Hause, Sonnyboy. *Inter arma silent musae*.«

»*Audaces fortuna iuvat*«, sagte ich unsicher.

»*Your business*.« Tomak nahm einen sauberen Lappen aus der Tasche, spuckte darauf und wischte die Scheibe blank. »*Bye*.«

»*Bye*.«

Vor dem Sitz der Freimaurerloge »Gladius«, neben dem Denkmal für Maria Konopnicka, stand ein Panzerwagen der Polizei mit auf den Turm montiertem M-60. Auf dem Sockel des Denkmals prangte, mit roter Farbe aufgemalt: *UNSERE* MÄHRE, und ein Stück darunter: WENN UNSERE MÄHRE MÄHR UNSERE WÄHRE. Neben dem Denkmal stand eine Propagandatafel, darauf dokumentierten hinter einer Scheibe Fotos die Verwüstungen am Grab der Schriftstellerin auf dem Łyczakowski-Friedhof.

Julie
You're so fine
So fine ...

Ich ging die Eligiusz-Niewiadomski-Straße entlang, vormals Narutowiczstraße*, lief an der Mauer der stillgelegten Textilfabrik entlang. An der Mauer war ein riesiges Plakat befestigt, an die neun mal neun Meter, das die selige Mutter Theresa darstellte. Auf das Plakat hatte jemand schwungvoll gesprüht: GENOWEFA PIGWA. Ich bog in die Straße ein, die zur Schwarzen Hańcza führt.

Und stieß geradezu auf Weißkreuzler.

Es waren an die zwanzig, alle kahlköpfig rasiert, in Lederjacken, olivgrünen T-Shirts, sackförmigen Hosen »Woodland Camo« und schweren Springerstiefeln. Fünf, bewaffnet mit Uzis und geklauten Heckler-Kochs der Polizei, bewachten die Motorräder. Einer malte einen Davidstern auf die Schaufensterscheibe der Boutique von Małgośka Zamoyska. Ein anderer, der mitten auf der Straße stand, hielt auf der Schulter einen Kombiplayer der Marke Sharp und zuckte im Rhythmus von »Saviour«, dem Hit der Gruppe Megadeth vom Album »Lost in the Vagina«. Lied und Platte standen auf dem Index.

Die übrigen Weißkreuzler waren damit beschäftigt, ein Individuum in einem lila Hemd aufzuhängen. Das Individuum im lila Hemd heulte, warf sich hin und her und riss an den Fesseln, mit denen sie seine Hände hinterm Rücken gebunden hatten, die Weißkreuzler aber zerrten und stießen ihn, wie's gerade kam, und drängten ihn auf eine Kastanie zu, wo an einem dicken Ast schon eine elegante Schlinge aus einem Telefonkabel hing. Auf dem Trottoir lag ein großer Plastiksack, blau-rot ge-

* Gabriel Narutowicz war der erste gewählte Präsident Polens nach dem Ersten Weltkrieg. Eligiusz Niewiadomski war ein polnischer Maler, der Narutowicz im Dezember 1922 wenige Tage nach dessen Wahl auf dem Wege zur Vereidigung erschoss.

streift. Neben dem Sack lagen bunte Blusen herum, Leggins, Pullover, Strumpfhosen in verschiedenen Verpackungen, Videokassetten und ein Panasonic-Camcorder.

No more lies, no more crap
I'm fed up
I'm sick
With your words slimy and slick
No more!
Don't try to save me anymore
I'm not made in your likeness …

Der Weißkreuzler mit dem Sharp auf der Schulter machte ein paar Schritte in meine Richtung, versperrte mir den Weg. An der Wade befestigt trug er ein schweres Messer vom Typ »Survival«. Ein paar hinter mir schnitten mir den Rückweg ab.

Leb wohl, Julie, dachte ich. Leb wohl, Walkman. Lebt wohl, meine lieben Vorderzähne.

»He!«, schrie plötzlich einer von den Weißkreuzlern. »Przystojniak! Bist du das?«

Ich erkannte ihn trotz des rasierten Schädels und der Zirkusverkleidung. Es war Mariusz Zdun, genannt Fuchs. Der Sohn eines Gynäkologen, eines der Reichsten in der Stadt. Vom alten Zdun hieß es, er sei im Aufsichtsrat der Art-B International AG und halte Anteile an den Vier Schwestern.

»Lass ihn in Ruhe, Menda«, sagte der Fuchs zu dem mit dem Sharp. »Den kenne ich, das ist mein Freund, ein guter Pole. Mit dem bin ich in die Penne gegangen!«

Das stimmte. Der Fuchs war eine Zeitlang in unsere Schule gegangen. Ich habe ihn abschreiben lassen. Ohne ersichtlichen Nutzen, weil er schlecht lesen konnte.

Das Individuum in dem lila Hemd, das an der Hose in

Richtung Strick gehoben wurde, schrie wild auf, warf sich herum und fiel aufs Trottoir. Die umstehenden Weißkreuzler verpassten ihm Fußtritte und hoben ihn wieder hoch.

»Eeh!«, schrie einer, dem neben der Uzi ein Kruzifix am Halse baumelte. »Fuchs! Hilf lieber, anstatt mit diesem Freak zu quatschen!«

Den kannte ich auch. Sie nannten ihn den Großen Gonzo, weil seine Nase an einen Wasserhahn erinnerte und auch so glänzte.

»Geh lieber deiner Wege, Jarek.« Der Fuchs kratzte sich den rasierten Scheitel. »Geh lieber weg hier.«

Yeah, prayers and hate
Nothing but prayers and hate
Too late
Black hounds lurking everywhere
Salivating and drooling
No more!
Don't try to save me anymore …

Im ersten Stock ging ein Fenster auf.

»Ruhe!«, schrie ein Onkelchen mit glänzender Glatze und lehnte sich aus dem Fenster. Über den Ohren hatte er zwei graue Haarbüschel, die ihm das Aussehen eines Uhus gaben. »Ruhe! Hier schlafen Leute! Was ist das für ein Krach?«

»Mach die Flocke, Opa!«, schrie der Fuchs, riss den Kopf hoch und fuchtelte mit der Uzi. »Dalli! Rübe rein!«

»Höflicher, Fuchs«, ermahnte ihn der Große Gonzo, während er dem Individuum in dem lila Hemd den Strick um den Hals legte. »Und Sie, Landsmann, machen Sie das Fenster zu und gehen Sie fernsehen, wie es sich für einen guten Landsmann gehört! Denn sonst komme ich rauf und reiße Ihnen den Hintern auf, so.«

Der Uhu lehnte sich weiter aus dem Fenster.

»Und was macht ihr da, Jungs?«, rief er. »Was soll das werden? Lynchjustiz, was? Wie könnt ihr? Wie kann man so grausam sein? Das ist unmenschlich! Das ist nicht christlich! Was hat er denn getan?«

»Läden ausgeraubt!«, schrie der Große Gonzo. »Der Galgenstrick, der Robber, der Dreckskerl!«

»Dafür ist die Polizei da! Die Stadtwehr oder der Grenzschutz! Die Gerechtigkeit ...«

»*Pomogiteee*!«, heulte das Individuum im lila Hemd auf Russisch los. »*Radi Boga, pomogiteee! Spassite menja! Radi Boga, pomogiteee, pan*!«

»Aha«, sagte der Uhu und nickte betrübt. »Aha. So ist das.«

Und schloss das Fenster.

»Geh schon, Jarek«, wiederholte der Fuchs und wischte sich die Hand an der gefleckten Hose ab.

Ich lief los, ohne zurückzublicken. Von der nördlichen Seite der Stadt her wurde das Geschützfeuer stärker. Ich hörte die dumpfen Schüsse von Panzerkanonen.

»*Njeeet*!«, erklang es hinter mir.

»Polen den Polen!«, brüllte der Große Gonzo. »Hoch mit ihm, *Boys! Hang him high*!«

Ich hörte noch, wie die Weißkreuzler »We shall overcome« anstimmten. Wie üblich bei solchen Gelegenheiten. Ich konzentrierte mich auf meinen Walkman.

Julie, Julie
You're so fine ...

Die Straße entlang kam, nach Treibstoff stinkend, ein Schützenpanzerwagen. Auf die Panzerung war mit weißer Farbe gemalt: GOTT, EHRE UND VATERLAND. Das bedeutete, dass die Bürgerwehr auf der Hut war und niemand dort irgendwas anstellen würde. Theoretisch.

Ich kam zur Kreuzung Ursulinerinnen/Drzymała-Straße. Dort stand ein zweiter SPW. Es gab auch eine elegante Barrikade aus Sandsäcken und einen spanischen Reiter. Barrikade und spanischer Reiter markierten die Grenze. Ihr kennt das: Wo wir sind, ist der Reiter, und wo der Reiter ist, ist die Grenze. Barrikade und Reiter wurden von einem Zug Freiwilliger bewacht. Die Freiwilligen – wie alle Freiwilligen der Welt – rauchten ununterbrochen und fluchten ununterbrochen. Sie waren vom Bauernselbstschutz, denn auf dem SPW stand aufgemalt: GEBT DIE HOFFNUNG NICHT AUF.

»Wohin, Hosenscheißer?«, rief mir einer der den spanischen Reiter bewachenden Hosenscheißer zu.

Ich hielt es nicht für angebracht zu antworten. Wenn ich auf dem Weg zur Schule bei allen Patrouillen, Barrikaden, spanischen Reitern, Streifen, Sperren und Checkpoints in Suwałki antworten wollte, würde ich stockheiser. Ich lief weiter und kürzte den Weg auf einem Steg über die Schwarze Hańcza ab.

»Wohin?«, schrie hinter der deutschen Barrikade einer vom Freikorps, natürlich auf Deutsch. Er trug eine kugelsichere Weste und war mit einem M-16 bewaffnet, an dem ein Granatbecher aufgesetzt war. Unter den Helmriemen hatte er sich eine Marlboro-Schachtel geklemmt. *»Halt! Stehenbleiben!«*

Leck mich am Arsch, dachte ich ebenfalls auf Deutsch, während ich auf den Park zulief. Auf unseren schönen Stadtpark.

Unser schöner Park hieß einst, wie mir mein seliger Opa erzählt hat, nach Marschall Piłsudski. Später, während des Weltkriegs, wurde er in Horst-Wessel-Park umbenannt. Nach dem Krieg wurden in seinem Namen die Helden von Stalingrad verewigt und blieben es lange – bis Marschall Piłsudski wieder in Ehren stand und seine Büste im Park. Später, so um 1993, kam die Zeit der Raschen Änderungen. Marschall Piłsudski geriet allmählich in schlechten Ruf – er hatte einen Schnurrbart getragen und Umstürze veranstaltet, hauptsächlich im Mai, und es war nicht die Zeit danach, im Park die Büsten von schnurrbärtigen Typen zu dulden, die gern die bewaffnete Hand gegen die gesetzmäßige Regierung erhoben, egal mit welcher Wirkung und zu welcher Jahreszeit. Der Park wurde also »Park des Weißen Adlers« genannt, worauf die anderen Nationalitäten, die es in Suwałki mittlerweile schon in großer Zahl gab, heftig protestierten. Und mit Erfolg. Also hieß der Park nunmehr Garten des Heiligen Geistes, doch nach einem dreitägigen Bankstreik wurde beschlossen, den Namen zu ändern. Vorgeschlagen wurde Grunwald-Park, doch dagegen protestierten die Deutschen. Vorgeschlagen wurde Adam-Mickiewicz-Park, wogegen die Litauer protestierten, und zwar wegen der Schreibung und wegen der Inschrift »polnischer Dichter« auf dem Denkmalsentwurf. Vorgeschlagen wurde »Park der Freundschaft«, aber dagegen protestierten alle. Schließlich wurde der Park auf den Namen von König Jan III. Sobieski getauft, und dabei blieb es, wahrscheinlich, weil der Anteil der Türken in Suwałki vernachlässigbar ist und ihre Lobby keine Durchschlagkraft hat.* Der Besitzer des Restaurants »Istanbul Kebab«,

* Grunwald ist in der polnischen Geschichtsschreibung der Name für Tannenberg, wo 1460 ein polnisch-litauisches Heer den Deutschen Orden besiegte. Der berühmte polnische Dichter Adam Mickiewicz wurde in Litauen geboren und heißt dort »Adomas Mickevičius«. Jan (Johann) III. Sobieski war Oberbefehlshaber des Entsatzheeres, das 1683 dem von den Türken belagerten Wien zu Hilfe kam.

Mustafa Baskar Yusuf Oglu, konnte da streiken, bis er schwarz wurde.

Die Jugend von Suwałki kümmerte das alles nicht, sie sagte weiterhin »unser Pärkchen« oder »unser Bumswäldchen«. Wenn sich aber jemand über den ganzen Aufruhr wegen des Namens wundert, möge er sich bitte erinnern, wie viel Geschrei und Streit es gab, ehe aus der Dorfstraße in Warschau die Sesamstraße wurde. Erinnert ihr euch?

Die Drzymała-Straße endete auf Höhe der Schwarzen Hańcza (dahinter hieß sie Bismarck-Straße), und ich musste zum Haus der Kultur abbiegen, das seit langem geschlossen war, die Parkallee langlaufen und den Adenauer-Platz überqueren, um an die Hinterseite des Schulgebäudes zu gelangen. Aber ich war in Gedanken versunken und merkte beim Laufen nicht, dass das Haus der Kultur überhaupt nicht mehr da war. Ich geriet in eine Wolke von Staub und Rauch.

Und fiel in den Bombentrichter. Aus Unachtsamkeit.

Ich schaue mich um und sehe den Truthahn.

Er sitzt so da, zusammengekrümmt, an den Rand des Trichters gepresst, und hört zu, wie zwei Apache-Kampfflugzeuge rattern und brummen, die über dem Stadion des Ostmark Sportvereins kreisen, vormals Sportklub »Golgota«.

Ich kroch fein leise zu ihm; das gleichmäßige Dröhnen der schweren MGs übertönte das Knirschen des Kieses. »Grüß dich, Truthahn«, brüllte ich und hieb ihm unerwartet auf den Rücken.

»Jesus!«, heulte Truthahn auf und rutschte auf den Grund des Trichters.

Er lag da und zitterte, ohne ein Wort zu sagen, doch er schaute mich vorwurfsvoll an. Inzwischen war ich zu dem Schluss kommen, dass ich mich sehr dumm verhalten hatte, ihm auf den Rücken zu hauen und zu brüllen. Ihr wisst, wie das ist – er hätte sich vor Überraschung glatt einscheißen können.

Ich reckte den Kopf über den Rand des Trichters, vorsichtig, und schaute mich um. Nahebei sah man die durchs Gebüsch schimmernde Mauer eines Parkhäuschens, überzogen von Graffiti und Einschussspuren, noch von irgendeiner früheren Schlacht her. Ich sah niemanden, aber die beiden Apaches beschossen den östlichen Rand des Parks, woher immer deutlicher MG-Salven und das dumpfe Krachen von Handgranaten klangen.

Truthahn schaute mich nicht mehr vorwurfsvoll an. Er belegte mich mit ein paar ziemlich hässlichen Namen, wobei er mir einen aktiven Ödipus-Komplex und passive Homosexualität zuschrieb, worauf er sich heranbemühte und ebenfalls über den Rand lugte.

»Was machst du hier, Truthahn?«, fragte ich.

»Ich bin reingefallen«, antwortete er. »Schon früh am Morgen.«

»Wir werden zu spät zur Schule kommen.«

»Keine Frage.«

»Vielleicht sollten wir rausklettern?«

»Klettere als Erster.«

»Nein, geh du als Erster.«

Und da ging es los.

Der Rand des Parks erblühte in einer Feerie blendender orangefarbener Blitze. Wir tauchten beide auf den Boden des Trichters ab, in das Kabelgewirr, das aus einem zerschossenen Telefonverteiler hervorquoll wie Eingeweide aus einem aufgeschlitzten Bauch. Der ganze Park erbebte unter den Detonationen – einer, noch einer, der dritten. Und dann kläfften die Schützenwaffen los, Geschosse und Splitter begannen zu heulen. Wir hörten die Angreifer schreien.

»*Lietuuuuuva*!«

Und gleich darauf das Krachen explodierender Handgranaten, das Hämmern eines M-60 und das Bellen einer Kalaschnikow-MPi, sehr nahe.

»*Lietuuuva*!«

»Das sind deine«, stöhnte ich, in den Kies am Trichterboden gepresst. »Die Division ›Plechavicius‹. Deine Stammesverwandten setzen zum Sturm auf unseren Park an. Findest du das in Ordnung?«

Truthahn begann unschön zu fluchen und starrte mich an. Ich lachte laut los. Verdammt, es war schon fast ein Jahr her, aber diese komische Geschichte belustigte mich noch immer. Und Truthahn machte sie immer noch wütend.

Die Sache war nämlich so: Vor ungefähr zwei Jahren wurde es Mode, seine – wie das hieß – Wurzeln zu suchen. Eine Menge Einwohner von Suwałki und Umgebung, darunter Truthahns Familie, begann sich plötzlich als Litauer zu fühlen, weil irgendwelche fernen Vorfahren zusammen mit Swidrigaila gegen Ragnit und Neu-Kowno gezogen waren und zusammen mit Kenstut die Memel überquert hatten, um den Deutschen Orden anzugreifen. In Eingaben an die Vereinigung der Patrioten des Linksufers Litauens und Schmudiens wiederholten sich Liebeserklärungen an die Ufer des Flüsschens Wilija, halb von allerlei Getreide gesprenkelt, an den flammenden Rotklee und an die Mutter Gottes vom Tor der Morgenröte, dazu nicht weniger rührende Anfragen, ob die Große Baublis noch immer dort stehe, wo sie hingehöre,*

* Die »Mutter Gottes vom Tor der Morgenröte« ist ein berühmtes Heiligenbild in Vilnius. Nach dem Befinden der Großen Baublis, einer riesigen hohlen Eiche in Litauen, erkundigt sich jemand in Adam Mickiewiczs Epos »Herr Thaddäus«, das in Polen zum Schulstoff gehört. Dort kommt auch der flammend rote Wiesenklee vor.

denn davon mache die ganze Familie ihr weiteres Glück abhängig. Der Grund für das Erwachen des Patriotismus war prosaisch – die Litauer hatten im Sinne der Bestimmungen für nationale Minderheiten eine Menge Privilegien und Vergünstigungen, darunter steuerliche, und unterstanden nicht der Kurie.

Sehr viele von meinen Mitschülern wurden plötzlich Litauer – infolge, versteht sich, entsprechender Erklärungen und Angaben ihrer Eltern. Fast tagtäglich verlangte ein Wochowicz, dass die Lehrer ihn Vochavicius nannten, aus einem Maklakowski wurde ein bodenständiger Maklakauskas und aus einem Złotkowski ein hundertprozentiger Goldbergis.

Und da begann die große Tragödie der Truthahn-Familie. Der sympathische und schmackhafte Vogel, dem die Familie ihren Namen Indyk verdankt, heißt auf Litauisch Kalakutas. Das Familienoberhaupt der Indyks, der für gewöhnlich phlegmatische und gesetzte Herr Adam, verfiel in Raserei, als man ihm mitteilte, dass seine Eingabe betreffs der litauischen Nationalität durchaus positiv entschieden werde, er sich aber fortan Adomas Kalakutas zu nennen habe.*

Herr Adam legte Berufung ein, aber die Vereinigung der Patrioten des Linksufers Litauens und Schmudiens war unerbittlich und ließ sich nicht auf irgendwelche polnisch gefärbten Abwandlungen wie Indykas, Indykis oder Indykiškis ein. Den Plan, demzufolge Herr Adam zunächst die amerikanische Staatsbürgerschaft als »Turkey« erwerben und erst danach als Terkulis in den Schoß des Vaterlandes zurückkehren sollte, betrachtete die Familie der Indyks als idiotische, teure Zeitverschwendung.

* Der polnische Name »Indyk« bedeutet »Truthahn«; »kutas« ist das polnische Wort für »Pimmel«.

Auf den Vorwurf aber, Herrn Adams Einwände röchen nach polnischem Chauvinismus, denn besagter »kutas« sei für einen Litauer weder komisch noch ehrenrührig, beschimpfte Herr Adam die Kommission gelehrt und sprachgewandt, indem er abwechselnd die Wendungen »Leckt mich am Arsch« und »Papuciok sikini« benutzte. Die tödlich beleidigte Kommission schickte die Dokumente ins Archiv und Herrn Truthahn zum Teufel.

So also wurde niemand aus der Familie zum Litauer. Daher ging mein Kumpel Lesio Indyk auch in dieselbe Schule und Klasse wie ich und nicht aufs Gymnasium in Puńsk. Und deshalb saß er jetzt mit mir im Bombentrichter, statt in einer kackbraunen Uniform durch den Park zu laufen, in den Händen eine Kalaschnikow, ein litauisches Wappen an der Mütze und den Bären der Division »Plechavicius« am linken Ärmel.

»Jarek?«, ließ sich Truthahn vernehmen, in die Reste des Telefonverteilers verkrochen.

»Hm?«

»Wie ist das, sag doch ... Du bist doch so ein Superduper, clever und überhaupt ... Wie ist das?«

Das Geschützfeuer wurde stärker, an verschiedenen Stellen des Parks krachten Explosionen, und auf unsere Köpfe flog Sand.

»Wie was ist?«, fragte ich.

»Hier ist Polen, oder? Wieso veranstalten dann das Freikorps und die Litauer hier einen Krieg? Mitten in der Stadt? Sollen sie sich doch, die Scheißkerle, bei sich in Königsberg fetzen ... Hier ist Polen!«

Ich war mir nicht sicher, ob Truthahn recht hatte.

Denn seht ihr, das war so. Kurz nach Unterzeichnung des Vertrags mit der Bundesrepublik über die Errichtung eines neuen Bundeslandes mit Allenstein als Hauptstadt kam es zu einer Volksabstimmung unter der Bevölkerung der Gemeinden Gołdap, Dubeniki, Wiżajny, Giby, Puńsk und Sejny.* Die Ergebnisse des Plebiszits waren wie üblich sonderbar und besagten gar nichts, unter anderem, weil mindestens achtzig Prozent der Stimmberechtigten nicht an die Urnen gegangen waren, sondern es völlig zu Recht für klüger gehalten hatten, in der Kneipe zu sitzen. Es war daher nicht bekannt, welcher Prozentsatz der Bevölkerung sich für Ostpreußen, Nordpolen, Linksufer-Schmuden oder sonstige Jazwingen hielt. Wie dem auch sei, keinen Monat nach dem Plebiszit überschritt ein litauisches Armeekorps die Grenze, bestehend aus zwei Divisionen: der regulären »Gedymias« und der Freiwilligen-Division »Plechavicius«. Das Korps wurde befehligt von General Stasys Zeligauskas. Die Litauer nahmen die unentschlossenen Gemeinden fast ohne Gegenwehr ein, denn der größte Teil unserer Armee stand gerade im Irak, wo er der polnischen Verpflichtung gegenüber der Freien Welt nachkam. Der kleinere Teil unserer Armee war mit Machtdemonstrationen im Teschener Schlesien beschäftigt.**

Das Korps unter Zeligauskas besetzte rasch Sejn, nahm aber Suwałki nicht ein, weil Einheiten des deutschen Grenzschutzes und der 101. Airborne aus Gdańsk es aufhielten. Weder die Deutschen noch die Amerikaner wollten die Šaulisse in Ostpreußen haben. Die polnische Regierung reagierte mit einer Serie diplomatischer Noten und einem offiziellen Protest bei den Vereinten Nationen, worauf die litauische Regierung antwortete, sie wisse von nichts. Zeligauskas, erklärte der litauische Botschafter, handle ohne Befehl und auf eigene Faust, weil die ganze

* Allenstein war der deutsche Name von Olsztyn im südlichen, heute zu Polen gehörenden Ostpreußen. Die anderen erwähnten Gemeinden sind kleine Städte in der Nordostecke Polens rings um Suwałki.

** Der südliche, tschechoslowakische Teil dieses Gebiets wurde 1938 von Polen annektiert und Ende des Zweiten Weltkriegs zurückgegeben.

Familie Zeligauskas schon immer Heißsporne und Hitzköpfe gewesen seien, für die »Subordination« ein Fremdwort war.

Die Deutschen, die Amerikaner und die eilends mobilisierten Selbstschutzeinheiten drängten die Šaulisse zwar nach einiger Zeit hinter die Schwarze Hańcza zurück, doch die bewaffneten Konflikte hörten nicht auf. General Zeligauskas dachte gar nicht daran, sich zur Curzon-Linie zurückzuziehen, und drohte, er werde die Deutschen aus dem Suwałki-Gebiet vertreiben, weil er zwar Polen tolerieren könne – das seien schließlich nur polonisierte Ureinwohner –, aber die Germanen werde er hier nicht dulden. Natürlich benutzte Zeligauskas nicht den in Litauen unpopulären Begriff »Suwałki-Gebiet«. Auf Litauisch hieß das »Linksufer-Schmudien«. Es handelte sich dabei natürlich um das linke Ufer des Flusses Nemunas, vormals Memel und noch früher Niemen.

Der Senat der Republik Polen traf in der Angelegenheit des Abenteuers von Suwałki keinerlei Festlegungen. Es wurde diskutiert, auf die Erfahrungen unserer überaus reichen Geschichte zurückzugreifen, die sich ja gern wiederholt, doch man konnte sich nicht einigen, worauf man zurückgreifen sollte. Einige Senatoren optierten für eine neue Lubliner Union, andere zogen – wie üblich – einen neuen Pogrom von Kielce vor.*

Der Feuerwechsel entfernte sich etwas, der Druck der Šaulisse verlagerte sich anscheinend nach Westen. Von Neugier getrieben, krochen wir wieder an den Rand des Trichters. Ich schaute zur Innenstadt hin, zu dem rauch-

* Bei der Lubliner Union wurden Polen und Litauen 1569 vereinigt, nachdem sie knapp zweihundert Jahre lang von denselben Monarchen in Personalunion regiert worden waren. 1946 erschlug ein polnischer Mob in Kielce an die dreißig Juden.

verhangenen Turm der Sankt-Alexander-Kirche. Leider deutete nichts darauf hin, dass Pfarrer Kociuba sich anschickte, seine Drohung wahr zu machen. Pfarrer Kociuba hatte vor einem Monat aus der Schweiz eine Oerlikon-Vierlingsflak importiert, sie auf dem Glockenturm montiert und angekündigt, wenn noch einmal irgendeine Armee oder paramilitärische Organiation aufs Gebiet der Pfarrei oder auf den Friefhof vordringen sollte, würde er ihnen mit Hilfe der Vierlingsflak so ein *wash and go* verpassen, dass sie bis zum Jüngsten Tag daran denken würden.

Nun ja, der Pfaffe hatte nur gedroht. Wie üblich. Vater hatte recht, wenn er sagte, Religion sei Opium für die Massen.

Der gesprenkelte Mi-28 »Havoc« drehte einen Kreis über dem Park und beschoss die Gegend aus zwei schweren Kalaschnikow-MGs, die in der offenen Tür montiert waren. Die Schützen lehnten sich mutig heraus – ich wartete schon darauf, dass einer herunterfallen und in den Pappeln hängenbleiben würde. In den westlichen Rand des Gebüschs schlugen Werfergranaten ein. Ich zog den Kopf ein, denn die Luft ringsum heulte geradezu vor Splittern. Aber ich konnte noch die Šaulisse sehen, die unter dem Feuer zu den Gebäuden in der Straße der Sakramente zurückwichen, vormals Straße der Freiheit. Der Mi-28 zog noch einen Kreis und flog weg.

»Sieht so aus«, bemerkte ich und rutschte nach unten, »dass der *war is over. Farewell to arms.* Im Westen nichts Neues. Das Freikorps hat deinen Stammesverwandten den Arsch versohlt. Ihr habt verloren, verehrter Herr Kalakutas.«

»Hör endlich auf, Jarek«, schnaufte Truthahn böse. »Und überhaupt, du solltest mir das erklären. Du weißt, was.«

Ich machte den Mund auf, um etwas Kluges zu sagen, etwas, was meiner Intelligenz würdig war, meinem IQ, der es mitunter bis auf 180 brachte. Hatte ich meinen IQ schon erwähnt? Nein? War vielleicht auch besser so. Meine Mutter wird wütend, wenn ich mit meinem IQ angebe. Denn es wird erzählt, der Schulpsychologe habe angesichts der Testergebnisse die Bezeichnung »Tschernobyl-Mutanten« verwendet. Das sprach sich herum, sogar bis zur Religionslehrerin. Die war weniger zurückhaltend – sie benutzte die Bezeichnung »Teufelsbrut«. Und fortan mochte man uns in der Stadt nicht mehr.

Ich brachte nichts Kluges zustande. Plötzlich krachte etwas, krachte entsetzlich, die Erde erbebte, und es schien mir, dass die Bewehrungsstähle, die aus ebendieser Erde ragten, sich wie Regenwürmer krümmten. In der Luft begann es nach Urin, Scheiße und Kordit zu stinken, und auf unsere Köpfe ging ein Hagel von Betonbrocken, Kies, Sand und verschiedenen anderen Elementen nieder.

»Jesus!«, stöhnte Truthahn, als eins von besagten Elementen ihn ins Kreuz traf. »Jesus, Jarek, schau doch nur … Schau dir das an …«

Ich schaute hin. Und begann nervös zu kichern.

Was den Truthahn getroffen hatte, war ein Klodeckel. Ein stinknormaler Klodeckel aus Kunststoff, verziert mit den großen Initialen »R. Z.«, mit dem Taschenmesser eingeritzt, und mit etlichen Narben von ausgedrückten Zigaretten.

Ja, meine Lieben, es gibt Dinge im Himmel und auf Erden, die sich die Philosophen nicht träumen lassen.

»Jarek …« Truthahn stieß mich plötzlich in die Seite. »Hörst du? Da weint jemand …«

Ich lauschte. Nein, mein hellhöriger Klassenkamerad hatte sich nicht geirrt. Jemand weinte, dieses Weinen drang durch Explosionen und Geschützdonner; es war leiser, aber anders, so sehr verschieden von dem Krachen und Aufheulen.

Ich steckte den Kopf abermals aus dem Trichter und sah mich um, diesmal gründlicher. In unmittelbarer Nähe sah ich keinerlei Militär. Überall ringsum kroch dicker, stinkender Rauch über den Boden. Der Rauch erfüllte auch die Bismarck-Straße – das Stück, das durch die Bäume hindurch zu sehen war. Dort stand ein zerschossener Lkw und qualmte wie ein Fass Teer.

Das Weinen, stellte ich fest, kam aus Richtung des Parkhäuschens. Die Explosion, die wir vor einem Moment gehört hatten, fand so ihre Erklärung; auch das Phänomen des fliegenden Klodeckels erwies sich wie die meisten Phänomene als banale und natürliche Erscheinung. Es hatte einfach irgendein Šaulis von der zurückweichenden Division »Plechavicius« das im Gebüsch verborgene Häuschen für einen befestigten Feuerstand gehalten und eine Kumulativladung aus dem RPG-9 hineingejagt. Das Geschoss hatte das Bauwerk schwer beschädigt und die Tür abgerissen, die mit dem internationalen Symbol einer Frau mit Rock in Habachtstellung verziert war. Der Luftstoß hatte rings um das Häuschen die Sträucher entwurzelt oder entlaubt und die Inschriften und Graffiti auf den Überresten des Gebäudes freigelegt. Und in den Überresten des Gebäudes weinte jemand – deutlich und klagend.

»Was machen wir?«, fragte ich.

Truthahn überlegte. Ich wusste, was, denn ich überlegte mir dasselbe. Über dem Trichter pfiffen noch immer die Kugeln. Die Kalaschnikows, Sturmgewehre, M-16 und Galils, aus denen diese Kugeln verschossen wurden, befanden sich ziemlich weit entfernt, was bedeutete, dass die Kugeln schon langsam waren und nicht genug Kraft hatten, um einen Schenkel, eine Schulter, eine Hüfte oder einen Bauch fein glatt, mit einem kleinen Loch, zu durchschlagen. Wir wussten, dass eine langsame Kugel wie ein Klumpen von feuchtem Lehm auf den Körper klatschen kann, dass sie die Stelle, wo sie aufschlägt, in einen ekelhaften Brei von Blut, Fleisch und Stofffetzen verwandeln und im Körper stecken bleiben kann oder aber – schlimmer – auf der anderen Seite herauskommen und einen großen Teil von dem mitnehmen, was der Mensch innen drin hat.

Ihr seht, da gab es durchaus etwas zu überlegen.

Beim Überlegen las ich die Inschriften auf der Wand des Häuschens. In Stresssituationen gibt es nichts Besseres als zu lesen, sage ich euch. *Books*, wie es im MTV heißt, *feed your head*.

Auf der vom Luftstoß freigelegten Seite des Häuschens wimmelte es von Kritzeleien, die erigierte Phalli darstellten, Anker, Galgen und Dreizacke. Ich sah dort auch eine Aufschrift, mit schwarzer Farbe angebracht: BAYERN SIND HERREN, FC KÖLN OPAS UND ŁKS ŁÓDŹ JUDEN.

Etwas weiter unten hatte jemand mit Kreide, schräg, mit schön flüssiger, wenngleich unsteter Schrift geschrieben, ohne Großbuchstaben und ohne jede Interpunktion: »verbrennt die juden feuer bereit für jesus gott zum trotz teufel fehler im gebet sünde von zion«.

Darunter hatte jemand mit hellblauer Sprühfarbe kommentiert: MESCHUGGENER GOI.

Und noch weiter unten, in kyrillischer Schrift: JEBI TWOJU MAMU JEWREJ.

Daneben war ein witziger Vierzeiler zu sehen:

Bei Winterfrost
und Sommerhitze
man kennt die Hure
an der Mütze

Noch ein Stück weiter prangte das eilends mit einem Ziegelbrocken hingekratzte, vor Verlangen und Verzweiflung berstende Geständnis: I REALLY WANNA FUCK YOU AL... Den Rest des Namens, dem das wilde Begehren des Sprachkundigen galt, hatte die Granate aus dem RPG-9 weggerissen. Es konnte also Alice sein oder Albin. Im Grunde war mir das schnuppe. Meinetwegen mochte es auch Almansor mitsamt einer Handvoll Ritter sein.

Unter dem angelsächsischen Geständnis sah ich ein bodenständig polnisches Ideogramm, das schematisch ein weibliches Geschlechtsorgan darstellte. Der Künstler hatte sich – sei es, weil er sich der geringen Qualität des Bildes bewusst war, sei es, weil er an der Intelligenz des Betrachters zweifelte – gegen eine irrige Interpretation des Werkes abgesichert, indem er es mit einer einschlägigen Beschriftung versehen hatte, ohne sich um irgendeine fremdsprachige Version zu bemühen.

»Was machen wir?«, wiederholte Truthahn, und die Kugeln pfiffen, dass es eine Freude war; unterdessen weinte der Jemand im Häuschen immer kläglicher.

»Wir können draufgehen«, sagte ich mit zusammengebissenen Zähnen. »Wir können, können, können.«

»Also, was machen wir?«

Ich überlegte. Einen Augenblick lang.

»Wir gehen. Schnell, Truthahn, in kurzen Sprüngen!«

Und wir sprangen aus dem Trichter, und wir rannten, und wir warfen uns auf den von Trümmern aufgewühlten Boden, sprangen auf und rannten weiter. Wir konnten draufgehen. Aber es musste sein. Wärt ihr, frage ich euch, im Bombentrichter sitzen geblieben, wenn ihr jemanden weinen hört? Wärt ihr nicht. Was also gibt's da sich zu wundern?

Wir erreichten das Häuschen und erblickten die Heulsuse. Oi, sah die übel aus! Oi, man sah sofort, dass diese Katze nicht immer Whiskas gefressen hatte.

»Analyse!«, japste Truthahn. »Was machst du …«

»Bleib nicht stehen!«, schrie ich. »Nimm sie und zum Trichter! Laufschritt!«

Es gelang. Wir gingen nicht drauf. Die über dem Park pfeifenden Kugeln hatten anscheinend anderes zu tun. Wir erreichten unseren Trichter und ließen uns an die tiefste Stelle rutschen, wobei ich mir den Ellenbogen an einem Betonbrocken aufschlug und an diesem Tag zum Rambo First Blood wurde.

»Analyse«, keuchte ich. »Was machst du hier? *Holy shit*, Mädel! Wie kommst du hierher?«

Analyse setzte sich hin, zog den Kopf zwischen die aufgeschürften Knie, zog sich die Reste des Rockes ums Hinterteil und heulte *full volume* los.

Truthahn spuckte auf den Boden und setzte sich auf den erbeuteten Klodeckel. Ich spuckte auch, aber auf ein Stück Zeitung, das ich am Grunde des Trichters gefunden hatte. Auf einer Seite des Papiers stand gedruckt: TERHIN STREIK BEI FA, und auf der anderen: ÖNN DIR EIN BISSCHEN LU. Ich gönnte mir also ein bisschen Luxus und klebte das bespuckte Papier auf den blutenden Ellenbogen – LU nach unten, FA nach oben. Analyse heulte weiter.

»Na, Ania«, sagte ich. »Hör auf. Ist schon gut. Hab keine Angst, wir lassen dich nicht allein. Wenn dieser Scheiß vorbei ist, bringen wir dich nach Hause.«

Analyse begann noch lauter zu plärren. Ich nickte betrübt.

Analyse war wie wir alle ein typisches Kind unserer Zeit. Ihre Mama, die ich nicht gekannt habe, stammte aus Płock, von wo sie über die grüne Grenze in die Bundesrepublik geflohen war. Sie war damals ungewollt in den ersten Monaten mit Analyse schwanger und hätte im Leben keinen Pass und keine Bescheinigung von der Kurie bekommen. Sie landete in Schneidemühl, vormals Piła. Während sie hier fieberhaft nach einem Abtreibungsarzt suchte, schloss sie Bekanntschaft mit einem deutschen Ingenieur; die beiden verliebten sich ruck, zuck ineinander, heirateten und beschlossen, das Töchterchen doch zu kriegen. Der Ingenieur bekam wenig später eine Anstellung in Ostpreußen, anschließend zog er nach Suwałki und begann in unserem Holzkombinat zu arbeiten. Das war ein sonderbarer Typ, dieser Ingenieur, der alles Polnische liebte; er soll sogar die polnische Staatsbürgerschaft beantragt haben, bekam sie aber nicht, weil er evangelisch war. Er hielt Polen für das Auserwählte Volk, das Land und die Nation mit einer Großen Historischen Mission, und überhaupt, noch ist Polen nicht verloren, hurra. Er hatte, sag ich euch, einfach einen Polen-Flitz. Darum schickte er die Tochter nach dem Umzug nach Suwałki auch auf eine polnische Schule. Justament auf unsere Schule, aufs Heilig-Geist-Gymnasium. Natürlich war die Tochter nominell Katholikin. Mit vollem Namen hieß sie Anneliese Budischewsky, aber alle nannten sie Analyse. Analyses Mutter, die ich nicht gekannt habe, starb 1996 während der Epidemie, als Rumänen die Cholera eingeschleppt hatten. Erinnert euch, damals sind an die sechzigtausend Menschen gestorben, an dieser Cholera, die man »Ceaușescu« oder »Dracula« nannte. Diejenigen aber, die damals erkrankten und überlebten, wurden scherzhaft »dupa boli« genannt, was auf Rumänisch »nach der Krankheit« heißt und nicht wie im Polnischen »der Arsch tut weh«; seither ist das eine landläufige Bezeichnung für einen Genesenden.

Neben dem Trichter explodierte krachend eine Wurfgranate. Analyse quiekte und presste sich an mich, wobei sie sich so kräftig an meinen Arm klammerte, dass ich die Erde nicht wegwischen konnte, die mir auf den Kopf geflogen war.

»Na, na, Ania, ist ja schon gut«, sagte ich, und der Sand knirschte mir zwischen den Zähnen. Analyse schluchzte leise.

Truthahn hatte sich die Kopfhörer meines Walkmans aufgesetzt und war in dem bunten Kabelsalat aus dem zerschossenen Telefonverteiler abgetaucht. Mit leicht herausgestreckter Zunge kramte er dort, zog an Drähten und stocherte mit dem Schraubenzieher, den er aus der Tasche gezogen hatte. Truthahn begeistert sich für Elektrotechnik, das ist sein Hobby. Er lässt dafür ein unglaubliches und angeborenes Talent erkennen. Alles kann er reparieren und zusammenbauen. Zu Hause hat er einen Kurzwellenempfänger und ein selbstgebautes Stereo-Radio. Viele Male hat er meinen Sony und meinen Kenwood repariert und verbessert. Truthahn, denke ich, könnte eine Glühlampe so in den Sand drehen, dass sie zu leuchten anfängt. Ich höre nicht auf, mich zu wundern – ich selbst bin in Sachen Technik ein kompletter Trottel, ich kann nicht einmal eine Sicherung flicken. Darum sind Truthahn und ich auch ein Team – er hilft mir in Mathe und Physik weiter, ich ihm in Polnisch und Geschichte. So eine kleine gegenseitige Bauernhilfe, Consulting Company Limited.

Der Park begann wieder unter Explosionen zu erzittern, das Freikorps warf gegen die Linie der Litauer alles, was es hatte – Granatwerfer, rückstoßfreie Geschütze, Raketen. Das Häuschen, das alle naselang getroffen wurde, war viel kleiner geworden. Rauch kroch über die Erde, floss in unseren Trichter, benahm uns den Atem.

»Analyse?«

»Hm?«

»Warst du im Park, als es losging?«

»Nein.« Sie schniefte. »Ich war auf dem Weg zur Schule, und … da haben sie mich gegriffen … Und in den Park geschleppt … in die Büsche …«

»Gut, gut, Ania. Ist schon gut. Wein nicht. Jetzt bist du außer Gefahr.«

Von wegen.

Von der Westseite des Parks her begannen die MPis zu rattern, Granaten dröhnten. Von beiden Seiten her ertönten Schlachtrufe.

»Vorwärts!!! Gott mit uns!!!« Auf Deutsch.

»*Lietuuuuva*!!!« Auf Litauisch.

Das hatte gerade noch gefehlt. Beide kriegführenden Seiten waren auf denselben Gedanken gekommen, nämlich anzugreifen. Noch schlimmer, irgend so ein Nachwuchs-Guderian vom Freikorps hatte beschlossen, seinen Blitzkrieg geradezu auf unseren Trichter zu lenken, um die Šaulisse von der Flanke her zu treffen.

Wir pressten uns an den Boden, zwängten uns wie Würmer zwischen die Steinbrocken und die Bewehrungsstähle.

»Feuer frei!«, brüllte jemand direkt neben dem Trichter. *»Verdammt nochmal, Feuer frei! Schieß doch, du Hurensohn!«*

Das weitere Gebrüll wurde von einem wütenden Feuerstoß auf einem M-60 übertönt – so nahe, dass ich hörte, wie die Patronenhülsen auf den Beton prasselten. Jemand schrie, schrie entsetzlich. Nur einmal, dann verstummte er sofort. Stiefel knirschten auf dem Kies, Geschützfeuer donnerte.

»Zurück!«, schrie jemand von oben her, aus der Tiefe des Parks. *»Beeilung, Beeilung! Zurück!«*

»*Lietuuuva*!«

Na klar, dachte ich. Zeligauskas geht zum Gegenangriff

über. Auch genau auf unseren Trichter zu, der Motherfucker.

In der Nähe des Trichters begannen die Kalaschnikows zu rattern, anders als die M-16 des Freikorps, dumpfer, lauter, und darüber legten sich sogleich das Krachen von Artilleriegeschossen und die ohrenbetäubenden Explosionen der Werfergranaten.

»O Jesuuuuus!«, erklang ein irrsinniges Geheul unmittelbar am Rande des Trichters.

Analyse, die gleich neben mir lag, zitterte zusammengekrümmt; sie zuckte so entsetzlich, dass ich sie mit Macht zu Boden drücken musste, sonst hätten diese Zuckungen sie womöglich nach oben kommen lassen.

»O Je...suuus!«, wiederholte jemand ganz in der Nähe, stürzte schwer auf den Rand des Trichters und geradewegs auf uns herab. Analyse schrie auf. Ich schrie nicht, weil mir vor Angst die Stimme versagte.

Es war ein Šaulis, ohne Mütze, seine strohblonden Haare waren blutverklebt. Das Blut stand ihm auch in der linken Augenhöhle und floss über den ganzen Hals. Das sah aus, als trage er unter der Uniform ein karminrotes T-Shirt. Er lag am Grunde des Trichters, krumm, wühlte mit kurzen Tritten der Stiefel den Kies auf, dann drehte er sich auf die Seite und begann zu heulen, zu stöhnen, und er öffnete das Auge. Und schaute mich an. Und brüllte los, bis ihm das Blut die Stimme nahm. Als er die Lider zusammenpresste, bebte sein ganzes Gesicht.

Ich weiß nicht, ob ich es schon erwähnt habe. Ich bin nicht schön. Tschernobyl, ihr versteht. Genetische Veränderungen.

Ich kann da nichts machen. Nichts.

Genetische Veränderungen.

Der Šaulis machte sein Auge auf und schaute mich zum zweiten Mal an. Ruhiger. Ich lächelte. Unter Tränen. Der

Šaulis lächelte auch. Ich wollte glauben, dass es ein Lächeln sei. Ich glaubte es aber nicht.

»Ich will ... trinken ...«, sagte er deutlich. Auf Polnisch.

Ich blickte verzweifelt Truthahn an und der ebenso verzweifelt mich. Beide schauten wir absolut verzweifelt auf Analyse. Analyse zuckte ratlos mit den mageren Schultern, und ihr Kinn zitterte hässlich.

Nahe an unserem Trichter explodierte krachend eine Handgranate und schleuderte Erde auf uns. Wir hörten einen durchdringenden Schrei, dann einen scharfen Feuerstoß aus einer Ingram. Ingram-MPis haben eine hohe Feuergeschwindigkeit, und es klang, als ob jemand mit Macht ein gigantisches Laken zerriss. Dicht über uns begann etwas zu wirbeln, brüllte *»Scheiße!«* und stürzte zu uns herab.

Abermals pressten wir uns an den Boden.

Was da zu uns herabstürzte, war ein Freiwilliger vom Freikorps in geflecktem Kampfanzug, der malerisch aussieht, aber bei Kämpfen in der Stadt völlig sinnlos ist. Die ganze Vorderseite des Anzugs, von dem am Hals hängenden Sprechfunkgerät bis zu dem mit Futteralen dekorierten Gürtel, war vom Blut dunkelrot. Der Freiwillige fiel sich überschlagend auf den Grund des Trichters, spannte sich irgendwie seltsam und stieß Luft aus, wobei der größte Teil der Luft Blasen schlagend durch die Löcher in seiner Brust kam.

»Trinken«, wiederholte der Šaulis. »O Jesus ... Trinken ... Wasseeer!«

»Wasser«, blubberte der Freiwillige auf Deutsch, sehr undeutlich, denn er hatte den Mund voll Blut und Erde. *»Wasser ... Bitte ... Hil...fe, bitte ... Hilfeee!«*

Analyse bemerkte als Erste die charakteristische Form, die den Brotbeutel des Freiwilligen ausbeulte. Sie langte hin, riss die Klettverschlüsse auf und holte eine Flasche

Coca-Cola heraus. Truthahn nahm sie und riss die Kappe geschickt an einem aus der Erde ragenden Stück Bewehrungsstahl ab.

»Was denkst du, Jarek? Können wir ihnen was geben?«

»Können wir nicht«, sagte ich, doch mit meiner Stimme ging etwas Seltsames vor. »Aber wir müssen. Wir müssen, verdammt.«

Erst gaben wir dem Šaulis – irgendeine Reihenfolge musste ja sein, und er war als Erster in unseren Trichter gefallen. Dann ließen wir den Freiwilligen vom Freikorps trinken, nachdem wir ihm den Mund mit einem Taschentuch abgewischt hatten. Zum Schluss wischten wir das Blut vom Flaschenhals und tranken in kleinen Schlucken aus – Analyse, Truthahn und ich.

Ringsum wurde es einen Moment lang fast still, einzelne Schüsse knallten, und vom Stadion her hämmerte gleichmäßig ein M-60. Der Freiwillige vom Freikorps straffte sich plötzlich – so heftig, dass die Velcro-Verschlüsse an seinem Kampfanzug aufsprangen.

»O … Jesus«, sagte der Šaulis plötzlich und starb.

»*You … can't beat the feeling*«, stöhnte der Freiwillige, worauf ihm Schaum von Blut und Coca-Cola auf die Brust trat.

Und er starb auch.

Analyse setzte sich auf den Boden des Trichters, schlang die Arme um die Knie und begann zu heulen. Und zu Recht. Jemand, verdammt, musste die beiden Krieger beweinen. Das stand ihnen zu. Wenigstens solch ein Requiem stand ihnen zu – das Schluchzen der kleinen Analyse, ihre Tränen, die wie Erbsen über das schmutzige Gesichtchen rollten. Das stand ihnen zu.

Truthahn und ich aber durchsuchten ihre Taschen. Das musste auch sein, das bringen sie uns im Überlebensunterricht bei.

In Übereinstimmung mit dem, was man uns beigebracht hatte, rührten wir die Waffen nicht an – der Šaulis hatte Handgranaten, der vom Freikorps eine Beretta und ein Kampfmesser. Truthahn nahm sich das Sprechfunkgerät und begann sofort daran zu drehen.

Ich schaute bei dem Freiwilligen in die Taschen des Kampfanzugs und fand eine halbe Tafel Schokolade. Darauf stand: »Milka Poland, vormals E. Wedel«. Ich wischte die Tafel ab und gab sie Analyse. Sie nahm sie, regte sich aber nicht – sie blieb sitzen, geduckt, schniefte und starrte mit stumpfem Blick vor sich hin. Ich schaute in die Taschen des Šaulis, denn beim Anblick der Schokolade war mir ganz sonderbar im Mund und im Magen geworden. Offen gesagt, ich hätte diese halbe Tafel gern selbst verputzt. Aber so geht das ja nicht, oder? Wenn man ein Mädchen dabei hat, muss man sich in erster Linie um es kümmern, es tätscheln, beschützen, füttern. Das ist doch klar. Das ist doch so … so …

Menschlich.

Oder?

Der Šaulis hatte keine Schokolade.

In seiner Uniformtasche hatte er stattdessen einen doppelt gefalteten Brief. Das Kuvert war auch da, ohne Marke, aber adressiert, und zwar nach Polen, nach Kraków. An jemanden namens Maryla Wojnarowska.

Ich warf einen kurzen Blick auf den Brief. Denn der Šaulis lebte nicht mehr, und er hatte ihn ja nicht abgeschickt. Einen kurzen Blick warf ich darauf. »Ich habe von Dir geträumt.« Das hatte der Šaulis geschrieben. »Es war ein sehr kurzer Traum. Ein Traum, in dem ich neben Dir stehe und Deine Hand berühre, und Deine Hand ist so warm, Maryla, so weich und warm, und da, in meinem Traum, habe ich gedacht, dass ich Dich liebe, Maryla, denn ich liebe Dich ja …«

Ich las nicht weiter. Ich hatte nicht das Bedürfnis, den Rest zu erfahren, von dem es übrigens nicht viel gab – nur bis zum Ende der Seite, bis zur Unterschrift: »Witek.« Witek, nicht Vytautas.

Ich legte den Brief ins Kuvert und steckte ihn ein. Ich dachte, dass ich diesen Brief vielleicht abschicken würde, ihn an Maryla Wojnarowska nach Kraków schicken würde. Ich würde eine Marke für einen Złoty spendieren und diesen Brief absenden. Wer weiß, vielleicht würde er Maryla Wojnarowska erreichen. Wer weiß. Es könnte sein. Obwohl anscheinend viele Briefe an der Grenze bei der Kontrolle der Postwaggons verlorengehen.

Truthahn, der zwischen den Kabeln saß wie ein Kormoran im Nest, drehte an dem Sprechfunkgerät, aus dem Pfeifen, Knistern und Gesprächsfetzen drangen.

»Lass das doch sein«, sagte ich und wurde wütend.

»Still«, sagte Truthahn und drückte sich die Kopfhörer des Walkmans an die Ohren. »Stör nicht. Ich suche die Frequenz.«

Ich konnte nicht an mich halten. »Und wozu, zum Teufel, suchst du die Frequenz? Du piepst, Blödian, und piepst, das wird noch jemand hören und uns hier eine Granate reinschmeißen!«

Truthahn antwortete nicht; gebückt hantierte er immer noch mit den Kabeln des Telefonverteilers. Über dem Trichter pfiffen die Kugeln.

Analyse weinte vor sich hin. Ich setzte mich neben sie und legte den Arm um sie. So muss es sein, nicht wahr? So eine Kleine und Wehrlose, in so einem elenden Trichter, in dem beschissenen König-Sobieski-Park, wo ringsherum ein beschissener Krieg wütete.

»Jarek?« Analyse schniefte.

»Was ist?«

»Ich hab keine Schlüpfer.«

»Was?«

»Ich hab keine Schlüpfer. Mein Vater bringt mich um, wenn ich ohne Schlüpfer heimkomme.«

Tja, das war nicht ausgeschlossen. Ingenieur Budischewsky war bekannt für seine eiserne Hand und eiserne Moral. Er hatte diesbezüglich einfach einen Flitz – ich glaube, das habe ich schon erwähnt. Vor meinem geistigen Auge sah ich Analyse auf dem Untersuchungssessel bei Doktor Zdun, der die Bescheinigung über die unversehrte Jungfernschaft ausstellen sollte. Doktor Zdun, der sein Geld seit einiger Zeit anders als zuvor verdiente, machte damit ordentlich Reibach, denn ohne so eine Bescheinigung gab es Schwierigkeiten mit einer kirchlichen Trauung, und wenn das Mädchen minderjährig war, konnte es in der Besserungsanstalt in Waplewo landen. Eine falsche Bescheinigung, wusste ich, kostete sechstausend Złoty. Ein Vermögen.

»Ania?«

»Hm?«

»Haben sie dir was angetan? Entschuldige, dass ich frage, ich weiß, dass es mich einen Dreck angeht, aber …«

»Nein. Nein, sie haben mir nichts getan. Haben mir die Schlüpfer ausgezogen und … mich angefasst. Weiter nichts. Sie hatten Angst, Jarek … Haben mich angefasst und sich andauernd umgeschaut, und ihre Gewehre haben sie nicht weggelegt …«

»Leise, Ania, leise.«

»… nach Angst haben sie gestunken, nach Schweiß, Rauch, haben nach dem gestunken, was da unten ist, was nach einer Explosion bleibt … Und nach dem, wonach Uniformen stinken, weißt du, sowas, wovon einem die Augen tränen. Ich werde das nicht vergessen … davon werde ich nachts träumen …«

»Leise, Ania.«

»Aber sie haben mir nichts getan«, flüsterte sie. »Nichts. Einer wollte ... Er hat ganz arg gezittert ... Geschlagen hat er mich. Ins Gesicht geschlagen. Aber sie haben mich gelassen und sind weggelaufen ... Jarek ... Das sind keine Menschen mehr ... Nicht mehr.«

»Das sind Menschen, Ania«, sagte ich voller Überzeugung und berührte den Brief, der in meiner Tasche raschelte.

»Jarek?«

»Was?«

»Soll ich es dem Pfarrer sagen? Was sie mit mir gemacht haben?«

Das Mädchen war wirklich nicht von dieser Welt. Die evangelisch-neophytischen Einflüsse des Ingenieurs Budischewsky hatten in ihr den Selbsterhaltungsinstinkt völlig abgetötet.

»Nein, Ania. Sag dem Pfarrer nichts.«

»Auch nicht bei der Beichte?«

»Auch nicht. Analyse, hast du in Religion geschlafen, oder was? Beichten muss man Sünden. Wenn du etwas stiehlst oder Gottes Namen missbrauchst. Wenn du deinen Vater nicht ehrst. Aber es steht nicht geschrieben, dass du es beichten musst, wenn dir jemand mit Gewalt die Schlüpfer auszieht.«

»Eh-hm«, sagte Analyse unsicher. »Und die Sünde der Unreinheit? Kennst du dich da aus? Der Pfarrer sagt, du und dein Vater, ihr seid taube und blinde Ateristen oder so ... Und du bist nicht ... Wie heißt das? Aha, du bist nicht nach dem Bilde. Nein, ich muss beichten ... Und Vater schlägt mich tot ...«

Analyse senkte den Kopf und begann wieder zu schluchzen. Tja, da war nichts zu machen. Ich rang in mir den gerechten Zorn auf Pfarrer Kociuba nieder. Wenn ein Mann neben einer Frau im Bombentrichter sitzt, muss er sie beschützen. Sie beruhigen. Ihr das Gefühl von Sicherheit geben. Nicht wahr? Habe ich recht oder nicht?

»Analyse«, sagte ich forsch. »Pfarrer Kociuba ist ein Idiot und scharf auf die Freidenker. Gleich werde ich dir beweisen, dass ich mich im Katechismus und der Bibel auskenne. Denn es steht geschrieben im ... Brief des Ambrosius an die Epheser ...«

Analyse hörte zu weinen auf und schaute mich mit offenem Munde an. Mir blieb kein Ausweg. Ich fuhr weiter auf der Ambrosius-Schiene.

»Es steht geschrieben«, laberte ich mit kluger Miene, »dass die Kaduzäer kamen ...«

»Du meinst die Sadduzäer?«

»Sag ich doch. Es kamen die Sadduzäer und die Zi... na, die Zöllner zu Ambrosius und sprachen: ›Ist es wahr, heiliger Mann, dass eine Jüdin gesündigt hat, der die römischen Legionäre gewaltsam die Schlüpfer ausgezogen haben?‹ Ambrosius aber malte in den Sand einen Kringel und ein Kreuzchen ...«

»Was?«

»Unterbrich mich nicht. Und der Heilige sprach: ›Was seht ihr hier?‹ ›Wahrlich, wir sehen hier einen Kringel und ein Kreuzchen‹, antworteten die Zöllner. ›Und so sage ich euch wahrlich‹, sprach Ambrosius, ›das ist der Beweis, dass jenes Weib nicht gesündigt hat, und ihr, Zöllner, gehet lieber nach Hause, denn ihr seid ja nicht ohne Schuld, darum richtet nicht, auf dass ihr nicht gerichtet werdet. Gehet dahin, denn wahrlich sage ich euch – gleich werde ich einen Stein nehmen und diesen Stein nach euch werfen.‹ Und da gingen die Zöllner dahin und schämten sich sehr, denn sie hatten geirrt, als sie dieses Weib geschmäht hatten. Hast du verstanden, Anka?«

Analyse hörte auf zu heulen und schmiegte sich an mich. Danke, heiliger Ambrosius, dachte ich.

»Und jetzt« – ich stand auf, knöpfte die Hose auf und stieg heraus – »zieh diesen zerrissenen Rock aus und meine Lee an. Dein Vater hat keinen Dunst, was du anhattest, als du aus dem Haus gegangen bist. Mach schon.«

Ich drehte mich um.

»Und was da war, vergiss«, fügte ich hinzu. »Es ist nichts dergleichen passiert, verstehst du? Das war ein Traum, Analyse. Das alles ist ein Traum, ein Albtraum, dieser Park, dieser Krieg, dieser Trichter, dieser Gestank und dieser Rauch. Und diese Leichen. Verstehst du?«

Analyse antwortete nicht, drückte sich nur noch stärker an mich. Truthahn betrachtete uns einen Moment lang mit sonderbarem Gesichtsausdruck, dann wandte er sich wieder seinen Kabeln und Kontakten zu. Er hatte gerade das Sprechfunkgerät abgestimmt, so dass man einen lebhaften Dialog hörte, unterbrochen vom Knacken der Overs, was so klang, als ob die Gesprächspartner jede Mitteilung beendeten, indem sie sich aufs Mikrofon setzten und furzten.

Ich überwand meine Abscheu, zog dem Šaulis die vergleichsweise wenig blutbefleckte Hose aus und sie mir an. Sie war mir zu weit, also setzte ich mich hin und begann den Drillichgürtel einzustellen. Truthahn ließ die Radiostationen in Ruhe, holte aus den Tiefen seiner Anoraktaschen ein kleines Radio und eine sonderbar aussehende Vorrichtung. Er schaltete das Radio ein – es ertönte Kirchenmusik, was hieß, dass es irgendein polnischer Sender war. Ich hatte nichts dagegen. Die Musik war nicht laut, und aus der näheren Umgebung waren seit einiger Zeit keine Schüsse oder Schreie mehr zu hören.

Analyse hatte sich hingehockt und wischte sich mit einem Taschentuch Gesicht und Hände ab. Truthahn verband die sonderbare Vorrichtung mit aus dem Boden ragenden Kabeln, legte das Sprechfunkgerät und die Kopfhörer meines Walkmans daneben. Er begann wieder an seinem kleinen Radio zu drehen – man hörte Knattern und Pfeifen, Fetzen von Musik und Rauschen.

»Hört mal«, sagte er plötzlich. »Ich hab justament Warschau reingekriegt. Da ist was im Gange. Irgendein Krawall oder sowas.«

»Bestimmt haben sie eine Synagoge angezündet.« Ich spuckte den Sand aus, der mir zwischen den Zähnen knirschte. »Wie üblich. Wen kümmert denn sowas?«

»Oder sie brennen die orthodoxe Kirche nieder«, warf Analyse ein. »So wie in Łódź. In Łódź haben sie die orthodoxe Kirche abgebrannt. Die, na … sie haben es im Fernsehen gesagt. Wie hießen die doch? Aha, Cyryl Risiak und Metody Pruchno.«

»Stimmt. Lass Warschau sein, Truthahn, hol Gdańsk oder Königsberg herein. So erfahren wir, was an der Front los ist. Ich habe es satt, in diesem Trichter zu sitzen, und Hunger habe ich wie ein Wolf.«

»Na«, sagte Analyse. »Ich auch …«

»Still«, gebot Truthahn und beugte sich über das Radio. »Das ist es nicht. Es ist etwas anderes. Irgendeine Demonstration.«

»Ich sag doch, die orthodoxe Kirche.«

»Haben sie denn in Warschau so eine?«

»Gestern hatten sie sie noch. Denn da hat es geregnet.«

»Still, sag ich. Eine Demonstration ist da in Warschau, vor dem International Harvester in Ursus. Eine Menge Leute anscheinend. Oh, da redet gerade Marcin Kenig.«

»Marcin Kenig?« Analyse zog meine Lee an sich zurecht und krempelte die Hosenbeine hoch. »Haben sie den schon aus dem Gefängnis gelassen?«

»Du bist aber dumm, Analyse«, sagte Truthahn. »Im Gefängnis hat er noch zur Zeit der Union gesessen, aber jetzt ist er schon seit einem halben Jahr der, na ja, der Führer der Bewegung. *Capisci*?«

»*Si.*« Analyse nickte, doch ich wusste, dass sie schwindelte. Sie konnte nicht *capire*, weil niemand das *capisce*.

»Mach lauter, Truthahn«, sagte ich. Denn seht ihr, es interessierte mich ein bisschen, was Marcin Kenig zu sagen hatte. In letzter Zeit wurde viel von Marcin Kenig geredet.

»Lauter?«, fragte Truthahn. »Du willst es lauter, Jarek?«

»Hab ich doch justament gesagt. Bist du taub?«

»Na, dann bitte sehr.«

Und in diesem Augenblick fing Marcin Kenig durch den ganzen Park hindurch zu brüllen an. Von überall her. Von allen Seiten. Durch den ganzen Park, durchs ganze Stadion und, wer weiß, vielleicht in der ganzen Stadt. Truthahn lachte lauthals los, sichtlich zufrieden mit sich selbst.

»Scheiße!«, schrie ich. »Was ist das?«

»Die Stadionlautsprecher«, brüstete sich Truthahn. »Ich bin über den Telefonverteiler an sie rangekommen. Ich habe ...«

»Schalt das aus, verdammt!!«

»Du wolltest es lauter haben« – der begabte Elektrotechniker lachte abermals – »und jetzt hast du's lauter. Sollen alle zuhören. Keine Angst, Jarek. Wer wird schon darauf verfallen, dass das aus unserem Trichter kommt? Hör lieber zu, was der Typ sagt.«

Ich hörte zu.

»Ich hatte einen Traum!«, rief Marcin Kenig plötzlich, und die vor der Fabrik von International Harvester versammelte Menge brüllte und tobte. »Ich hatte einen Traum!«

Die Schießerei war abgeflaut, nur noch ein paar einzelne Schüsse erklangen, irgendwo krachte eine Werfergranate, ein Hubschrauber ratterte vor sich hin. Und dann war alles still. Die ganze Stadt. Da war nur noch Marcin Kenig mit der Menschenmenge vor dem International Harvester.

»Ich hatte einen Traum, und in diesem Traum kam der Tag, der Tag der Wahrheit! Der Tag, an dem es eine offensichtliche und jedem verständliche Wahrheit wurde, dass wir Brüder sind, dass wir einander gleich sind! Der Tag, an dem wir begriffen haben, dass es keine Grenzen gibt, dass Grenzen nichts anderes sind als Linien auf Karten aus Papier ohne jede Bedeutung! Der Tag, an dem wir aus unseren Seelen das Gift des Hasses ausgetrieben haben, mit dem wir seit Generationen gefüttert wurden! Dieser Tag wird kommen, Brüder!«

Die Menge schrie, tobte, toste. Jemand klatschte. Jemand sang »We shall overcome«. Jemand skandierte: »Juden raus!« Jemand pfiff.

»Ich hatte einen Traum, und in meinem Traum wurde diese Welt endlich zum Reich Gottes auf Erden! Ich hatte einen Traum, und ich sage euch wahrlich, Brüder, es war ein prophetischer Traum! In meinem Traum streckten die Menschen aller Rassen, Religionen, Überzeugungen, Hautfarben und Nationalitäten einander die Hände entgegen und drückten sie! Sie wurden Brüder!«

Über dem Park stieg noch immer Rauch auf, doch der Rauch schien sich zu lichten, als ob ihn die vom Echo vervielfachte Stimme Marcin Kenigs vertriebe, die aus den Lautsprechern eines Stadions dröhnte, dessen Name keine Bedeutung hatte, hin über einen Park mit einem bedeutungslosen Namen. Über der Stadt mit dem nichts bedeutenden Namen erglänzte plötzlich die Sonne. So kam es mir vor. Aber ich kann mich getäuscht haben.

»Ich hatte einen Traum!«, rief Marcin Kenig.

»Ich hatte einen Traum!«, antwortete die Menge. Nicht die ganze. Jemand pfiff durchdringend.

»Verschwinde!«, schrie jemand. »Verschwinde nach Kuba!«

»Ich sage euch«, rief Marcin Kenig, »dass das Zeitalter der Freiheit, des Glücks und Wohlstands für alle angebrochen ist. Sie heißen uns zu arbeiten, zu essen, zu schlafen und auszuscheiden, das Goldene Kalb anzubeten, während sie uns die Ohren mit Musik zukleistern! Sie haben uns mit einem Netz von Geboten, Verboten und Anordnungen umsponnen, die in uns Gewissen, Vernunft und Liebe ersticken sollen! Sie verlangen, dass wir zum Vieh werden, das sich mit der umzäunten Weide zufriedengibt, zum Vieh, das mit dem uns gefangen haltenden Elektrozaun sogar zufrieden ist! Sie heißen uns morden und sagen: ›*Deus vult.*‹ Sie haben uns mit Grenzen umstellt, die durch unsere Städte verlaufen, durch unsere Straßen und Häuser! Doch wir haben genug! Wir sagen: ›Nein!‹ Denn ich hatte einen Traum! Einen Traum davon, dass das Zeitalter des Hasses ins Vergessen sinkt! Dass ein neues Zeitalter anbricht, das Zeitalter der Erfüllten Träume!«

Die Menge schrie.

»Ich hatte einen Traum! Ich hatte …«

Und plötzlich verstummte Marcin Kenig, und aus den Lautsprechern drang ein einziger entsetzter Aufschrei der Menge, etwas knallte, jemand direkt am Mikrofon rief: »Jesus Maria!«, und ein anderer schrie: »Einen Aaaarzt!«

Wieder krachte etwas, knirschte aus den Lautsprechern.

»Von dort wird geschossen, von dort … vom Dach …«, rief jemand mit bebender, sich überschlagender Stimme.

Und dann war Stille.

Es war Stille in Truthahns Radio und Stille im König-Sobieski-Park. Ich vermute, sogar auf dem Platz vor der Fabrik von International Harvester in Ursus war es still.

Nach einer Weile begann Truthahns Radio zu spielen, und zwar Klaviermusik. Eine Zeitlang erklang das Nocturno aus den Stadionlautsprechern des Ostmark Sportvereins, aber gleich darauf riss Truthahn seine sinnreiche Verbindung auseinander, und nur noch sein mikroskopischer Empfänger spielte leise.

Analyse weinte nicht. Sie saß da, den Kopf gesenkt, ganz wortlos, dann schaute sie mich an. Sie schaute lange; ich wusste, dass sie etwas fragen wollte. Truthahn schwieg ebenfalls und schaute mich an. Vielleicht wollte auch er etwas fragen.

Er fragte nicht.

»*Shit*«, sagte er schließlich.

Ich antwortete nicht.

»*No future*«, fügte er nach einer Weile hinzu. Auch das ließ ich unkommentiert.

Wir saßen noch eine Zeitlang im Trichter. Ringsum herrschte Ruhe. Die Triebwerke der wegfliegenden litauischen Hubschrauber waren verstummt, ebenso das Heulen der Rettungswagen und die Kommandos der Patrouillen, die den Nordrand des Parks durchkämmten. Irgendwann wurde es unmerklich Abend.

Wir kletterten aus dem Trichter. Es war still, es wehte ein sanfter Abendwind, erfrischend, ohne kalt zu sein, wie so ein Old Spice. Wir gingen, machten Bögen um Leichen, brennende Autos, Löcher im Asphalt und Haufen zersplitterten Glases.

Wir gingen über den Steg an der Schwarzen Hańcza. Der Fluss schien uns an diesem Abend viel mehr als sonst zu stinken.

Das McDonald's war offen.

Die Straßen waren leer, aber aus allen Fenstern hörten wir MTV, Jukebox und Radio Moskau. Die Gruppe April, May, Decay spielte ihren letzten Hit aus dem Album »Mental Disease«.

Hail, we greet you
We, children of the past
Those about to die
In our rags of light, translucent and pale
Hail!

Auf dem Neumarkt trennten wir uns. Wir sagten nicht viel. Es genügte uns das Übliche: »Bis morgen«, *»tschüss«*, *»arrivederci«*. Weiter nichts.

In meiner Straße war es auch leer. Nowakowski hatte sich beruhigt, er spielte auf dem Klavier Brahms – laut, als lege er es darauf an, MTV zu übertönen, das vom Nachbarn herüberklang.

Hail!
You've come at last
Not a minute too late
Hail, long awaited Age
Age of Hate!

Weiter ist an dem Tag nichts passiert.

Ach ja, gleich nach Einbruch der Dämmerung regnete es, und zusammen mit den Regentropfen fielen Tausende von kleinen, grünen Fröschen.

Weiter nichts.

Auf den Gedanken zu

»Etwas endet, etwas beginnt«

hat mich, wie aus dem Motto zu der Erzählung folgt, die Nachricht von der Hochzeit eines gewissen Paares gebracht, das im Fandom bekannt und beliebt ist – ha, heute brauche ich kein Geheimnis mehr aus der Tatsache zu machen, dass es sich um Paulina Braiter und Paweł Ziemkiewicz handelt. Den Anstoß zur Entstehung der Erzählung aber hat – Ehre, wem Ehre gebührt – Krzysztof Papierkowski gegeben, der Vorsitzende des Gdańsker Phantastik-Klubs. Der Klub gab ein eigenes Fanzine heraus, Der Rote Zwerg, *und Krzysztof Papierkowski bemühte sich immer wieder, für sein Fanzine noch unveröffentlichte Texte prominenter polnischer Phantastik-Autoren zu bekommen. Einmal machte er mir einen solchen Vorschlag, und nachdem ich eingewilligt hatte, beschloss ich, nicht nur auf besagte Hochzeit der beiden Fans Bezug zu nehmen, sondern der Erzählung überhaupt den Charakter eines Scherzes zu geben, eines Witzes, wie er in die Atmosphäre der polnischen Phantastik-Conventions passt. So betrachte ich die Geschichte auch heute – weniger als Erzählung, sondern eher als Scherz.*

Trotz allem Anschein, trotz der Situationen und Helden

sollte die Erzählung »Etwas endet …« auf gar keinen Fall mit der sogenannten »Saga vom Hexer Geralt« oder überhaupt dem ganzen Geralt-Zyklus in Verbindung gebracht werden. Das ist kein alternativer Schluss zu den fünf Romanbänden, es ist auch entgegen allen Gerüchten kein Schluss, den ich im Laufe der Arbeit verworfen und dafür einen weniger freudigen Epilog gewählt habe. Nicht alle haben das verstanden. Der im Fandom hoch geschätzte Herr Tadeusz A. Olszański hat mir einmal zu sagen beliebt, dass nur von mir und sonst niemandem eine derart große Dreistigkeit zu erwarten war, wie den Epilog der »Saga« zu veröffentlichen, noch ehe die Saga geschrieben war. Ja sogar jemand, von dem man meinen sollte, dass er bestens im Bilde ist – mein Verleger Mirosław Kowalski –, haute in dieselbe Kerbe: Wenig darüber erbaut, dass sich die Arbeit am letzten Band hinzog, äußerte er seine Verwunderung, dass es so langsam gehe. »Das letzte Kapitel hast du doch schon«, sagte er einmal. Und die Namen der Leute, die total überrascht waren, im Epilog der fünf Romanbände keine Hochzeit zu finden, waren Legion.

Aufmerksame Leser werden jedoch in »Etwas endet …« gewisse Textpassagen finden, die die Erzählung mit den fünf Romanbänden gleichsam verbinden. Das ist ein unschlagbarer Beweis für die Tatsache, dass die »Hexer-Saga« nach einem exakten Plan geschrieben wurde und nicht, wie manche Gerüchte behaupten, chaotisch wie ein Rollenspiel, bis der Autor ihrer überdrüssig wurde und sie zu einem Ende brachte. Man braucht nur die Daten zu vergleichen: »Etwas endet, etwas beginnt«, verfasst Ende 1992, wurde 1993 im Roten Zwerg veröffentlicht. Der erste der fünf Romanbände, Das Erbe der Elfen, erschien 1994. Der letzte Band aber, in dem von dem Massaker auf der Treppe die Rede ist, in dessen Verlauf Ciri weiße Haare bekommt, wurde 1999 geschrieben und publiziert.

Etwas endet, etwas beginnt

Allen Jungvermählten gewidmet,
insbesondere zweien darunter

I

Die Sonne drängte ihre Feuerfühler durch die Schlitze in den Fensterläden, durchschnitt das Zimmer mit schrägen, vom aufgewirbelten Staub pulsierenden Lichtstreifen, goss helle Flecken auf den Fußboden und auf die dort liegenden Bärenfelle, erstrahlte mit einem blendenden Widerschein auf Yennefers Gürtelschnalle. Yennefers Gürtel lag auf einem Schuhchen mit hohem Absatz. Das Schuhchen lag auf einem weißen Spitzenhemd und das weiße Hemd auf einem schwarzen Rock. Ein schwarzer Strumpf hing über einer Sesselarmlehne, die in Form eines Chimärenkopfes geschnitzt war. Der zweite Strumpf und das zweite Schuhchen waren nirgends zu sehen. Geralt seufzte. Yennefer liebte es, sich schnell und schwungvoll auszuziehen. Er musste sich allmählich daran gewöhnen. Ihm blieb nichts anderes übrig.

Er stand auf, öffnete die Fensterläden, schaute hinaus. Von der spiegelglatten Fläche des Sees stieg Dunst auf, die Blätter der Birken und Erlen am Ufer glänzten vom Tau, die fernen Wiesen verbarg ein niedriger, dichter Nebel, der wie ein Spinnengewebe knapp über den Spitzen der Gräser hing.

Yennefer regte sich unter dem Federbett, murmelte undeutlich etwas. Geralt seufzte. »Ein schöner Tag, Yen.«

»He? Was?«

»Ein schöner Tag. Ein ausnehmend schöner Tag.«

Sie überraschte ihn. Statt zu fluchen und sich die Decke über den Kopf zu ziehen, setzte sie sich auf, fuhr sich mit den Fingern durch die Haare und begann, im Bettzeug nach dem Nachthemd zu suchen. Geralt sah, dass das Nachthemd hinter dem Kopfende des Bettes lag, dort, wo Yennefer es letzte Nacht hingeworfen hatte. Doch er sagte nichts. Yennefer konnte solche Bemerkungen nicht leiden.

Die Zauberin fluchte leise, gab dem Federbett einen Tritt, hob eine Hand und schnippte mit den Fingern. Das Nachthemd schwebte hinter dem Kopfende des Bettes hervor, ließ die Falbeln wehen wie ein büßender Geist und schwebte geradewegs auf die wartende Hand zu. Geralt seufzte.

Yennefer stand auf, kam zu ihm, umarmte ihn und biss ihn in die Schulter. Geralt seufzte. Die Liste der Dinge, an die er sich gewöhnen musste, schien kein Ende zu haben.

»Wolltest du etwas sagen?«, fragte die Zauberin und kniff die Augen zusammen.

»Nein.«

»Gut. Weißt du was? Der Tag ist wirklich schön. Gute Arbeit.«

»Arbeit? Was meinst du?«

Ehe Yennefer antworten konnte, hörten sie von unten einen hohen, gedehnten Schrei und Pfiffe. Am Ufer des Sees entlang kam, das Wasser beiseite spritzend, Ciri auf einer Rappstute herangaloppiert. Die Stute war rassig und außerordentlich schön. Geralt wusste, dass sie einst einem gewissen Halbelf gehört hatte, der die aschblonde Hexerin nach dem Augenschein beurteilt und sich schwer getäuscht hatte. Ciri hatte die eroberte Stute Kelpie genannt, was in der Sprache der Skellige-Inseln einen gefährlichen und boshaften Meergeist bedeutete, der manchmal die Gestalt eines Pferdes annahm. Der Name passte ideal auf die Stute. Unlängst hatte sich ein gewisser Halbling beim Versuch, Kelpie zu stehlen, auf sehr schmerzhafte Weise davon überzeugt. Der Halbling hieß Sandy Frogmorton, doch seit diesem Zwischenfall wurde er allgemein »Blumenkohl« genannt.

»Irgendwann wird sie sich den Hals brechen«, murmelte Yennefer, während sie zusah, wie Ciri inmitten der Wasserspritzer einhergaloppierte, in den Steigbügeln stehend. »Irgendwann wird sich diese Verrückte, deine Tochter, den Hals brechen.«

Geralt wandte ohne ein Wort den Kopf, schaute der Zauberin direkt in die veilchenblauen Augen.

»Na schön.« Yennefer lächelte, ohne den Blick zu senken. »Entschuldige. Unsere Tochter.«

Sie umarmte ihn abermals, schmiegte sich eng an ihn, küsste ihn erneut und biss ihn abermals. Geralt berührte mit den Lippen ihre Haare und schob der Zauberin vorsichtig das Hemd von den Schultern.

Dann fanden sie sich im Bett wieder, in dem zerwühlten Bett, das noch warm war und nach Schlaf roch. Und sie begannen einander zu suchen, und sie suchten sich lange und sehr geduldig, und die Gewissheit, dass sie einander ja finden würden, erfüllte sie mit Freude und Glück, und Freude und Glück waren in allem, was sie taten. Und obwohl sie so unterschiedlich waren, wussten sie wie immer, dass diese Unterschiede nicht von der Art waren, die trennt, sondern von der, die vereint und verbindet, fest und stark verbindet wie der mit der Zimmermannsaxt gehauene Versatz von Sparren und First, aus dem ein Haus entsteht. Und es geschah wie beim ersten Mal, dass ihn ihre schimmernde Nacktheit und ihr heftiges Verlangen ergriff und sie seine Feinfühligkeit und Empfindsamkeit. Und wie beim ersten Mal wollte sie ihm davon sagen, doch er unterbrach sie mit Küssen und Zärtlichkeiten und nahm ihren Worten jeglichen Sinn. Und später, als er ihr davon sagen wollte, kam er nicht zu Wort, und später trafen Glück und Lust sie mit der Macht eines herabstürzenden Felsens, und da war etwas, das ein tonloser Schrei war, und die Welt hörte auf zu sein, etwas endete und etwas begann, und etwas dauerte, und es war Stille, Stille und Ruhe.

Und Bezauberung.

Die Welt fand allmählich zu sich zurück, und wieder waren da das Bett, das nach Schlaf roch, und das Zimmer, erfüllt von Sonne und Tag. Tag …

»Yen?«

»Mhm?«

»Als du sagtest, der Tag sei schön, hast du hinzugefügt: ›Gute Arbeit.‹ Sollte das heißen …?«

»Sollte es«, bestätigte sie und reckte sich, streckte die Arme und fasste die Ecken des Kopfkissens, und ihre Brüste nahmen dabei eine Form an, die bei dem Hexer ein Kribbeln im unteren Teil des Rückens auslöste. »Weißt du, Geralt, dieses Wetter haben wir gemacht. Gestern Abend. Ich, Nenneke, Triss und Dorregaray. Ich konnte schließlich kein Risiko eingehen, dieser Tag musste schön werden …«

Sie hielt inne, stieß ihm mit dem Knie gegen die Hüfte. »Denn das ist doch der wichtigste Tag in deinem Leben, Dummerchen.«

II

Das Schloss Rosrog, das auf einer Landzunge inmitten des Sees stand, bedurfte einer Generalreparatur, innen und außen, und das nicht erst seit gestern. Vorsichtig ausgedrückt, war Rosrog eine Ruine, ein formloser Haufen Steine, überwuchert von Efeu, Winde und Tradeskantien, eine Ruine inmitten von Seen und Sümpfen, in denen es von Fröschen, Ringelnattern und Schildkröten wimmelte. Es war schon eine Ruine gewesen, als König Herwig es zum Geschenk erhalten hatte. Das Schloss Rosrog und die umliegenden Ländereien waren nämlich eine Art Donation auf Lebenszeit, ein Abschiedsgeschenk für Herwig, der vor zwölf Jahren zugunsten seines Schwagers Brennan abgedankt hatte – jenes Brennan, den man neuerdings »den Guten« nannte.

Geralt hatte den Exkönig durch Rittersporn kennengelernt, denn der Troubadour weilte oft auf Rosrog, da Herwig ein überaus netter und gastfreundlicher Hausherr war. Es war denn auch Rittersporn, der sich an Herwig und sein Schloss erinnerte, als Yennefer alle Örtlichkeiten auf der von Geralt aufgestellten Liste als ungeeignet verwarf. Mit Rosrog – man höre und staune! – war die Zauberin auf Anhieb einverstanden.

Und daher sollte die Hochzeit Geralts und Yennefers auf Schloss Rosrog stattfinden.

III

Ursprünglich sollte die Hochzeit still und ohne Förmlichkeiten verlaufen, doch im Laufe der Zeit erwies sich das in mehrerlei Hinsicht als unmöglich. Es wurde also jemand mit Organisationstalent benötigt. Yennefer kam natürlich nicht in Frage, sie wollte nicht ihre eigene Hochzeit organisieren. Geralt und Ciri hatten diesbezüglich keinerlei Talente, von Rittersporn ganz zu schweigen. Also wurde die Sache Nenneke anvertraut, der Priesterin der Göttin Melitele von Ellander. Nenneke fand sich alsbald ein und zusammen mit ihr zwei junge Priesterinnen, Iola und Eurneid.

Und die Probleme begannen.

IV

»Nein, Geralt.« Nenneke plusterte sich auf und stampfte mit dem Fuß. »Ich übernehme weder für die Zeremonie noch für das Festmahl die Verantwortung. Diese Bruchbude, die jemand als Schloss bezeichnet hat, eignet sich zu nichts. Die Küche ist heruntergekommen, der Ballsaal kann höchstens als Stall dienen, und die Kapelle … Das ist überhaupt keine Kapelle. Kannst du mir sagen, welchen Gott dieser Hinkefuß Herwig verehrt?«

»Soviel ich weiß, gar keinen. Er sagt, Religion sei Mandragora fürs Volk.«

»Das dachte ich mir«, sagte die Priesterin und machte aus ihrer Verachtung kein Hehl. »In der Kapelle gibt es keine einzige Statue, da gibt es überhaupt nichts, abgesehen von Mäusedreck. Und dann noch diese verdammte Einöde! Geralt, warum wollt ihr nicht in Vengerberg heiraten, in einer zivilisierten Gegend?«

»Du weißt doch, dass Yennefer eine Viertelelfe ist, und in deinen zivilisierten Gegenden werden Mischehen nicht geduldet.«

»Bei der Großen Melitele! Was bedeutet schon ein Viertel Elfenblut? Es hat doch jeder irgendeine Beimengung vom Blute des Älteren Volkes! Das ist weiter nichts als ein idiotisches Vorurteil!«

»Nicht ich habe mir das ausgedacht.«

V

Die Gästeliste, die nicht allzu lang war, hatten die beiden Verlobten gemeinsam aufgestellt, und mit den Einladungen sollte sich Rittersporn befassen. Es stellte sich alsbald heraus, dass der Troubadour die Liste verbummelt hatte, und zwar noch bevor er sie hatte lesen können. Da es ihm peinlich war, gab er es nicht zu und improvisierte – er lud ein, wen immer er nur konnte. Natürlich kannte Rittersporn Geralt und Yennefer gut genug, um niemand Wichtigen auszulassen, doch er wäre nicht er selbst gewesen, wenn er die Liste nicht um eine frappierende Anzahl völlig zufälliger Personen ergänzt hätte.

Also erschien der alte Vesemir aus Kaer Morhen, der Ziehvater Geralts, und mit ihm der Hexer Eskel, mit dem Geralt von Kindheit an befreundet war.

Es kam der Druide Mäussack in Gesellschaft einer braungebrannten Blondine namens Freya, die einen Kopf größer und an die hundert Jahre jünger war. Zusammen mit ihnen erschien der Jarl Crach an Craite von den Skellige-Inseln in Begleitung seiner Söhne Ragnar und Loki. Wenn Ragnar zu Pferde saß, reichten seine Beine fast bis zum Boden, Loki aber erinnerte an einen feingliedrigen Elf. Daran war nichts verwunderlich: Sie waren Halbbrüder, Söhne verschiedener Konkubinen des Jarls.

Es stellte sich der Schulze Caldemeyn aus Blaviken mit seiner Tochter Annika ein, einem ziemlich attraktiven, aber schrecklich schüchternen Fräulein.

Es kam der Zwerg Yarpen Zigrin, bemerkenswerterweise allein, ohne die ihn für gewöhnlich begleitenden bärtigen Banditen, die sich »Jungs« nannten. Ihm hatte sich unterwegs der Elf Chireadan angeschlossen, eine Persönlichkeit von nicht vollends klarer, aber jedenfalls hoher Stellung beim Älteren Volk, eskortiert von ein paar schweigsamen Gefährten, die niemand kannte.

Umso gesprächiger war die Gruppe von Halblingen, von denen Geralt nur Dainty Biberveldt kannte, einen Farmer von der Knöterichau, sowie vom Hörensagen seine mäkelige Frau Gardenia. Es gab in der Menge der Halblinge einen, der gar kein Halbling war – den berühmten Unternehmer und Kaufmann Tellico Lunngrevink Letorte aus Nowigrad, einen gestaltwandlerischen Doppler, der in Gestalt eines Halblings auftrat und den Namen Dudu angenommen hatte.

Es erschien Baron Freixenet aus dem Brokilon mit seiner Frau, der schönen Dryade Braenn, und fünf Töchtern namens Morénn, Cirilla, Mona, Eithné und Kashka. Morénn war dem Anschein nach fünfzehn und Kashka fünf. Alle hatten feuerrote Haare, obwohl Freixenet schwarzhaarig war und Braenn honiggelb. Braenn war sichtlich schwanger. Freixenet erklärte gewichtig, diesmal müsse es ein Sohn werden, worauf die Schar seiner rothaarigen Dryaden Blicke wechselte und kicherte und Braenn mit leichtem Lächeln hinzufügte, sie werde den »Sohn« Melissa nennen.

Es fand sich der Einarmige Jarre ein, ein junger Priester und Geschichtsschreiber aus Ellander, ein Zögling Nennekes. Jarre war hauptsächlich Ciris wegen gekommen, in die er sich ein wenig verliebt hatte. Zu Nennekes Bedauern schien Ciri den jungen Krüppel und seine ungeschickten Annäherungsversuche vollständig zu ignorieren.

Die Liste der unerwarteten Gäste eröffnete Fürst Agloval von Bremervoord, dessen Ankunft an ein Wunder grenzte, da der Fürst und Geralt eine aufrichtige Abneigung gegeneinander hegten. Noch wundersamer war der Umstand, dass Agloval in Begleitung seiner Gattin erschien, der Sirene Sh'eenaz. Sh'eenaz hatte einst dem Fürsten zuliebe auf den Fischschwanz verzichtet und dafür zwei sagenhaft schöne Beine bekommen, doch sie war dafür bekannt, dass sie sich niemals vom Meeresufer entfernte, denn das Festland machte ihr Angst.

Kaum jemand hatte das Eintreffen anderer gekrönter Häupter erwartet, denn es hatte sie auch niemand eingeladen. Dennoch schickten Monarchen Briefe, Geschenke, Abgesandte – oder alles zusammen. Sie mussten sich dabei abgesprochen haben, denn die Gesandten reisten gemeinsam und hatten unterwegs Zeit gefunden, sich miteinander anzufreunden. Ritter Yves vertrat König Ethain, Burggraf Sulivoy König Venzlav, Sir Matholm König Sigismund und Sir Devereux Königin Adda, die ehemalige Striege. Die Reise musste lustig gewesen sein, denn Yves hatte eine aufgeplatzte Lippe, Sulivoy trug einen Arm in der Schlinge, Matholm hinkte und Devereux hatte solch einen Kater, dass er sich kaum im Sattel halten konnte.

Niemand hatte den goldenen Drachen Villentretenmerth eingeladen, denn niemand wusste, wie man ihn einladen und wo man ihn suchen sollte. Zur allgemeinen Verwunderung stellte sich der Drache ein, natürlich inkognito in Gestalt des Ritters Borch mit den Drei Dohlen im Wappen. An einem Ort, wo sich Rittersporn aufhielt, konnte von einem Inkognito freilich keine Rede sein; der Dichter fand jedoch kaum Glauben, wenn er auf den kraushaarigen Ritter zeigte und behauptete, das sei ein Drache.

Niemand hatte auch die malerische und lärmende Bagage eingeladen oder erwartet, die sich als »Freunde und

Bekannte« Rittersporns bezeichnete. Es waren größtenteils Dichter, Musikanten und Troubadoure, dazu ein Akrobat, ein professioneller Würfelspieler, eine Krokodilbändigerin und vier farbenprächtige Fräuleins, von denen drei wie Dirnen aussahen und die vierte, die nicht danach aussah, zweifellos eine war. Die Gruppe wurde komplettiert von zwei Propheten, darunter ein falscher, einem Marmorbildhauer, einem hellhaarigen und ständig betrunkenen Medium weiblichen Geschlechts und einem pockennarbigen Gnom, der behauptete, er heiße Schuttenbach.

Mit einem magischen Amphibienfahrzeug, das an die Kreuzung eines Schwans mit einem großen Kissen erinnerte, trafen die Zauberer ein. Es waren ihrer ein Viertel von denen, die man eingeladen, und dreimal so viel, wie man erwartet hatte, denn dem Vernehmen nach missbilligten Yennefers Konfratres ihre Verbindung mit einem Außenstehenden, noch dazu einem Hexer. Ein Teil hatte die Einladung überhaupt ignoriert, ein Teil redete sich auf Zeitmangel heraus und darauf, sie müssten unbedingt am jährlichen Weltkongress der Zauberer teilnehmen. So dass sich an Bord des »Kissenkreuzers«, wie Rittersporn ihn nannte, nur Dorregaray von Vole und Radcliffe von Oxenfurt befanden.

Und Triss Merigold mit dem Haar wie herbstliche Kastanien.

VI

»Hast du Triss Merigold eingeladen?«

»Nein.« Der Hexer schüttelte den Kopf, überaus froh, dass die Mutation der Blutgefäße es ihm nicht erlaubte, rot zu werden. »Nicht ich. Ich vermute, es war Rittersporn, obwohl alle behaupten, sie habe aus magischen Kristallen von der Hochzeit erfahren.«

»Ich will Triss nicht auf meiner Hochzeit haben!«

»Warum? Sie ist doch deine Freundin.«

»Verkauf mich nicht für dumm, Hexer! Alle wissen, dass du mit ihr geschlafen hast!«

»Hab ich nicht!«

»Hast du doch!«

»Hab ich nicht!«

»Doch!«

»Na schön« – vor Wut wandte er sich ab. »Hab ich. Und was folgt daraus?«

Die Zauberin schwieg eine Weile und spielte mit dem Obsidianstern, der an dem schwarzen Halsband befestigt war.

»Nichts folgt daraus«, sagte sie schließlich. »Aber ich wollte, dass du es zugibst. Versuch niemals, mich zu belügen, Geralt. Niemals.«

VII

Die Mauer roch nach nassem Stein und saurem Unkraut, die Sonnenstrahlen drangen durch das braune Wasser im Burggraben, hoben das warme Grün der am Grunde wachsenden Wasserpest und das leuchtende Gelb der an der Oberfläche schwimmenden Mummeln hervor.

Das Schloss erwachte langsam zum Leben. Im Westflügel klappte jemand mit einem Fensterladen und begann zu lachen. Jemand anders verlangte mit schwacher Stimme Sauerkrautsaft. Einer von Rittersporns Kollegen, außer Sicht, sang beim Rasieren:

Bei der Scheune hört man hier
Laut die Hähne krähen.
Liebste, gleich komm ich zu dir,
Muss nur pinkeln gehen.

Es quietschte eine Tür, auf den Hof kam Rittersporn, dehnte sich und rieb sich das Gesicht. »Wie geht's, Bräutigam«, sagte er mit müder Stimme. »Wenn du vorhast, dich zu verdrücken, dann ist jetzt die letzte Gelegenheit.«

»Bist ein Frühaufsteher, Rittersporn.«

»Ich habe mich überhaupt nicht schlafen gelegt«, murmelte der Dichter, setzte sich neben dem Hexer auf die steinerne Bank und lehnte den Rücken gegen die von Tradeskantien bewachsene Mauer. »Götter, das war eine harte Nacht. Aber was soll's, es heiraten nicht jeden Tag Freunde, das musste irgendwie gefeiert werden.«

»Die Hochzeitsfeier ist heute«, brachte ihm Geralt in Erinnerung. »Wirst du durchhalten?«

»Beleidige mich nicht.«

Die Sonne wärmte kräftig, Vögel lärmten in den Sträuchern. Vom See her war Plätschern und Kreischen zu hören. Morénn, Cirilla, Mona, Eithné und Kashka, die rothaarigen Dryaden, Freixenets Töchter, badeten wie üblich nackt in Gesellschaft von Triss Merigold und Freya, der Freundin Mäussacks. Oben, auf den verfallenen Schlosszinnen, rissen die königlichen Gesandten, die Ritter Yves, Sulivoy, Matholm und Devereux einander das Fernglas aus den Händen.

»Habt ihr euch wenigstens gut vergnügt, Rittersporn?«

»Frag nicht.«

»Irgendein größerer Skandal?«

»Mehrere.«

Der erste Skandal, berichtete der Dichter, drehte sich um Rassenfragen. Tellico Lunngrevink Letorte erklärte mitten im Vergnügen auf einmal, er habe es satt, als Halbling aufzutreten. Der Doppler zeigte mit dem Finger auf die im Saal anwesenden Dryaden, Elfen, Halblinge, die Sirene, den Zwerg und den Gnom, der behauptete, er heiße Schuttenbach, und nannte es diskriminierend, dass alle hier sie selbst sein könnten und nur er, Tellico, sich mit fremden Federn schmücken müsse. Worauf er – für einen Augenblick – seine natürliche Gestalt annahm. Bei diesem Anblick wurde Gardenia Biberveldt ohnmächtig, Fürst Agloval verschluckte sich gefährlich an einem Zander und Annika, die Tochter des Schulzen Caldemeyn, bekam einen hysterischen Anfall. Die Situation klärte der Drache Villentretenmerth, noch immer in Gestalt des Ritters Borch mit den Drei Dohlen, der dem Doppler ruhig erklärte, Gestaltwandel sei ein Privileg, das Verpflichtungen mit sich bringe, darunter die Pflicht, Gestalten anzunehmen, die allgemein als anständig gälten und gesellschaftlich akzeptiert seien; das erfordere die gewöhnliche Höflichkeit gegenüber dem Gastgeber. Der Doppler warf Villentretenmerth Rassismus, Chauvinismus und völliges Unverständnis für den Gegenstand der Diskussion vor. Der gekränkte Villentretenmerth nahm also für einen Augenblick Drachengestalt an, wobei er ein paar Möbel zertrümmerte und eine allgemeine Panik auslöste. Als diese sich gelegt hatte, entbrannte ein heftiger Streit, bei dem Menschen und Nichtmenschen einander Beispiele für Intoleranz und Rassenvorurteile unter die Nase rieben. Einen ziemlich unerwarteten Akzent in der Diskussion setzte die sommersprossige Merle, die Dirne, die nicht wie eine Dirne aussah. Merle erklärte, diese ganze Streiterei sei dumm und gegenstandslos und gelte nicht für wahre Profis, die keinerlei Vorurteile kennen würden, was sie gegen angemessene Bezahlung sogleich beweisen könne, und sei es mit dem Drachen Villentretenmerth in seiner natürlichen Gestalt. In der Stille, die daraufhin eintrat, war das Medium weiblichen Geschlechts zu vernehmen, welches erklärte, es könne dasselbe gratis tun. Villentretenmerth wechselte rasch das Thema, und man begann, weniger gefährliche Dinge zu erörtern, wie Wirtschaft, Politik, Jagd, Fischfang und Glücksspiel.

Die übrigen Skandale spielten sich eher in kleinerem Maßstab ab. Mäussack, Radcliffe und Dorregaray wetteten, wer mit Willenskraft mehr Gegenstände gleichzeitig zur Levitation bringen könne. Es gewann Dorregaray: in der Luft hielt er zwei Sessel, eine Schale mit Obst, eine Suppenschüssel, einen Globus, eine Katze, zwei Hunde sowie Kashka, die jüngste Tochter von Freixenet und Braenn.

Dann schlugen sich Cirilla und Mona, die beiden mittleren Töchter Freixenets, und man musste sie aus dem Zimmer bringen. Kurz darauf schlugen sich Ragnar und Ritter Matholm; der Grund dafür war Morénn, Freixenets älteste Tochter. Missmutig hieß Freixenet Braenn, seine sämtlichen rothaarigen Minderjährigen in ihren Zimmern einzuschließen, er selbst aber schloss sich dem Wetttrinken an, das Freya organisiert hatte, die Freundin Mäussacks. Alsbald erwies sich, dass Freya über eine unvorstellbare, an totale Immunität grenzende Unempfindlichkeit für Alkohol verfügte. Die meisten Dichter und Barden, Rittersporns Kollegen, landeten im Handumdrehen unter dem Tisch. Freixenet, Crach an Craite und der Schulze Caldemeyn schlugen sich wacker, mussten sich jedoch geschlagen geben. Standhaft hielt sich der Zauberer Radcliffe – bis herauskam, dass er mogelte: Er hatte das Horn eines Einhorns bei sich. Nachdem man es ihm weggenommen hatte, blieb ihm gegen Freya keine Chance. Bald schon hatte sich das Ende des Tisches, wo die Frau von den Inseln saß, vollends geleert – eine Zeit lang trank mit ihr noch ein bleicher Mann in altmodischer Jacke, den niemand kannte. Nach einer Weile stand dieser Mann auf, wankte ein wenig, verbeugte sich höflich und ging durch die Wand wie durch Nebel. Eine Durchsicht der alten Gemälde, die den Saal zierten, erlaubte die Feststellung, dass es sich um Willem gehandelt hatte, genannt »der Teufel«, einen Schlossherrn von Rosrog, der vor ein paar Jahrhunderten während eines Festmahls erdolcht worden war.

Das alte Schloss barg zahlreiche Geheimnisse und hatte früher einen recht finsteren Ruhm genossen, daher ging es nicht ohne weitere Vorfälle übernatürlicher Art ab. Gegen Mitternacht kam durchs offene Fenster ein Vampir hereingeflogen, doch der Zwerg Yarpen Zigrin vertrieb den Blutsäufer, indem er ihn mit seinem knoblauchgeschwängerten Atem anhauchte. Die ganze Zeit über heulte etwas, stöhnte und rasselte mit Ketten, doch niemand achtete darauf; alle meinten, das seien Rittersporn und seine wenigen Kollegen, die noch halbwegs nüchtern waren. Es war jedoch ein Geist, denn auf der Treppe fand sich reichlich Ektoplasma – mehrere Personen glitten aus und stürzten schmerzhaft.

Die Grenzen des Anstandes überschritt ein struppiger und feueräugiger Alb, der aus dem Hinterhalt die Sirene Sh'eenaz in den Popo kniff. Ein Zank wurde mit Mühe abgewendet, denn Sh'eenaz glaubte, der Schuldige sei Rittersporn. Der Alb machte sich das Durcheinander zunutze, durchstreifte den Saal und kniff, doch Nenneke machte ihn ausfindig und vertrieb ihn mit Hilfe von Exorzismen.

Mehreren Personen erschien die Weiße Dame, die, wenn man der Legende Glauben schenkte, einst lebendig in den Verliesen von Rosrog eingemauert worden war. Es gab jedoch Skeptiker, die behaupteten, das sei nicht die Weiße Dame, sondern das Medium weiblichen Geschlechts, das die Gänge auf der Suche nach etwas zu trinken durchstreifte.

Dann begann das allgemeine Verschwinden. Als Erste verschwanden Ritter Yves und die Krokodilbändigerin. Bald darauf wurden Ragnar und Eurneid, die Priesterin der Melitele, nicht mehr gesehen. Dann verschwand Gardenia Biberveldt, doch es erwies sich, dass sie schlafen gegangen war. Plötzlich stellte sich heraus, dass der Einarmige Jarre und Iola, die andere Melitele-Priesterin, fehlten. Obwohl sie behauptete, Jarre sei ihr gleichgültig, ließ Ciri eine gewisse Beunruhigung erkennen, doch es zeigte sich, dass Jarre austreten gegangen, in den seichten Burggraben gefallen und dort eingeschlafen war; Iola aber fand man unter der Treppe. Mit dem Elf Chireadan.

Auch Triss Merigold und der Hexer Eskel aus Kaer Morhen wurden gesehen, wie sie in einer Parklaube verschwanden; am Morgen jedoch meldete jemand, dass aus dieser Laube der Doppler Tellico gekommen sei. Man verlor sich in Spekulationen, wessen Gestalt der Doppler angenommen hatte – die von Triss oder die von Eskel. Jemand verstieg sich sogar zu der Ansicht, es könne im Schloss zwei Doppler geben. Man wollte den Drachen Villentretenmerth als Spezialisten für Gestaltwandel fragen, doch es erwies sich, dass der Drache verschwunden war und mit ihm die Dirne Merle.

Es verschwanden auch eine zweite Dirne und einer der Propheten. Der Prophet, der nicht verschwand, behauptete, er sei der wahre, konnte das aber nicht beweisen.

Des Weiteren verschwand der Gnom, der sich für Schuttenbach ausgab; er konnte bislang nicht gefunden werden.

»Du solltest bedauern«, endete der Barde und gähnte herzhaft, »dass du da nicht dabei warst, Geralt. Eine tolle Fete war das.«

»Ich bedaure es«, murmelte der Hexer. »Aber weißt du … Ich konnte nicht, weil Yennefer … Du verstehst doch …«

»Klar verstehe ich«, sagte Rittersporn. »Darum heirate ich nicht.«

VIII

Aus der Schlossküche drangen Topfgeklapper, fröhliches Lachen und Gesang. Die Verpflegung der ganzen Bande von Gästen stellte ein gewisses Problem dar, denn König Herwig hatte praktisch keine Dienerschaft. Die Anwesenheit der Zauberer löste das Problem auch nicht, denn man war übereingekommen, natürlich zu essen und auf kulinarischen Zauber zu verzichten. Es lief also darauf hinaus, dass Nenneke jeden für die Arbeit einspannte, den sie nur finden konnte. Anfangs war das nicht einfach – diejenigen, die die Priesterin erwischte, hatten von Küchenarbeit keine Ahnung, und die welche hatten, verdrückten sich. Nenneke fand jedoch eine unerwartete Hilfe in Gestalt von Gardenia Biberveldt und der sie begleitenden Halblingdamen. Als hervorragende und in der Zusammenarbeit sympathische Köchinnen erwiesen sich auch, o Wunder, alle vier Dirnen aus der Gruppe Rittersporns.

Mit der Verpflegung gab es weniger Probleme. Freixenet und Fürst Agloval organisierten eine Jagd und beschafften etwas Wild. Braenn und ihre Töchter brauchten nur zwei Stunden, um die Küche mit Wildgeflügel zu versorgen, denn selbst die jüngste Dryade, Kashka, konnte erstaunlich gut mit Pfeil und Bogen umgehen. König Herwig, ein passionierter Fischer, fuhr im frühesten Morgengrauen auf den See und brachte Hechte, Zander und riesige Barsche mit. Ihn begleitete für gewöhnlich Loki, der jüngere Sohn Crach an Craites. Loki kannte sich mit Booten und Fischfang aus, zudem stand er am frühen Morgen zur Verfügung, da er ebenso wie Herwig nicht trank.

Dainty Biberveldt und seine Verwandten, assistiert von dem Doppler Tellico, widmeten sich der Ausgestaltung der Säle und Zimmer. Zum Fegen und Putzen wurden die beiden Propheten, die Krokodilbändigerin, der Marmorbildhauer und das ständig betrunkene Medium weiblichen Geschlechts angestellt.

Die Sorge für Keller und Getränke wurde zunächst Rittersporn und seinen Dichterkollegen übertragen, doch das erwies sich als schrecklicher Fehler. Also wurden die Barden verjagt und die Schlüssel Freya übergeben, der Freundin Mäussacks. Rittersporn und die Poeten saßen tagelang vor der Tür zum Weinkeller und versuchten, Freya mit Liebesballaden zu erweichen, doch dafür war die Frau von den Inseln ebenso unempfänglich wie für Alkohol.

Geralt hob den Kopf, von Hufschlag auf den Steinen des Hofes aus einem Halbschlaf gerissen. Hinter den an die Mauer gedrängten Sträuchern hervor erschien die wasserglänzende Kelpie mit Ciri im Sattel. Ciri trug ihr schwarzes Kostüm und auf dem Rücken das Schwert, den berühmten Gveir, errungen in den Katakomben der Wüste Korath.

Einen Moment lang blickten sie einander schweigend an, worauf das Mädchen die Stute mit einem Fersendruck vorantrieb, näher heranritt. Kelpie neigte den Kopf, weil sie den Hexer mit den Zähnen erreichen wollte, doch Ciri riss sie mit einem scharfen Ruck an den Zügeln zurück.

»Heute ist es also«, sagte die Hexerin, ohne abzusitzen. »Heute, Geralt.«

»Heute«, bestätigte er, gegen die Mauer gelehnt.

»Ich freue mich«, sagte sie unsicher. »Ich denke ... Nein, ich bin mir sicher, dass ihr glücklich werdet, und ich freue mich ...«

»Sitz ab, Ciri. Lass uns miteinander reden.«

Das Mädchen schüttelte den Kopf, warf die Haare nach hinten zurück, hinters Ohr. Für einen Augenblick sah Geralt die ausgedehnte, hässliche Narbe auf ihrer Wange – eine Erinnerung an jene schrecklichen Tage. Ciri hatte sich die Haare bis zu den Schultern wachsen lassen und frisierte sie so, dass sie die Narbe verdeckten; doch oft vergaß sie es.

»Ich reite fort, Geralt«, sagte sie. »Gleich nach der Feier.«

»Sitz ab, Ciri.«

Die Hexerin sprang aus dem Sattel, setzte sich neben Geralt. Er legte den Arm um sie. Ciri schmiegte den Kopf an seine Schulter.

»Ich reite fort«, wiederholte sie.

Er schwieg. Worte drängten sich ihm auf die Lippen, doch unter diesen Worten war keines, das er für das richtige halten konnte. Für das notwendige. Er schwieg.

»Ich weiß, was du denkst«, sagte sie langsam. »Du denkst, dass ich fliehe. Du hast recht.«

Er schwieg. Er wusste es.

»Endlich, nach so vielen Jahren, habt ihr einander. Yen und du. Ihr habt Glück verdient, Ruhe. Ein Haus. Mir aber macht das Angst, Geralt. Darum ... fliehe ich.«

Er schwieg. Er dachte daran, wie oft er selbst geflohen war.

»Ich werde gleich nach der Feier aufbrechen«, wiederholte Ciri. »Ich will wieder die Sterne über der Landstraße sehen, will mitten in der Nacht eine Ballade Rittersporns pfeifen. Und ich will den Kampf, den Tanz mit dem Schwert, ich will das Risiko, die Lust, die der Sieg verleiht. Und ich will Einsamkeit. Verstehst du mich?«

»Natürlich verstehe ich, Ciri. Du bist meine Tochter, du bist Hexerin. Du wirst tun, was du tun musst. Aber eins muss ich dir noch sagen. Eins. Du wirst fliehen, doch du wirst nicht entfliehen können.«

»Ich weiß.« Sie schmiegte sich enger an ihn. »Ich habe immer noch die Hoffnung, dass irgendwann ... Wenn ich warte, wenn ich Geduld habe, dass dann auch für mich irgendwann so ein schöner Tag kommt ... Obwohl ...«

»Was, Ciri?«

»Ich bin niemals hübsch gewesen. Und mit dieser Narbe ...«

»Ciri«, unterbrach er sie. »Du bist das schönste Mädchen auf der Welt. Gleich nach Yen, versteht sich.«

»Och, Geralt ...«

»Wenn du mir nicht glaubst, frag Rittersporn.«

»Och, Geralt.«

»Wohin ...«

»In den Süden«, unterbrach sie ihn sofort und wandte das Gesicht ab. »Das Land raucht noch nach dem Krieg, man muss wiederaufbauen, die Menschen kämpfen ums Überleben. Sie brauchen Schutz und Verteidigung. Da kann ich mich nützlich machen. Und dann ist da noch die Wüste Korath ... Da ist noch Nilfgaard. Dort habe ich Rechnungen offen. Wir haben dort Rechnungen zu begleichen, Gveir und ich ...«

Sie verstummte, ihr Gesicht wurde hart, Tränen traten in die grünen Augen, der Mund verzog sich zu einer Grimasse. Ich erinnere mich, dachte Geralt, ich erinnere mich. Ja, das war damals, auf der vom Blut glitschigen Treppe im Schloss Rhys-Rhun, als sie Seite an Seite gekämpft hatten, er und sie, der Wolf und die Katze, zwei Maschinen zum Töten, unmenschlich schnell und unmenschlich grausam, weil man sie zum Äußersten getrieben hatte, in Wut versetzt, an die Wand gedrückt. Ja, damals waren die Nilfgaarder zurückgewichen, von Grauen erfüllt, vor dem Blitzen und Pfeifen ihrer Klingen zurückgewichen, sie aber waren langsam hinabgegangen, hinab auf der Treppe im Schloss Rhys-Rhun, die nass war vom Blut. Sie waren gegangen, aufeinander gestützt, vereint, und vor ihnen war der Tod gegangen, der Tod in zwei funkelnden Schwertschneiden. Der kalte, ruhige Wolf und die rasende Katze. Das Blitzen der Klinge, Schreie, Blut, Tod ... Das war damals gewesen ... Damals ...

Ciri warf abermals die Haare zurück, und zwischen dem Aschblond glänzte eine breite schneeweiße Strähne an der Schläfe auf.

»Ich habe dort meine Rechnungen«, zischte sie. »Für Mistle. Für meine Mistle. Ich habe sie gerächt, aber für Mistle ist ein Tod nicht genug.«

Bonhart, dachte er. Sie hat ihn voller Hass getötet. Ach, Ciri, Ciri. Du stehst vor dem Abgrund, Töchterchen. Für deine Mistle sind tausend Tode nicht genug. Hüte dich vor dem Hass, Ciri, er frisst wie Krebs.

»Achte auf dich«, flüsterte er.

»Ich achte lieber auf andere.« Sie lächelte böse. »Das zahlt sich besser aus, auf lange Sicht.«

Ich werde sie nie wiedersehen, dachte er. Wenn sie fortgeht, werde ich sie nie wiedersehen.

»Du wirst mich wiedersehen«, sagte sie und lächelte, und es war das Lächeln einer Zauberin, nicht einer Hexerin. »Wirst du, Geralt.«

Sie sprang plötzlich auf, hochgewachsen und dünn wie ein Bursche, aber gewandt wie eine Tänzerin. Mit einem einzigen Sprung war sie im Sattel. »Hjaaa, Kelpie!!!«

Unter den Hufen der Stute sprühten Funken hervor, von den Hufeisen geschlagen.

Um die Mauer herum kam Rittersporn, die Laute über die Schulter gehängt. In den Händen hielt er zwei große Humpen Bier.

»Da, trink«, sagte er und setzte sich neben Geralt. »Das wird dir guttun.«

»Weiß man's? Yennefer hat mir angekündigt, wenn ich eine Fahne habe, dann …«

»Du kaust nachher Petersilie. Trink, Pantoffelheld.«

Eine ganze Weile saßen sie schweigend da und tranken langsam aus den Humpen.

Schließlich seufzte Rittersporn. »Ciri geht fort, nicht wahr?«

»Ja.«

»Ich wusste es. Hör mal, Geralt …«

»Sag nichts, Rittersporn.«

»Gut.«

Wieder schwiegen sie. Aus der Küche wehte ein angenehmer Geruch von Wildbraten heran, scharf gewürzt mit Wacholder.

»Etwas endet«, brachte Geralt mit Mühe hervor. »Etwas endet, Rittersporn.«

»Nein«, widersprach der Dichter ernst. »Etwas beginnt.«

IX

Der Nachmittag verlief im Zeichen allgemeinen Weinens. Es begann mit einem Schönheitselixier. Das Elixier, genauer gesagt eine Salbe, die »Feenglanz« und in der Älteren Rede Glamarye hieß, korrigierte bei fachgerechter Anwendung auf erstaunliche Weise die Schönheit. Triss Merigold, von den auf dem Schloss zu Gast weilenden Damen darum gebeten, hatte eine größere Menge Glamarye angefertigt, worauf die Damen mit den kosmetischen Vorkehrungen begannen. Durch die verschlossenen Zimmertüren drang das Schluchzen von Cirilla, Mona, Eithné und Kashka, denen man die Benutzung von Glamarye verboten hatte – diese Ehre sollte nur Morénn zuteil werden, der ältesten Schwester. Am lautesten heulte Kashka.

Eine Etage weiter oben heulte Lily, Dainty Biberveldts Tochter, denn es erwies sich, dass Glamarye wie die meisten Zauber auf Halblingfrauen überhaupt nicht wirkt. Im Garten, im Schlehengebüsch, weinte das Medium weiblichen Geschlechts vor sich hin, das nicht gewusst hatte, dass Glamarye eine schlagartige Ernüchterung und die damit einhergehenden Erscheinungen bewirkt, unter anderem Melancholie. Im Westflügel des Schlosses heulte Annika, die Tochter des Schulzen Caldemeyn, die nicht wusste, dass man sich Glamarye unter die Augen reiben muss – sie hatte ihre Portion gegessen und Durchfall bekommen. Ciri hatte ihre Zuteilung an Glamarye in Empfang genommen und damit Kelpie eingerieben.

Auch die Priesterinnen Iola und Eurneid weinten ein wenig, denn Yennefer hatte sich entschieden geweigert, das weiße Hochzeitskleid anzuziehen, das sie genäht hatten. Auch Nennekes Intervention half nicht. Yennefer schimpfte, warf mit Gegenständen und Flüchen um sich und wiederholte in einem fort, in Weiß sehe sie aus wie eine bescheuerte Jungfrau. Nenneke verlor die Nerven, begann ebenfalls zu schreien und warf Yennefer vor, sie verhalte sich schlimmer als drei bescheuerte Jungfrauen zusammen. Als Antwort zauberte Yennefer einen Kugelblitz und zertrümmerte das Dach auf einem Eckturm, was übrigens auch etwas Gutes hatte – es krachte so schrecklich, dass Caldemeyns Tochter einen Schock bekam und ihr Durchfall aufhörte.

Erneut wurden Triss Merigold und der Hexer Eskel

aus Kaer Morhen gesehen, wie sie sanft umschlungen in eine Laube im Park huschten. Diesmal bestand kein Zweifel, dass sie es in eigener Person waren, denn der Doppler Tellico trank Bier in Gesellschaft von Rittersporn, Dainty Biberveldt und dem Drachen Villentretenmerth.

Trotz aller eifrigen Suchaktionen wurde der Gnom, der sich als Schuttenbach ausgab, nicht gefunden.

X

»Yen ...«

Sie sah bezaubernd aus. Die schwarzen, gewellten, von einem kleinen goldenen Diadem zusamengehaltenen Locken fielen als schimmernde Kaskade auf die Schultern und den kleinen hohen Kragen des langen, brokatweißen Kleides mit den schwarz unterfütterten Puffärmeln, das in der Taille von einer unübersehbaren Zahl von Fältchen und lila Bändern zusammengerafft wurde.

»Die Blumen, vergiss die Blumen nicht«, sagte Triss Merigold, ganz in Tiefblau, während sie der Braut einen Strauß weißer Rosen überreichte.

»Ach, Yen, ich freue mich so ...«

»Triss, Liebe«, begann Yennefer unerwartet zu schluchzen, worauf die beiden Zauberinnen einander vorsichtig umarmten und die Luft neben den Ohren mit den Brillantringen küssten.

»Schluss mit der Gefühlsduselei«, sagte Nenneke und strich die Falten ihres schneeweißen Priesterinnenkleides glatt. »Gehen wir in die Kapelle. Iola, Eurneid, haltet ihr den Rocksaum, sonst fällt sie auf der Treppe hin.«

Yennefer trat zu Geralt, rückte ihm mit den Fingern in dem weißen Spitzenhandschuh den Kragen der schwarzen, silbern verbrämten Langjacke zurecht. Der Hexer reichte ihr den Arm.

»Geralt«, flüsterte sie ihm dicht am Ohr zu, »ich kann es immer noch nicht glauben …«

»Yen«, flüsterte er zurück. »Ich liebe dich.«

»Ich weiß.«

XI

»Wo zum Kuckuck ist Herwig?«

»Ich habe keine Ahnung«, erklärte Rittersporn, während er mit dem Ärmel die Schnallen des modischen erikafarbenen Wamses polierte. »Und wo ist Ciri?«

»Ich weiß nicht.« Yennefer runzelte die Stirn und schniefte. »Du stinkst vielleicht nach Petersilie, Rittersporn. Bist du Vegetarier geworden?«

Die Gäste fanden sich ein, füllten allmählich die große Kapelle. Agloval, ganz in zeremoniellem Schwarz, führte die weiß und zartgrün gekleidete Sh'eenaz, neben ihnen traten auf der Stelle die Menge der Halblinge in Braun-, Beige- und Ockertönen, Yarpen Zigrin und der Drache Villentretenmerth, beide goldfunkelnd, Freixenet und Dorregarray in Violett, die königlichen Gesandten in ihren heraldischen Farben, Elfen und Dryaden in Schattierungen von Grün und Rittersporns Bekannte in allen Regenbogenfarben.

»Hat jemand Loki gesehen?«, fragte Mäussack.

»Loki?« Eskel trat zu ihnen und blickte sie zwischen den Fasanenfedern hindurch an, die sein Barett schmückten. »Loki war mit Herwig beim Fischfang. Ich habe sie im Boot auf dem See gesehen. Ciri ist hingeritten, um ihnen zu sagen, dass es anfängt.«

»Ist das lange her?«

»Ist es.«

»Hol sie die Pest, die beschissenen Fischer«, fluchte Crach an Craite. »Wenn die Fische beißen, vergessen die alles auf der Welt. Ragnar, lauf sie holen.«

»Moment«, sagte Braenn und zupfte sich einen Löwenzahn aus dem tiefen Dekolleté. »Da wird jemand mit flinken Füßen gebraucht. Mona, Kashka! Raenn'ess aen laeke, va!«

»Ich habe es gesagt«, schnaubte Nenneke, »dass man auf Herwig nicht zählen kann. Ein verantwortungsloser Dummkopf wie alle Atheisten. Wer ist auf den Einfall gekommen, ausgerechnet ihm die Rolle des Zeremonienmeisters zu geben?«

»Er ist ein König«, sagte Geralt unsicher. »Zwar ein ehemaliger, aber ein König …«

»Hoch soll'n sie leben …«, begann unvermittelt einer der Propheten zu singen, aber die Krokodilbändigerin brachte ihn mit einem Schlag ins Genick zum Schweigen. In der Menge der Halblinge kam Unruhe auf, jemand begann zu schimpfen, jemand anders bekam einen Puff. Gardenia Biberfeldt schrie, weil ihr Tellico aufs Kleid getreten war. Das Medium weiblichen Geschlechts begann zu schluchzen, ganz ohne Grund.

»Noch einen Moment«, zischte Yennefer durch nett lächelnde Lippen und quetschte den Blumenstrauß, »noch einen Moment, und mich trifft der Schlag. Es soll endlich beginnen. Und es soll endlich zu Ende gehen.«

»Zapple nicht, Yen«, knurrte Triss. »Sonst reißt die Schleppe ab.«

»Wo ist der Gnom Schuttenbach?«, schrie einer von den Dichtern.

»Keine Ahnung«, schrien die vier Dirnen im Chor zurück.

»Dann soll ihn jemand suchen, verdammt!«, rief Rittersporn. »Er hat versprochen, Blumen zu pflücken! Und was jetzt? Kein Schuttenbach, keine Blumen! Und wie stehen wir da?«

Am Eingang zur Kapelle kam Bewegung auf, und herein liefen die beiden zum See geschickten Dryaden. Sie schrien mit dünnen Stimmen, und hinter ihnen kam Loki, von Wasser und Schlamm triefend, aus einer Wunde an der Stirn blutend.

»Loki!«, rief Crach an Craite. »Was ist passiert?«

»Maaamaaaa!«, brüllte Kashka los.

»Que'ss aen?« Braenn stürzte zu den Töchtern, völlig aufgelöst und vor Aufregung in den Dialekt der Brokilon-Dryaden verfallend. »Que'ss aen? Que succ'ss feal, caer me?«

»Es hat uns das Boot kentern lassen …«, keuchte Loki. »Direkt am Ufer … Ein schreckliches Ungeheuer! Ich habe ihm eins mit dem Ruder verpasst, aber es hat das Ruder durchgebissen, durchgebissen!«

»Wer? Was?«

»Geralt!«, rief Braenn. »Geralt, Mona sagt, das ist eine Cinerea!«

»Ein Steinbeißer!«, schrie der Hexer. »Eskal, lauf und hol mein Schwert!«

»Meinen Stab!«, schrie Dorregaray. »Radcliffe! Wo ist mein Stab?«

»Ciri!«, rief Loki und wischte sich das Blut von der Stirn. »Ciri kämpft mit ihm! Mit dem Ungeheuer!«

»Verdammt! Ciri hat gegen einen Steinbeißer keine Chance! Eskel! Ein Pferd!«

»Wartet!« Yennefer nahm das Diadem ab und warf es zu Boden. »Wir teleportieren euch! Das geht schneller! Dorregaray, Triss, Radcliffe! Gebt die Hände …«

Alle verstummten, dann schrien sie laut auf. An der Tür der Kapelle erschien König Herwig, nass, aber heil. Neben ihm stand ein junger Bursche mit kahlem Kopf in einer glänzenden Rüstung seltsamer Machart. Und hinter ihnen kam Ciri, triefend, von Morast bedeckt, mit wirrem Haar, Gveir in der Hand. Quer über ihre Wange, von der Schläfe zum Kinn, zog sich ein tiefer, bösartiger Riss, der durch den gegen das Gesicht gedrückten abgerissenen Hemdärmel hindurch stark blutete.

»Ciri!!«

»Ich habe ihn erledigt«, sagte die Hexerin undeutlich. »Habe ihm den Schädel zerschmettert.«

Sie taumelte. Geralt, Eskel und Rittersporn stützten sie, trugen sie. Ciri ließ das Schwert nicht los.

»Wieder …«, stöhnte der Dichter. »Wieder hat sie direkt eins ins Gesicht gekriegt … Was dieses Mädchen für ein verdammtes Pech hat …«

Yennefer seufzte laut, stürzte zu Ciri, schob Jarre beiseite, der mit seiner einen Hand nur störte. Ohne darauf zu achten, dass das mit Wasser und Schlamm vermischte Blut ihr Kleid befleckte und ruinierte, legte die Zauberin der Hexerin die Finger aufs Gesicht und rief laut einen Spruch. Geralt kam es so vor, als ob das ganze Schloss erzitterte und die Sonne sich für eine Sekunde verfinsterte.

Yennefer nahm die Hand von Ciris Gesicht, und alle ächzten vor Staunen – die hässliche Wunde hatte sich zu einem dünnen roten Strich zusammengezogen, markiert von ein paar kleinen Blutströpfchen. Ciri hing kraftlos in den sie haltenden Händen.

»Bravo«, sagte Dorregaray. »Ein Meisterstück.«

»Meine Hochachtung, Yen«, sagte Triss tonlos, und Nenneke begann zu weinen.

Yennefer lächelte, verdrehte die Augen und wurde ohnmächtig. Geralt konnte sie auffangen, ehe sie zu Boden sackte, weich wie ein Streifen Seide.

XII

»Ruhig, Geralt«, sagte Nenneke. »Keine Aufregung. Das geht gleich vorbei. Sie hat sich verausgabt, weiter nichts, dazu noch die Gefühle ... Sie hat Ciri sehr lieb, du weißt doch.«

»Ich weiß.« Geralt blickte auf, betrachtete den jungen Mann in der glänzenden Rüstung, der vor der Tür des Zimmers stand. »Hör mal, Junge, geh wieder in die Kapelle. Hier hast du nichts zu schaffen. Und so unter uns, wer bist du eigentlich?«

»Ich ... ich bin Galahad«, stotterte der Nachwuchsritter. »Kann ich ... Darf ich fragen, wie es diesem schönen und wackeren Fräulein geht?«

»Welchem?« Der Hexer lächelte. »Es sind zwei Frauen, beide schön, beide wacker und beide Fräuleins, wobei eine zufällig noch Fräulein ist. Von welcher ist die Rede?«

Der junge Mann errötete sichtlich. »Von der ... jüngeren«, sagte er. »Von der, die sich ohne zu zögern in den Kampf stürzte, um den Fischerkönig zu retten.«

»Wen?«

»Er meint König Herwig«, warf Nenneke ein. »Der Steinbeißer hat das Boot angegriffen, von dem aus Herwig und Loki Fische fingen. Ciri hat sich auf den Steinbeißer gestürzt, und dieser junge Mann, der sich zufällig in der Nähe befand, ist ihr zu Hilfe geeilt.«

»Du hast Ciri geholfen.« Der Hexer schaute den Nachwuchsritter respektvoller und wohlwollender an. »Wie heißt du doch gleich? Ich hab's vergessen.«

»Galahad. Ist das hier Avalon, das Schloss des Fischerkönigs?«

Die Tür ging auf, es erschien Yennefer, ein wenig blass, von Triss Merigold gestützt.

»Yen!«

»Gehen wir in die Kapelle«, erklärte die Zauberin leise. »Die Gäste warten.«

»Yen … vielleicht verschieben wir …«

»Ich werde deine Frau, und wenn mich der Teufel holt! Und ich werde es jetzt gleich!«

»Und Ciri?«

»Was soll sein?« Die Hexerin trat hinter Yennefer hervor, gerade dabei, sich Glamarye auf die gesunde Wange zu streichen. »Es ist alles in Ordnung, Geralt. Das ist ein dummer Kratzer, ich habe nicht einmal etwas gemerkt.«

Mit der Rüstung knirschend und klirrend, kniete Galahad nieder, das heißt, er ließ sich auf ein Knie fallen. »Schöne Dame …«

Ciris große Augen wurden noch größer.

»Ciri, erlaube«, sagte der Hexer. »Das ist Ritter … äh … Galahad. Ihr kennt euch schon. Er hat dir geholfen, als du mit dem Steinbeißer gekämpft hast.«

Ciri errötete. Das Glamarye begann zu wirken, also errötete sie wirklich schön, und die Narbe war fast nicht zu sehen.

»Herrin«, stotterte Galahad, »erweise mir Gunst. Erlaube, o du Schöne, dass ich zu deinen Füßen …«

»Wie ich das Leben kenne, möchte er dein Ritter sein, Ciri«, sagte Triss Merigold.

Die Hexerin legte die Hände auf den Rücken und machte einen anmutigen Knicks, immer noch wortlos.

»Die Gäste warten«, schaltete sich Yennefer ein. »Galahad, wie ich sehe, bist du nicht nur ein wackerer junger Mann, sondern auch höflich. Du hast Seite an Seite mit meiner Tochter gekämpft, also sollst du auch während der Feierlichkeiten an ihrer Seite sein. Ciri, lauf und zieh dir ein Kleid an. Geralt, kämm dich und steck das Hemd in die Hose, es ist herausgerutscht. Ich will euch alle in zehn Minuten in der Kapelle sehen!«

XIII

Die Trauung verlief bestens. Die Damen und Fräuleins weinten kollektiv. Die Zeremonie wurde von Herwig geleitet, einem – wenn auch ehemaligen – König. Vesemir und Nenneke vertraten die Eltern der Brautleute, Triss Merigold und Eskel waren die Brautführer. Galahad geleitete Ciri, und Ciri war rot wie eine Pfingstrose.

Wer ein Schwert hatte, bildete ein Spalier. Rittersporns Kollegen klimperten auf Lauten, spielten auf Drehleiern und sangen ein speziell zu diesem Anlass verfasstes Lied, wobei sie beim Refrain von den rothaarigen Töchtern Freixenets und von der für ihre schöne Stimme bekannten Sirene Sh'eenaz unterstützt wurden.

Rittersporn hielt eine Rede, wünschte den Neuvermählten Glück, Erfolg und vor allem eine gelungene Hochzeitsnacht, wofür ihm Yennefer einen Tritt ans Schienbein verpasste.

Dann begaben sich alle in den Thronsaal und umringten den Tisch. Geralt und Yennefer, die Hände noch immer mit einem Seidenschal verbunden, nahmen am oberen Ende der Tafel Platz und antworteten dort lächelnd auf Trinksprüche und gute Wünsche.

Die Gäste, von denen sich die meisten schon in der vorangehenden Nacht ausgetobt hatten, speisten gesetzt und würdevoll – und erstaunlich lange betrank sich niemand. Eine unerwartete Ausnahme war der Einarmige Jarre, der über den Durst trank, weil er den Anblick nicht ertrug, wie Ciri unter Galahads schmachtenden Blicken errötete. Es verschwand auch niemand, ausgenommen Kashka, die jedoch alsbald unter dem Tisch gefunden wurde, wo sie auf einem Hund lag und schlief.

Den Gespenstern des Schlosses Rosrog musste die vorige Nacht deutlich gemacht haben, dass sie lieber Zurückhaltung üben sollten. Eine Ausnahme bildete ein mit Resten eines Leichentuchs behangenes Gerippe, das plötzlich hinter den Rücken von Agloval, Freixenet und Mäussack aus dem Fußboden auftauchte. Der Fürst, der Baron und der Druide waren jedoch in einen politischen Disput vertieft und ignorierten die Erscheinung. Das Gerippe erboste sich über die Missachtung, schob sich den Tisch entlang und begann direkt neben dem Ohr von Triss Merigold mit den Zähnen zu klappern. Die Zauberin, sanft an die Schulter von Eskel aus Kaer Morhen gelehnt, hob anmutig das weiße Händchen und schnippte mit den Fingern. Mit den Knochen befassten sich die Hunde.

»Möge die Große Melitele euch gewogen sein, meine Lieben.« Nenneke küsste Yennefer und prostete mit dem Pokal Geralt zu. »Ihr habt verdammt lange gebraucht, aber endlich seid ihr beisammen. Ich freue mich riesig, aber ich hoffe, dass Ciri sich kein Beispiel an euch nimmt und dass sie, wenn sie jemanden findet, nicht so lange zögert.«

»Anscheinend hat sie schon jemanden gefunden.« Geralt deutete mit einer Kopfbewegung auf Galahad, der nur Augen für Ciri hatte.

»Du redest von diesem komischen Kauz?« Die Priesterin winkte ab. »O nein. Da wird nichts draus. Hast du ihn dir genauer angesehen? Nein? Dann schau, was er tut. Er scheint Ciri anzuhimmeln, dabei beglotzt und begrapscht er ununterbrochen sämtliche Gläser und Pokale auf dem Tisch. Du wirst zugeben, dass das kein besonders normales Verhalten ist. Jarre ist da ganz was anderes. Ein vernünftiger, gesetzter Bursche …«

»Dein vernünftiger und gesetzter Jarre ist soeben unter den Tisch gerutscht«, fiel ihr Yennefer kalt ins Wort. »Genug davon, Nenneke. Ciri kommt hierher.«

Die aschblonde Hexerin setzte sich auf den von Herwig frei gemachten Platz und schmiegte sich eng an die Zauberin. »Ich reise ab«, sagte sie leise.

»Ich weiß, Töchterchen.«

»Galahad … Galahad … kommt mit mir. Ich weiß nicht, wozu. Aber ich kann es ihm ja nicht verbieten, nicht wahr?«

»Kannst du nicht. Geralt!« Yennefer bedachte Geralt mit einem Blick ihrer Augen, in denen ein warmes Veilchenblau flammte. »Geh den Tisch entlang, unterhalte dich mit den Gästen. Du darfst auch trinken. Ein Glas. Ein kleines. Und ich möchte mich mit meiner Tochter von Frau zu Frau unterhalten.«

Der Hexer seufzte.

Am Tisch wurde es immer lustiger. Rittersporns Kumpane sangen Lieder, und zwar solche, dass Annika, der Tochter des Schulzen Caldemeyn, das Blut in die Wangen schoss. Der Drache Villentretenmerth, schon ziemlich angeheitert, umarmte den noch stärker angeheiterten Doppler Tellico und versuchte ihm klarzumachen, dass der Gedanke, sich in den Fürsten Agloval zu verwandeln, um diesen im Bett der Sirene Sh'eenaz zu vertreten, ein gesellschaftlicher Fauxpas wäre.

Die rothaarigen Töchter Freixenets rissen sich ein Bein aus, um den königlichen Gesandten zu gefallen, diese wiederum versuchten auf verschiedene Weise den Dryaden zu imponieren, was insgesamt ein wahres Pandämonium ergab. Yarpen Zigrin schniefte durch die Kartoffelnase und erklärte dem Elf Chireadan, er habe sich als Kind gewünscht, ein Elf zu sein. Mäussack prophezeite, das Regime werde zusammenbrechen, und Agloval behauptete das genaue Gegenteil. Niemand wusste, von wessen Regime die Rede war. Herwig erzählte Gardenia Biberveldt von dem riesigen Karpfen, den er mit einer Schnur aus einem einzigen Pferdehaar aus dem Wasser geholt hatte. Die Halblingfrau nickte schläfrig und schrie von Zeit zu Zeit ihren Mann an, er solle aufhören zu picheln.

Durch die Korridore liefen die Propheten und die Krokodilbändigerin, die vergebens versuchten, den Gnom Schuttenbach zu finden. Freya, die offensichtlich genug von den schwächlichen Männern hatte, trank heftig mit dem Medium weiblichen Geschlechts, wobei beide ernstes und würdevolles Schweigen wahrten.

Geralt wanderte um den Tisch, stieß mit an, hielt die Schultern zu freundschaftlichem Klopfen und die Wangen zu Gratulationsküsschen hin. Schließlich näherte er sich dem Platz, wo sich neben dem von Ciri verlassenen Galahad Rittersporn hingesetzt hatte. Während er Rittersporns Pokal fixierte, redete Galahad etwas, der Dichter aber kniff die Augen zusammen und heuchelte Interesse. Geralt blieb hinter den beiden stehen.

»Also setzte ich mich in dieses Boot«, sagte Galahad, »und fuhr in den Nebel, obwohl ich Euch gestehe, Herr Rittersporn, dass mir das Herz vor Entsetzen stehenblieb … Und ich gestehe Euch, dass mich der Zweifel überkam. Ich dachte, nun sei mein Ende gekommen, ich würde gewisslich in diesem Nebel umkommen … Und da ging die Sonne auf, auf dem Wasser begann es zu glänzen wie … wie Gold. Und da sehe ich vor meinen Augen … Avalon. Denn das hier ist doch Avalon, nicht wahr?«

»Nein«, widersprach Rittersporn und schenkte ein. »Das hier ist das Schwemmland. Trink, Galahad.«

»Aber dieses Schloss … Das ist doch das Schloss Montsalvat?«

»Auf gar keinen Fall. Das ist Rosrog. Ich habe, Söhnchen, niemals von einem Schloss Montsalvat gehört. Und wenn ich von etwas nicht gehört habe, heißt das, dass es nichts dergleichen gibt. Auf das Wohl des jungen Paars, Söhnchen!«

»Auf das Wohl, Herr Rittersporn. Aber dieser König … Ist er nicht der Fischerkönig?«

»Herwig? Stimmt, er fischt gern. Früher jagte er lieber, doch seit er in der Schlacht von Orth lahm wurde, kann er nicht mehr reiten. Aber nenne ihn nicht den Fischerkönig, Galahad, weil das erstens blöd klingt und weil sich zweitens Herwig gekränkt fühlen könnte.«

Galahad schwieg lange und spielte mit dem halbleeren Pokal. Schließlich seufzte er schwer, blickte um sich. »Sie hatten recht«, flüsterte er. »Es ist nur eine Legende. Ein Märchen. Phantasie. Kurzum, eine Lüge. Statt Avalon ein gewöhnliches Schwemmland. Und nirgends Hoffnung …«

»He« – der Dichter stieß ihm den Ellenbogen in die Seite –, »lass den Kopf nicht hängen, Söhnchen. Woher diese verdammte Melancholie? Du bist auf einer Hochzeit, amüsier dich, trink, sing. Du bist jung, das Leben liegt vor dir.«

»Das Leben«, wiederholte der Ritter nachdenklich. »Wie ist das, Herr Rittersporn? Beginnt etwas, oder geht etwas zu Ende?«

Rittersporn warf ihm einen raschen und ernsten Blick zu. »Ich weiß nicht«, sagte er. »Und wenn ich es nicht weiß, weiß es niemand. Schlussfolgerung: Nichts endet jemals, und nichts beginnt.«

»Ich verstehe nicht.«

»Brauchst du auch nicht.«

Galahad dachte erneut nach, rieb sich die Stirn.

»Und der Gral?«, fragte er schließlich. »Was ist mit dem Gral?«

»Was ist der Gral?«

»Etwas, das man sucht.« Galahad blickte den Dichter

verträumt an. »Etwas, das am wichtigsten ist. Etwas, ohne das das Leben keinen Sinn mehr hat. Etwas, ohne das man unvollständig, unfertig, unvollkommen ist.«

Der Dichter schürzte die Lippen und bedachte den Ritter mit seinem berühmten Blick, in dem sich Geduld mit fröhlichem Wohlwollen mischten. »Den ganzen Abend«, sagte er, »hast du neben deinem Gral gesessen, du Trottel.«

XIV

Gegen Mitternacht, als die Gäste schon gründlich begonnen hatten, sich selbst zu genügen, und Geralt und Yennefer, von den zeremoniellen Pflichten befreit, einander in Ruhe in die Augen schauen konnten, wurde die Tür krachend geöffnet, und in die Halle trat der Räuber Vissing, allgemein bekannt unter dem Spitznamen Zappzerapp. Zappzerapp war ungefähr zwei Meter groß, hatte einen Bart bis zum Gürtel und eine Nase von der Farbe und Form eines Rettichs. Auf der einen Schulter trug der Räuber seine berühmte Keule Hälmchen, auf der anderen einen riesigen Sack.

Geralt und Yennefer kannten Zappzerapp schon seit langem. Keiner von beiden hatte jedoch daran gedacht, ihn einzuladen. Das war offensichtlich Rittersporns Werk.

»Grüß dich, Vissing«, sagte die Zauberin lächelnd. »Schön, dass du an uns gedacht hast. Mach es dir bequem.«

Der Räuber verbeugte sich würdevoll, auf Hälmchen gestützt. »Viele Jahre Freude und einen Haufen Kinder«, verkündete er laut. »Das wünsche ich euch, meine Lieben. Hundert Jahre im Glück, ach was sag ich, zweihundert, verdammich, zweihundert! Ach, wie ich mich freue, Geralt, und Ihr, Frau Yennefer. Ich habe immer geglaubt, dass ihr heiraten werdet, obwohl ihr euch immer gezankt und gebissen habt wie die Hunde – ohne das vergleichen zu wollen. Ach, verdammich, was rede ich …«

»Willkommen, willkommen, Vissing«, sagte der Hexer und schenkte Wein in den größten Pokal, der in Reichweite stand. »Trink auf unser Wohl. Wo kommst du her? Es heißt, du sitzt im Knast.«

»Ich bin rausgekommen.« Zappzerapp trank auf einen Zug aus, atmete tief durch. »Ich bin gegen diese, wie heißt das doch, verdammich, Kaution rausgekommen. Und das, meine Lieben, ist mein Geschenk für euch. Nehmt.«

»Was ist das?«, murmelte Geralt und musterte den großen Sack, in dem sich etwas bewegte.

»Den hab ich unterwegs gefangen«, sagte Zappzerapp. »Hab ihn auf dem Blumenbeet erwischt, wo dieses nackte Weib steht, das aus Stein gehauene. Ihr wisst, die, wo die Tauben vollgeschissen haben …«

»Was ist in diesem Sack?«

»Ach, so ein, wie soll ich sagen, Teufel. Den hab ich für euch gefangen, als Geschenk. Habt ihr hier einen Tierzwinger? Nein? Dann stopft ihn euch aus und hängt ihn in der Diele auf, da werden eure Gäste staunen. Ist ein schlaues Vieh, sag ich euch, dieser Teufel. Er sagt, er heißt Schuttenbach.«

»Der goldene Nachmittag«

wurde eigens für die Anthologie Dreizehn Katzen *geschrieben, die der Verlag SuperNOWA im Jahre 1997 herausbrachte. Über die Genese dieser Anthologie kursieren allerlei Gerüchte, auch beanspruchen zahlreiche Personen die Ehre, die Idee und die Inspiration dazu geliefert zu haben. Die Wahrheit jedoch kenne – mit Verlaub – nur ich, und die geht so: Mirosław Kowalski, der Chef der SuperNOWA, brachte 1995 ein Buch Tadeusz Konwickis mit dem Titel* Pamphlet gegen mich selbst *heraus. In diesem Buch widmete Herr Thaddäus viele warmherzige Worte seinem Kater Iwan, der bereits durch* Kalender und Sanduhr *berühmt geworden war und zu jenem Zeitpunkt schon nicht mehr lebte.*

»Ihr Phantastik-Autoren«, sagte mir Meister Kowalski einmal, stark gedopt von Danuta Górska, einer hervorragenden Übersetzerin und ebenso großen Katzenliebhaberin, »seid allesamt Katzennarren, jeder von euch ist ein hundertprozentiger cat lover. *Da könntet ihr doch jeder eine Erzählung schreiben, die von Katzen und von kätzischen Dingen handelt. Für eine Anthologie. Wenn ihr über die Katzen so hübsch, so warmherzig und so lieb*

wie Konwicki schreibt, wird die Anthologie den Lesern gefallen.«

Also setzten wir uns auf den Hosenboden, und das in einer recht großen Gruppe – den Katzen widmeten sich unter anderem Ewa Białołęcka, Marcin Wolski, Eugeniusz Dębski und natürlich auch ich. Ich hatte, sobald das Schlagwort »Katze« gefallen war, beschlossen, eine der berühmtesten Katzen der modernen Literatur in Angriff zu nehmen – den Cheshire-Kater, den Philosophen mit dem mörderischen Lächeln. Mehr kann ich über die Erzählung nicht sagen, man muss sie lesen, und fertig.

Ich beschränke mich also auf eine Anekdote und eine Merkwürdigkeit.

Die Anekdote betrifft Anthologien als solche, und zwar insbesondere die in der anglo-amerikanischen SF und Fantasy unglaublich beliebten Themenanthologien – genau so eine war ja Dreizehn Katzen. *In der Vorrede zu einer seiner bekannten Erzählungen hat Roger Zelazny verraten, wie diese Erzählung entstand. Es klingelte das Telefon, am anderen Ende der Leitung war Gardner Dozois, der Zelazny vorschlug, sich an einer Themenanthologie zu beteiligen. Thema: Einhörner. Zelazny antwortete, er werde es sich überlegen. Gleich darauf klingelte das Telefon wieder, diesmal beunruhigte den Schriftsteller ein anderer Autor, der ihm vorschlug, eine Erzählung für eine Themenanthologie zu schreiben. Thema: Bars und Saloons. Zelazny war noch nicht zur Besinnung gekommen, als Fred Saberhagen ihm vorschlug, sich an einer geplanten Themenanthologie zu beteiligen. Thema: Schach und Schachspieler. Dann kam George R. R. Martin zu Besuch, hörte sich die Klagen über die Menge an Arbeit an und fand die Lösung: »Schreib doch«, sagte er im Scherz, »eine Geschichte, die in alle drei Anthologien passt.« Und so entstand die berühmte »Einhorn-Variante«, eine No-*

velle, in der ein Einhorn in einem Saloon Schach spielt. Und der Held heißt Martin – derart bedankte sich Zelazny bei dem Ideengeber.

Es bleibt wahrlich zu bedauern, dass bei uns thematische Anthologien – original oder als Nachdruck – so selten sind. Ich könnte ja, wenn sich die Notwendigkeit ergäbe, dem Cheshire-Kater mühelos noch einen Saloon und ein Schachbrett hinzufügen.

Nun aber zu der versprochenen Merkwürdigkeit, die speziell den »Goldenen Nachmittag« betrifft. Ich habe mir das keineswegs selbst ausgedacht oder mich der dichterischen Freiheit bedient. Die 1997 gefundenen Fotografien, die für die damalige Zeit ziemlich kühn sind und davon zeugen, dass Lewis Carrolls Faszination für sehr junge Mädchen nicht eben unschuldig war, sind tatsächlich bei Sotheby's versteigert worden, und zwar wirklich und exakt für die Summe, die in der Erzählung genannt wird.

Ich will auch anmerken, dass es Leute gibt, die mir Vorwürfe gemacht und sich Sticheleien erlaubt haben, und das, weil ich im »Goldenen Nachmittag« den Text ausgiebig mit Wendungen aus nicht weniger als fünf Fremdsprachen bestückt habe, die toten eingeschlossen. Einige haben sich mit unverhohlener Schadenfreude in dieser Frage zu Wort gemeldet, nachdem die berühmte und kuriose Verfügung »zum Schutz der polnischen Sprache« erlassen worden war. Ich jedoch erlaube mir die Ansicht, dass Leute, die keine Sprachen kennen, zurückgebliebene und bedauernswerte Schwachsinnige sind und dass per Verfügung nicht die Schilder abgebaut werden sollten, auf denen »Café«, »Sex Shop« und »Irish Pub« steht, sondern die mit polnischen Aufschriften voller Schreibfehler. Die Letzteren, wie jetzt auch viele andere, sind kriminell, die Ersteren indes sind jedermann klar und verständlich –

ausgenommen Leuten mit Anzeichen von Verblödung, versteht sich.

In die Dreizehn Katzen *wurde – nach dem Willen des Verlegers – auch meine der hochgeschätzten Leserschaft bereits bekannte Erzählung »Die Musikanten« aufgenommen. Dass »Die Musikanten« von Katzen handelt, war dabei jedoch zweitrangig. Wesentlich war – ich lüfte den Schleier des Berufsgeheimnisses – der Umstand, dass es dem Verleger an Erzählungen für die Anthologie mangelte, weil er zu viele von den Einsendungen als betrüblich – 'tschuldigung – verkatert empfand.*

»Der goldene Nachmittag« wurde 1998 auf dem Polcon in Białystok für den Janusz-A.-Zajdel-Preis 1997 nominiert, unterlag aber bei der letzten Abstimmung. So blieb denn »Im Bombentrichter« die einzige Erzählung außerhalb des Hexer-Zyklus, für die ich einen »Zajdel« erhalten habe.

Und schließlich ein Zitat zur Erklärung, warum der Cheshire-Kater, warum andere Katzen, warum eine »Katzen-Anthologie«. Das Zitat stammt aus dem erwähnten Pamphlet gegen mich selbst *von Tadeusz Konwicki und erklärt alles. Nach einer langen Passage, die dem Kater Iwan gewidmet ist, schreibt Herr Thaddäus: »›Der Kater, mit dem Kater, über den Kater‹, werdet ihr fragen, ›aber wo bleiben die Menschen?‹ Gestohlen können sie mir bleiben.«*

Dem ist nichts hinzuzufügen. Nur zu applaudieren.

Der goldene Nachmittag

All the golden afternoon
Full leisurely we glide …
Lewis Carroll

Der Nachmittag versprach wirklich interessant zu werden, einer jener wunderbaren Nachmittage, die zu nichts anderem da sind, als sie mit langem und süßem *far niente* zu verbringen, bis einen die Faulheit angenehm ermüdet. Natürlich erreicht man solch einen wohligen Zustand nicht einfach so, ohne Vorbereitung und ohne Plan, indem man sich irgendwo in horizontaler Lage hinhaut. Nein, meine Lieben. Es braucht dazu vorangehende Aktivität, sowohl intellektuelle als auch körperliche. Das Nichtstun, wie es heißt, muss man sich erarbeiten.

Um keinen einzigen der genau bemessenen Augenblicke zu verlieren, aus denen wohlige Nachmittage zu bestehen pflegen, machte ich mich ans Werk. Ich begab mich zum Wald und betrat ihn, ohne das Warnschild BEWARE THE JABBERWOCK zu beachten, das am Wegesrand stand. Ohne bei solchen Gelegenheiten verhängnisvolle Hast suchte ich mir einen den Regeln der Kunst entsprechenden Baum und kletterte hinauf. Anschließend wählte ich den passenden Ast aus, wobei ich mich von der Theorie von den *revolutionibus orbium coelestium* leiten ließ. Zu klug? Ich will es euch einfach sagen: Ich wählte einen Ast, auf dem mir den ganzen Nachmittag lang die Sonne den Pelz wärmen würde.

Die liebe Sonne wärmte, die Baumrinde duftete, Vögel und Insekten sangen vielstimmig ihr ewiges Lied. Ich legte mich auf den Ast, ließ den Schwanz malerisch herabhängen, stützte das Kinn auf die Pfoten. Gerade wollte ich mich in wohlige Lethargie versenken, gerade war ich im Begriff, der ganzen Welt lässige Missachtung zu beweisen, als ich plötzlich hoch am Himmel einen dunklen Punkt erblickte.

Der Punkt kam schnell näher. Ich hob den Kopf. Unter normalen Bedingungen hätte ich mich vielleicht nicht dazu herabgelassen, näher kommenden dunklen Punkten Beachtung zu schenken, denn unter normalen Bedingungen erweisen sich solche Punkte meistens als Vögel. Aber im *Land*, in dem ich momentan wohnte, herrschten keine normalen Bedingungen. Ein am Himmel fliegender dunkler Punkt konnte sich bei näherer Betrachtung als Klavier herausstellen.

Die Statistik erwies sich jedoch zum wer weiß wievielten Male als die Königin der Wissenschaften. Der sich nähernde Punkt war allerdings kein Vogel in des Wortes klassischer Bedeutung, aber bei weitem auch kein Klavier. Ich seufzte, denn ein Klavier wäre mir lieber gewesen. Ein Klavier, wenn es mitsamt einem Schemel und einem auf dem Schemel sitzenden Mozart am Himmel entlangfliegt, ist eine vorübergehende und das Ohr nicht strapazierende Erscheinung. Radetzky jedoch – es war nämlich Radetzky, der da geflogen kam – konnte eine lärmende, aufdringliche und lästige Erscheinung sein. Etwas boshaft gesagt: Das war im Grunde alles, was Radetzky konnte.

»Ob Katzen Fledermäuse atzen?«, krächzte er, während er über meinem Kopf und meinem Ast Kreise zog. »Ob Katzen Fledermäuse atzen?«

»Verpiss dich, Radetzky.«

»Du bist vielleicht vulgär, Chester. Haaa-haaa! *Do cats eat bats?* Ob Katzen Fledermäuse atzen? Und ob nicht manchmal Fledermäuse Katzen atzen?«

»Offensichtlich wünschst du mir etwas zu erzählen. Tu es und entferne dich.«

Radetzky hakte seine kleinen Krallen in einen Zweig oberhalb meines Astes, ließ sich kopfunter herabhängen und faltete die häutigen Flügel zusammen, wodurch er das für meine Augen sympathischere Aussehen einer Maus von den Antipoden annahm.

»Ich weiß was!«, schrie er mit dünner Stimme.

»Die Natur ist unermesslich in ihrer Großmut.«

»Ein Gast!«, piepste die Fledermaus und bog sich wie ein Akrobat. »Ein Gast ist im *Land* eingetroffen! Wir wollen alle fröhöhlich sein! Wir haben einen Gast, Chester! Einen richtigen Gast!«

»Hast du ihn mit eigenen Augen gesehen?«

»Nein …« Er kam aus dem Konzept, wackelte mit den großen Ohren und bewegte komisch die glänzende Knopfnase. »Gesehen habe ich ihn nicht. Aber Johnny Caterpillar hat mir davon erzählt.«

Einen Moment lang hatte ich Lust, ihn streng und ohne ein Blatt vor den Mund zu nehmen zurechtzuweisen, dass er meine Siesta unterbrochen hatte, indem er unbestätigte Gerüchte verbreitete, ich hielt mich jedoch zurück. Erstens hatte Johnny »Blue« Caterpillar eine Menge Fehler, aber die Neigung zu Geschwätz und Phantastereien gehörte nicht dazu. Zweitens waren Gäste im *Land* wirklich ziemlich selten, in der Regel nervtötend, aber nichtsdestoweniger kommen sie durchaus regelmäßig vor. Ihr werdet es nicht glauben, aber uns ist sogar schon ein Inka untergekommen, durch und durch benebelt von Coca-Blättern oder einem anderen präkolumbianischen Dreckszeug. Mit dem war es vielleicht eine Hetz! Er trieb sich in der ganzen Gegend umher, legte sich mit allen an, redete in einem Dialekt, den niemand verstand, schrie, spuckte, sprühte Speichel, drohte uns mit einem Obsidianmesser. Aber bald verschwand er wieder, für immer, wie sie alle. Er verschwand auf eine spektakuläre, grausame und blutige Weise. Mit ihm befasste sich Königin Mab. Und ihre Begleitung, die sich gern mit dem Namen »Gebieter der Herzen« schmückt. Wir nennen sie einfach Herz oder Rot. *Les Cœurs.*

»Ich fliege weiter«, erklärte Radetzky plötzlich. »Ich fliege und informiere die anderen. Über den Gast, meine ich. Mach's gut, Chester.«

Ich streckte mich auf dem Ast aus, ohne ihn einer Antwort zu würdigen. Er verdiente keinerlei Herablassung. Letzten Endes war ich ein Kater und er nur eine fliegende Maus, die vergebens versucht, wie eine Miniaturausgabe von Graf Dracula auszusehen.

Was kann schlimmer sein als ein Idiot im Wald?

Wer von euch jetzt gerufen hat: »Nichts!«, der hat sich geirrt. Es gibt etwas, was schlimmer ist als ein Idiot im Wald.

Und zwar eine Idiotin im Wald.

Eine Idiotin im Wald – aufgemerkt! – kann man an folgenden Dingen erkennen: Man hört sie aus einer halben Meile Entfernung, alle drei, vier Schritte macht sie einen uneleganten Sprung, sie summt vor sich hin, führt Selbstgespräche; die auf dem Weg liegenden Tannenzapfen versucht sie mit dem Fuß wegzuschießen, ohne einen einzigen zu treffen.

Und wenn sie euch sieht, wie ihr so auf eurem Ast liegt, sagt sie: »Och!«, worauf sie euch schamlos anstarrt.

»Och«, sagte die Idiotin, warf den Kopf zurück und starrte mich schamlos an. »Grüß dich, Kater.«

Ich grinste, und die Idiotin, die ohnehin schon ungesund blass war, erbleichte noch mehr und nahm die Händchen auf den Rücken. Um ihr Zittern zu verbergen.

»Guten Tag, Herr Kater«, stotterte sie, worauf sie einen ungeschickten Knicks machte.

»Bonjour, ma fille«, antwortete ich und grinste immer noch. Das Französisch sollte, wie ihr euch denken könnt, die Idiotin aus der Fassung bringen. Ich hatte noch nicht entschieden, was ich mit ihr machen würde, konnte mir aber den Spaß nicht versagen. Und eine verwirrte Idiotin ist sehr spaßig.

»Où est ma chatte?«, piepste die Idiotin plötzlich.

Wie ihr euch denken könnt, war das keine Konversation. Es war der erste Satz aus ihrem Französischlehrbuch. Trotzdem eine interessante Reaktion.

Ich korrigierte meine Position auf dem Ast. Langsam, um die Idiotin nicht scheu zu machen. Wie gesagt, ich hatte mich noch nicht entschieden. Ich hatte keine Angst, mich mit Les Cœurs anzulegen, die sich das alleinige Recht anmaßten, Gäste zu vernichten, und sehr unangenehm wurden, wenn es jemand wagte, es ihnen streitig zu machen. Ich als Kater pfiff natürlich auf ihre Vorrechte. Genau genommen, pfiff ich auf alle Rechte. Darum hatte ich schon einige kleinere Zusammenstöße mit Les Cœurs und ihrer Königin, der rothaarigen Mab. Ich hatte keine Angst davor. Ich provozierte sie geradezu, wann immer ich Lust hatte. Jetzt allerdings verspürte ich keine besondere Lust. Aber meine Position auf dem Ast korrigierte ich. Gegebenenfalls wollte ich die Sache lieber mit einem einzigen Sprung erledigen, denn ich hatte nicht die Bohne Lust, der Idiotin durch den Wald nachzujagen.

»Noch nie im Leben«, sagte das Mädchen mit leicht bebender Stimme, »habe ich einen Kater gesehen, der grinst. Auf diese Weise.«

Ich bewegte ein Ohr zum Zeichen, dass mir das nicht neu war.

»Ich habe eine Katze«, teilte sie mit. »Meine Katze heißt Suse. Und wie heißt du?«

»Du bist hier der Gast, mein liebes Mädchen. Du musst dich zuerst vorstellen.«

»Verzeihung.« Sie machte einen Knicks, senkte den Blick. Schade, denn ihre Augen waren dunkel und für einen Menschen sehr schön. »Wirklich, das war nicht höflich, ich muss mich erst vorstellen. Ich heiße Alice. Alice Liddell. Ich bin hier, weil ich in den Kaninchenbau gegangen bin. Einem weißen Kaninchen mit rosa Augen nach, das eine Weste anhatte. Und in der Westentasche eine Uhr.«

Ein Inka, dachte ich. Sie redet verständlich, spuckt nicht, hat kein Obsidianmesser. Und trotzdem ein Inka.

»Haben wir Gras geraucht, Fräuleinchen?«, erkundigte ich mich höflich. »Barbiturate geschluckt? Oder uns vielleicht mit Amphetaminen vollgeschlagen? *Ma foi,* die Kinder fangen früh an heutzutage.«

»Ich verstehe kein Wort.« Sie schüttelte den Kopf. »Ich verstehe kein Wort von dem, was du sagst, Kater. Kein Wörtchen. Kein Wörtleinchen.«

Sie redete seltsam, und gekleidet war sie noch seltsamer; erst jetzt fiel mir das auf. Ein glockenförmig ausgestelltes Kleidchen, eine kleine Schürze, ein Leibchen mit abgerundeten Ecken, kurze Puffärmel, Strümpfchen ... Ja, zum Kuckuck, Strümpfchen ... Und Schühchen mit Schnürsenkelchen. *Fin de siècle,* so wahr ich ein Kater bin. Also musste man Drogen und Alkohol wohl eher ausschließen. Sofern, versteht sich, ihre Aufmachung kein Kostüm war. Sie konnte direkt aus einer Vorstellung des Schultheaters ins *Land* geraten sein und die kleine Miss Muffet gespielt haben, die im Sand neben der Spinne sitzt. Oder direkt aus der Fete, auf der die jugendliche Schauspieltruppe den Erfolg des Stücks mit jeder Menge Pülverchen gefeiert hatte.

»Was haben wir denn nun genommen?«, fragte ich. »Welche Substanz hat es uns ermöglicht, in einen veränderten Bewusstseinszustand zu gelangen? Welches Präparat hat uns ins Land der Träume gebracht? Oder vielleicht haben wir einfach über Gebühr lauwarmes *gin and tonic* getrunken?«

»Ich?« Sie errötete. »Ich habe nichts getrunken ... Das heißt, nur ein Löffelchen, ein ganz kleines ... Na, vielleicht zwei ... oder drei ... Aber an dem Fläschchen hing ja ein Kärtchen, auf dem stand ›Trink mich‹. Das konnte mir ja unmöglich schaden.«

»Ganz, als ob ich Janis Joplin reden höre.«

»Wie bitte?«

»Unwichtig.«

»Du solltest mir sagen, wie du heißt.«

»Chester. Zu Diensten.«

»Chester liegt in der Grafschaft Cheshire«, erklärte sie stolz. »Das habe ich vor kurzem in der Schule gelernt. Du bist also ein Cheshire-Kater! Und wie wirst du mir zu Diensten sein? Wirst du mir eine Freude machen?«

»Ich werde dir keine Freude machen.« Ich grinste, bleckte die Zähne und entschloss mich schließlich, sie doch Mab und Les Cœurs zu überlassen. »Nimm an, dass ich dir damit einen Dienst erweise. Und rechne nicht auf mehr. Auf Wiedersehen.«

»Hmmm ...« Sie zögerte. »Gut, gleich gehe ich ... Aber zuerst ... Sag mir, was machst du auf dem Baum?«

»Ich liege in der Grafschaft Cheshire. *Au revoir*.«

»Aber ich ... Ich weiß nicht, wie ich hier herauskommen soll.«

»Mir ging es ausschließlich darum, dass du dich entfernst«, erklärte ich. »Denn was das Herauskommen angeht, das ist vergebliche Mühe, Alice Liddell. Hier kann man nicht herauskommen.«

»Wie bitte?«

»Hier kann man nicht herauskommen, Dummchen. Du hättest einen Blick auf die Rückseite des Kärtchens an dem Fläschchen werfen sollen.«

»Stimmt nicht.«

Ich wackelte mit meinem vom Ast herabhängenden Schwanz, was bei uns Katzen einem Schulterzucken entspricht.

»Stimmt nicht«, wiederholte sie streitsüchtig. »Ich werde ein bisschen hier spazierengehen, und dann gehe ich wieder nach Hause. Ich muss. Ich gehe in die Schule, ich darf den Unterricht nicht verpassen. Außerdem würde sich Mama nach mir sehnen. Und Suse. Suse ist meine Katze. Habe ich das schon gesagt? Auf Wiedersehen, Cheshire-Kater. Wärst du noch so freundlich, mir zu sagen, wohin dieser Weg führt? Wohin komme ich, wenn ich ihm folge? Wohnt dort jemand?«

»Dort« – ich deutete mit einer winzigen Kopfbewegung in die Richtung – »wohnt Archibald Haigha, für seine Freunde Archie. Er ist übergeschnappter als ein Schnapphase. Darum nennen wir ihn den Schnapphasen. Dort hingegen wohnt Bertrand Russell Hatta, der übergeschnappt wie ein Hutmacher ist. Darum nennen wir ihn auch den Hutmacher. Beide sind, wie du dir sicherlich schon denken kannst, verrückt.«

»Ich habe aber keine Lust, Verrückte oder Rasende zu treffen.«

»Wir sind hier alle verrückt. Ich bin verrückt. Du bist verrückt.«

»Ich? Stimmt nicht! Warum sagst du sowas?«

»Wenn du nicht verrückt wärst«, erklärte ich, schon etwas gelangweilt, »wärst du nicht hierhergeraten.«

»Du redest in lauter Rätseln …«, begann sie, riss aber plötzlich die Augen auf. »He … Was ist mit dir?

Cheshire-Kater! Verschwinde nicht! Bitte verschwinde nicht!«

»Liebes Kind«, sagte ich sanft. »Nicht ich verschwinde, sondern dein Gehirn hört auf zu funktionieren, es ist nicht einmal mehr zu einer Wahnvorstellung fähig. Die Funktionen kommen zum Erliegen. Mit anderen Worten …«

Ich sprach nicht zu Ende. Irgendwie konnte ich mich nicht durchringen, zu Ende zu sprechen. Ihr mitzuteilen, dass sie gerade starb.

»Ich sehe dich wieder!«, rief sie triumphierend. »Du bist wieder da. Mach das nicht wieder. Verschwinde nicht so plötzlich. Das ist schrecklich. Der Kopf dreht sich einem davon.«

»Ich weiß.«

»Ich muss jetzt gehen. Auf Wiedersehen, Cheshire-Kater.«

»Ade, Alice Liddell.«

Ich eile den Ereignissen voraus. An jenem Tage habe ich nicht mehr gefaulenzt. Aus dem Schlaf und der wohligen Lethargie gerissen, war ich nicht mehr imstande, in mir die vorherige Stimmung aufzubauen. Tja, diese Welt geht zum Teufel. Es gibt keine Rücksicht und keinen Respekt mehr gegenüber schlafenden oder ruhenden Katzen. Wo sind die Zeiten hin, da der Prophet Mohammed, als er aufstehen und in die Moschee gehen, aber nicht die auf einem Ärmel seines Gewandes schlafende Katze wecken wollte, den Ärmel mit dem Messer abschnitt? Keiner von euch, da gehe ich jede Wette ein, wäre zu solch einer edlen Tat fähig. Ich halte es daher auch für ausgeschlossen, dass einer von euch Prophet wird; da kann er von Mekka nach Medina und zurück rennen, bis er schwarz wird. Nun ja, wie Mohammed dem Kater, so der Kater dem Mohammed.

Ich zögerte höchstens ein Stündchen lang. Dann – ich wunderte mich über mich selbst – kletterte ich vom Baum und begab mich ohne unangemessene Eile den schmalen Waldweg entlang zum Wohnsitz von Archibald Haigha, genannt der Schnapphase. Ich hätte mich natürlich, wenn ich nur gewollt hätte, in Sekundenschnelle bei dem Hasen befinden können, doch das hielt ich für zu viel der Liebesmühe; es hätte den Eindruck erwecken können, mir sei irgend daran gelegen. Vielleicht lag mir auch ein wenig daran, doch ich hatte keine Lust, das zu zeigen.

Bald schon schienen im ockerfarbenen und gelben Herbstlaub der umstehenden Bäume die roten Dachziegel auf dem Häuschen des Schnapphasen auf. An meine Ohren aber drang stimmungsvolle Musik. Jemand – oder etwas – spielte und sang fein leise »Greensleeves«. Eine Melodie, die bestens zu Ort und Zeit passte.

Alas, my love, you do me wrong
To cast me off discourteously
And I have loved you oh so long
Delighting in your company …

Auf den Platz vor dem Häuschen hatte man einen mit einem sauberen Tuch gedeckten Tisch gestellt. Auf dem Tisch standen Teller, Tassen, eine Teekanne und eine Flasche Whisky Chivas Regal. Am Tisch saßen der Gastgeber, der Schnapphase, und seine Gäste: der Hutmacher, der fast ständig hier war, und Pierre Dormousse, der hier – wie auch überall sonst – äußerst selten vorkam. Am Kopfende des Tisches aber saß die dunkeläugige Alice Liddell, mit kindlicher Lässigkeit in einen Korbsessel gelehnt, eine Tasse in beiden Händen. Es schien ihr nicht das Mindeste auszumachen, beim *five o'clock whisky and tea* einem Hasen mit unordentlichen Barthaaren Gesellschaft zu leisten, dazu einem Zwerg mit idiotischem Zylinder, steifem Kragen und gepünktelter Fliege sowie einer dicklichen Haselmaus, die mit dem Kopf auf dem Tisch döste.

Archie, der Schnapphase, erblickte mich als Erster.

»Schaut mal, wer da kommt«, rief er, und das Timbre seiner Stimme deutete unmissverständlich darauf hin, dass Alice die Einzige war, die in dieser Gesellschaft Tee trank. »Wer nähert sich da? Täuschen mich womöglich meine Augen? Könnte das gar, um Agur, den Sohn Jakes, zu zitieren, das edelste aller Tiere sein, von feinem Gang, das wohl gehet?«

»Nicht anders, als dass irgendwo insgeheim das siebte Siegel geöffnet wurde«, sekundierte ihm der Hutmacher und nahm aus einer Porzellantasse einen Schluck von etwas, das offensichtlich kein Tee war. »So sehet denn, da ist der fahle Kater, und die Hölle folgt ihm nach.«

»Wahrlich sage ich euch«, teilte ich ohne besonderen Nachdruck mit, »ihr seid wie tönende Zimbeln.«

»Setz dich, Chester«, sagte der Schnapphase. »Und gieß dir ein. Wie du siehst, haben wir einen Gast. Der Gast unterhält uns gerade mit der Erzählung von den Abenteuern, die er seit seiner Ankunft in unserem *Land* erlebt hat. Ich wette, du wirst dir das auch gern anhören. Erlaube, dass ich dich vorstelle …«

»Wir kennen uns schon.«

»Gewiss doch«, sagte Alice und lächelte bezaubernd. »Wir kennen uns. Er war es, der mir den Weg zu eurem hübschen Häuschen gezeigt hat. Das ist ein Cheshire-Kater.«

»Was hast du dem Kind weisgemacht, Chester?« Archie wackelte mit den Barthaaren. »Hast du dich wieder mit Reden hervorgetan, die deine Überlegenheit über andere Wesen beweisen sollen? Was? Kater?«

»Ich habe eine Katze«, sagte Alice unvermittelt. »Meine Katze heißt Suse.«

»Du erwähntest es.«

»Und dieser Kater« – Alice zeigte unhöflich mit dem Finger auf mich – »verschwindet manchmal, und zwar so, dass man nur noch das Grinsen in der Luft schweben sieht. Brrr, ist das grässlich.«

»Habe ich es nicht gesagt?« Archie hob den Kopf und stellte die Ohren auf, an denen immer noch Grashalme und Weizenähren hafteten. »Er hat sich hervorgetan! Wie üblich!«

»Richtet nicht«, ließ sich Pierre Dormousse vernehmen, durchaus deutlich, obwohl sein Kopf noch immer auf dem Tischtuch lag, »auf dass ihr nicht gerichtet werdet.«

»Sei still, Dormousse«, sagte der Schnapphase mit einer Bewegung der Pfote. »Schlaf und misch dich nicht ein.«

»Du aber erzähl weiter, erzähl weiter, Kind«, ermunterte der Hutmacher Alice. »Wir würden gern von deinen Abenteuern hören, aber die Zeit drängt.«

»Und ob«, knurrte ich und schaute ihm in die Augen.

Archie prustete achtlos. »Heute ist Mittwoch. Mab und Les Cœurs spielen ihr idiotisches Croquet. Ich wette, dass sie noch nichts von unserem Gast wissen.«

»Du unterschätzt Radetzky.«

»Wir haben Zeit«, wiederholte er. »Nutzen wir sie also. So ein Spaß kommt einem nicht alle Tage unter.«

»Und was, wenn man fragen darf, findet ihr daran spaßig?«

»Du wirst sehen. Also, liebe Alice, erzähle. Wir sind ganz Ohr.«

Alice Liddell bedachte uns mit einem interessierten Blick aus ihren dunklen Augen, als erwarte sie, wir würden uns tatsächlich in Ohren verwandeln.

»Wo war ich stehengeblieben?«, überlegte sie, als keine Metamorphose eintrat. »Aha, ich weiß schon. Bei den kleinen Kuchen. Auf denen ›Iss mich‹ stand, in Schönschrift aus schwarzen Korinthen auf gelber Creme. Ach, hat dieser Kuchen geschmeckt! Und in Wahrheit war es ein Zauberkuchen. Als ich ein Stückchen gegessen hatte, habe ich angefangen zu wachsen. Ich hab Angst gekriegt, klar doch ... Und da hab ich rasch von dem anderen Kuchen abgebissen, der genauso gut geschmeckt hat wie der erste. Da habe ich angefangen, kleiner zu werden. So ein Zauber war das, ha! Ich konnte mal groß sein, mal klein. Ich konnte schrumpfen und mich ausdehnen. Wie ich wollte. Versteht ihr?«

»Wir verstehen«, sagte der Hutmacher und rieb sich die Hände. »Also, Archie, du bist an der Reihe. Wir hören.«

»Der Fall ist klar«, verkündete der Schnapphase stolz. »Die Wahnvorstellung hat einen erotischen Hintergrund. Das Essen der Kuchen ist Ausdruck einer typisch kindlichen oralen Fixierung, die auf der noch schlafenden Sexualität beruht. Lecken und schmatzen, ohne zu überlegen, ist ein typisch pubertäres Verhalten, obwohl ich, zugegeben, Leute kenne, die dem bis ins hohe Alter nicht entwachsen sind. Was das Schrumpfen und Wachsen angeht, das vom Verzehr der Kuchen bewirkt worden sein soll, dann werde ich wohl nicht allzu originell sein, wenn ich an den Mythos von Prokrustes und dem Prokrustesbett erinnere. Es handelt sich um den unterbewussten Wunsch, sich anzupassen, am Mysterium der Einweihung teilzunehmen und in die Welt der Erwachsenen einzutreten. Auch das hat eine sexuelle Grundlage. Das Mädchen möchte ...«

»Darin also besteht der Spaß«, fragte ich nicht, sondern stellte ich fest. »In einer Psychoanalyse, die ermitteln soll, auf welche Weise sie zu uns geraten ist. Der Haken ist nur, dass bei dir, Archie, alles eine sexuelle Grundlage hat. Das ist übrigens typisch für Hasen, Kaninchen, Wiesel, Sumpfbiber und andere Nager, die immer nur das eine im Kopf haben. Ich wiederhole jedoch meine Frage: Was ist daran spaßig?«

»Wie bei jedem Spaß«, sagte der Hutmacher, »ist das Spaßige, die Langeweile totzuschlagen.«

»Und wenn das jemandem keinen Spaß macht, beweist das noch lange nicht, dass der Betreffende ein höheres Wesen ist«, knurrte Archie. »Grinse nicht, Chester, hier imponierst du niemandem mit deinem Grinsen. Wann wirst du endlich begreifen, dass du dich noch so schlau gebärden kannst, ohne dass dir einer der hier Anwesenden göttliche Verehrung darbringt? Wir sind nicht in Bubastis, sondern im *Land* …«

»Im Märchenland?«, warf Alice ein und blickte von einem zum anderen.

»Im Wunderland«, berichtigte der Hutmacher. »Das Märchenland ist Faërie. Hier ist Wonderland. Das Land der Wunder.«

»Semantik«, warf vom Tischtuch her Dormousse ein. Niemand beachtete ihn.

»Fahr fort, Alice«, drängte der Hutmacher. »Was kam dann, nach den Kuchen?«

»Ich wollte unbedingt«, erklärte das Mädchen, während es am Henkel der Tasse spielte, »dieses weiße Kaninchen mit der Weste finden, dasjenige, das Handschuhe trug und eine Taschenuhr mit einer Kette hatte. Ich habe mir gedacht, wenn ich es fände, dann würde ich auch zu dem Loch gelangen, in das ich gefallen war … und könnte durch dieses Loch zurückkehren. Nach Hause.«

Wir schwiegen alle. Diese Passage erforderte keine Erklärungen. Unter uns war niemand, der nicht gewusst hätte, was das schwarze Loch symbolisierte, der Fall, das lange, endlose Fallen. Unter uns war niemand, der nicht gewusst hätte, dass es im ganzen *Land* niemanden gab, der auch nur entfernt an ein weißes Kaninchen mit Weste, Handschuhen und Taschenuhr erinnerte.

»Ich ging«, fuhr Alice Liddell leise fort, »über eine Blumenwiese und rutschte plötzlich aus, denn die ganze Wiese war feucht vom Tau und sehr glatt. Ich fiel hin. Ich weiß selber nicht, wie, aber plötzlich plumpste ich ins Meer. Das dachte ich, denn das Wasser war salzig. Aber das war gar kein Meer, wisst ihr? Das war eine große Pfütze von Tränen. Weil ich vorher geweint hatte, sehr geweint ... Weil ich mich fürchtete und dachte, dass ich dieses Kaninchen und dieses Loch nie mehr finden würde. Das hat mir alles eine Maus erzählt, die auch in dieser Pfütze schwamm, weil sie auch zufällig reingefallen war, genau wie ich. Wir haben uns gegenseitig aus dieser Pfütze herausgezogen, das heißt, ein bisschen zog die Maus mich heraus und ein bisschen ich die Maus. Sie war ganz nass, die Arme, und sie hatte einen langen Schwanz ...«

Sie verstummte, und Archie warf mir von oben herab einen Blick zu. »Was auch immer gewisse Kater darüber denken mögen«, erklärte er und gab seine beiden gelben Zähne der öffentlichen Betrachtung preis, »der Mäuseschwanz ist ein Phallussymbol. Damit erklärt sich im Übrigen die panische Angst, die manche Frauen beim Anblick einer Maus ergreift.«

»Ihr seid verrückt«, sagte Alice voller Überzeugung. Niemand beachtete sie.

»Und das salzige Meer«, spottete ich, »das aus den Mädchentränen entstanden ist, das ist natürlich der zu Tränen rührende Penisneid? Was, Archie?«

»Genau! Darüber schreiben Freud und Bettelheim. Vor allem auf Bettelheim kann man sich hier berufen, denn er befasst sich mit der kindlichen Psyche.«

»Wir werden uns« – der Hutmacher verzog das Gesicht, während er Whisky in die Tassen goss – »hier nicht auf Bettelheim berufen. Und auch Freud *requiescat in pace*. Diese Flasche reicht gerade für uns vier, *comme il faut*, weiter können wir hier keinen gebrauchen. Erzähl, Alice.«

»Danach ...« Alice Liddell überlegte. »Später traf ich zufällig einen Lakaien. Aber als ich genauer hinschaute, war das gar kein Lakai, sondern ein großer Frosch in einer Lakaien-Livree.«

»Aha!«, freute sich der Schnapphase. »Da haben wir auch einen Frosch! Eine feuchte und glitschige Amphibie, die sich aufbläst, wenn sie erregt wird, anwächst, an Größe zunimmt! Wofür ist das ein Symbol, was meint ihr? Doch für einen Penis!«

»Na klar.« Ich nickte. »Was denn sonst. Dich erinnert alles an einen Penis und an einen Arsch, Archie.«

»Ihr seid verrückt«, sagte Alice. »Und vulgär.«

»Na klar«, bestätigte Dormousse, hob den Kopf und betrachtete sie schläfrig. »Das weiß doch jeder. Huch, sie ist ja noch hier? Sie haben sie noch nicht weggeholt?«

Der Hutmacher, sichtlich beunruhigt, blickte sich zum Wald um, aus dessen Tiefe schon Knistern und Knacken ertönten. Ich als Kater hatte diese Geräusche längst gehört, noch ehe sie näher gekommen waren. Das waren nicht Les Cœurs, das war eine Schar von gabben Schweiseln, die im Gras etwas zu fressen suchten.

Ich hatte nicht vor, den Schnapphasen zu beruhigen, der ebenfalls das Knacken hörte und schreckhaft die Ohren aufstellte. »Ja, ja, Archie, du solltest dich mit der Psychoanalyse beeilen, sonst bringt Mab sie für dich zu Ende.«

»Vielleicht willst du sie zu Ende bringen?« Der Schnapphase wackelte mit den Barthaaren. »Du als höheres Wesen kennst ja die Mechanismen der in der Psyche ablaufenden Prozesse aus dem Effeff. Zweifellos weißt du, wie es kommt, dass die sterbende Tochter des Dekans von Christ Church, statt in Frieden dahinzuscheiden, ohne aus der Lethargie zu erwachen, durch das *Land* irrt?«

»Christ Church.« Ich zügelte meine Verwunderung. »Oxford. Welches Jahr?«

»Achtzehnhundertzweiundsechzig«, warf Archie hin. »Die Nacht vom siebten zum achten Juli. Ist das wichtig?«

»Nein. Fasse deine Schlussfolgerungen zusammen. Du hast das Resümee doch parat?«

»Klar hab ich das.«

»Ich brenne vor Neugier.«

Der Hutmacher schenkte ein. Archie nahm einen kleinen Schluck, warf mir noch einen hochmütigen Blick zu, räusperte sich, rieb sich die Pfoten.

»Wir haben es hier«, begann er feierlich und in erhabenem Ton, »mit dem typischen Fall eines Konflikts zwischen Id, Ego und Superego zu tun. Wie den verehrten Kollegen bekannt, ist in der menschlichen Psyche das Id das, was gefährlich ist, triebhaft, bedrohlich und unverständlich, das, was mit der nicht zu hemmenden Tendenz zur gedankenlosen Lustbefriedigung verbunden ist. Jenes gedankenlose Nachgeben gegenüber den Trieben versucht die betreffende Person – wie wir es eben erst beobachten konnten – unbeholfen mit imaginierten Anweisungen à la ›Trink mich‹ oder ›Iss mich‹ zu rechtfertigen, was den – natürlich falschen – Anschein erwecken soll, das Id habe dem rationalen Ego die Kontrolle übergeben. Das Ego der betreffenden Person nämlich ist das ihr eingeflößte viktorianische Prinzip der Realität, der Wirklichkeit, der Notwendigkeit, sich Geboten und Verboten zu unterwerfen. Die Realität ist eine strenge häusliche Erziehung, die strenge, wenn auch scheinbar bunte Realität des ›Young Misses Magazine‹, der einzigen Lektüre für so ein Kind ...«

»Das stimmt nicht!«, rief Alice Liddell laut. »Ich habe auch noch ›Robinson Crusoe‹ gelesen! Und Sir Walter Scott!«

»Über das alles« – der Hase kümmerte sich nicht um den Zwischenruf – »versucht das unausgebildete Superego der besagten und – *sit licentia verbo* – hier gegenwärtigen Person vergebens die Herrschaft zu gewinnen. Das Superego aber, selbst ein rudimentäres, verfügt unter anderem über die Fähigkeit zu phantasieren. Darum versucht es auch, die ablaufenden Prozesse in Visionen und Bilder umzusetzen. *Vivere cesse, imaginare necesse est,* wenn die verehrten Kollegen die Paraphrase erlauben wollen ...«

»Die verehrten Kollegen«, sagte ich, »erlauben sich vielmehr die Anmerkung, dass die Schlussfolgerung, wiewohl im Prinzip theoretisch korrekt, nichts erklärt, also einen klassischen Fall von akademischem Geschwafel darstellt.«

»Nichts für ungut, Archie«, sprang mir der Hutmacher unverhofft bei. »Aber Chester hat recht. Wir wissen noch immer nicht, auf welche Weise Alice hierhergeraten ist.«

»Weil ihr Blödmänner seid!« Der Hase fuchtelte mit den Pfoten. »Ich sag es doch! Ihre von Erotismus überladene Phantasie hat sie hierhergebracht! Ihre Sehnsüchte! Die von irgendeinem Narkotikum geweckten geheimen Wunschträume ...«

Er stockte, blickte auf etwas hinter meinem Rücken. Jetzt hörte auch ich das Geräusch von Flügeln. Ohne sein Gerede hätte ich es früher gehört.

Auf dem Tisch, genau zwischen der Flasche und der

Teekanne, landete Edgar. Edgar ist ein Rabe. Edgar fliegt viel und redet wenig. Darum dient er allen im *Land* meistens als Bote. Diesmal war es ebenso, denn Edgar hielt ein ansehnliches Kuvert im Schnabel, geschmückt mit einer Krone zwischen den Initialen »MR«.

»Die verdammte Bande«, flüsterte der Hutmacher. »Die verdammte effekthascherische Bande.«

»Ist das für mich?«, wunderte sich Alice. Edgar nickte mit Kopf, Schnabel und Brief.

Sie nahm das Kuvert, aber Archie riss es ihr ohne viel Federlesens aus der Hand, erbrach das Siegel.

»Ihre Majestät Königin Mab etc. etc.«, las er vor, »lädt zur Teilnahme an einer Partie Croquet ein, und zwar …« Er warf uns einen Blick zu. »Heute.« Er zuckte mit den Barthaaren. »Sie haben es also erfahren. Die dämliche Fledermaus hat es herumerzählt, und sie haben es erfahren.«

»Wunderbar!« Alice Liddell klatschte in die Hände. »Eine Croquetpartie! Mit einer Königin! Kann ich jetzt gehen? Es wäre unhöflich, zu spät zu kommen.«

Der Hutmacher räusperte sich laut. Archie drehte den Brief in den Pfoten. Dormousse begann zu schnarchen. Edgar schwieg und sträubte die schwarzen Federn.

Plötzlich fasste ich einen Entschluss und stand auf. »Haltet sie hier fest, so lange es geht. Ich bin gleich wieder da.«

»Mach keine Dummheiten, Chester«, murmelte Archie. »Du kannst nichts machen, selbst wenn du an den Ort gelangst, woran ich zweifle. Es ist zu spät. Mab weiß von ihr, sie wird sie nicht fortlassen. Du kannst sie nicht retten. Es geht nicht.«

»Wollen wir wetten?«

Der Wind von Zeit und Raum pfiff mir noch immer in den Ohren und zauste mir das Fell, und der Erdboden, auf dem ich stand, wollte um nichts in der Welt aufhören zu beben. Gleichgewichtssinn und die harte Realität vertrieben jedoch rasch und konsequent den *horror vacui*, der mich die letzten paar Augenblicke hindurch begleitet hatte. Der Schwindel wich, wenn auch widerwillig, die Augen gewöhnten sich allmählich an die euklidische Geometrie.

Ich schaute mich um.

Der Garten, in dem ich gelandet war, war ein wirklich englischer Garten, das heißt elendiglich zugewachsen und voller Sträucher. Irgendwo von links her roch es ein bisschen nach Morast, und immer mal wieder ertönte ein kurzes Knaken, woraus ich schloss, dass auch ein Teich in der Nähe sein musste. In der Tiefe schienen die Lichter der efeuberankten Fassade eines nicht besonders großen einstöckigen Hauses.

Im Grunde war ich mir meiner Sache sicher, also dessen, dass ich den richtigen Ort und die richtige Zeit getroffen hatte. Aber ich wollte mich lieber vergewissern.

»Ist hier jemand, zum Teufel?«, fragte ich ungeduldig.

Ich brauchte nicht lange zu warten. Aus dem Dunkel tauchte ein rötlicher, getigerter Herr auf. Er sah nicht nach dem Besitzer des Gartens aus, obwohl er sich größte Mühe gab, so auszusehen. Dumm war er nicht, offensichtlich hatte man ihm in seiner Jugend auch etwas Manieren und *savoir vivre* beigebracht, denn als er mich erblickte, begrüßte er mich höflich, indem er sich hinsetzte und den Schwanz um die Pfoten legte. Ha, ich möchte sehen, wie irgendwer von euch Menschen ebenso gefasst auf das Erscheinen eines Wesens aus eurer eigenen Mythologie reagiert. Und eurer Dämonologie.

»Mit wem habe ich das Vergnügen?«, fragte ich kurz und knapp.

»Russet Fitz-Rourke der Dritte, *Your Grace.*«

»Das« – mit einer Bewegung des Ohres deutete ich an, was ich meinte – »ist natürlich England?«

»Natürlich.«

»Oxford?«

»In der Tat.«

Ich hatte es also getroffen. Die Ente, die ich gehört hatte, schwamm sicherlich nicht auf einem Teich, sondern auf der Themse oder dem Cherwell. Und der Turm, den ich bei der Landung gesehen hatte, war der Carfax Tower. Der Haken war nur, dass der Carfax Tower bei meinem letzten Besuch in Oxford genauso ausgesehen hatte, und das war 1645 gewesen, kurz vor der Schlacht bei Naseby. Ich hatte damals König Charles geraten, auf alles zu pfeifen und nach Frankreich zu fliehen.

»Wer regiert derzeit Britannien?«

»In England Merlin von Glastonbury. In Schottland …«

»Ich frage nicht nach den Katzen, Dummkopf.«

»Verzeihung, Euer Gnaden. Königin Victoria.«

Sehr gut. Obwohl, andererseits – das Weib hatte vierundsechzig Jahre lang regiert, 1837 bis 1901. Es konnte immer noch sein, dass ich das Ziel ein wenig nach vorn oder hinten verfehlt hatte. Ich hätte den Rötlichen einfach nach dem Datum fragen können, aber das kam nicht in Frage, wie ihr euch denken könnt. Womöglich kam er auf den Gedanken, ich sei nicht allwissend. Das Prestige, wie man sagt, geht über alles.

»Wem gehört dieses Haus?«

»Venera Whiteblack …«, begann er, korrigierte sich aber sofort. »Das heißt, der menschliche Besitzer ist Herr Dekan Henry George Liddell.«

»Gibt es Kinder? Ich frage nicht nach den Kindern von Venera Whiteblack, sondern nach denen Liddells.«

»Drei Töchter.«

»Welche heißt Alice?«

»Die mittlere.«

Ich atmete insgeheim auf. Der Rötliche atmete ebenfalls auf. Er war überzeugt, dass ich mich nicht erkundigte, sondern ihn examinierte.

»Sehr verbunden, Sir Russet. Erfolgreiche Jagd.«

»Danke, *Your Grace*.«

Er seinerseits wünschte mir keinen Erfolg bei der Jagd. Er kannte die Legende. Er wusste, welche Art Jagd mein Erscheinen in seiner Welt bedeuten konnte.

Ich ging durch die Mauer, durch Wände, die mit einer schreiend geblümten Tapete beklebt waren, durch den Stuck, durch die Möbel. Ich ging durch den Geruch nach Staub, Arznei, Äpfeln, Sherry, Tabak und Lavendel. Ich ging durch Stimmen, Flüstern, Seufzer und Schluchzen. Ich ging durch den erleuchteten *living room*, in dem Dekan Liddell und seine Gattin sich mit einem schmächtigen, leicht krummrückigen Mann mit üppiger brünetter Frisur unterhielten. Ich fand die Treppe. Ich ging an zwei Kinderschlafzimmern vorüber, von denen junger, gesunder Schlaf ausstrahlte. Am dritten aber traf ich auf die *Wächterin*.

»Ich komme in Frieden«, sagte ich rasch und wich vor dem warnenden Fauchen zurück, vor Krallen, Fangzähnen und Zorn. »In Frieden!«

Die auf der Schwelle liegende Venera Whiteblack legte die Ohren an, bedachte mich mit der nächsten Woge von Hass, worauf sie die klassische Kampfpositur einnahm.

»Halte dich zurück, Katze!«

»Apage!«, fauchte sie, ohne die Haltung zu ändern. »Fort! Kein Dämon überquert die Schwelle, auf der ich liege!«

Ich verlor die Geduld. »Nicht einmal einer, der dich Suse nennt?«

Sie zuckte zusammen.

»Geh mir aus dem Weg«, wiederholte ich. »Suse, Katze von Alice Liddell.«

»Euer Gnaden?« Sie blickte mich unsicher an. »Hier?«

»Ich will hineingehen. Mach die Schwelle frei. Nein, nein, geh nicht weg. Komm mit mir hinein.«

In dem kleinen Zimmer standen, wie es in dieser Epoche Brauch war, so viele Möbel wie hineinpassten. Die Wände waren auch hier von einer Tapete mit entsetzlichem Blümchenmuster bedeckt. Über einer kleinen Kommode hing eine nicht besonders gelungene Grafik, die, wenn man der Unterschrift Glauben schenken durfte, eine gewisse Mrs. West in der Rolle der Desdemona darstellte. In dem Bettchen aber lag Alice Liddell, bewusstlos, schweißgebadet und blass wie ein Gespenst. Sie phantasierte so stark, dass ich in der Luft über ihr beinahe die roten Dachziegel vom Häuschen des Schnapphasen sah und »Greensleeves« hörte.

»Sie sind auf der Themse Boot gefahren, sie, ihre Schwestern und Herr Charles Lutwidge Dodgson«, kam Venera Whiteblack meiner Frage zuvor. »Alice ist ins Wasser gefallen, hat sich erkältet und Fieber bekommen. Der Arzt war da, er hat ihr verschiedene Medikamente verschrieben, sie ist auch aus der Hausapotheke versorgt worden. Versehentlich ist zwischen die Arzneien ein Fläschchen Laudanum geraten, und sie hat es ausgetrunken. Seither ist sie in diesem Zustand.«

Ich überlegte. »Ist dieser verantwortungslose Charles der Typ mit der Pianistenfrisur, der sich mit dem Dekan Liddell unterhält? Als ich durch den Salon gekommen bin, habe ich eine Emanation seiner Gedanken wahrgenommen. Schuldgefühle.«

»Ja, das ist er. Ein Freund des Hauses. Ein Mathematikdozent, aber ansonsten ganz erträglich. Und ich würde ihn nicht verantwortungslos nennen. Es war nicht seine Schuld, in dem Boot. Ein Unfall, wie er jedem passieren kann.«

»Ist er oft in der Nähe von Alice?«

»Oft. Sie mag ihn. Er mag sie. Wenn er sie anschaut, schnurrt er. Er denkt sich alle möglichen ungereimten Geschichten aus und erzählt sie der Kleinen. Sie liebt das.«

»Aha.« Ich bewegte ein Ohr. »Ungereimte Geschichten. Phantasien. Und Laudanum. Da also liegt der Hund begraben, *pun not intended.* Genug davon. Denken wir an das Mädchen. Es ist mein Wunsch, dass sie gesund wird. Und zwar schleunigst.«

Die Katze kniff die Augen zusammen und sträubte die Schnurrhaare, was bei uns Katzen grenzenlose Verwunderung bedeutet. Sie beherrschte sich jedoch rasch. Und schwieg. Sie wusste, dass eine Frage nach den Motiven eine ungeheuerliche Taktlosigkeit wäre. Sie wusste auch, dass ich auf solch eine Frage nicht geantwortet hätte. Kein Kater, keine Katze antwortet jemals auf diese Frage. Wir tun immer, was uns beliebt, und pflegen uns nicht zu rechtfertigen.

»Es ist mein Wunsch«, wiederholte ich nachdrücklich, »dass die Krankheit Fräulein Alice Liddell verlässt.«

Venera setzte sich auf, blinzelte, bewegte ein Ohr. »Das ist dein Privileg, Fürst«, sagte sie sanft. »Ich kann nur danken … für die Gunst. Ich liebe dieses Kind.«

»Das war keine Gunst. Danke also nicht, sondern geh an die Arbeit.«

»Ich?« Fast wäre sie hochgesprungen. »Ich soll sie heilen? Das ist doch gewöhnlichen Katzen verboten! Ich dachte, Euer Hoheit würden selbst die Güte haben … Übrigens, ich könnte es nicht …«

»Erstens gibt es keine gewöhnlichen Katzen. Zweitens steht es mir frei, jedes Verbot zu brechen. Hiermit breche ich es. Geh an die Arbeit.«

»Aber …« Venera wandte den Blick nicht von mir, in ihren Augen erschien plötzlich Furcht. »Aber … Wenn ich die Krankheit aus ihr herausschnurre, dann werde ich …«

»Ja«, bestätigte ich beiläufig. »Du wirst anstelle von ihr sterben.«

Du sagst, dass du dieses Mädchen liebst. Beweise es. Du hast vielleicht gedacht, es genügt, ihr auf dem Schoß zu liegen, zu schnurren und sich streicheln zu lassen? Die Überzeugung zu stärken, dass Katzen falsch sind, dass sie sich nicht an Menschen binden, sondern ausschließlich an Orte?

Es war natürlich unter meiner Würde, Venera Whiteblack solche Banalitäten zu sagen. Und es war durchaus unnötig. Hinter mir stand die Macht der Autorität. Der einzigen Autorität, die eine Katze akzeptiert. Venera Whiteblack miaute leise, sprang Alice auf die Brust, begann mit den Pfoten kräftig die Bettdecke zusammenzudrücken. Ich hörte die leisen Geräusche der Krallen, die durch den Damast rissen. Nachdem sie die richtige Stelle erfühlt hatte, legte sich die Katze hin und fing an, laut zu schnurren. Obwohl es ihr sichtlich an Übung fehlte, machte sie das hervorragend. Ich spürte geradezu, wie sie mit jedem Laut aus der Kranken herauszog, was herausgezogen werden musste.

Ich störte sie natürlich nicht. Ich hielt Wache, dass niemand anders sie störte. Wie sich zeigte, tat ich gut daran.

Die Tür wurde leise geöffnet, und ins Zimmer trat jener blasse Brünette, Charles Ludwig oder Ludwig Charles, hab's vergessen. Er kam mit gesenktem Kopf herein, ganz krumm und erfüllt von Trauer und Schuldgefühlen. Er bemerkte sofort die auf Alices Brust liegende Venera Whiteblack und kam sofort zu dem Schluss, er habe jemanden, dem er die Schuld zuschieben könne.

»Heda …. Kkk-katze«, begann er zu stottern. »Kusch! Geh sooo-sofort von dem Bett!«

Er machte noch zwei Schritte, schaute zu dem Sessel, auf dem ich lag. Und er erblickte mich – oder vielleicht weniger mich als mein Grinsen, das in der Luft schwebte. Ich weiß nicht, welchem Wunder er das verdankte, doch er sah es. Und erbleichte. Schüttelte den Kopf. Rieb sich die Augen. Leckte sich die Lippen. Und dann streckte er die Hand nach mir aus.

»Fass mich an«, sagte ich so lieblich, wie ich nur konnte. »Fass mich nur an, und für den Rest deines Lebens wirst du dir die Nase mit einer Prothese putzen.«

»Wer biii…«, stotterte er los, »biii…st du?«

»Mein Name ist Legion«, antwortete ich gleichgültig. »Für meine Freunde Malignus, *princeps potestatis aeris*. Ich bin einer von jenen, die ihre Kreise ziehen und Ausschau halten, *quaerens quem devoret*. Zu eurem Glück sind es in der Regel Mäuse, was wir fressen wollen. Aber an deiner Stelle würde ich keine übereilten und zu weit gehenden Schlussfolgerungen ziehen.«

»Das kkk…« Diesmal stotterte er so heftig, dass ihm beinahe die Augen heraussprangen. »Das kkkann nnnicht …«

»Kann es, kann es«, versicherte ich, noch immer mit weißem und scharfem Grinsen. »Bleib, wo du stehst. Beschränke deine Aktivität auf ein Minimum, und ich schenke dir die Gesundheit. *Parole d'honneur.* Hast du verstanden, was ich sagte, Zweibeiner? Das Einzige, was du bewegen darfst, sind die Lider und die Augäpfel. Ich erlaube dir auch, vorsichtig ein- und auszuatmen.«

»Aber …«

»Reden erlaube ich nicht. Schweig und beweg dich nicht, als ob dein Leben davon abhinge. Es hängt nämlich davon ab.«

Er begriff. Er stand da, schwitzte schweigend, schaute mich an und dachte intensiv nach. Er hatte sehr verwickelte Gedanken. Solche hätte ich bei einem Mathematikdozenten nicht erwartet. Unterdessen tat Venera Whiteblack das Ihre, und die Luft vibrierte geradezu von der Magie ihres Schnurrens. Alice bewegte sich, stöhnte. Die Katze beruhigte sie, indem sie ihr leicht eine Pfote aufs Gesicht legte. Charles Lutwidge Dodgson – sein Name war mir wieder eingefallen – erbebte bei diesem Anblick.

»Ruhig«, sagte ich unerwartet sanft. »Hier wird geheilt. Das ist eine Therapie. Hab Geduld.«

Er betrachtete mich einen Moment lang.

»Du bist mmm...meine eigene Phantasie«, murmelte er schließlich. »Es hat keinen Sinn, mmm...mit dir zu reden.«

»Wie recht du hast.«

»Das« – er zeigte mit einer leichten Kopfbewegung zum Bett hin – »soll eine Therapie sein? Eine Kkk... katzentherapie?«

»Erraten.«

»Though this be madness«, brachte er hervor, wundersamerweise ohne zu stottern, *»yet there is method in't.«*

»Du hast schon wieder recht.«

Wir warteten.

Schließlich hörte Venera Whiteblack auf zu schnurren, legte sich auf die Seite, rollte sich zusammen und fuhr sich ein paarmal mit der kleinen rosa Zunge durchs Fell. »Das war's wohl«, erklärte sie unsicher. »Ich habe alles herausgezogen. Das Gift, die Krankheit und das Fieber. Sie hatte noch etwas im Knochenmark, ich weiß nicht, was das war. Aber sicherheitshalber habe ich es auch herausgezogen.«

»Brava, *My Lady.*«

»Your Grace?«

»Ja?«

»Ich lebe immer noch.«

»Du hast doch wohl nicht geglaubt« – ich lächelte herablassend –, »ich würde dich sterben lassen?«

Die Katze zog mit stummem Dank die Augen zusammen. Charles Lutwidge Dodgson, der seit einer ganzen Weile unsere Maßnahmen mit unruhigem Blick verfolgte, räusperte sich plötzlich laut.

Ich schaute ihn an. »Rede«, erlaubte ich großmütig. »Aber stottere bitte nicht.«

»Ich weiß nicht, welches Ritual hier stattfindet«, begann er leise. »Aber es gibt Dinge im Himmel und auf Erden …«

»Also komm zur Sache.«

»Alice ist immer noch bewusstlos.«

Ha. Er hatte recht. Es sah danach aus, dass die Operation gelungen war. Aber nur den Ärzten. *Medice, cura te ipsum,* dachte ich. Ich zögerte zu sprechen, während ich den fragenden Blick der Katze und den unruhigen des Mathematikdozenten auf mir spürte. Ich erwog verschiedene Möglichkeiten. Eine davon war, mit den Schultern zu zucken und meiner Wege zu gehen. Aber ich hatte mich in dieser Geschichte schon zu stark engagiert, ich konnte jetzt nicht zurück. Die Flasche, um die ich mit dem Schnapphasen gewettet hatte, war eins, aber das Prestige …

Ich dachte intensiv nach. Dabei wurde ich gestört.

Charles Lutwidge sprang plötzlich hoch, und Venera Whiteblack spannte sich und hob ruckartig den Kopf. Auf dem Blumenmuster der viktorianischen Tapete tanzte rasch ein unsteter Schatten.

»Haa-haa!«, piepste der Schatten und flatterte um die Deckenlampe. »Ob Katzen Fledermäuse atzen?«

Venera legte die Ohren an, zischte, machte einen Buckel, fauchte wütend. Radetzky hängte sich sicherheitshalber an den Lampenschirm. »Chester!«, rief er von oben herab und breitete einen Flügel aus. »Archie lässt ausrichten, du sollst dich beeilen! Es steht schlimm! Les Cœurs haben das Mädchen geholt! Beeil dich, Chester!«

Ich fluchte sehr hässlich, aber auf Ägyptisch, also verstand es niemand. Ich warf einen Blick auf Alice. Sie atmete ruhig, auf ihrem Gesicht bemerkte ich eine gesunde Röte. Aber, zum Kuckuck, sie war immer noch bewusstlos.

»Sie träumt immer noch«, ging Charles Lutwidge Dodgson ein Licht auf. »Und am schlimmsten, ich fürchte, dass das nicht ihr eigener Traum ist.«

»Ich fürchte das auch.« Ich blickte ihm in die Augen. »Aber jetzt ist nicht die Zeit zum Theoretisieren. Man muss sie aus dem Fieberwahn holen, ehe es zu irreversiblen Dingen kommt. Radetzky! Wo ist das Mädchen momentan?«

»Auf den Wonderland Meadows!«, krächzte die Fledermaus. »Auf dem Croquetplatz! Mit Mab und Les Cœurs!«

»Fliegen wir.«

»Fliegt.« Venera Whiteblack zeigte die Krallen. »Und ich werde hier Wache halten.«

»Gleich.« Charles Lutwidge rieb sich die Stirn. »Ich verstehe nicht alles … Ich weiß nicht, wohin und wozu ihr fliegen wollt, aber … ohne mich wird es wohl nicht gehen … Ich bin es, der sich das Ende dieser Geschichte ausdenken muss. Um das zu tun … *By Jove!* Ich muss mit euch kommen.«

»Das ist doch wohl nicht dein Ernst«, fauchte ich. »Du weißt nicht, wovon du redest.«

»Ich weiß es. Es ist meine eigene Phantasie.«

»Nicht mehr.«

Auf dem Rückweg war der *horror vacui* noch schlimmer. Denn ich hatte es eilig. Mitunter erweist sich bei solchen Reisen Eile als fatal. Ein kleiner Fehler in den Berechnungen, und plötzlich gerät man nach Florenz ins Jahr 1348, in die Epidemie des Schwarzen Todes. Oder nach Paris, in die Nacht vom 23. zum 24. August 1572.

Aber ich hatte Glück. Ich kam an den richtigen Ort.

Der Hutmacher hatte sich nicht geirrt und auch nicht übertrieben, als er die ganze widerwärtige Bande Effekthascher genannt hatte. Sie taten alles mit Effekt und für den Effekt. Immer. Diesmal war es ebenso.

Ein zwischen Akazien gelegener Rasen sollte ein Croquetfeld vorstellen, dem Effekt zuliebe waren darauf sogar die kleinen halbrunden Tore aufgestellt, die im Jargon der Croquetspieler *arches* heißen. Les Cœurs – ungefähr zehn an der Zahl – hielten die Requisiten in den Händen: die Schläger, *mallets* genannt, und auf dem Gras lag etwas, das die Bälle imitieren sollte, aber ganz wie zusammengerollte Igel aussah. Das Wort bei der Bande führte natürlich die flammend rothaarige Mab, gekleidet in karminroten Atlas und behängt mit aufdringlicher Bijouterie. Mit erhobener Stimme und herrischen Gesten zeigte sie, welche Plätze Les Cœurs einnehmen sollten. Eine Hand hatte sie dabei auf dem Arm von Alice Liddell. Das Mädchen betrachtete die Königin und die Vorbereitungen mit lebhaftem Interesse und feurigen Wangen. Sie begriff offensichtlich nicht, dass kein Spiel bevorstand, sondern eine sadistische und effekthascherische Exekution.

Mein unerwartetes Erscheinen rief – wie üblich – eine leichte Bewegung und Raunen bei Les Cœurs hervor, deren Mab jedoch alsbald Herr wurde.

»Tut mir leid, Chester«, sagte sie kalt, wobei sie mit den ringbewehrten Fingern die Falbeln an Alices Ärmel zerknüllte. »Es tut mir sehr leid, aber wir haben die Spieler schon komplett. Unter anderem deswegen hat man dir keine Einladung geschickt.«

»Macht nichts.« Ich gähnte und zeigte Schneidezähne, Eckzähne, Reißzähne, Mahlzähne und Backenzähne, alles in allem eine ganze Menge Zahnbein und Schmelz. »Macht nichts, Euer Majestät, ich hätte sowieso absagen müssen. Ich mache mir nichts aus Croquet, ich ziehe andere Spiele und Vergnügungen vor. Was indes die kompletten Mannschaften angeht, will ich doch annehmen, dass ihr auch Reservespieler habt?«

Mab kniff die Augen zusammen. »Und was könnte es dich angehen, ob wir welche haben?«

»Ich muss leider Fräulein Liddell hier wegholen. Ich gehe davon aus, dass ich euch das Vergnügen nicht verderbe.«

»Aha.« Mab erwiderte meine Vorführung des Zahnbestandes mit der schwachen Imitation eines Lächelns. »Aha. Verstehe. Erklär mir aber, warum muss unser alter Streit um die Hegemonie darauf hinauslaufen, dass wir uns gegenseitig die Spielzeuge wegnehmen? Müssen wir uns wie Kinder benehmen? Können wir nicht Zeit und Ort vereinbaren und erledigen, was erledigt werden muss? Könntest du mir das erklären, Chester?«

»Mab«, entgegnete ich. »Wenn du diskutieren willst, dann lege Zeit und Ort fest. Rechtzeitig vorher. Heute bin ich nicht in Stimmung für einen Disput. Außerdem warten die Spieler. Ich werde also Miss Liddell mitnehmen und verschwinden, mich nicht länger aufdrängen.«

»Von wieso« – wenn Mab die Nerven verliert, spricht sie irgendein grässliches *argot* – »und für wozu brauchst du dieses Kind, verdammter Kater? Warum liegt dir so viel an ihm? Aber vielleicht geht es dir gar nicht um dieses Kind? Was? Antworte mir!«

»Ich sagte, ich habe keine Lust zu diskutieren. Das gilt auch für Antworten auf Fragen. Komm her, Alice.«

»Wag ja nicht, dich von der Stelle zu rühren, Rotznase.« Mab krallte die Finger in Alices Arm, und das Gesicht des Mädchens verzog sich vor Schmerz und wurde bleich. Der Ausdruck seiner dunklen Augen ließ erkennen, dass es anscheinend zu begreifen begann, was hier gespielt wurde.

»Eure Majestät« – ich schaute mich um und stellte fest, dass Les Cœurs mich langsam umzingelten – »wollen gnädigst das Händchen vom Arm dieses Kindes nehmen. Unverzüglich. Desgleichen wollen Euer Majestät gnädigst ihre Dienerschaft instruieren, sich auf den protokollarisch vorgesehenen Abstand zurückzuziehen.«

»Tatsächlich?« Mab ließ weitere Zähne sehen. »Und wenn ich es nicht gnädigst will, was dann, wenn ich fragen darf?«

»Darfst du. Dann, rothaarige Vettel, verhalte ich mich auch nicht protokollgerecht. Ich werde eurer ganzen beschissenen Bande die Kaldaunen herausreißen.«

Und damit war das Reden zu Ende. Les Cœurs stürzten sich einfach auf mich, ohne abzuwarten, dass Mabs Schrei verhallte und ihre beringte Hand die herrische Geste vollendete. Sie stürzten sich allesamt auf mich.

Doch ich war darauf vorbereitet. Es flogen Fetzen von ihren mit Kartensymbolen verzierten Wämsern. Es flogen Fetzen von ihnen selbst. Von mir auch, aber wesentlich weniger. Ich warf mich auf den Rücken. Das schränkte meine Beweglichkeit ein wenig ein, aber ich konnte sie nun auch mit den Hinterpfoten häckseln. Die Mühe machte sich allmählich bezahlt – etliche von Les Cœurs, von meinen Krallen und Zähnen tüchtig gezeichnet, traten eiligst den schmachvollen Rückzug an, ohne auf die Schreie Mabs zu achten, die ihnen mit wenig erlesenen Worten befahl, was sie mir ausreißen sollten.

»Wer wird sich denn um euch scheren?«, erklang plötzlich Alices Stimme und fügte dem Aufruhr ganz neue Noten hinzu. »Ihr seid ein Kartenspiel! Nichts weiter als ein Kartenspiel!«

»So?«, heulte Mab auf und zerrte heftig an ihr. »Was sagst du dazu?«

Einer von Les Cœurs, ein lockenköpfiger junger Mann mit einem Treff-Zeichen auf der Brust, packte mich mit beiden Händen am Schwanz. Ich kann Vertraulichkeiten nicht ausstehen, also riss ich ihm den Kopf ab. Doch die anderen saßen schon auf mir und machten heftig atmend Gebrauch von Fäusten, Absätzen und Croquetschlägern. Sie gaben sich verdammt viel Mühe. Aber ich gab mir auch Mühe. Nach einer Weile lichtete es sich in der Umgebung. Ich konnte vom Stellungs- zum Bewegungskrieg übergehen. Der Rasen war schon verteufelt rot und verteufelt glitschig.

Alice trat Mab mit ganzer Kraft gegen ein Knie. Ihre Majestät fluchte schmutzig und verpasste ihr mit Schwung eine ins Gesicht. Das Mädchen fiel hin und landete auf einem von Les Cœurs, der gerade aufzustehen versuchte. Ehe er Alice abgeschüttelt hatte, kratzte ich ihm ein Auge aus. Einem, der mich daran zu hindern versuchte, kratzte ich beide Augen aus. Die beiden übrigen gaben Fersengeld, und ich konnte aufstehen.

»Na, geliebte Queen of Hearts? Reicht es für heute?«, sagte ich schwer atmend, während ich mir das Blut von der Nase und den Schnurrhaaren leckte. »Vielleicht machen wir ein andermal weiter, nachdem wir zuvor Zeit und Ort festgelegt haben?«

Mab bedachte mich mit einer Tirade, in der die Bezeichnung »gestreifter Hurensohn« am zahmsten war, allerdings auch am häufigsten vorkam. Sie hatte offensichtlich nicht die Absicht, den Konflikt auf ein andermal zu verschieben. Ein paar von Les Cœurs hatten sich schon vom ersten Schock erholt und schickten sich an, abermals zu attackieren. Ich aber war etwas erschöpft und hatte zweifellos eine gebrochene Rippe. Ich schirmte mit meinem Körper Alice ab.

Mab schrie triumphierend auf. Die Akazienbüsche teilten sich plötzlich wie das Rote Meer. Und von dorther, durch das Gejohle von Les Cœurs zum Kampfe angespornt, kam der Bandersnatch getrabt. Genauer gesagt, ein schön ausgewachsenes Exemplar von einem Bandersnatch. Von einem bedröslichen Bandersnatch.

»Ich lasse mir aus dir eine Mütze schneidern, Chester!«, schrie Mab und zeigte dem Bandersnatch, auf wen er sich stürzen sollte. »Wenn von dir dafür genug Pelz übrigbleibt!«

Ich bin ein Kater. Ich habe neun Leben. Ich weiß aber nicht, ob ich schon gesagt habe, dass ich acht davon bereits aufgebraucht habe.

»Flieh, Alice!«, zischte ich. »Flieh!«

Doch Alice Liddell rührte sich nicht, vor Angst gelähmt. Das wunderte mich nicht allzu sehr.

Der Bandersnatch pflügte mit seinen Krallen durch den Rasen, als wolle er eine U-Bahn-Station oder einen Tunnel unterm Mont Blanc graben. Er sträubte das schwarz-rote Fell, wodurch er fast doppelt so groß wirkte, obwohl er ohnehin groß genug war. Die Muskeln unter seiner Haut spielten die Neunte Sinfonie, die Augäpfel erglühten in höllischem Feuer. Er riss das Maul auf eine Weise auf, die mir sehr schmeichelte. Und stürzte sich auf mich.

Ich wehrte mich verbissen. Ich gab mein Bestes. Aber er war größer und verteufelt stark. Ehe es mir endlich gelang, ihn abzuschütteln und wegzustoßen, setzte er mir tüchtig zu.

Ich konnte mich kaum auf den Beinen halten. Das Blut lief mir in die Augen und rann die Flanken hinab, und das spitze Ende einer der gebrochenen Rippen versuchte mit Macht, etwas in meiner rechten Lunge zu finden. Alice schrie derart, dass es in den Ohren dröhnte. Der Bandersnatch aber wischte mit den Eiern schwungvoll über den Rasen, wackelte mit dem Rest eines Ohrs, blickte mich unter ramponierten Lidern hervor und über die blutende Nase hinweg an. Wieder riss er den Rachen auf. Und klappte ihn völlig unerwartet zu. Statt wieder zu springen und mich zu erledigen, stand er in sich gekeimt da. Wie ein Kuharsch.

Ich schaute mich um, und ich sage euch, das letzte Mal hatte ich so etwas in *Geburt einer Nation* von Griffith gesehen. Denn zwischen den Bäumen hervor kam der Entsatz galoppiert. Doch es war weder die U.S. Cavalry noch der Ku-Klux-Klan. Es war mein Bekannter, ein gewisser Charles Lutwidge Dodgson. Er sah aus, sage ich euch, wie der heilige Georg auf dem Bild von Carpaccio, und bewaffnet war er mit einem blitzenden, scharfgebifften Schwert.

Ihr werdet es nicht glauben, aber der Bandersnatch floh als Erster. Seinem eingeklemmten Schwanz hinterher suchten Les Cœurs ihr Heil in der Flucht, soweit sie ihre Beine noch gebrauchen konnten. Und als Letzte verließ Königin Mab das Schlachtfeld, wobei sie in ihr Atlaskleid weinte. Ich jedoch sah das schon wie durch ein mit Rote-

Rüben-Suppe gefülltes Aquarium. Und einen Augenblick später …

Ihr müsst versprechen, dass ihr nicht lachen werdet.

Einen Augenblick später erblickte ich ein Kaninchen mit roten Augen, das aufs Zifferblatt einer Uhr schaute, die es aus der Westentasche genommen hatte. Und dann fiel ich in ein schwarzes, bodenloses Loch.

Der Fall dauerte lange.

Ich bin ein Kater. Ich falle immer auf die vier Pfoten. Selbst wenn ich mich nicht daran erinnern kann.

»Ach«, sagte plötzlich Charles Lutwidge Dodgson, mit dem Ellenbogen auf ein Weidenkörbchen mit Pasteten gestützt. »Kennst du, Cheshire-Kater, dieses wonnigliche Gefühl von Schläfrigkeit, das das Erwachen an einem Sommermorgen begleitet, wenn die Luft vom Zwitschern der Vöglein erfüllt ist, ein frischer Luftzug durchs offene Fenster hereinweht, du aber träge mit halb geschlossenen Augen daliegst und, als ob du immer noch träumtest, sich träge wiegende grüne Zweige siehst, eine Wasseroberfläche, von kleinen goldenen Wellen gekräuselt? Ach, glaub mir, Kater, das ist eine Wonne, die an tiefe Trauer grenzt, eine Wonne, die die Augen mit Tränen füllt wie ein schönes Bild oder ein schöner Vers.«

Ihr werdet es nicht glauben. Er stotterte kein einziges Mal.

Das Picknick verlief bestens. Alice Liddell und ihre Schwestern vergnügten sich lärmend am Themseufer, stiegen eine nach der anderen in das vertäute Boot und sprangen nacheinander heraus. Wenn eine dabei in das flache Wasser am Ufer platschte, quiekte sie durchdringend und hob das Röckchen weit empor. Dann merkte der neben mir sitzende Charles Lutwidge Dodgson ein wenig auf und errötete ein wenig.

»*And I have loved you so long …*«, summte ich in meine Schnurrhaare und dachte, dass der Schnapphase in vielerlei Hinsicht recht gehabt hatte.

»Wie bitte?«

»›Greensleeves‹. Aber lassen wir das. Weißt du was, lieber Charles? Schreib das alles auf. Die Geschichte, wie unschwer zu erkennen ist, trat langsam, Stück für Stück ans Tageslicht. Es ist an der Zeit, das zu beschreiben. Zumal ein Anfang schon gemacht ist.«

Er schwieg. Und wandte den Blick nicht von der freudig quietschenden Alice Liddell, die das Röckchen so hob, dass man die Schlüpfer genau sehen konnte.

»Die Zeit enteilt uns ohne Ruh, uns trennt ein halbes Leben«, sagte er plötzlich leise. »Heut ist ihr Silberlachen weit, ihr sonnenheller Blick, sie denkt wohl auch in künft'ger Zeit nicht mehr an mich zurück …«

»Ich würde eher zu Prosa raten«, konnte ich mir nicht verkneifen. »Poesie verkauft sich nicht.«

Er schaute mich an und verzog leicht das Gesicht. »Könntest du dich nicht … hmmm … mehr materialisieren?«, fragte er. »Es irritiert, auf dein Grinsen zu schauen, das im Nichts schwebt.«

»Heute, lieber Charles, kann ich dir nichts abschlagen. Ich schulde dir zu viel.«

»Lassen wir das«, sagte er verlegen und wandte den Blick ab. »Jeder an meiner Stelle … Ich konnte doch nicht zulassen, dass sie … und du … von meiner eigenen Phantasie umgebracht wurden.«

»Danke, dass du es nicht zugelassen hast. Aber so unter uns: Woher, aromer Sohn, hattest du das scharfgebiffte Schwert?«

»Woher hatte ich was?«

»*Forget it.* Charles, wir schweifen vom Thema ab.«

»Ein Buch, das das alles beschreibt?« Er wurde wieder

nachdenklich. »Was weiß denn ich? Ich weiß wirklich nicht, ob ich imstande wäre …«

»Wärst du. Deine Phantasie hat eine Kraft, die Rippen brechen kann.«

»Hmmm.« Er machte eine Bewegung, als wollte er mich streicheln, überlegte es sich aber rechtzeitig anders. »Hmm, wer weiß? Vielleicht würde ihr … so ein Buch gefallen? Außerdem, das College zahlt miserabel, ein paar Pfund zusätzlich wären nicht schlecht. Natürlich müsste ich es unter einem Pseudonym herausbringen. Meine Stellung als Dozent …«

»Du brauchst einen ordentlichen *nom de plume*, Charles.« Ich gähnte. »Nicht nur im Hinblick auf die Vorgesetzten. Dein Familienname eignet sich nicht für einen Buchumschlag. Er klingt, als ob jemand, der an Schwindsucht leidet, sein Testament diktiert.«

»Unerhört.« Er spielte Entrüstung. »Hast du vielleicht einen Vorschlag? Etwas, was besser klingt?«

»Habe ich. William Blake.«

»Du machst Witze.«

»Emily Brontë.«

Diesmal verstummte er und sagte lange Zeit nichts. Die Fräuleins Liddell hatten am Ufer eine leere Muschel gefunden. Die Freudenschreie fanden kein Ende.

»Schläfst du, Cheshire-Kater?«

»Ich versuche es.«

»Na, dann schlaf, Tiger, Brand entfacht in den Wäldern tiefer Nacht. Ich will dich nicht stören.«

»Ich liege auf dem Ärmel deines Talars. Was ist, wenn du aufstehen willst?«

Er lächelte. »Ich schneide den Ärmel ab.«

Wir schwiegen lange, schauten auf die Themse, auf der Enten und Haubentaucher schwammen.

»Die Schriftstellerei …«, sagte Charles Lutwidge plötzlich und machte den Eindruck von jemandem, der an einem Sommermorgen plötzlich aufgewacht ist. »Die Schriftstellerei ist eine tote Kunst. Das zwanzigste Jahrhundert steht vor der Tür, und das wird das Jahrhundert der Bilder sein.«

»Du denkst an die Spielerei, die Louis Jacques Mandé Daguerre erfunden hat?«

»Ja«, bestätigte er. »Just die Fotografik habe ich im Sinn. Die Literatur ist Phantasie, also Lüge. Der Schriftsteller belügt den Leser, indem er ihn am Gängelband seiner eigenen Vorstellungskraft führt. Er verwirrt ihn mit Doppel- oder Mehrdeutigkeit. Eine Fotografie lügt niemals ...«

»Wirklich?« Ich bewegte das Schwanzende, was bei uns Katzen manchmal Spott bedeutet. »Sogar eine, die ein ungefähr zwölfjähriges Mädchen in ziemlich zweideutigem, weit hochgeschobenem Nachtkleid darstellt? Welches in einer ziemlich zweideutigen Pose auf der Chaiselongue liegt?«

Er wurde rot.

»Kein Grund, sich zu schämen.« Wieder bewegte ich den Schwanz. »Wir alle lieben das Schöne. Mich, lieber Charles Lutwidge, faszinieren auch schöne junge Katzen. Wenn ich mich so wie du der Fotografie widmen würde, dann würde ich mir auch keine anderen Modelle suchen. Und auf die Schicklichkeit solltest du pfeifen.«

»Ich habe diese Fotografien nnn...nie jemandem gezeigt.« Unerwartet begann er wieder zu stottern. »Und ich werde sie nnn...nie jemandem zeigen. Obwohl du wissen solltest, dass es einen Mmm...moment gab, da ich mit der Fotografik gewisse Hoffnungen verknüpft habe. Finanzieller Art.«

Ich grinste. Ich wette, dass er dieses Grinsen nicht verstand. Er wusste nicht, woran ich dachte. Er wusste nicht, was ich gesehen hatte, als ich in den schwarzen Schacht des Kaninchenloches hinabgeflogen war. Denn unter anderem hatte ich gesehen und wusste, dass in hundertvierunddreißig Jahren, im Juli 1996, vier von seinen Fotografien, die ein Mädchen im Alter von elf bis dreizehn Jahren darstellten, alle in romantischer und erregender viktorianischer Unterwäsche, alle in zweideutigen, aber erotisch anzüglichen Posen – dass diese vier Fotos bei Sotheby's unter den Hammer kommen und für die Summe von 48500 Pfund Sterling den Besitzer wechseln würden. Eine hübsche Summe für vier Stück Papier, in der Kollographietechnik bearbeitet.

Doch es hatte keinen Sinn, ihm davon zu erzählen.

Ich hörte Flügelschlagen. Auf der nächsten Weide landete Edgar. Und begann auffordernd zu krächzen. Überflüssigerweise. Ich wusste selbst, dass es an der Zeit war.

»Zeit, das Picknick zu beenden.« Ich stand auf. »Leb wohl, Charles.«

Er zeigte keine Verwunderung. »Kannst du gehen? Deine Wunden …«

»Ich bin ein Kater.«

»Das hätte ich fast vergessen. Du bist der Cheshire-Kater. Werden wir uns noch einmal treffen? Was meinst du?«

Ich antwortete nicht.

»Werden wir uns noch einmal treffen?«, wiederholte er.

»Nevermore«, sagte Edgar.

Und das wäre, meine Lieben, im Grunde das Ende. Ich werde mich also kurz fassen.

Als ich ins *Land* zurückkehrte, stand der Nachmittag noch in voller Blüte, denn die Zeit fließt bei uns etwas anders als bei euch. Ich ging jedoch nicht zu Schnapphase und Hutmacher, um mit ihnen die bei der Wette gewonnene Flasche auszutrinken und mich – nach der Sache mit dem starrsinnigen Shakespeare – eines weiteren Erfolgs beim Eingriff in die Geschicke der Weltliteratur zu rühmen. Ich ging nicht zu Mab, um zu versuchen, den Konflikt mit Hilfe einer banalen, aber mit Komplimenten gespickten Konversation beizulegen. Ich ging in den Wald, um ein bisschen auf dem Ast zu liegen, mir die Wunden zu lecken und den Pelz in der Sonne zu wärmen.

Das Schild mit der Aufschrift BEWARE THE JABBERWOCK hatte jemand zerbrochen und ins Gebüsch geworfen. Wahrscheinlich hatte das der Jabberwock selbst getan, in eigener Person, denn er pflegte es oft zu tun. Er liebt es, zu überraschen, und das Warnschild verdirbt ihm den ganzen Überraschungseffekt.

Mein Ast war dort, wo ich ihn gelassen hatte. Ich kletterte hinauf. Ließ malerisch den Schwanz herabhängen. Ich legte mich hin, nachdem ich mich vergewissert hatte, dass nicht irgendwo in der Gegend Radetzky herumgeisterte.

Die liebe Sonne wärmte. Im Tumtumdünnicht trillerten lustig die Pluckerwanke. Die Schweisel frieben. Die glassen Wieben machten etwas im nahen Gemank, aber ich konnte nicht sehen, was. Die Entfernung war zu groß.

Es war ein goldener Nachmittag.

Verdaustig war's. Und trancholisch. Wie es bei uns so ist.

Übrigens, das könnt ihr selbst lesen. Im Original. Oder in irgendeiner von den Übersetzungen.

Es gibt ja so viele davon.

»Ein Vorfall in Mischief Creek«,

eine Erzählung, mit deren Idee ich fast sechs Jahre lang schwanger gegangen bin, entstand fast genau zur Jahrtausendwende – begonnen wurde sie im Winter 1999, fertig war sie kurz nach Silvester, im Neuen Jahr Y2K beziehungsweise 2000. Der Titel ist ein Tribut an Bret Harte, der seine Erzählungen auf ähnliche Art benannte.

Ich schrieb den »Vorfall« nach einer sehr langen Pause beim Verfassen kürzerer Texte – zur Erinnerung: Die vorangehende Erzählung, »Der goldene Nachmittag«, hatte ich 1997 abgeschlossen. Was soll ich groß sagen, die fünf Bände des Hexer-Romans hatten mich ein wenig in Anspruch genommen. Vor allem in den letzten Umdrehungen, bei den letzten zwei Bänden.

Inspiration für die Erzählung gab es ohne Zahl: Janet Cave und Margery A. du Mond, Witches and Witchcraft*; Philip W. Sergeant,* Witches & Warlocks*; Brian P. Levack,* Hexenjagd*; und auch* Die Hexen *von Jules Michelet darf nicht vergessen werden. Und es gab kaum eine Arbeit über Zauberei und Hexen, in der die berühmte Affäre in Salem nicht erwähnt worden wäre.*

Den Fall von Salem, dessen Verlauf und Einzelheiten

einschließlich der darein verwickelten Personen ich in der Erzählung mit der großen mir eigenen Sorgfalt gegenüber der historischen Wahrheit wiedergebe, war sehr untypisch. Er ereignete sich im Februar 1692, also sehr spät. Der verbrecherische Wahn überquerte den Atlantik lange, nachdem er in Europa aufgehört hatte zu wüten und fast verschwunden war. Der Höhepunkt der europäischen Hexenjagden fällt nämlich in die Jahre 1600–1620. In Salem wurden zudem lediglich zweiundzwanzig Personen ermordet. Für Salem war das vielleicht gar nicht wenig, aber die Ankläger und Richter von Salem konnten einem Philipp Adolf von Ehrenberg nicht das Wasser reichen, dem Bischof von Würzburg, der in einem einzigen Jahr neunhundert »Hexen« verbrennen ließ. Sein Kollege, Bischof Fuchs von Dornheim in Bamberg, brachte es auf sechshundert. In Fulda wurden im Laufe von drei Jahren dreihundert Frauen verbrannt. Den Rekord hielt jedoch das damals sächsische Quedlinburg: Dort verbrannte man einhundertdreiunddreißig Frauen … an einem einzigen Tag. In der schlesischen Stadt Neiße/Nysa aber – wahrlich auf Renaissanceart, im Geiste der neuen Zeit, im Geiste des Fortschritts, wie es sich für das Jahrhundert der sich ankündigenden industriellen Revolution gehörte – konstruierte die Zunft der Ofensetzer auf Bestellung der Brüder Dominikaner einen speziellen Ofen zum Verbrennen von Hexen. Der Fortschritt! Ins Vergessen sinken Hakenpflug, Spinnrad, Mahlgang und das irgendwie mitten auf dem Markt angehäufte Reisig – jetzt haben wir schon Radpflug, Webstuhl, Wassermühle und einen Hexenofen. In dem Prototyp von Neiße wurden freilich nur an die sechshundert Frauen verbrannt, aber es war ein wahrhaft wegweisendes Vorbild gegeben, welches nicht vertan war, sondern sich gerade mal drei Jahrhunderte später ins Millionenfache entfaltete. In derselben Gegend. In Auschwitz-Birkenau.

Doch wir wollen auf Salem zurückkommen. Bei der Untersuchung der Affäre gewann ich den nicht von der Hand zu weisenden Eindruck, dass die Grundlage dort – anders als bei den meisten europäischen Fällen – keineswegs Psychosen, Fanatismus und die wütende Frauenfeindlichkeit des Klerus bildeten, wobei deutlich gesagt werden muss, dass hinter dem katholischen Klerus und der bei jeder Gelegenheit angeklagten Inquisition die reformierten Kirchen keineswegs zurückstanden; Lutheraner und Anglikaner schickten mit gleichem Eifer Frauen auf den Scheiterhaufen. In Salem, so mein Eindruck, glaubte seinerzeit von den Denunzianten und Richtern niemand wirklich an Hexerei, sondern im Grunde ging es um Geld oder um private Abrechnungen, was übrigens Arthur Miller in seinem berühmten Stück nahelegt. Daher Idee und Leitmotiv der Erzählung, die übrigens den »Musikanten« verwandt sind – wir quälen Tiere, weil sie uns gegenüber machtlos sind; wir foltern »Hexen«, denn was können uns schwache Frauen schon anhaben? Und da auf einmal eine Überraschung …

Die Erzählung erschien im Jahr 2000 in der Augustnummer der Nowa Fantastyka.

Ein Vorfall in Mischief Creek

Auf den Leichnam stießen sie unerwartet, überraschend; plötzlich schaute er sie aus leeren Augenhöhlen über ein Wacholdergestrüpp hinweg an. Von einem verdorrten Baum herab, mit dem er eins geworden zu sein schien. Just so sah es auf den ersten Blick aus – als seien der Mensch und der Baum zusammen gestorben. Gleichzeitig. Als seien sie im Moment des Todes zusammengewachsen. Jason Rivet zuckte heftig zusammen.

Natürlich, berichtigte er sich in Gedanken, konnte das nicht wahr sein, dieser gemeinsame Tod. Der Baum war weiß, hatte fast keine Äste, er war krumm, überkrustet, verkrüppelt, von einem großen Riss gespalten – man sah deutlich, dass er schon vor langer, langer Zeit gestorben war. Der Mensch, dessen Überreste ans Holz geschlagen waren, war zweifellos später gestorben. Auch vor langer Zeit, aber später.

»Dass doch der Teufel …«, begann Adam Stoughton, verstummte jedoch. Onkel William spuckte aus, im Sattel zur Seite gebeugt. Reverend Maddox regte sich nicht und sagte kein Wort.

Abiram Thorpe saß ab und ging langsam näher, wobei er die Wacholdersträucher mit dem Musketenlauf beiseiteschob. Er trat heran, blieb neben Ishmael Sassamon stehen. Er fragte etwas, der Indianer antwortete, kurz und kehlig.

Der Schädel des Toten, vom Rest des Skeletts abgetrennt, war gut sechs Fuß über dem Erdboden auf einen Ast gespießt. Unter dem Schädel, vielleicht einen Fuß tiefer, war der Brustkorb angeschlagen, angefaulte Holzkeile ragten zwischen moosbewachsenen Rippen hervor. Ein Arm, die Hand gespenstisch gespreizt, hing am Schlüsselbein. Der andere bildete zusammen mit dem Becken, Schien- und Wadenbeinen und einer Masse von kleineren Knochen ein Häufchen am Fuße des verdorrten Baumes.

»Rothäute«, sagte Constable Henry Corwin überzeugt. »Das haben Wilde getan.«

»Ishmael sagt nein«, widersprach Abiram Thorpe. »Nicht wahr, Ishmael?«

»Nicht Mohawk«, sagte der Indianer kehlig. »Nicht Seneca. Nicht Mahican. Nicht Lenni Lenape.«

»Er ist selber eine Rothaut«, erwiderte der Constable abfällig, »darum redet er so. Ein Christ würde eine Leiche nicht so behandeln. Aber ich würde nicht meine Hand dafür ins Feuer legen, dass dieser Unglückliche nicht bei lebendigem Leibe an den Stamm geschlagen worden ist. Was denkt Ihr, Mr. Thorpe? Ihr könnt doch Spuren nicht schlechter als ein Wilder lesen, entschuldigt den Vergleich ...«

»Was denn für Spuren«, knurrte der Jäger. »Das ist uralt. Er muss seit Jahren hier sein ...«

»Zur Zeit von König Philipps Krieg«, ließ sich Adam Stoughton vernehmen, »hatte es in den Wäldern reichlich Leichname, da mochte einer leicht im Gebüsch über ein Skelett stolpern. Denkst du, Abiram, dass der hier auch seit fünfundsiebzig hängen könnte?«

»Vielleicht. Ich glaube ...«

»Man muss diese sterblichen Überreste begraben«, fiel ihm Reverend Maddox ins Wort, den sichtlich nicht interessierte, was der Trapper glaubte. »Na los, Gentlemen, absitzen.«

Onkel William verzog das Gesicht. »Wär das nicht schade um die Zeit? Das sind doch bloß 'n paar Knochen, sicherlich von einem Wilden, den andere Wilde umgebracht haben. Sollen sie doch ...«

»Wir sind Christen«, unterbrach ihn John Maddox mit seiner üblichen Stimme – heiser, unangenehm und keinen Widerspruch duldend. Hager, mit hohem Hut, eng in seinen Umhang gehüllt, sah der Pastor wie ein großer schwarzer Vogel aus. Eine große schwarze Krähe, dachte Jason Rivet zum wer weiß wievielten Male, eine dürre scharze Krähe, die auf einem Grauschimmel sitzt.

Der Reverend wandte sich im Sattel um und durchbohrte den Burschen mit einem Blick, ganz, als habe er seine Gedanken lesen können. »Nimm die Pferde, Junge. Führe sie zum Fluss und tränke sie. Hurtig! Beweg dich! Absitzen, Gentlemen. Lasst uns den Toten begraben.«

»Viel Mühe werden wir nicht haben«, murmelte der Zimmermann Stoughton. »Viel gibt's hier nicht zu begraben. Man braucht bloß mit dem Absatz den Boden aufzukratzen ...«

Henry Corwin erwiderte etwas, das wütend klang. Jason Rivet verstand es nicht, er war schon mit den Pferden in die kleine Talsenke unterwegs.

Das Flüsschen roch nach Kühle, Salbei und faulender Borke. Das Wasser war braun vom Torf, und an den tieferen Stellen, an den Biegungen, wo die Strömung Gruben ausgewaschen hatte, wirkte es im Schatten der übers Flussbett geneigten Bäume schwarz. Unmittelbar am Wasser wuchsen Buchen, deren Kronen sich oben zu einem Dach verflochten. Jenseits der Buchen, hinter einem

Schlehdorngestrüpp, hatten sich Sassafrasbäume, Lärchen und Tannen angesiedelt.

In einer Biegung, an einer tiefen Stelle am unterspülten Uferhang, sprang eine Forelle mit einem Platschen, das einem Biber Ehre gemacht hätte. Jason Rivet zuckte zusammen, die Pferde hoben die Köpfe.

»Wenn die Pferde getrunken haben«, ertönte von oben her die scharfe Stimme von Reverend Maddox, »dann führ sie hierher, Junge. Hurtig! Beweg dich!«

Er soll aufhören, mich zu kommandieren, dachte Jason. Er soll aufhören, mich wie einen Diener zu behandeln, wie einen Neger, er soll aufhören, mir Aufträge zu erteilen, noch dazu mit einer Stimme, als würde er einen im Voraus für die säumige und falsche Ausführung dieser Anweisungen abkanzeln. Ich habe das satt. Ich habe es satt, dass Onkel William ihm das erlaubt, dass er gleichgültig zuschaut oder sogar so tut, als sehe und höre er nichts. Es wäre anders, wenn Vater noch leben würde. Vater würde das nicht zulassen, er würde so etwas nicht einmal dem Reverend John Maddox erlauben.

Ich habe es satt, wiederholte Jason Rivet in Gedanken, während er die Zügel aller sechs Pferde in den Händen zusammennahm. Sie gingen folgsam, glitten gelegentlich aus, klapperten mit den Hufeisen auf Steinen, der graue Wallach des Reverends, der Fuchs des Zimmermanns Stoughton, die braune Stute von Mr. Abiram Thorpe, die kleine Apfelschimmelstute von Constable Corwin, Onkel Williams buchweizenfarbener Hengst und sein eigener Falbe.

»Na los, Junge«, drängte der Pastor. »Trödel nicht!«

Ich habe genug von ihm, dachte Jason. Ich habe genug von ihm und von dieser ganzen Expedition.

»Man muss der Wahrheit ins Gesicht sehen«, sagte Adam Stoughton mürrisch. »Wir sind über sechzig Meilen von zu Hause entfernt. Das Futter für die Pferde geht zur Neige, und hier kriegen wir keins, denn selbst wenn es hier in den Wäldern irgendwelche Gehöfte oder Farmen gibt, dann sind sie gewiss arm und dürftig, da bekommen wir nichts. Zum Teufel, Gentlemen, wie lange wollen wir dieses Unternehmen noch in die Länge ziehen? Bis zum Winter? Wo wollen wir hingelangen, zum Connecticut-Fluss? Zu den Appalachen? Abiram Thorpe, zum Teufel, sag doch was, wiederhole, was du mir vor kurzem gesagt hast. Jemand, zum Teufel, muss es doch endlich sagen!«

Abiram Thorpe, auf die Muskete gestützt, trat von einem Fuß auf den anderen, knüllte die mit einem Waschbärenschwanz verzierte Mütze in der Hand. Es war kein Geheimnis, dass er nicht gern redete. Wenn man ihn fragte, antwortete er kurz, abgehackt und manchmal gar nicht. Ungefragt meldete er sich äußerst selten zu Wort.

»Ich denk«, brachte der Jäger schließlich hervor, nachdem er in die Hand gehustet hatte, »wir sollten umkehren. Wir sind 'n bisschen zu weit.«

»'n bisschen zu weit!«, fauchte Adam Stoughton. »Gut gesagt! Über sechzig Meilen westlich von Watertown sind wir! Wir sind fast weiter weg als Hauptmann Elizur Holyoke 1633!«

»Ihr beide« – Reverend Maddox fixierte den Zimmermann und den Jäger mit seinen durchdringenden Augen, die wie schwarze Seen zwischen der Hutkrempe und dem etwas angeschmutzten Weiß des Schillerkragens blitzten –, »ihr habt Euch beide freiwillig zu der Verfolgung gemeldet, niemand hat Euch gezwungen. Ich wundere mich daher über Eure Worte, Mr. Stoughton, und über die plötzliche Unlust. Ihr scheint das Ziel zu vergessen, das uns winkt. Gesetz und Gerechtigkeit …«

»Gesetz!«, unterbrach ihn schnaubend der Zimmermann Stoughton. Bei der ganzen Gesellschaft – Jason Rivet hatte das längst festgestellt – war er der Einzige, der dem Reverend ungeniert ins Wort zu fallen pflegte. »Mit dem Gesetz können wir die Pferde nicht füttern, zum Teufel!«

»Hüte dich«, knurrte Henry Corwin. »Hüte dich, den Teufel zu rufen, Adam Stoughton. Denn er kommt, wenn man ihn ruft.«

Der Zimmermann blickte erschrocken um sich, schaute auf das Häufchen frischer Erde, das das vom Baume genommene Gerippe bedeckte. Doch gleich hob er wieder stolz den Kopf. »Was Eure Gerechtigkeit angeht«, fuhr er fort und schaute den Pastor an, »so bin ich mir sicher und versichere Euch, dass dieser auch ohne uns alsbald Genüge getan sein wird. Das Pferd des Mädchens ist gleich nach dem Penacook gestürzt, sie hat es zuschanden geritten, ihr habt ja das Luder gesehen. Und die Dirne lahmt; wenn sie zu Fuß durch den Urwald geht, hat sie keine Chance. Gerechtigkeit werden ihr Kälte und Hunger zumessen, als Henker wird ein Bär, ein Wolf oder eine Rothaut dienen. Von ihr wird so viel bleiben wie von dem hier. Ein paar weiße Knöchelchen, sauber abgenagt. Wir können also heimkehren und reinen Gewissens der ganzen Grafschaft sagen, dass ...«

»Nein!«, fiel ihm Constable Corwin ins Wort, sofort und entschieden. »Ich kehre nicht eher zurück, als bis ich sie ergreife. Oder ihren Leichnam sehe. Ich bezweifle übrigens, dass uns Letzteres vergönnt sein wird. Vergesst nicht, mit wem wir es zu tun haben. Wenn das ein gewöhnliches Weibsbild wäre, hätten wir sie längst. Aber sie ist nicht gewöhnlich. So einer wie ihr machen Hunger oder ein wildes Tier nichts aus. Die Mühe macht ihr nichts aus, denn in ihr steckt eine teuflische Kraft! Habt ihr vergessen, wozu George Burroughs imstande war, der aus

Salem? Obwohl er von mickriger Statur war, hielt er in den ausgestreckten Händen eine schwere Muskete und ein Fässchen Melasse und konnte das geschlagene drei Gebete lang tun, denn ...«

»Was tut das zur Sache?«, unterbrach ihn der Zimmermann scharf. »He?«

»Dass ich«, fauchte Henry Corwin, »im Gegensatz zu gewissen anderen kein elender Feigling bin. Mir fällt beim Anblick vom erstbesten Toten nicht das Herz in die Hosen, und ich winsele nicht, dass ich nach Hause will.«

»Du hattest eben noch selber Angst vorm Teufel, Corwin.«

»Ich habe vor gar nichts Angst!«

»Ich auch nicht!«

»Ruhe, Gentlemen«, würgte John Maddox' heisere Stimme den aufkommenden Streit ab. »Und Eintracht. Aber Gott fürchten muss man dennoch. Ich verstehe Euch so, Constable Corwin, dass Ihr dafür seid, die Verfolgung fortzusetzen?«

»Klar doch. Ich will die Dirne am Strick sehen, ich gedenke nicht, die Strafe den Wölfen oder den Rothäuten zu überlassen. Und ich bin nicht der Zimmermann, vor Gerippen habe ich keine Angst.«

»Mr. Hopwood?«

Onkel William schob mit der Zunge den Tabakpriem auf die andere Seite, spie einen Strahl bräunlichen Speichel aufs Farnkraut. Ein Weilchen schwieg er. Doch Jason Rivet zweifelte nicht daran, was er antworten würde. Und er hatte recht.

»Mir ist's gleich. Wie Ihr befehlt, Reverend. Wenn Ihr sagt, weiterreiten, reite ich weiter. Wenn Ihr sagt, umkehren – auch gut. Ich bin da, wo Ihr seid.«

»Und ich« – der Pastor durchbohrte den Zimmermann mit Blicken – »bin dafür, die Verfolgung fortzusetzen. So verlangt es ja das Gesetz, und so verlangt es die Heilige Schrift. Und das würde sogar dann genügen, wenn ich in der Minderheit wäre. Aber in der Minderheit seid Ihr, Mr. Stoughton.«

»Ihr zählt merkwürdig, Reverend. Und ein wenig voreilig, scheint mir.«

»Ich zähle richtig«, entgegnete der Pastor kalt. »Mr. Corwin und Mr. Hopwood teilen meine Ansicht. Also stehen drei Stimmen gegen zwei, und basta. Denn den Halbwüchsigen werden wir doch nicht um seine Meinung fragen. Erst recht nicht den Indianer. Folgen wir also weiter der Spur.«

»Es gibt keine Spuren«, sagte mit seiner kehligen Stimme Ishmael Sassamon, der wie ein Geist aus dem Unterholz auftauchte.

»Was heißt: Es gibt keine?« Abiram Thorpe runzelte die Stirn. »Wo sollen sie denn hin sein? Hast du gut nachgesehen, Ishmael?«

»Es gibt keine Spuren.«

»Es gibt keine Spuren«, wiederholte nach längerem Schweigen Adam Stoughton. »Wo also sollen wir langreiten? Wohin, Reverend? Constable? Und du, Ishmael? Deine indianische Meinung wird hier nicht gehört und zählt bei ihnen nicht. Aber ich, zum Kuckuck, würde sie trotzdem gern erfahren.«

Der Indianer schaute ihn an, und sein Gesicht war wie das Antlitz einer aus Holz geschnitzten Puppe.

»Wohin«, wiederholte der Zimmermann, ohne den Spott zu verhehlen, »sollen wir uns wenden?«

»Dorthin, wo die Äxte sind.« Ishmael Sassamons Gesicht war noch immer ausdruckslos. »Man hört Äxte. Hier in der Nähe werden Bäume gefällt.«

Die Abteilung war ohne Kommentar im Sattel, sogar ohne Befehl. Ishmael lief voran, die anderen folgten, so schnell der Wald es erlaubte. Es führten Abiram Thorpe, der schon seine Muskete bereit machte, und Constable Corwin. Jason Rivet ritt als Letzter. Man hatte ihn schon gelehrt, wo sein Platz war.

»Ich frage mich«, murmelte der vor ihm reitende Adam Stoughton, »wer wohl hier wohnt, mitten im Urwald. Ich habe kaum von Siedlungen westlich von Worcester und der Penacook Plantation gehört.«

William Hopwood antwortete nicht; er war damit beschäftigt, den Zustand der Pulverpfannen von Pistole und Donnerbüchse zu überprüfen. Jason Rivet wusste, dass der Onkel mit Pistole und Büchse umzugehen verstand. Alle wussten das. Das war übrigens der einzige Grund gewesen, den Onkel auf die Verfolgungsjagd mitzunehmen. William Hopwood erfreute sich – wenn man das so nennen konnte – des Rufes, ein Mörder zu sein. Alle wussten, dass er in jungen Jahren in den Wäldern auf Penobscot, Pequot und Nauset Jagd gemacht, Seneca und Mohawk überfallen hatte und eine Sammlung von Skalpen besaß. Das behaupteten Leute, die ihm nicht wohlwollten, größtenteils Frauen.

Reverend Maddox, vom Knirschen des Radschlosses aufgeschreckt, drehte sich im Sattel um. Er kannte die landläufige Meinung über den Onkel ebenfalls. Er bemerkte auch, dass sich William Hopwood aus einem schlaffen, apathischen Griesgram, dem alles egal war, plötzlich in ein Raubtier mit flammenden Augen verwandelt hatte.

»Schießen«, warnte er mit zischender Stimme, »erst auf Befehl, Mr. Hopwood. Auf Befehl. Nicht früher. Habt Ihr verstanden?«

Sie ritten den Flusslauf hinan, lavierten zwischen Büscheln von Sassafras und Sumach. Bald schon drangen auch an Jasons ungeübte Ohren die widerhallenden

Schläge mehrerer Äxte. Wenig später aber zeugten ein durchdringendes Krachen und ein recht nahes Rascheln und Knacken brechender Äste davon, dass die Bemühungen der Holzfäller Erfolg hatten. Und gleich darauf ritt die Abteilung aus Watertown auf den Kahlschlag. Es roch nach frischem Holz.

Es waren sechs Holzfäller. Drei hieben die Äste von einer gefällten Kiefer ab. Zwei zogen große Stubben an den Rand der Lichtung, wobei sie geschickt ein Gespann von zwei untersetzten und struppigen Pferdchen führten. Der sechste, der am nächsten stand, sammelte Zweige ein und legte sie auf einen Stapel.

»Fürchtet euch nicht, Leute«, rief Maddox und schlug den Umhang zurück, damit die Holzfäller die silbernen Fransen am Umlegekragen des Geistlichen sehen konnten. »Wir sind gute Christen, auf Seiten von König, Ordnung und Gesetz.«

Die Holzfäller wirkten nicht verängstigt. Überrascht ja, aber nicht verängstigt. Obwohl sie die Muskete, die Büchse und die Pistolen sehen mussten, war auf ihren breiten Vollmondgesichtern nicht der Schatten von Furcht auszumachen. Diese breiten Gesichter – Jason Rivet wusste schon, dass ihr sonderbares Aussehen vom Fehlen jeglichen Bartwuchses und einer geradezu außergewöhnlichen Helligkeit von Brauen und Wimpern herrührte – drückten absolute und stumpfsinnige Gleichgültigkeit aus.

»Wir sind Christen und Hüter des Gesetzes«, wiederholte der Reverend, während er sich im Sattel aufrichtete und den Blick über den Kahlschlag schweifen ließ. »Wir kommen aus Watertown in der Grafschaft Middlesex. Wir verfolgen eine aus dem Gefängnis entflohene Verbrecherin, die von einem ordentlichen Gericht der Kolonie der Massachusetts-Bucht verurteilt wurde.«

»Die Verbrecherin«, fügte Constable Corwin hinzu, »ist eine junge Frau mit hellen Haaren. Habt ihr so eine gesehen?«

Die Holzfäller betrachteten ihn, als sei er Luft. Als verstünden sie die Worte überhaupt nicht. Als hätten sie sie nicht einmal gehört. Der am nächsten Stehende drehte sich ruhig um, als ob nichts gewesen sei, und begann wieder, Zweige aufzusammeln.

»Versteht ihr nicht?«, schrie Corwin. »Oder tut ihr nur so?«

Einer von den Holzfällern, der größte, nahm die Axt von einer Hand in die andere, öffnete den Mund, bewegte ein paarmal die Lippen, ganz wie ein Fisch. Dann stammelte er etwas völlig Unverständliches.

»Holländer«, stellte Onkel William überzeugt fest. »Das sind Holländer. Oder Deutsche.«

»Holländer«, sagte Maddox, »verstehen für gewöhnlich Französisch. Ihr sprecht doch Französisch, Mr. Stoughton.«

»Na ja, sprech ich«, murmelte der Zimmermann. »Gerade mal so. Aber meinetwegen, ich versuch's ... Mesje! Bongschur! Nu somm ... Nu schersche un ... So ein Mädel ... Famm, mein ich ... Un famm, wo aus le prison geflohen ist ...«

»Fragt«, warf der Pastor ein, »von welcher Siedlung sie sind.«

»Wule wu? Kompri? Parle, kell Siedlung? Kell ... Verdammt! Ich weiß nicht, wie das heißt ...«

»Es würde nichts nützen«, unterbrach ihn Constable Corwin, »selbst wenn du es wüsstest, Stoughton. Die verstehen nicht die Bohne. Und Französisch hat damit nichts zu tun. Die sind einfach dumm. Dumm, und fertig!«

Jason Rivet hätte schwören mögen, dass sich die hellen Gesichter der Holzfäller noch mehr aufhellten, in die blassblauen Augen kam für einen Moment Leben. Der Größte bewegte wieder den Mund, als wiederhole er ein ihm bekanntes Wort des Constables. Dann lächelte er breit, ließ hübsche weiße Zähne sehen. Abermals stieß er eine Folge gestammelter und unverständlicher Laute hervor. Und dann drehte er sich um, holte aus und schlug mit der Axt zu, hieb von dem gefällten Stamm den nächsten Ast ab. Die Übrigen wandten sich ebenfalls wieder ihrer Arbeit zu, wobei sie die aus Watertown eingetroffenen guten Christen und Gesetzeshüter völlig ignorierten.

»Ich kann nicht umhin«, sagte Maddox mürrisch, »Euch zuzustimmen, Constable. Diese Leute sind zweifellos schwach bei Verstand. Selig sind, die da arm sind im Geiste, denn das Himmelreich ist ihr.«

Stoughton schüttelte den Kopf. »Seit zwei Tagen die ersten Menschen, auf die wir treffen. Und ausgerechnet Idioten. Das Himmelreich ist ihr. Ihr Glück und unser Pech. Und was machen wir jetzt? Wen sollen wir fragen?«

Der Zimmermann schaute Ishmael an, der Indianer aber wies mit einem Gesicht, ebenso gleichgültig wie die der Holzfäller, wortlos auf den von Wagen ausgefahrenen und von Hufen zertretenen Pfad, der vom Kahlschlag wegführte. Abiram Thorpe trieb mit einem Schnalzen seine braune Stute an. Constable Corwin und Maddox folgten ihm. Der Onkel entspannte den Abzugshahn der Büchse, um die Feder nicht zu ermüden.

»Die Siedlung ist sicherlich irgendwo in der Nähe«, überlegte Jason laut, während er näher an den Zimmermann heranritt. »Was denkt Ihr, Mr. Stoughton?«

»Was denkst denn du, Junge? Dass die Holzfäller aus Boston hierhergekommen sind?«

»Spottet nicht. Ich frage ja nur. Sie haben gesagt, dass es keine Ansiedlungen westlich der Penacook Plantation gibt.«

»Haben sie gesagt.«

»Und?«

»Sie hatten nicht recht.«

Jason Rivet beugte sich bis zum Pferdehals herab, um unter einem tiefen Tannenast hindurchreiten zu können.

»Mr. Stoughton?«

»Was denn nun wieder?«

»Dieses Gerippe, das an den Baum geschlagen war … Und jetzt diese seltsamen Holzfäller … Habt Ihr keine Angst, dass …«

»Na?«

»Dass das Zauberei ist? Mächte des Bösen?«

»Sei nicht dumm, Junge.«

Das Flüsschen versperrte ihnen den Weg, doch der Pfad führte geradewegs zu einer Furt; ohne Mühe, ohne auch nur die Steigbügel zu benetzen, durchquerten sie den Fluss auf dem sandigen Grund. Gleich hinter der Furt lichtete sich der Wald, der ausgefahrene Weg bog zum Waldsaum ab, den sie alsbald erreichten. Sie kamen auf eine Wiese, grün, sonnenüberflutet, duftend nach dem in einem guten Dutzend Haufen zusammengerechten Heu. Ishmael Sassamon hielt an, räusperte sich, zeigte mit der Hand. Überflüssigerweise, alle hatten es schon gesehen.

Neben einem der Heuhaufen, der unordentlich zerwühlt war, stand ein hübscher gescheckter Hengst, vor einen grün gestrichenen zweirädrigen Wagen gespannt, von dem die Farbe aber schon stark abblätterte. Noch ehe jemand aus der Abteilung mit einem Wort, einer Geste oder wenigstens seiner Miene Verwunderung zeigen konnte, kam aus dem Heuhaufen wie ein aufgeschreckter Hirsch ein hellhaariger, bis zum Gürtel nackter Mann gesprungen. Ohne auch nur einen Moment darauf zu verschwenden, sich umzublicken, stürzte der Mann fort, sprang geschickt über Disteln und Haufen hinweg, woran ihn nicht einmal die mit beiden Händen festgehaltene Hose hinderte. Trotzdem rutschte sie ihm herunter, ehe der Mann mit seinen Hirschsprüngen die schwarze Wand des Waldes erreicht hatte; ein paarmal leuchtete sein weißer Hintern auf, der sich stark vom braungebrannten Rücken abhob.

»Dass mich doch der Teufel ...«, setzte Adam Stoughton an und verstummte, als er sah, wie sich aus dem Heuhaufen die nächste Gestalt löste. Es war eine Frau. Jason Rivet schluckte und sperrte den Mund auf.

Abiram Thorpe prustete, gefolgt von dem Zimmermann; der Onkel lachte brüllend los.

Reverend Maddox drehte sich im Sattel um und bedachte sie mit einem eiskalten Blick. »Wie die Tiere«, sagte er. »Sie suhlen sich in Wolllust und verhärten sich in Sünde wie Vieh. Aber zu lachen gibt es da nichts, Mr. Hopwood, und nichts zu kichern, Mr. Stoughton. Das ist nicht nur schändlich und unzüchtig, sondern auch ein Gesetzesverstoß. Mr. Constable Corwin ...«

»Lieber«, sagte Abiram Thorpe, ernst geworden, mit Nachdruck, »sollten wir uns erst einmal erkundigen. Den Weg bei diesem Weib erfragen.«

»Goldene Worte«, setzte der Zimmermann hinzu. »Wir müssen endlich jemanden finden, der uns Auskunft gibt. Also ängstigt das Weib nicht mit Gesetz und Strafe, sonst läuft es auch weg.«

Es wies jedoch nichts darauf hin, dass die Frau ans Weglaufen dachte. Sie stand vom Heu auf, zog sich die Strümpfe hoch und die Schuhe an. Sie knöpfte das Kleid zu und verbarg allerlei runde Dinge, die eben noch ganz deutlich zu sehen gewesen waren und Jason Rivet zittern und beschleunigt atmen ließen. Der Junge bemerkte, dass auch der Onkel, der Zimmermann Stoughton und der Constable schneller zu atmen schienen. Schneller. Umso schneller, je näher die Frau herankam. Denn näher kam sie, wobei sie sich mit den Fingern Halme aus dem schönen kastanienbrauen Haar klaubte, die bis zur Mitte des Rückens herabreichten.

»Fürchte dich nicht.« Adam Stoughton leckte sich die Lippen. »Wir sind Christen, dienen dem König und dem Gesetz.«

»Ich fürchte mich nicht im Geringsten.« Die Frau lächelte und schaute die Reiter tatsächlich ohne einen Schatten von Furcht aus großen grünen Augen an. Das dünne Leinenkleid spannte sich straff um ihre Brüste. Jason Rivet schluckte und stellte fest, dass der Sattel plötzlich unbequem und die Hose eng geworden war.

»Ich fürchte euch nicht, Christen, Diener des Königs und des Gesetzes. Soweit ihr das tatsächlich seid.«

»Das sind wir wahrlich!«, bestätigte Henry Corwin und reckte stolz seine knochige Gestalt. »In diese Gegend führt uns …«

»Die Angelegenheit, die uns hierherführt«, unterbrach ihn heiser Reverend Maddox, »ist für würdigere Ohren bestimmt. Und für einen Verstand, der sie zu erfassen vermag. Bedecke deine schamlose Nacktheit, Weib.«

Es dauerte eine Weile, ehe die Frau mit dem rotbraunen Haar erfasste, dass der Reverend ihre Unterarme meinte, die von den hochgekrempelten Ärmeln des Kleides freigegeben wurden. Sie bedeckte sie mit dem Tuch, von dem sie zuvor das Heu abgeklopft hatte, ohne den Blick vom Pastor zu wenden, was diesen sichtlich in Wut versetzte.

»In der Kolonie der Massachusetts-Bucht«, donnerte der Pastor, wobei er die Frau nicht vom Sattel eines grauen Wallachs herab zu betrachten schien, sondern vom Gipfel des Berges Sinai, »wird schamlose Entblößung vom Gesetz verfolgt. Wie auch Unzucht. Dies zur Erinnerung, der ich übrigens mit Prügeln nachzuhelfen gedenke, sobald ich mit jemandem von der hiesigen Obrigkeit gesprochen habe. Und jetzt zeig mir den Weg zur Siedlung, die, wie ich annehme, hier in der Nähe ist. Zeig mir den Weg zu jemandem, mit dem ich mich unterhalten könnte. Mit jemandem von angemessenem Stand, Amt, Verstand und Geschlecht! Verstehst du meine Worte, Weib?«

»Durchaus.«

»Und wer war«, fragte Constable Corwin scharf, »derjenige, der fortgelaufen ist?«

»Das ist mein Gatte«, erklärte die Kastanienbraune ruhig. »Er arbeitet hier beim Holzschlag. Er ist fortgelaufen, weil er Angst vor Fremden hat. Außerdem ist er … Ausländer. Schwede.«

»Wie die anderen auf der Lichtung, was? Auch Schweden?«

»Manche.« Die Frau lächelte hübsch. »Denn es sind auch Holländer dabei und ein Norweger. Ich kann mir denken, dass ihr ihnen begegnet seid. Und nicht viel erfahren habt. Nun ja, es ist nicht zu leugnen, unsere Sprache beherrschen sie schlecht. Außerdem, wozu drum herumreden, sind sie einfältig.«

»Das haben wir bemerkt. Und diese Siedlung ist wo?«

»In der Nähe, hier, am Mischief Creek. Wir nennen sie ebenfalls Mischief Creek. Und ich bin Frances Flowers.«

»Dein Name interessiert uns nicht«, schnitt ihr Maddox das Wort ab. »Führ uns zur Siedlung, Weib. Ich habe gesagt, wir müssen dringend mit jemandem Ernsthafteren sprechen. Der über Verstand verfügt.«

»Natürlich, natürlich …« Kein Lächeln krümmte die Lippen der Frau, doch in den grünen Augen, da hätte Jason Rivet wetten mögen, sprangen Fünkchen von Belustigung. »Was immer ihr befehlt, Diener von König und Gesetz. Ich werde, wenn ihr erlaubt, voranfahren, um die richtigen und kompetenten Personen von eurem Besuch in Kenntnis zu setzen.«

Maddox würdigte sie keiner Antwort. Er stieß dem Pferd die Ferse in die Flanke und lenkte es auf den deutlich sichtbaren Pfad, der in den Wald einbog. Der Indianer ging neben ihm. Die Frau – Frances Flowers – sprang zu dem zweirädrigen Wagen, pfiff durchdringend und knallte mit den Zügeln. Der Schecke riss an der Deichsel und ging in einen scharfen Trab über, so dass der fleckige Wagen hinter ihm sprang wie ein gesprenkelter Frosch.

»Das Mädel fährt aber scharf«, murmelte Abiram Thorpe.

Adam Stoughton bleckte die Zähne. »Im Heu war sie bestimmt auch nicht schlechter.«

Onkel William lachte schallend.

Sie folgten weiterhin dem Flüsschen, das gleich hinter dem Wald seinen Lauf verlangsamte und eine breite Furt bildete. Jenseits, hinter Feldbeeten mit Mais und Roggen, leuchteten inmitten von Ahornbäumen, Ulmen und Birken weiß die Schindeln von Häusern. Es waren, soweit es sich schätzen ließ, rund ein Dutzend.

»Was hat sie gesagt?«, ließ sich Constable Corwin vernehmen. »Mischief Creek? Nie gehört. Dies hier ist zweifellos ein Nebenfluss des Swift River, aber ich habe nie von Ansiedlungen westlich von Penacook Plantation und Elwes March gehört. Früher gab es welche, aber die sind siebenundfünfzig allesamt abgefackelt worden, in König Philipps Krieg.«

»Das ist schon achtzehn Jahre her«, bemerkte Abiram Thorpe. »Die Leute bauen sich Häuser. Suchen neues Land. Manchmal weit weg …«

»Weit«, bestätigte der Pastor mürrisch. »Manchmal sehr weit. Vor allem, wenn sie Gründe dafür haben.«

»Was meint Ihr, Reverend?«

Maddox antwortete nicht.

Sie sahen, wie der wirklich auf Kavallerieart dahinfahrende zweirädrige Wagen langsamer wurde, dann anhielt. Frances Flowers beugte sich heraus und wechselte ein paar Worte mit jemandem, der im Mais nicht zu sehen war. Dann pfiff sie, trabte zur Siedlung.

Bald kamen sie an die Stelle, wo die Frau mit jemandem gesprochen hatte. Der Jemand erwies sich als ein Mädchen von vielleicht zehn Jahren, das einen Korb mit Maiskolben trug. Ihre Augen waren ebenso grün wie die von Frances Flowers, ihre Haare, ebenso kastanienbraun, quollen in langen Locken unter dem Strohhut hervor.

»Was redet denn die Frances wieder?«, sagte das Mädchen mutig und ließ den Blick von einem Reiter zum anderen schweifen. »Was denn für ein Esel? Sind doch lauter Pferde. Ich sehe hier keinen Esel. Und du, du bist ein Indianer?«

Ishmael Sassamon bestätigte das mit einem leichten Kopfnicken. Maddox trieb das Pferd an. Adam Stoughton aber zügelte seins, ließ sich zurückfallen, ritt im Schritt neben dem Mädchen her. Henry Corwin tat das Gleiche. Ebenso Jason Rivet.

»Soll ich dich«, schlug der Zimmermann vor, »mit aufs Pferd nehmen, Fräuleinchen?«

Das Mädchen hob den Kopf und bewegte die Nasenflügel. »Nein, danke schön. Und ich bin kein Fräuleinchen, sondern Verity Clarke.«

»Ha. Und ich dachte, Frances Flowers ist deine Mutter. Du ähnelst ihr …«

»Frances ist meine Kusine, nicht meine Mutter. Sie hat keine Kinder. Aber sie versucht alles, um welche zu kriegen. Immer, wenn sie Zeit und Gelegenheit hat. Sogar wenn Arne Lennart, ihr Mann, Holz schlagen geht. Dann fährt ihm Frances mit dem Wagen nach, und sie machen ein Kind.«

Der Zimmermann räusperte sich, verstummte, starrte die Mähne seines Pferdes an. Der Constable musterte das Mädchen aufmerksam, runzelte die Stirn. »Dieser Schwede heißt also Lennart. Und deine Kusine Flowers. Wie ist das dann mit ihrer Ehe?«

»Hä?«

»Deine Kusine trägt nicht den Familiennamen ihres Mannes.«

»Warum sollte sie?«

Corwin verstummte. Aber nur für einen Moment.

»Und dein Vater? Welchen Namen hat er?«

»Papa ist tot.«

Am Fluss, auf einer mit Federn übersäten Wiese, weideten Gänse. Hinter der Wiese, im Schatten von Ahornbäumen, erblickten sie einen Friedhof, umfasst von einer niedrigen Steinmauer. Es gab viele Gräber. Das fiel ins Auge.

Ganz am Rande der Siedlung, gleich hinter dem grünen Saum von Gärten, wurde ein großes Gebäude errichtet, das sich schon mit der noch offenen, blendend weißen Struktur von Balken und Dachsparren andeutete. Dort arbeiteten ein paar Männer, an die Ohren drang Hammerschlag. Beinahe unter den Hufen von Pastor Maddox' Pferd schoss ein rötlicher Kater hervor, lief zu den Zäunen.

»Ist es wahr«, ließ sich Verity Clarke plötzlich vernehmen, »dass es in den Städten Maschinen gibt?«

»Was für Maschinen?«

»Solche, die manche Sachen von selber machen. Und Räder haben.«

»Wie Göpel? Dreschmaschinen? Wassermühlen?«

»Genau. Und verschiedene Wagen, die auf den Straßen fahren. Gibt es das?«

»Ja.«

»Och. Das ist schön.«

»Und wie« – Reverend Maddox wandte sich plötzlich im Sattel um, durchbohrte das Mädchen mit einem Blick, der eines Falken würdig gewesen wäre – »geht es Janet Hargraves?«

»Wem?«

»Janet Hargraves. Der fremden Frau, die zu euch gekommen ist … vor kurzem. Mit dem kranken Bein. Ist sie gesund? Tut ihr das Bein immer noch weh?«

Das Mädchen schaute ihn an, die Augen weit aufgerissen und den Mund noch weiter. Entweder ist sie so helle, dachte Jason Rivet, oder sie weiß wirklich nichts, hat nichts gesehen; der schlaue Trick des Reverends ist fehlgeschlagen.

Maddox musste zu einem ähnlichen Schluss gekommen sein, denn er trieb das Pferd an und würdigte das Mädchen keines Blickes mehr. Verity Clarke seufzte laut. Sie ging gleich neben Jasons Pferd, hüpfte und summte vor sich hin.

Sie waren schon so nahe an dem im Bau befindlichen Haus, dass sich zum Hammerschlag symphonisch der Gesang von Sägen gesellte und der Luftzug den scharfen Terpentingeruch frisch geschnittenen Kiefernholzes herantrug. Sie sahen schon die Zimmerleute, es waren ihrer sechs. Adam Stoughton musterte die Arbeit mit fachmännischem Blick.

»Gute Arbeit«, beschied er knapp. »Sie machen das gut.«

»Man sieht's.«

Angesichts der Abteilung unterbrachen die Zimmerleute die Arbeit, und Jason Rivet seufzte vor Verwunderung. Wenn der Verstand nicht die Möglichkeit bestritten hätte, hätte er schwören mögen, dass es die Holzfäller waren, die sie unlängst getroffen hatten, dieselben, durch ein Wunder hierherversetzt. Denn die Zimmerleute waren ebenso hellhaarig, hatten die gleichen sonderbaren Gesichtszüge ohne Brauen und Wimpern. Und ebensolche gleichgültigen, leer blickenden Augen, in denen man vergeblich irgendeine Reaktion gesucht hätte.

»Seid gegrüßt. Wir kommen aus Watertown. Wir stehen auf Seiten von König und Gesetz …«

Maddox stockte. Wie die anderen hatte er erfasst, dass Reden sinnlos war.

»Mit denen« – Verity Clarke bestätigte mit volltönendem Stimmchen das Offensichtliche –, »mit denen kann man nicht reden. Hab keine Angst vor ihnen, Adrian van Rijssel. Sie werden dir nichts tun. Geh wieder an die Arbeit.«

»*Tot Uw dienst, juffrouw.*«

Sie kamen zwischen die Gebäude. Und erblickten sogleich diejenigen, die sie auf der Veranda eines der Häuser erwarteten.

Eine der Frauen war die ihnen schon bekannte Frances Flowers. Die Ähnlichkeit der zweiten, älteren, mit der kleinen Verity war nicht zu übersehen, das war unzweifelhaft ihre Mutter. Die dritte Frau war hochgewachsen und hager, ihre Knochen zeichneten sich deutlich unter der wächsernen Haut des Gesichts ab, und unter der Kappe ragten graue Haarsträhnen hervor. Die vierte Frau, ungewöhnlich schön, hatte Haare, schwarz und glänzend wie Rabenfedern, und Lippen rot wie Blut. In dem bescheidenen Jäckchen, dem einfachen Baumwollrock und der weißen Schürze sah sie besser und attraktiver aus als die Frau des Gouverneurs der Kolonie in Atlas und Seide. Doch am sehenswertesten war die fünfte.

Die fünfte Frau, die in einem Schaukelstuhl mit hoher geschnitzter Lehne saß, hatte es in Sachen Alter und Beleibtheit schon weit gebracht. Sie trug einen schwarzen

Hut mit einer Schnalle und eine kurze Pelerine. Ihre Augen waren von einem zarten Grün, so hell, dass sie keine Iris zu haben schienen. In diesen Augen lag etwas, stellte Jason fest, etwas, das einen sogleich den Zwang empfinden ließ, sich zu verneigen, den Kopf zu senken und zu gestehen, dass man die Konfitüre gegessen hatte. Die beleibte Frau strahlte Autorität aus. Doch dieses Wort kannte Jason Rivet nicht.

»Ich habe sie auf dem Feld getroffen, Oma«, ertönte in der Stille die piepsige Stimme von Verity Clarke. »Sie stehen auf der Seite von König und noch so etwas.«

»Das wissen wir schon«, sagte Frances Flowers mit ziemlich boshaftem Lächeln. »Ihr habt, Gentlemen, den Wunsch geäußert, euch mit jemandem von angemessenem Stand, Amt, Verstand und Geschlecht zu unterhalten. Da wären wir.«

»Ich grüße Euch«, sagte die Beleibte und Helläugige. Wenn er ihre Stimme hinter seinem Rücken gehört hätte, wäre sich Jason sicher gewesen, dass es die Stimme eines jungen Mädchens sei. »Ich begrüße Euch in Mischief Creek. Ich bin Dorothy Sutton.«

»Was ist das für ein Theater?«, knurrte Pastor Maddox laut. »Macht ihr euch lustig über uns? Wo ist dein Mann, Weib?«

»Ihr müsst den Friedhof bei der Siedlung gesehen haben. Dort liegt er, der Herr sei seiner Seele gnädig.«

»Ich will mit einem Mann reden!«

»Ihr habt« – das boshafte und dreiste Lächeln dachte nicht daran, von Frances Flowers' Mund zu verschwinden – »mit den Holzfällern gesprochen. Und mit den Zimmerleuten, die den Speicher bauen. Reicht das nicht?«

»Gibt es hier keine anderen?«

»Gewiss doch, gewiss«, sagte die schöne Schwarzhaarige. »Zum Beispiel der da.«

Zwischen den Häusern tauchte ein Mann in hochgekrempelten Hosen auf, der eine Schubbkarre voll Mist schob. Als er vorüberkam, bedachte er sie mit dummem Gesichtsausdruck und einem etwas ängstlichen Blick, worauf er den Schritt beschleunigte. Constable Corwin fluchte leise, der Zimmermann Stoughton prustete, Onkel William spuckte aus. Reverend Maddox knirschte hörbar mit den Zähnen.

»Es gibt also hier ...«, setzte er heiser an, räusperte sich. »Es gibt hier keine ... anderen Männer? Eure Väter? Brüder? Keine von euch hat einen Ehemann?«

»Keine«, bestätigte Dorothy Sutton. »So hat es das Schicksal gewollt, das uns in letzter Zeit nicht sehr günstig war. Darum kann auch nur ich euch, die ihr von weither kommt, in Mischief Creek willkommen heißen. Zusammen mit den Damen Faith Clarke, Annabel Prentiss und Jemima Tyndall.«

Ihr heller Blick wirkte offensichtlich auch auf den Pastor, denn als er antwortete, war die bisher zurückgehaltene Wut aus seiner Stimme verschwunden. Scheinbar.

»Nun ja.« Er zuckte mit den Schultern. »Ihr habt's schwer, denke ich. Der Herr ist mein Zeuge. Schwer müsst ihr es haben ohne Männer.«

»Mitunter schon.«

»Also hört: Ich bin John Maddox, der Pastor aus Watertown in der Grafschaft Middlesex. Und das ist Mr. Henry Corwin, der Constable dieser Grafschaft. Und die anderen Herren dienen auch dem Gesetz. Wir verfolgen eine aus dem Gefängnis entflohene Verbrecherin, sie nennt sich Janet Hargraves. Was könnt ihr diesbezüglich sagen?«

»Nichts.«

»Ich erinnere daran, dass jeder Untertan des Königs zu Gehorsam und Hilfe gegenüber dem Gesetz verpflichtet ist. Und wer einen Verbrecher verbirgt oder ihm hilft, erleidet dieselbe Strafe wie jener.«

»Das weiß ich. Was, wenn man fragen darf, hat sich besagte Janet Hargraves zuschulden kommen lassen?«

»Das Verbrechen der Hexerei.«

»Wie bitte?«

»Janet Hargraves« – in der Stimme des Reverends klangen wieder Zorn und Ungeduld – »ist eine Hexe. Sie hat schwarze Magie betrieben und ist von einem ordentlichen Gericht verurteilt worden.«

»Und ihr verfolgt diese Janet Hargraves den ganzen Weg seit Watertown? Aus der Umgebung von Boston selbst? Wegen Hexerei?«

»So ist es. Antworte auf meine Frage, Weib.«

Dorothy Sutton betrachtete ihn lange.

»Mir ist nichts von einer Janet Hargraves bekannt«, sagte sie schließlich. »Noch von anderen Personen, die wegen schwarzer Magie verfolgt werden. Ich kann euch nicht helfen, Gentlemen. Das heißt, ich kann euch nicht anders als mit Gastfreundschaft helfen. Mit Bewirtung, wenn ihr mit einfacher Küche vorliebnehmt. Mit einem Nachtlager, wenn ihr nicht allzu sehr an großen Luxus gewöhnt seid, mit dem ich nicht dienen kann.«

Adam Stoughton, der Constable und Abiram Thorpe saßen recht bereitwillig ab, Onkel William folgte ihrem Beispiel. Reverend Maddox blieb im Sattel, durchbohrte die Frau immer noch mit Blicken.

»Wir sind gute Puritaner«, sagte er schließlich, wobei er mit Blicken und dem Finger auf Frances Flowers zeigte. »Wir halten uns an die Gesetze der Kolonie. Und die da haben wir bei Unzucht ertappt, bei schamloser Ausschweifung. Am helllichten Tage. Es spielt keine Rolle, dass sie es mit ihrem Mann getan hat. Wie sagt doch der Apostel Paulus im Thessalonicherbrief: ›Denn das ist der

Wille Gottes, eure Heiligung, dass ihr meidet die Hurerei.‹«

Dorothy Sutton verzog keine Miene. »Es schreibt aber derselbe Paulus an die Korinther: ›Entziehe sich nicht eins dem anderen.‹ Und es heißt in den Sprüchen Salomonis: ›Sie ist lieblich wie eine Hinde und holdselig wie ein Reh. Lass dich ihre Liebe allezeit sättigen und ergötze dich allewege an ihrer Liebe …‹«

»Schweig, Frau«, knurrte Maddox, und sein Gesicht bekam einen wölfischen Ausdruck. »Wahrlich, nichts Schlimmeres gibt es, als wenn vernunftlose Wesen Gottes Wort entstellen. Das riecht mir fürwahr nach Ketzerei, nach den gottlosen Ideen der Antinomianer. Insbesondere Anne Hutchinsons. Ist dir dieser Name nicht vielleicht zufällig bekannt? Anne Hutchinson? Ha? Denn irgendwie siehst du mir auch nach so einer aus, die sich einbildet, mehr Mann als Frau zu sein, eher Prediger als eine, die zuzuhören hat, eher herrschend als der Herrschaft unterworfen. Man muss seinen Platz kennen!«

»Ich stimme Euch voll und ganz zu, Reverend.«

Maddox wartete einen Moment lang, damit es nicht so aussehe, als ob er sich zu leicht habe bereden lassen; dann stieg er von dem Grauschimmel. »Wir nehmen deine Gastfreundschaft an, Weib.«

»Wir werden eure Pferde in den Stall führen. Sie versorgen.«

»Das macht der Indianer. Nimm die Pferde, Ishmael.«

»Ishmael«, wiederholte Dorothy Sutton ernst. »Wie passend! Ismael, der Sohn Hagars. Es steht geschrieben: ›Er wird ein wilder Mensch sein: seine Hand gegen jedermann und jedermanns Hand wider ihn, und wird gegen alle seine Brüder wohnen.‹«

»Ishmael Sassamon«, beschied sie Maddox trocken, »ist ein getaufter Wilder. Und ein gezähmter. Es ist zwar wahr, dass aus einem Heiden wie aus einem wilden Tier die Wildheit nie vollends auszutreiben ist, doch Ishmael hört von Kind an, von früh bis spät, in meinem Haus Gebete, die Worte der Schrift und Psalmen, wie sie auch seine Mutter gehört hat. Ihr braucht keine Angst vor ihm zu haben.«

»Wir haben durchaus keine Angst. Ich bitte herein, nach christlichem Brauch. In die Stube. Ist ein Gast im Haus, ist Gott im Haus.«

»Gelobt sei der Name des Herrn. Gleich kommen wir herein. Wir wollen uns nur säubern und um die Satteltaschen kümmern.«

Sobald die Weiber in dem Gebäude verschwunden waren, wandte sich der Pastor der übrigen Abteilung zu. Sein Gesicht, bemerkte Jason, war noch immer verzerrt, böse, doch jetzt erinnerte es eher an einen Fuchs als an einen Wolf. Constable Corwin bemerkte das auch.

»Ihr argwöhnt ...«

»Ich argwöhne«, schnitt ihm Maddox halblaut das Wort ab. »Diese ausländischen Trottel scheinen mir Flüchtlinge zu sein, nach der Rückkehr werden wir Nachricht nach Hartfort und Providence geben müssen, sogar nach Albany. Was die Weiber angeht, so riecht mir das nach Sektierertum oder Abfall vom Glauben. Nach den gottlosen antinomianischen Ideen der Sekten in Boston, aller dieser Hutchinsons und Dyers. Oder eher noch sind das diese abtrünnigen Quäker, denn die pflegen sich weitab anzusiedeln. Auch darüber werden wir nach der Rückkehr den Gouverneur informieren müssen. Vorerst aber ist etwas anderes am wichtigsten: die Hexe Hargraves. Ich schließe nicht aus, dass sie lügen, dass sie sie verborgen halten. Wir müssen also mit Köpfchen vorgehen. Geschickt. Passt auf: Wir gehen hinein, als ob wir die Gastfreundschaft annehmen würden, aber ab und zu muss jemand hinausgehen und sich gut umschauen, Blicke in die Häuser und Scheunen werfen, auf die Fenster achten, ob nicht aus einem die Hexe herausschaut. Und du, Ishmael, lass die Pferde im Stall, selber aber sollst du die ganze Siedlung umrunden, Spuren suchen, die von den Häusern in den Wald führen, zu Heuschobern oder anderen Verstecken. Wenn jemand Verfolger sieht und sich verbergen will, flieht er für gewöhnlich aus der Siedlung in den Wald.«

»Ihr«, sagte Henry Corwin mit aufrichtiger Bewunderung, »solltet Constable sein, kein Pastor.«

Maddox ignorierte die Bemerkung. »Wenn hingegen eins von den Weibern, wenn wir dort sind, aus der Stube geht, nach draußen geht, soll jemand gleich nach ihr hinausgehen und aufpassen ...«

»Dann merken sie es gleich«, murmelte Abiram Thorpe.

»Das ist es ja, dass sie es merken und Angst kriegen. Dass sie kalte Füße kriegen. Dann erschrickt vielleicht auch die Hexe, und wenn sie zu fliehen versucht, schnappt Ishmael sie.«

»Wirklich«, wiederholte Corwin, »der Geistliche ist an Euch verschwendet.«

»Ishmael, in den Stall. Mr. Stoughton und der Junge sollen sich als Erste in der Siedlung umsehen. Aber nicht zu lange, damit es nicht auffällt. Kommt gleich wieder zurück.«

»Schneller als gleich«, murrte der Zimmermann. »Aus der Stube riecht es nach Essen, dass sich einem die Därme zusammenkrampfen. Und da schicken sie einen auf Kundschaft. Komm, Junge.«

Mitten auf dem ausgefahrenen Weg spielten drei Kinder, drei Mädchen. Zwei versuchten, einem Hund ein Bänderhäubchen aufzusetzen. Die dritte, es war Verity

Clarke, trieb mit einem Stock ein seltsames, aus vielen Rädern zusammengesetztes Spielzeug voran. Sie bemerkte die Männer, winkte. Adam Stoughton winkte mit einem schiefen, gezwungenen Lächeln zurück.

»Zum Teufel mit diesem John Maddox«, murmelte er. »Wie stellt der sich das mit dem Spionieren vor? Sollen wir diesen Weibsbildern in die Alkoven schauen, in die Kommoden?«

Jason schluckte. »Der Reverend hat gesagt, wir sollen auf die Fenster achten. Und dort, wo die grünen Fensterladen sind, hat sich die Gardine bewegt ... Ich hab's gesehen ...«

»Sie beobachten uns.«

In der Tat, sie wurden beobachtet, und das nicht nur heimlich, hinter der Gardine hervor, sondern auch auf so offensichtliche Weise, dass es ostentativ war. Zwei Mädchen, keine davon älter als Jason, betrachteten sie aufmerksam hinter einem Zaun hervor, wobei sie keineswegs versuchten, sich hinter den dort wachsenden Malven zu verstecken. Eins von den Mädchen hatte dunkle, das andere helle Haare. Beide waren sehr hübsch. Jason spürte, wie er rot wurde. Er wandte den Kopf ab. Auf der anderen Seite des Weges, auf einer mit Kräuterbündeln geschmückten Veranda, saß auf einer Bank eine junge, aber recht korpulente Frau, die Pfeife rauchte. Auch sie winkte ihnen mit einem fröhlichen Lächeln. Doch diesmal winkte der Zimmermann nicht zurück.

»Sonderbare Weiber«, murmelte er, »trifft man in diesen Waldsiedlungen.«

»Mr. Stoughton?«

»Was ist?«

»Der Pastor hat gesagt, das sind Anto...mianer ...«

»Antinomianer. Wie Anne Hutchinson. Und Mary Dyer, die sie im Jahr sechzig in Boston erhängt haben.

Beide haben verbreitet, dass man die göttlichen Gebote und die Gesetze gar nicht unbedingt einzuhalten brauche. Sie hatten eine Menge Anhänger, denn es gibt nicht wenige Leute, wie du dir selber denken kannst, denen so eine Freiheit sehr lieb ist, dass jeder tun und lassen dürfe, was und wie er will.«

»Der Reverend hat auch gesagt« – Jason schaute über die Schulter nach der fröhlichen Frau mit der Pfeife zurück –, »dass es Quäker sein könnten. Abtrünnige. Aber wenn ... Mr. Stoughton, wenn ...«

»Wenn was?«

»Wenn das Hexen sind? Lauter Hexen? Eine ganze Siedlung voll Hexen?«

»Sei nicht dumm, Junge.«

»Diese Männer, die waren wie verzaubert ... Dieses Gerippe im Wald ... Mr. Stoughton? In Salem waren doch ...«

»Sei nicht dumm, habe ich gesagt. Komm, wir gehen zurück. Ich halt's nicht aus, wie lecker dieses Essen riecht.«

Die beiden jungen Mädchen hinter dem Zaun mit den Malven, die Schwarze und die Blonde, begleiteten sie mit Blicken. Ihre Augen aber funkelten feurig, aufdringlich. Schamlos. Gefährlich. Jason Rivet wandte den Kopf ab. Doch er spürte, wie sich unter ihrem Blick seine Nackenhaare sträubten.

Das lecker duftende Essen erwies sich als Mais mit Bohnen, serviert in großen Schüsseln, dazu große Brotkanten mit dunkelbrauner, aufgesprungener Kruste und Töpfchen mit Ahornsirup. Jason und der Zimmermann aßen schnell und hastig. Constable Corwin und Abiram Thorpe nutzten die Gelegenheit und nahmen sich, um ihnen Gesellschaft zu leisten, eine zweite Portion. Onkel

William schob den Teller fort und steckte sich einen Tabakpriem in den Mund. Reverend Maddox quasselte.

Die jungen Frauen, die die Speisen serviert hatten, verschwanden aus der Stube. Zusammen mit ihnen verschwanden auch Faith Clarke, die Mutter der kleinen Verity, und Frances Flowers. Jason verscheuchte den Gedanken, der ihn erröten und im Schritt erbeben ließ – dass Frances auf die Wiese zurückkehrte, zu dem Heuhaufen. Er verscheuchte die aufdringliche und überaus detailreiche Vision, was sie dort mit ihrem Schweden trieb.

In der Stube blieben nur die helläugige Dorothy Sutton und die beiden anderen: die Schmallippige, die Jemima Tyndall genannt wurde, und die Schöne, die Annabel Prentiss hieß. Als Jason und der Zimmermann hereingekommen waren, kanzelte Reverend Maddox gerade die Schöne ab. Jason hörte unaufmerksam zu. Er war mit dem Essen beschäftigt, außerdem hatte er den Pastor schon früher gehört. Denn schon früher, in Penacook und in Elwes March, hatte Maddox mit einer ähnlichen Rede auf die Verwunderung reagiert, die die Leute gezeigt hatten.

»Ich verstehe deine Verwunderung nicht, Weib, ich verstehe sie wahrlich nicht! Wenn es um einen Mörder ginge, um einen Räuber, einen Pferdedieb oder sonst einen Dieb, würde sich niemand über die Verfolgung wundern. Wenn euch hier in dieser Siedlung jemand ausrauben würde, eure Häuser anzündete, wenn jemand eins von euren Mädchen schänden, ihm Gewalt antun würde, dann würdet ihr verlangen, dass der Verbrecher bis ans Ende der Welt verfolgt und aufgespürt und dann bestraft wird. Aber wenn wir eine Hexe verfolgen, da wundern sie sich, schütteln die Köpfe, rümpfen die Nasen, denken, dass ich es nicht sehe. Hexerei ist genauso ein Verbrechen, oder auch ein schlimmeres, als Mord oder Diebstahl oder

Vergewaltigung. Die Pilgerväter haben festgelegt, dass die Kolonie der Massachusetts-Bucht nach den göttlichen Gesetzen regiert werden soll, das Zweite Buch Mosis aber sagt: ›Die Zauberinnen …‹«

»›… sollst du nicht leben lassen‹«, vollendete Dorothy Sutton leichthin, während sie einen Stickrahmen auf die Knie nahm. »Wir wissen es, Reverend, haben es gelesen. Und wenn uns manchmal etwas wundert, dann verzeiht, das macht nur unsere leichtfertige und unvollkommene Weibernatur. Also scheltet uns nicht, sondern fahrt fort mit Eurer Erzählung. Wir würden gern hören, was in diesem Salem vorgefallen ist. Gerüchte sind auch zu uns nach Mischief Creek gedrungen, doch es ist uns nie vergönnt gewesen, so kluge und gottesfürchtige Leute zu hören.«

Maddox schnaufte, richtete sich auf der Bank auf. Er war sich nicht sicher, ob die Helläugige ihn verspottete oder wirklich ihren Respekt ausdrückte. Schließlich entschied er sich für Letzteres.

»In Salem, in der Grafschaft Essex«, nahm er seine Erzählung wieder auf, »haben Verbrecher und Hexen einen Pakt mit Satan geschlossen. Ohne die Wachsamkeit von aufgeklärten, rechtschaffenen und gottesfürchtigen Menschen hätte dieses Böse wie ein Aussatz die Herzen zerfressen, und die Kirchen wären gefallen … Die Nacht wäre über die Welt hereingebrochen. Das alles begann mit einer Schwarzen, also einer Negerin, die den heidnischen Namen Tituba trug. Wahrlich, recht hatte derjenige – ich weiß nicht mehr, wer, aber er war aus New York –, der gesagt hat, dass uns wegen dieser heidnischen Neger nichts als Unheil widerfährt und widerfahren wird. Es ist nicht gut, dass die aus Afrika hierhergekommen sind.«

»In der Tat.« Dorothy Sutton fädelte eine Nadel ein.

»In der Tat, man kann Euch in diesem Punkt nur zustimmen, Reverend. Wie auch dem aufgeklärten Mann aus New York. Fürwahr ein Hort der Weisheit, dieses New York.«

Jemima Tyndall nickte. »So ist es, so ist es. Ich habe auch gehört, dass jemand – ich weiß weder, wer noch, woher er stammte – gesagt hat, es sei gar nicht gut, dass wir diese Afrikaner hierher eingeladen und ihnen erlaubt haben, mit ihren Schiffen herzukommen.«

Constable Corwin räusperte sich laut. Onkel William sammelte Spucke im Munde, spuckte dann aber doch nicht auf den gescheuerten und duftenden weißen Fußboden. Maddox schwieg einen Augenblick lang und musterte die hagere Frau mit strengem Blick.

»Irgendwie stinkst du mir nach Quäkertum, Weib«, sagte er schließlich, wobei er die Wörter langsam und sorgfältig aussprach. »Der Sklavenhandel ist, auch wenn die Quäker etwas anderes zusammenlügen, sowohl nach menschlichem als auch nach göttlichem Recht erlaubt. Die Heilige Schrift sagt: ›Willst du aber leibeigene Knechte und Mägde haben, so sollst du sie kaufen von den Heiden, die um euch her sind.‹ Die Ketzerei, dieses Verfahren sei schlecht und sündig, haben die Quäker erfunden, und dafür werden sie verflucht sein. Ich aber rede von den Negern und sage, dass wir hier keine Neger haben wollen. In England gibt es genug Leute, die gefehlt haben, mit dem Gesetz in Konflikt geraten sind und Sühne tun müssen. Und nicht in Verliesen soll man sie verfaulen lassen noch, wie ich gehört habe, auf irgendwelche unbewohnten Inseln verschiffen, sondern zu uns in die Kolonien, sie zu uns und nach Virginia schicken, und hier sollen sie für das allgemeine Wohl arbeiten und den Wohlstand mehren.«

»Ah.« Jemima Tyndall nickte. »Das ist etwas anderes.«

»Jawohl.« Maddox sprach weiterhin, als predige er. »Das ist es, Weib.«

»Für die Schwarzen muss man teuer bezahlen.« Onkel William sammelte wieder Speichel, spuckte aber auch diesmal nicht aus. »Und die Galgenvögel aus Newgate gäbe es umsonst …«

»Ein Christ bleibt ein Christ«, fügte Constable Corwin hinzu. »Zu den Negern hat der Teufel immer Zugang, weil sie im afrikanischen Heidentum geboren sind. Wer im teuflischen Götzendienst und inmitten von Zauberei geboren ist, aus dem lässt sich der Teufel nicht so leicht austreiben, und sei es mit Weihwasser. Die Tituba aus Salem ist ein Beispiel.«

»Genau«, warf Dorothy Sutton ein, während sie mit der Nadel arbeitete. »Wir schweifen ab. Zurück zur Grafschaft Essex, Reverend. Nach Salem.«

»Hexerei hat es auch vor Salem gegeben«, knurrte der bislang schweigsame Abiram Thorpe. »Es wird so an die zehn Jahre her sein, da haben sie eine Hexe ergriffen … Direkt in Boston.«

»Die Hexe Glover.« Der Zimmermann Stoughton schluckte einen Löffel Erbsen hinunter und bedeutete mit einem Kopfnicken, dass er davon gehört hatte. »Sie haben sie aufgehängt. Sie hatte Schwarze Magie getrieben, einen Maurer aus Boston verhext …«

»John Goodwin.« Die meisten Einzelheiten kannte, wie sich zeigte, Reverend Maddox selbst. »Die Hexe Glover plagte den Maurer John Goodwin, seine Frau und Kinder mit Zauberei, und zwar mit Hilfe von Lumpenpüppchen, die mit magischer Materie angefüllt waren, hauptsächlich mit Ziegenhaaren.«

»Ach!« Annabel Prentiss rang ziemlich übertrieben die Hände. »Mit Ziegenhaaren! Schrecklich.«

»Diese Glover«, schrie der Constable, »war, wie sich

bei der Untersuchung erwies, eine Irin und Papistin! Der Teufel hält sich immer an die Papisten; wo ein Papist ist, ist der Teufel nicht weit. Besonders betrifft das ihre käuflichen Prälaten. Alles Übel kommt von den Papisten!«

»Gewiss doch«, sagte Dorothy Sutton ernst.

»Auf menschenleere Inseln mit ihnen«, prustete Jemima Tyndall, verstummte jedoch unter dem Blick, der ihr über den Stickrahmen hinweg zugeworfen wurde.

Dorothy Sutton betrachtete die Nadel und seufzte. »Sprecht, Reverend, sprecht. Wir hören aufmerksam zu.«

»Der Satan ist nicht müßig.« Wieder hatte Maddox Pose und Miene eines Predigers angenommen. »Unablässig führt er die Menschen in Versuchung. Wer schwach im Geiste und im Glauben ist, eitel oder leichtfertig, kann sich unversehens in den Fängen des Teufels finden. Insbesondere betrifft das, merkt euch das, meine Damen, die Frauenzimmer.«

Diesmal senkten Jemima Tyndall und Annabel Prentiss die Köpfe und bekreuzigten sich wie auf Kommando. Der Pastor äußerte mit einem Nicken und einem Schniefen seine Billigung.

»Der Teufel«, fuhr er fort, »der zweifellos mit der Negerin Tituba nach Essex gelangt war, fand in Salem einen fruchtbaren Boden für seine abscheuliche Saat. Und alsbald machte er sich bemerkbar. Im Februar vorigen Jahres, also 1692, begann der Horror. Mehrere junge Mädchen, darunter Elizabeth, die Tochter von Reverend Parris, und nach ihr Abigail Williams, Ann Putnam, Sarah Vibber, Susanna Sheldon und Mary Walcott, begannen Anzeichen von Verhexung zu zeigen. Sie redeten ohne Sinn und Ordnung, und ihre Körper und Gesichter wurden von grässlichen Krämpfen heimgesucht ...«

»Herr Jesus!« Diesmal rang Jemima Tyndall die Hände, nicht weniger übertrieben als zuvor Annabel Prentiss.

Constable Corwin musterte beide unablässig mit bösen Blicken.

»Gegen diese Krämpfe halfen weder Klistiere noch Aderlässe«, fuhr Maddox fort, ohne etwas zu bemerken – er schien sich beinahe in Trance geredet zu haben. »Aber die Mädchen sagten aus, wer sie verhexte und plagte. Die schwarze Tituba wurde verhaftet und der Folter unterworfen; sie gestand, im Bunde mit dem Teufel zu sein, und nannte die Namen der anderen, die zur Verschwörung gehörten. Zuerst Sarah Good.«

»Sarah Good!« Diesmal konnte sich Onkel William nicht beherrschen und spuckte saftig auf den Fußboden. Er errötete ein wenig und schmierte die Spucke mit dem Stiefel breit.

»Sarah Good«, rechtfertigte er sich krächzend. »Die Teufelsbrut. Das war die schlimmste Hexe von allen. Sie hatte teuflische Geschöpfe im Haus. Einen Hund, sowas Struppiges, einen komischen gelben Vogel und einen Kater, der Tailrings hieß. Das war kein Kater, sondern eine wahre Bestie, groß wie ein Tiger, ein Menschenfresser mit stählernen Krallen. Grässlich.«

»Auf dem Besen ist sie geflogen«, fügte Abiram Thorpe mürrisch hinzu. »Zum Hexensabbath. Zusammen mit der … na .. der Hebamme aus Andover … Wie hieß sie doch gleich …«

»Martha Carrier«, erinnerte ihn der Constable finster. »Und die andere hieß Nurse. Rebecca Nurse.«

»Wir schweifen ab«, ließ sich Dorothy Sutton mit sanfter Stimme vernehmen, »verlieren uns in Einzelheiten. Zurück zu Sarah Good. Was also war mit der? Was hat sie sich zuschulden kommen lassen? Außer dass sie einen struppigen Hund, einen Kanarienvogel und einen Kater hatte?«

»Sarah Good«, erklärte Maddox trocken, »war verstockt, offensichtlich mit Hilfe des Teufels; sie wollte nichts gestehen und keine Komplizinnen preisgeben. Zum Glück sagte eins von den schon erwähnten Mädchen, die tugendhafte Ann Putnam, aus, wer sie zu teuflischen Praktiken gezwungen hatte und wen sie zum Hexensabbath hatte fliegen sehen, bei dem auf unbeschreibliche Weise die Sakramente verhöhnt wurden. Die junge Ann Putnam ...«

»... beschuldigte, wen immer sie konnte.« Dorothy Sutton hob den Stickrahmen, musterte ihre Arbeit. »Insbesondere die, die sich irgendwann einmal mit ihr angelegt hatten.«

Wieder bedachte Maddox sie mit einem eisigen Blick. »Sie beschuldigte die Schuldigen. Die Schuldigen, Weib! Alle jene aus der Grafschaft Essex, die einen Pakt mit dem Teufel unterschrieben haben und mit Hexerei Menschen geplagt und verfolgt haben, mit dem Ziel, die christliche Ordnung zu stürzen und auf der ganzen Welt das Regiment Satans einzuführen. Das Gericht hat den Fall untersucht und die Beweise geprüft, und die Beweise waren erdrückend. Die Schuldigen erlitten eine strenge, aber gerechte und verdiente Strafe. George Burroughs, Bridget Bishop, besagte Sarah Good, Rebecca Nurse, John Proctor und seine Frau Elizabeth, John Willard, Martha Carrier und ihre beiden Nachkommen, Giles Cory und seine Frau Martha ... Sie alle wurden auf dem Gallows Hill erhängt.«

Er verstummte. In der Stille war das Hämmern vom im Bau befindlichen Speicher her zu hören. Dann ertönte ein Hahnenschrei. Jemima Tyndall spielte mit einem um den Finger gewickelten Band. Die schöne Annabel Prentiss hatte ein Bein übers andere geschlagen und ließ kokett den mit einer Schnürsandale beschuhten Fuß wippen. Dem Zimmermann Stoughton, bemerkte Jason Rivet, fielen fast die Augen aus dem Kopf, so starrte er den hübschen Knöchel und das freie Stück Wade an.

»Alles in allem«, brach Dorothy Sutton das Schweigen, »neunzehn Erhängte, zwei im Gefängnis Gestorbene. Und Giles Cory, der keineswegs erhängt wurde, sondern zu Tode gefoltert, indem man ihn zwischen Steinen zermalmte. Auch hierher in die Einöde gelangen Nachrichten. Aber lasch ist man dort in Salem vorgegangen, lasch und müßig. In der Alten Welt hat allein der Bischof von Bamberg sechshundert Frauen auf den Scheiterhaufen geschickt. Überhaupt, Reverend, wieso habt ihr in Salem erhängt, statt zu verbrennen? Menschen zu verbrennen, gebietet ja die Bibel, wenn sie sagt: ›Wer nicht in mir bleibt, der wird weggeworfen wie eine Rebe und verdorrt, und man sammelt sie und wirft sie ins Feuer, und sie müssen brennen.‹ Und an einer anderen Stelle: ›Gleichwie man nun das Unkraut ausjätet und mit Feuer verbrennt, so wird's auch am Ende dieser Welt gehen: Sie werden sie in den Feuerofen werfen; da wird Heulen und Zähneklappern sein …‹«

»Schweig, Weib«, knurrte der Pastor. »In der Tat, wir machen von deiner Gastfreundschaft Gebrauch, doch es ist schwer zu ertragen, wenn jemand, der selbst ein Gefäß der Sünde ist, mit dem Wort Gottes ficht. Weißt du, dass das Sünde ist? Es ist eine Sünde, und zwar eine Todsünde, zu zweifeln. Und zu lästern. Denn in der Heiligen Schrift, die du hier nachgeplappert hast wie ein Papagei, ist auch dieses gesagt: ›Der Acker ist die Welt. Der gute Same sind die Kinder des Reichs. Das Unkraut sind die Kinder der Bosheit. Der Feind, der sie sät, ist der Teufel. Die Ernte ist das Ende der Welt. Die Schnitter sind die Engel.‹ Hier aber auf der Erde müssen wir Geistlichen und Richter diese Last auf unsere Schultern nehmen, wir müssen das Böse ausrotten und gegen den Teufel kämpfen, denn wenn wir zaudern, bricht die Ordnung zusammen, und das Chaos wird herrschen!«

Dorothy und dann, ihrem Beispiel folgend, auch die anderen Frauen fassten sich an den Kopf, als seien sie von dem, was der Reverend gesagt hatte, unerhört entsetzt. Corwin schnaubte, doch Maddox beachtete es nicht. Er predigte weiter.

»Es ist Krieg!«, schrie er und lief rot an. »Ewiger Krieg! Krieg mit dem Teufel, aber auch mit dem irdischen Feind! Wir sind von Feinden umringt! Im Norden die Franzosen, im Süden die papistischen Spanier, seit eh und je Feinde des wahren Glaubens! Wie sollen wir ihnen die Stirn bieten, wenn es an Ordnung gebricht? Wir werden es nicht können! Darum handelt jeder, der – wie die Hexen – Unruhe sät und die Ordnung gefährdet, dem Lande zum Schaden, ein Verräter ist das, Hand in Hand mit dem Feind! Und für einen Verräter gibt es nur eine Strafe – den Tod! So will es das Gesetz, so will es Gott! Und wer Verräter und Hexen duldet, der ist selbst ein Verbrecher und soll sterben! Nach menschlichem Urteil oder, wenn er diesem entflieht, nach dem Urteil Gottes! Diejenigen, die Hexen dulden, wird Gott strafen, wie er Ahab gestraft hat! Wir aber werden keine Nachsicht üben! Wir werden die schändliche Verbrecherin fassen! Und es wird geschehen nach den Worten der Schrift, dass die Hunde Isebel fressen sollen an der Mauer Jesreels!«

Vor dem Fenster begann mit viel Gefühl für Dramatik ein Hund zu heulen. Dann war es wieder lange still.

»Die Gentlemen werden entschuldigen.« Annabel Prentiss stand auf, zog sich mit geradezu wolllüstiger Geste die Kleidung zurecht. »Die Pflicht ruft.«

Sobald sie hinausgegangen war, gab Maddox mit einem Blick Abiram Thorpe ein ziemlich deutliches Zeichen. Doch noch ehe der Jäger seinen Becher abstellen konnte, war Adam Stoughton aufgesprungen. Der Pastor bedeutete mit einem Schulterzucken Zustimmung, Abiram Thorpe seufzte erleichtert und zog die Schüssel mit Mais zu sich heran.

»Ich auch …«, brachte Jason Rivet hervor, bemüht, das hörbare Rumpeln in seinem Bauch zu übertönen. »Ich muss auch …«

Dorothy Sutton lächelte mütterlich. »Aus dem Haus und nach links, Junge. Du kannst es nicht verfehlen.«

Wenig später saß Jason Rivet schon auf einem glattgescheuerten Brett mit Loch, rang mannhaft mit der Reaktion des Organismus auf die erste reichliche Mahlzeit seit zwei Tagen, verscheuchte die Fliegen und betrachtete die Welt durch das in die Tür gesägte Herzchen. Das ist eine seltsame Siedlung, dachte er, sogar der Abort ist hier seltsam. Das kann ein verhexter Ort sein, Zimmermann Stoughton hatte unrecht, als er sich über mich lustig machte. Wohin wohl, dachte er, Zimmermann Stoughton der schönen schwarzhaarigen Annabel Prentiss gefolgt ist? Und wo mag Ishmael Sassamon sein, was mag er machen? Und hat er etwas aufgespürt?

Die ersten Spuren, auf die Ishmael Sassamon stieß, führten von den Zäunen zum Flüsschen. Der Indianer hörte vom Wasser her das Klatschen von Schlaghölzern. Doch keine der Wäscherinnen konnte die verfolgte Hargraves sein. Hargraves hinkte, Ishmael hatte ihre Fußspuren schon oft gesehen, er hätte sie sogar nachts erkannt.

Er bog um einen Schuppen, kam in einen Gemüsegarten, von Sonnenblumen umringt. Er roch Rauch, machte bald dessen Quelle aus – einen Bienenstand. Zwei Frauen mit Hüten und Netzen, eine davon, der Größe nach zu urteilen eher ein Mädchen, sammelten Honig ein und verscheuchten die über den Stöcken summenden Bienen mit Rauch. Ishmael beobachtete die Imkerinnen einen Moment lang, aus Pflichtgefühl, um ganz sicher zu sein. Die größere war von ähnlicher Statur wie die verfolgte Hargraves. Doch wie der Indianer gleich darauf feststellte, war sie es nicht. Sie bewegte sich anders.

Er ging weiter. Und hinter dem nächsten Zaun, in einem offenen Holzschuppen, stieß er auf Faith Clarke. Die Mutter der kleinen Verity.

Er verbeugte sich, senkte den Kopf tief, wollte der Frau ausweichen, ohne den Blick zu ihr zu heben. Als er vorbeiging, packte sie ihn am Ärmel. Er wollte sich losreißen, sie erlaubte es nicht. Der Indianer blickte sich verschreckt um, ernstlich bestürzt.

»Hab keine Angst«, sagte sie.

Du hast gut reden, Jengise, dachte er. Für etwas Ähnliches, eine weitaus harmlosere Berührung mit einer weißen Frau, war er vor zwei Jahren gnadenlos geprügelt worden, bis aufs Blut.

»Niemand sieht uns.« Die Frau schien seine Gedanken lesen zu können. »Und ich wollte dir ein paar Fragen stellen, biblischer Ishmael Sassamon. Die erste lautet: Ist dir bewusst, dass du keineswegs Ishmael Sassamon heißt?«

»Nein«, stellte sie fest, als er nicht antwortete, als sein dunkles, grob geschnittenes Gesicht nicht einmal zuckte. »Und von welchem Stamm du kommst, weißt du das? Antworte.«

»Passamaquoddy.«

In der Mitte des Holzschuppens, zwischen Splittern und Spänen, stand ein großer Hackklotz. Faith Clarke bückte sich und legte ein paar Gegenstände darauf. Ishmael Sassamon zuckte zusammen. Innerlich. Nach außen hin ließ er nicht die mindeste Überraschung erkennen.

Ein Wampum aus weißen und purpurfarbenen Muscheln. Drei zusammengebundene Adlerfedern. Und ein Pokomokon, eine kantige Keule aus Hartholz.

»Es ist wahrlich eine interessante«, fuhr die Frau fort, wobei sie ihn aufmerksam betrachtete, »und zugleich betrübliche Wendung des Schicksals, dass ausgerechnet du als Spürhund für den Nachkommen eines baptistischen Predigers und einer Prostituierten aus dem East End dienst, die man beide aus dem Gefängnis in Newgate geholt, auf ein Schiff verfrachtet und in die Neue Welt verbannt hat. Denn du bist kein Passamaquoddy, und dein Name ist nicht Ishmael.«

Auch diesmal ließ sich der Indianer nichts anmerken.

»Du bist kein Passamaquoddy, und dein Name ist nicht Ishmael«, wiederholte Faith Clarke in singendem Tonfall. »Du bist von der Elchsippe, aus dem Stamm der Wampanoag, und du heißt Pokumtuk, Sohn des Wahunsa, der der Sohn von Ninigret war. Diejenige, die du für deine Mutter hältst, hat deinen wahren Namen und deine Herkunft verheimlicht, damit niemand erfährt, dass du ein Kind von Menomini bist, der Schwester von Metacomet, des großen Sachems der Wampanoag. Ja, ja, desselben, den die Jengis König Philipp nannten, den Anführer des großen Aufstandes im Jahre 1675. Desselben, dessen Name unter den Jengis noch immer Furcht erregt. Bei dem sie an Blut und Brand denken.«

Eia ei ei, eia ei
Eia ei, ho oho ei
Ate, heie lo
Ate, heie lo

Er bemerkte nicht einmal, in welchem Augenblick er sich zu wiegen begann und leise in den Singsang einfiel.

»Zittert, Jengis! Es kommen die Wampanoag, es kommen die Narranganset, es kommen die Nauset, es kommen die Krieger der Nipmuk und der Pequot! Rache! Wir werden euer Blut fließen lassen, Jengis, wir werden euch im Meer versenken, über das ihr gekommen seid, um unser Land zu stehlen, um uns zu ermorden und mit Krankheiten anzustecken. Rache! Ein guter Weißer ist ein toter Weißer! Erinnerst du dich, Pokumtuk, Sohn des Wahunsa? Du warst erst sechs Jahre alt, aber du musst dich erinnern! Wie das Blut der Jengis unter den Messern und Tomahawks der Krieger floss, wie sie aufgeschreckt umherliefen, wie ihre Ansiedlungen in Flammen aufgingen! Du musst dich erinnern, wie das Feuer auf den Dächern von Swansea, Taunton, Middlefrantic tobte, wie Brookfield, Hadley, Northfield, Deerfield, Medfield und Wrentham brannten …«

Eia ei ei, eia ei
Akue-de, ate lo
Aia-ku, eia ho
Ate, eia ho

»Es brannten«, fuhr die Frau fort, nun schon in der Sprache, an die Ishmael sich mit Mühe wieder zu erinnern begann, »nicht nur ihre Häuser. Das Feuer verzehrte ihre englischen Namen. Die von den Jengis umbenannten Orte wurden im Feuer gereinigt, wiedergeboren, wurden wieder zu dem, was sie gewesen waren: Opechancanough, Nonantum, Natick, Kiskimin, Pohkopopuk, Wapange, Massapequa, Muttamussimsack, Tawakoni, Lapowinsa …«

Eia ei ei, eia ei
Eia ei, ate lo
Ate, heia lo
Ate, eia ho

»Doch bald schon brachen die Hoffnungen zusammen, der Sieg wurde zur Niederlage und die Niederlage zum Gemetzel. Den großen Sachem Metacomet, genannt König Philipp, ermordete heimtückisch ein von den Jengis gekaufter Verräter. Deinen Vater, Wahunsa, der verwundet war, erstachen die Jengis mit Spontons in den Großen Sümpfen von Okeefenokee. Deiner wahren Mutter, Menomini, der Tochter von Kinikwa, zerschmetterten sie den Kopf mit einem Musketenkolben. Nimm den Wampum. Nimm den Pokomokon. Nimm auch dies.«

Ishmael Sassamon – Pokumtuk – erblickte auf dem Hackklotz einen Tomahawk. Und ein Messer, ein schönes, langes, scharfes Stahlmesser, von der Art, wie es einst die Holländer von Albany feilgeboten hatten.

»Ein guter Jengis«, sagte die Frau, »ist ein toter Jengis.«

Eia ei, eia ei
Ate, heia lo
Eia ei, ate ho

Ishmael Sassamon, noch immer tanzend, öffnete die Jacke und warf sie ab. Schenectady, dachte er fieberhaft, nicht irgendein Albany. Nicht Worcester, sondern Quisinggamon, nicht Belmond, Lynn und Arlington, sondern Pequoset, Saugus und Menotomi. Und Shawmut, nicht Boston. Fort mit Boston.

Er knöpfte sein Hemd auf, zerriss es. Fort mit dem *shirt*. Fort mit den *boots*. Fort mit *breeches* und *stockings*.

Ate, heia lo
Eia, eia ei…

Ishmael Sassamon wurde wiedergeboren und reinigte sich, indem er Namen und Bezeichnungen abwarf.

Adam Stoughton schirmte die Augen mit der Hand ab, für einen Moment hatte ihn die Sonne geblendet. Und dieser Moment genügte. Annabel Prentiss, die schwarzhaarige Schönheit, die er verfolgte, verschwand. Sie verschwand einfach.

Er blieb eine Weile stehen, schaute sich um. Die wortkargen ausländischen Zimmerleute waren vom Bauplatz verschwunden. Jetzt war beim Skelett des entstehenden Speichers ein langer Tisch aufgestellt worden, drei Frauen machten sich dort zu schaffen. Zwei von ihnen, beide sehr jung, die Schwarze und die Blonde, hatte er schon gesehen. Das waren die beiden, die so ausgiebige Blicke auf Jason Rivet geworfen hatten, als er vorhin mit dem Jungen hier vorbeigekommen war. Auf der Veranda des nächsten Hauses, inmitten von Kräuterbüscheln, saß die dritte von denen, die er schon gesehen hatte – die Korpulente, die Pfeife rauchte.

Er kehrte um. Einen Moment lang erwog er, in die Stube zurückzukehren, nicht, um sich zu stärken oder dem Pastor zuzuhören, sondern um vor sich hin zu dösen, den Rücken an die geweißte Wand gelehnt. Doch er tat es nicht. Ihm ging der Anblick von Annabel Prentiss' Wespentaille nicht aus dem Sinn. Und des hübschen Popochens, dessen Umrisse der Rock nicht verbergen konnte. Er trat von einem Fuß auf den anderen und rückte die Hose im Schritt zurecht.

In der Tür einer Scheune blitzte etwas Weißes. Adam Stoughton sah nicht genau, was es war. Doch er hatte eine Vermutung. Etwas, ein unwiderstehliches Verlangen, ein Befehl oder ein Zwang, hieß ihn hineingehen. Seine Vermutungen trafen zu. Das zeigte sich, sobald sich seine Augen an das Halbdunkel gewöhnt hatten.

»Ich wusste es«, sagte Annabel Prentiss. »Ich wusste, dass du mir nachkommen würdest.«

Der Zimmermann schluckte, fühlte, wie er rot wurde. Die Frau lachte, leicht, ungezwungen, perlend. Sie stand an einen Pfosten der Scheune gelehnt, sinnlich geneigt.

»Aber« – sie nahm eine noch sinnlichere Pose ein – »deswegen braucht man sich doch nicht zu schämen, mein Herr. Das ist doch normal. Für gewöhnlich streben wir dem nach, wonach es uns verlangt, wir folgen dem, was uns unwiderstehlich anzieht. Und du wirst doch von mir unwiderstehlich angezogen. Gib's zu.«

Der Zimmermann gab nichts zu. Annabel Prentiss lachte abermals.

»Ich ziehe dich an«, versicherte sie. »Ich habe gesehen, wie du mich angeschaut hast. Du hast mich mit Blicken ausgezogen. Wie vor Gericht, wenn sie einen für Zauberei verurteilen. Was? Herr Gesetzeshüter aus Watertown? Das ist doch die Standardprozedur, so ist man in Salem und Andover verfahren, in Medford und Lynn, so war es in Charlestown, so macht man es vor den Gerichten aller anderen Städte und Grafschaften in der Kolonie der Massachusetts-Bucht. Ich irre mich doch nicht, oder? Die Richter ziehen das Mädchen nackt aus, suchen an ihr eingehend nach einem Zeichen, einem Fleck, einem Merkmal des Teufels. Oh, ich zweifle nicht, dass dann wahrlich heiliger Eifer die ehrenwerten Herren Richter ergreift! Sie schauen gründlich, betrachten, blicken überall hin, in jeden Winkel, helfen sich, wenn nötig, mit dem speichelbedeckten Finger. Und welche Freude, wenn sie etwas finden, denn etwas findet sich ja immer! Nicht wahr, Herr Gesetzeshüter? Du hast doch selbst so etwas gesehen, warst selbst bei derlei zugegen.«

Ehe der Zimmermann reagieren konnte, schnürte Annabel Prentiss rasch das Jäckchen auf und warf es ab. Darunter trug sie eine dünne Bluse, die die Formen nicht im Mindesten verbarg. Sehr anziehende Formen. Stoughton schluckte angestrengt. Weg hier, dachte er. Ich muss sofort hier rausgehen, sonst nimmt das ein schlimmes Ende. Dieses Weib ist verrückt.

»Ja, du warst dabei«, wiederholte Annabel Prentiss. »Du warst Zeuge, wie Janet Hargraves vor dem Gericht der Grafschaft Middlesex ausgezogen wurde. Und ich weiß gut, was du dir damals vorgestellt hast. Ich weiß auch, was du dir später vorgestellt hast, nachts, als du mit geschlossenen Augen der ehelichen Pflicht mit deiner Angetrauten nachgekommen bist, die dir in acht Ehejahren nicht erlaubt hat, das Hemd höher als absolut notwendig zu heben und nur in vollkommener Dunkelheit. Darum bist du mit dem Pastor und dem Constable geritten, darum hast du dich an der Verfolgung beteiligt. Nicht wahr? Denn lieber als die knochige Ehefrau mit dem Büßergewand bis zu den Füßen ist dir die lustvolle Sünde Onans, in der Dunkelheit des Zeltlagers, mit geschlossenen Lidern, unter denen du unablässig die nackte Hexe siehst.«

Raus hier, dachte der Zimmermann, rot wie eine Rübe. Sofort raus hier!

Doch er war nach wie vor außerstande, auch nur einen Schritt zu tun. Er riss nur die Augen auf. Annabel Prentiss lächelte. Und begann, sich langsam die Bluse aufzuknöpfen.

»Du denkst«, erriet sie, »dass das Hexerei ist, dass ich deine Gedanken lese? Das brauche ich nicht, deine Gedanken sind banal, offensichtlich und durchsichtig wie Quellwasser. Ich lese und kenne jeden davon, auch den, dass du weder an Zauberei noch an Hexen glaubst. Ha! Bist du dir dessen so sicher? Geh lieber kein Risiko ein, überprüfe es, vergewissere dich mit eigenen Augen. Und eigenhändig. Na, komm her zu mir. Schau. Fass an.«

Unter der schon aufgeknöpften Bluse befand sich ein

Leibchen mit spitzenverzierten Trägern. Adam Stoughton hatte noch nie so etwas gesehen. Doch er hatte es sich oft vorgestellt.

»Betrachte mich genau« – Annabel Prentiss zog die Schultern zurück, wodurch die weit entblößten Halbkugeln der Brüste noch weiter aus dem Leibchen hervortraten. »Betrachte mich überall, Zoll für Zoll. Vielleicht erblickst du an mir das Zeichen des Tiers, das Siegel Satans. Vielleicht siehst du hier, zwischen den beiden üblichen, eine dritte Brustwarze, die, an der ich beim Hexensabbath den Teufel saugen lasse. Komm. Schau. Fass an. Hast du Angst vor deinem Pastor?« Wieder hatte sie es erraten, als er keinen Schritt tat. »Brauchst du nicht. Wenn er fragt, was wir hier gemacht haben, sagst du, wir haben Psalmen gelesen. Und das Hohelied. ›Komm zu mir, sage mir an, du, den meine Seele liebt, wo du weidest, wo du ruhest im Mittage, dass ich nicht hin und her gehen müsse bei den Herden deiner Gesellen.‹«

Sie trat so leicht an ihn heran, dass sie im Winde zu schweben schien, ohne mit den Füßen das auf dem Boden verstreute Stroh zu berühren. Der Zimmermann stand da, wie Lots Weib zur Salzsäule erstarrt.

»›Setzte mich wie ein Siegel auf dein Herz‹«, zitierte sie abermals, während sie ihn umarmte, »›und wie ein Siegel auf deinen Arm. Denn Liebe ist stark wie der Tod, und ihr Eifer ist fest wie die Hölle.‹«

Er sträubte sich nicht und protestierte nicht, als sie ihn auf einen Heuhaufen zog. Sie roch nach Seife.

»›Auch viele Wasser mögen nicht die Liebe auslöschen noch die Ströme sie ertränken.‹ Zieh die Hose aus, mein Gebieter.«

Adam Stoughton drückte sein Gesicht in ihre schwarzen Haare. Dieser junge Spund Jason hatte ein bisschen recht, schoss es ihm durch den Kopf. Das sind keine gewöhnlichen Frauen, nicht solche, wie ich sie gekannt und getroffen habe. Sie riechen alle nach Seife, alle, sogar die kleine Verity. Alle riechen nach Seife, dachte er, als er mit heftigen Bewegungen der zitternden Hände die Hafteln des Spitzenleibchens aufriss. Annabel Prentiss' Brüste sprangen unter dem Stoff hervor wie zwei flinke, kecke und aggressive Biester. Adam Stoughton stöhnte und stürzte sich mit Mund und Händen darauf, zu kräftig vielleicht, denn die Frau gab ihm mit der offenen Hand einen Klaps gegen die Stirn, zügelte ihn. Sie selbst war mit seiner Gürtelschnalle und dem Hosenlatz beschäftigt, als sie die Aufgabe bewältigt hatte und zur Mitte vorgedrungen war, als sie diese Mitte gierig mit der Hand ergriff, stöhnte der Zimmermann durchdringend und spannte sich. Einen Augenblick lang kam es ihm so vor, als sei er selbst ein Anhängsel seiner Männlichkeit, und nicht umgekehrt. Er zog der Schwarzhaarigen Leibchen und Bluse von den Schultern, drückte sie, presste die Lippen an eine Brustwarze, fest wie Guttapercha, streichelte und knetete die andere Brust, riss an ihrem Rock. Abermals zügelte ihn Annabel Prentiss, diesmal mit einem kräftigen, wirklich kräftigen Druck der Faust und dessen, was diese umschloss. Adam Stoughton heulte auf und ging in die Knie. Die Frau packte ihn bei den Schultern, warf ihn auf den Rücken – sie war stark und entschlossen, er hätte sich ihr nicht widersetzen können, selbst wenn er es gewollt hätte. Sie setzte sich mit dem ganzen Gewicht auf seine Waden und zog ihm mit einem Ruck die Hose herunter. Und sprang auf ihn. Wie ein Panther. Der Zimmermann heulte noch lauter auf, doch er konnte nichts machen, ins Heu gedrückt und von ihren Schenkeln und ihrem Schritt eingekeilt. Annabel Prentiss beugte sich vor und schaute ihm in die Augen, ließ lächelnd ihre Zähne sehen. Sie hob sich langsam, fast bis zum äußersten Ende und Rand, und senkte sich langsam. Sie beugte den Körper, schenkte seinen Händen, was sie begehrten. Adam Stoughton begann zu stöhnen, doch nun nur noch vor Verlangen und Lust. Die Bewegungen der Frau wurden beherrscht, kontrolliert, ruhig – sein Wertvollstes war nicht mehr in Gefahr, zerquetscht zu werden. In seinen Schläfen und Ohren hämmerte das Blut und rauschte wie der Ozean.

Schnell – zu schnell – war alles vorbei. Annabel Prentiss änderte ihre Stellung nicht. Sie seufzte nur, blies sich einen Halm Heu von der Nase. Adam Stoughton bedauerte, dass schon alles vorbei war. Doch nach einem Augenblick bemerkte er, dass nicht nur er es bedauerte. Die Frau bemerkte es ebenfalls.

»Na, na«, sagte sie nicht ohne angenehme Überraschung in der Stimme. »Ich habe mich nicht in dir getäuscht, Hüter von Gesetz und Ordnung. Ich habe eine gute Wahl getroffen. Denn du gehörst mir. Du weißt doch schon, dass du mir gehörst?«

Adam Stoughton antwortete nichts und fragte nichts. Annabel Prentiss wischte sich mit dem Handrücken über die juckende Nase, warf mit beiden Händen das schwarze Haar auseinander, stützte sich auf die Schultern des Mannes, presste die Knie kräftiger um seine, hob und senkte sich langsam, einmal, zweimal, dreimal, immer schneller und schneller. Adam Stoughton stöhnte und rollte die Augen, fuhr mit den Händen über ihre rhythmisch tanzenden Brüste. Er hatte die ganze Welt vergessen. Nichts zählte mehr. Weder Janet Hargraves noch die Verfolgung, weder Reverend Maddox noch König, Gesetz und die Gerichte der Kolonie der Massachusetts-Bucht.

Dorothy Sutton stickte weiterhin. Jemima Tyndall beobachtete eine Spinne, die sich am Faden von einem Deckenbalken herabließ.

»Nach Salem«, fuhr Reverend Maddox fort, »zeigte sich diese teuflische Pest auch in Andover, in Charlestown, in Dorchester, ebenso in Lynn, Medford, Roxbury, und schließlich, ein Jahr nach den Vorfällen in Salem, tauchte sie bei uns in Watertown auf. Es ereigneten sich verschiedene rätselhafte Dinge. Junge Mädchen bekamen Krämpfe und Zuckungen, schrien im Wahn alle möglichen entsetzlichen Wörter. Etliche Frauen beklagten sich über das bei ihren Gatten einsetzende Unvermögen des männlichen Gliedes, zweifellos infolge von Zauberei. Alsbald fiel der Verdacht auf Mary Hargraves, die Witwe eines Seemanns. Sie wurde verhaftet und verhört. Doch die Hexe wollte nichts gestehen.«

»Obwohl« – Jemima Tyndall wandte den Blick von der Spinne – »mächtige Überredungsmittel angewandt wurden?«

»Spar dir den Sarkasmus, Weib«, knurrte Constable Corwin. »Obwohl es wahrlich merkwürdig ist, hast du schon mehrfach bewiesen, dass du nicht dumm bist, also stell dich nicht dumm. Du weißt genau, dass es nicht erlaubt ist, bei der Untersuchung Folter anzuwenden. Das Gesetz verbietet das. Niemand, weder in Salem noch in Andover noch sonstwo, hat die Hexen beim Verhör gefoltert. Es hat auch niemand die alte Hargraves gefoltert.«

»Und sie hat nichts gestanden. Nicht wahr?«

»Hat sie nicht«, gab Maddox mürrisch zu. »Doch die Beweise waren unbestreitbar. Und die vor dem Gericht getroffenen Aussagen ließen keinen Zweifel. Die Hexe Hargraves wurde von anderen verhafteten Hexen belastet. Sie sagten unter Eid aus, dass es Hargraves war, die eigenhändig aus dem aus Säuglingen ausgelassenen Fett eine Flugsalbe hergestellt hatte. Dass es Hargraves war, die ihnen auf Hexensabbathen das Schwarze Buch des

Teufels zur Unterschrift vorgelegt hatte. Dass sie vom Teufel eine abscheuliche gotteslästerliche Kommunion empfangen und anderen erteilt hatte: eine rote Hostie und roten Wein. Also Blut.«

»Unheimlich. Nach solchen Aussagen hat Mary Hargraves natürlich ein Geständnis abgelegt?«

»Nein.« Der Constable druckste. »Sie hat auch da nicht gestanden. War verstockt. Da wurde ihre Tochter verhaftet, Janet Hargraves. Die wollte anfangs auch nicht gestehen. Erst später ... Nachdem die Alte im Gefängnis gestorben war ... Als eine eingehende Untersuchung bei ihr im Schritt das Mal des Teufels offenbarte, als alle Zeugen sie belasteten, gestand Janet ihre Schuld. Wie ihre Mutter war sie eine Hexe.«

»Ach. Unglaublich.«

»Aber wahr. Es wurde das Urteil gefällt: Tod durch Erhängen. Doch ehe es vollstreckt werden konnte, floh die Zauberin aus dem Gefängnis. Auf unbekannte Weise, sicherlich mit Hilfe von Zauberei. Die Wächter wurden verhaftet; sie schwören, dass sie nicht wissen, wie ihnen geschah, dass die Hexe sie verzaubert hat. Vielleicht, denn sie ist schön ...«

»Teuflische Schönheit«, knurrte Maddox. »Der nur ein Sünder erliegen kann. Diejenigen, unter deren Aufsicht die Hexe geflohen ist, werden diese Sünde büßen. Sie werden büßen, und zwar streng. Dafür werde ich schon sorgen.«

»Kein Zweifel.« Jemima Tyndall nickte und stand auf. »Die Gentlemen wollen mich entschuldigen. Die Pflicht ruft.«

Der Pastor gab mit den Augen dem Constable einen Wink. Corwin nickte.

»Ja, geht, geht«, sagte Dorothy Sutton. »Der Reverend und ich werden hier noch ein wenig plaudern. Denn eines wüsste ich gern: Der Gouverneur der Kolonie, Sir William Phipps, soll selbst …«

Henry Corwin hörte den Rest nicht mehr. Er eilte Jemima Tyndall zum Ausgang nach.

Beim Skelett des entstehenden Speichers stand ein langer Tisch, mit einem Tischtuch bedeckt; drei Frauen machten sich dort zu schaffen, verteilten Teller und Schüsseln. Corwin bemerkte, dass vom Fluss, wo sie sich gewaschen hatten, die Männer zurückkehrten. Es waren viele, vielleicht fünfzehn, darunter sowohl die Zimmerleute vom Bauplatz als auch die Holzfäller aus dem Wald.

Er wandte sich rasch ab; beinahe ins Gaffen versunken, hatte er die Frau vergessen, die er verfolgen sollte. Jemima Tyndall war jedoch nicht verschwunden; sie ging langsam, blieb gelegentlich stehen und schaute sich immer wieder um, als wolle sie sich vergewissern, dass der Constable ihr folgte. Gut, dachte er wütend, wenn das ein Spiel sein soll, wollen wir beide Spaß daran haben.

Er ging in ihre Richtung, hielt aber nach ein paar Schritten inne, schirmte die Augen mit der Hand ab, tat so, als betrachte er die Häuserdächer, den hoch darüber kreisenden Habicht. Die Frau bog um die Ecke eines Hauses, der Constable beschleunigte den Schritt, rannte beinahe. Hinter dem Haus stand ein großer Schuppen, er sah noch, wie die Tür in den Angeln schwang. Nach kurzem Überlegen ging er hinein.

Jemima Tyndall war da, sie stand in einem schrägen, stauberfüllten Lichtstreifen, der durch ein Loch im Strohdach hereinfiel.

»Du hast selbst zugegeben«, brach sie abrupt das lastende Schweigen. »Du hast selbst vor kurzem zugegeben, dass ich nicht dumm bin. Ich weiß das Kompliment zu schätzen, weiß, dass es dich eine Menge gekostet hat. Woher also jetzt die lächerliche Annahme, die Verfolgte werde dich irgendwohin führen?«

»Ich erwarte durchaus nicht«, erwiderte er heiser, »dass du mich irgendwohin führst.«

»Was also erwartest du?«

»Es gibt verschiedene Wege, zur Wahrheit vorzudringen.«

»In der Tat«, gab sie zu. »Die Anwendung der meisten, vor allem der wirksamsten, verbietet jedoch das Gesetz, darüber hast du selbst vor kurzem beliebt, mich zu belehren. Obwohl dich dieses Verbot in Watertown nicht allzu sehr gestört hat, nicht wahr?«

»Du weißt eine Menge«, knurrte der Constable. »Wirklich eine Menge. Du prahlst mit diesem Wissen, versuchst mir damit Angst einzujagen, indem du mir eine Wahrsagerin oder Magierin vorspielst. Wisse, dass das ein müßiges Unterfangen ist.«

Sie lächelte. Doch es war kein fröhliches Lächeln. Ihr schmales, wächsernes Gesicht wurde dadurch einem Totenkopf ähnlich.

»Ich weiß«, bestätigte sie, »dass es müßig ist. Du glaubst ja nicht an Magie und Zauberei. Du hast nicht daran geglaubt, als du die Anklage gegen Mary Hargraves zusammengezimmert hast, auf der Woge der in Salem herrschenden Mode. Die einen Zeugen hast du bestochen, die anderen eingeschüchtert, wieder andere haben sich aus eigenem Antrieb angeschlossen, froh und glücklich, dass sie jemandem eins auswischen konnten. Aber im Grunde ging es ja um den Besitz der Alten, um das Land und das Bargeld, das ihr der Seemann hinterlassen hatte.«

»Du«, sagte Corwin mit Nachdruck, »weißt ein bisschen zu viel, Weib.«

»Ha, ich werde dich noch mehr überraschen. Was deine

Pläne gestört hat, war, o Wunder, ausgerechnet Salem. Salem war berühmt, und alle, darunter auch Mary Hargraves, wussten, warum dort beim Verhör Giles Cory zu Tode gefoltert wurde. Das Schuldgeständnis ist die Voraussetzung für den Einzug des Vermögens, denn *confessio est regina probationum*. Giles Cory hatte sein Vermögen den Ehegatten seiner Töchter vermacht, die sich fern in Virginia in Sicherheit befanden. Er ertrug die Torturen, gestand die absurden Verbrechen nicht, die man ihm vorwarf. Er starb auf der Folter, doch das testamentarisch vererbte Vermögen konnte nicht eingezogen werden. Es fehlte das Schuldgeständnis.«

Corwin bleckte die Zähne zu einem Wolfsgrinsen. »Rede weiter. Ich höre aufmerksam zu.«

»Obwohl sie geschwächt war, ertrug Mary Hargraves alles, was ihr bei den Verhören angetan wurde. Und starb. Doch du durftest nicht zulassen, dass sich der Kasus von Giles Cory wiederholte. Im Unterschied zu Corys Schwiegersöhnen hattet ihr auf Mary Hargraves' Erbin Zugriff. Auf ihre Tochter, Janet. Also konnte man auch sie anklagen. Und wieder fehlte es nicht an Zeugen für Besenreiten, für Schwüre auf das Schwarze Buch, Küsse auf den Hintern des Teufels, den Verzehr roter Hostien; wieder fanden sich Puppen, solche, die mit Ziegenhaaren gefüllt waren, und solche, in denen Nadeln steckten; wieder zweifelte irgendeine gottesfürchtige Ehefrau nicht daran, wer ihren Gemahl dauerhaft um seine Manneskraft gebracht hatte. Und Janet Hargraves wurde im Gefängnis von Watertown denselben Prozeduren unterzogen wie ihre Mutter. Hörst du immer noch aufmerksam zu?«

»Dein ganzes Wissen, Weib«, sagte der Constable langsam, »rührt entgegen dem, was du mir dreist zu suggerieren suchst, nicht von deiner großen und übernatürlichen

Klugheit her, keineswegs. Alles, was du weißt, hast du einfach gehört. Das alles hat dir jemand erzählt. Ich frage nicht, wer es war, denn ich weiß es, ich brauche keine Aussagen. Sage mir also nur, wo sich dieser Jemand verbirgt.«

»Nur«, wiederholte Jemima Tyndall spöttisch. »Weiter nichts? Und wie, fragt sich, wirst du mir diese Aussage abpressen? Wirst du dieselben Methoden anwenden wie bei den Frauen von Salem und Mary Hargraves? Wirst du mir den Schlaf vorenthalten? Wasser? Mich mit dem Versprechen einer Begnadigung betrügen? Wirst du mich die ganze Nacht krummschließen, fast mit den Füßen am Hals, so dass mir am Morgen das Blut in Strömen aus der Nase läuft? Oder vielleicht wirst du mir – wie Janet Hargraves – einfach den Fuß mit Hilfe einer verdrehten Schnur verbiegen? Ach, Constable, danke deinem Gott, dass ich dir kein Leid zufügen, dir nicht unmittelbar schaden darf. Denn wahrlich, ich habe große Lust dazu.«

Corwin ging zu einem Pfosten, nahm einen Hanfstrick vom Haken. »Im Unterschied zu dir, Weib«, sagte er und prüfte mit einem Ruck die Festigkeit der Schnur, »habe ich dazu, dir Leid zuzufügen, sowohl die Möglichkeit als auch Lust. Und je echter und stärker die Lust, desto größer auch das Leid. Im Handumdrehen wirst du mir alles ausplaudern, was du weißt. Und wenn nicht, zermalme ich dir die Gelenke.«

»Versuch's.«

Als er auf sie zusprang, trat sie nur einen kleinen Schritt zur Seite und gab eine kleine Tür in der Hinterwand des Schuppens frei. Und in der Tür stand Ishmael Sassamon. Der Constable erkannte ihn kaum.

Henry Corwin war ein mutiger Mann. Die Furcht lähmte ihn nicht, dabei hätte beinahe jeden die Furcht ergriffen beim Anblick Ishmael Sassamons. Der Indianer war nackt, nur um die Lenden hing ihm das zerrissene Hemd, vom Gürtel gehalten. Sein Gesicht, von der Stirn bis zum Kinn, war mit Holzkohle geschwärzt, sein Haar war zu einem Knoten gebunden und mit Adlerfedern geschmückt, die Brust von einer Zeichnung aus Ruß, Lehm und roter Rinde bedeckt.

Henry Corwin bekam keine Angst. Blitzschnell zog er unter dem Gehrock eine Pistole hervor, spannte den Hahn und feuerte dem Indianer geradezu ins Gesicht. Doch Ishmael Sassamon war nicht minder schnell. Er schlug den Lauf beiseite, die Kugel blieb im Türbalken stecken. In der Wolke aus Rauch und von der Decke herabfallendem Staub verlor der Constable für einen Augenblick die Orientierung. Er fand sie nie wieder.

Ishmael Sassamon schmetterte ihm den Pokomokon seitlich gegen den Kopf. Der Constable wankte, und der Indianer setzte mit einem solchen Hieb nach, dass der Schläfenknochen knackte und eingedrückt wurde. Corwin fiel, krächzte, seine angespannten Extremitäten zuckten krampfhaft.

Der Indianer kniete sich ihm auf den Rücken. Er packte den Zopf. Zog das Messer aus dem Gürtel, ein Stahlmesser, wie es die Holländer aus Schenectady feilboten. Mit einer kreisförmigen Bewegung durchschnitt er die Haut auf dem Schädel des Constables, über Stirn, Ohren und Genick. Nie im Leben hatte er das getan, doch es gelang ihm sehr gut.

Ein Ruck, ein rascher flacher Schnitt am Scheitel entlang, wieder ein scharfer Ruck. Der Constable schrie auf, schrie so, dass wieder der Staub von den Dachsparren und den Wänden rieselte. Ishmael Sassamon hieb ihm das Messer durch den Adamsapfel. Dann sprang er auf, schwenkte den Skalp.

»*Hiiih ei ei ei eeeieia hiiih!*«

Jemima Tyndall schaute mit einem Lächeln zu, das ihr Gesicht wie einen Totenkopf aussehen ließ.

»Das ist ein verzaubertes Dorf …«, keuchte Jason Rivet, ganz erschüttert von dem, was er durch die Ritze zwischen den Balken des Schuppens gesehen hatte. »Wozu sind wir hierhergekommen … Das ist alles Zauberei …«

»Red keinen Unsinn«, knurrte Onkel William.

»Sei nicht dumm, Junge«, bellte Reverend Maddox.

Jason hatte sie rechtzeitig gewarnt, sie waren schon alle draußen – der Pastor, Abiram Thorpe mit der Muskete, der Onkel mit der Donnerbüchse. Von den Schwellen der Häuser aus, von den Veranden her beobachteten die Frauen sie. Schweigend. Reglos wie die Pfosten bei der Laube.

Beim Skelett des entstehenden Speichers, an dem langen Tisch, saßen die Männer. Sie aßen schweigend, hoben langsam die Holzlöffel. Nichts interessierte sie. Auch nicht der näher kommende Ishmael Sassamon, der sang, schrie, mit Messer und Tomahawk fuchtelte, nackt, das Gesicht geschwärzt, mit Lehm beschmiert, mit Blut bespritzt.

»*Ei eia eia ei, ei eia ei …*«

»Halt, Ishmael!«, brüllte der Pastor. »Im Namen des Herrn, ich befehle dir stehenzubleiben! Ishmael!«

»Schieß, Abiram«, zischte William Hopwood, als er sah, dass der Indianer keine Anstalten machte, stehenzubleiben, sondern vielmehr zu rennen begann. »Schieß! Wir schicken ihn zum Teufel! Wir schicken die Rothaut zum Teufel!«

Gleichzeitig drückten sie ab. William Hopwoods Donnerbüchse begann zu zischen, zu stinken und vom auf der

Pfanne verbrannten Pulver zu rauchen. Die Muskete des Trappers klickte nur metallisch.

»Jesus ...«, stöhnte Abiram Thorpe, als er auf die leeren Backen des Hahns schaute. Da war kein Feuerstein. Er musste unter der locker gewordenen Schraube herausgefallen sein. »Jesus!«

William Hopwood griff mit zitternden Händen nach dem Pulverhorn. Abiram hatte nur noch Zeit, die Muskete beim Lauf zu packen und auszuholen, um dem angreifenden Ishmael einen schrecklichen Schlag auf den Kopf zu versetzen. Doch der Indianer tauchte geschickt unter dem Kolben weg, stieß Abiram aus der Bewegung das Messer in den Bauch, und als der Trapper zusammenklappte, zerschmetterte er ihm mit einem mächtigen Hieb des Tomahawks den Schädel.

»Ishmael!«, schrie Maddox. »Komm zu dir, du Wahnsinniger!«

William Hopwood ließ die Donnerbüchse los, zielte mit der Pistole. Ishmael Sassamon wirbelte herum und schlug mit dem Tomahawk zu, das kleine Beil traf den Onkel in die Hand, die die Waffe hielt, prallte ab und ins Gesicht. Onkel William sackte zusammen, und die Pistole ging los. Der Pastor krächzte sonderbar und wankte, auf dem weißen Kragen erschien ein großer Blutfleck. Reverend Maddox versuchte vergebens, sich an einem Pfosten festzuhalten, und stürzte auf die Treppe. Jason Rivet verkroch sich unter einem Zaun.

Ishmael Sassamon beugte sich über den Körper von Abiram Thorpe, packte die mit Hirn bespritzten Haare. William Hopwood hielt mit einem Ärmel das vom Gesicht herabströmende Blut zurück, schaffte es irgendwie, Pulver auf die Pfanne der Donnerbüchse zu streuen, zog den Hahn zurück und jagte dem Indianer ein halbes Pfund gehacktes Blei ins Gesicht.

Ishmael flog nach hinten, stürzte zu Boden, dass eine Staubwolke aufstieg. William Hopwood brüllte wild und triumphierend, warf die Donnerbüchse fort, zog das Messer und stürzte sich mit drei Sprüngen auf den liegenden Indianer, packte die zu einem Knoten zusammengebundenen Haare, schnitt, noch immer brüllend, überm Ohr, das Blut spritzte ihm auf die Hände und ins Gesicht. In der Euphorie des Skalpierens beachtete er das Messer, das Ishmael in der Hand hielt, erst, als ihm die Klinge in den Bauch drang. Der Indianer riss das Messer heftig nach oben, William Hopwood schrie makaber auf, spuckte Blut. Und fiel.

Ishmael stand auf. Jason Rivet schrie mit dünner Stimme auf, presste sich an den Boden. Der Indianer wandte den Kopf, sonderbar verkrümmt. Und erblickte ihn. Jason schrie abermals auf.

Das gehackte Blei hatte Ishmael ein Auge ausgeschlagen, eine Wange zerschmettert, ein Ohr abgerissen, Hals und Brust in ein blutiges Gemengsel herabhängender Fetzen verwandelt. Trotzdem stand der Indianer sicher auf den Füßen. Ohne das eine Auge von Jason zu wenden, bückte er sich, packte Onkel William an den Haaren.

Jason Rivet heulte vor Entsetzen auf. Ishmael Sassamon schüttelte den Skalp. Er verzog das zerfetzte Gesicht, wollte das Kriegsgeschrei der Wampanoag ausstoßen. Es gelang ihm nicht. Unmittelbar hinter Jasons Rücken krachte es, und der halbe Kopf des Indianers verschwand in einer roten Explosion.

Der Pastor fiel auf die Treppe zurück, das rauchende Terzerol rutschte ihm aus den Fingern. Sein ganzer Kragen und die ganze Jacke waren schon blutdurchtränkt. Jason Rivet kroch zu ihm. In der ihn ergreifenden Furcht und Hoffnungslosigkeit sah er auf den Schwellen der

Häuser, auf den Veranden die Frauen, reglos wie Statuen, wie Karyatiden. Er sah die Männer an dem langen Tisch, gleichgültig, wie sie langsam die Löffel hoben. Zauberei, dachte er fieberhaft, das ist Schwarze Magie, das sind Hexen, ich hatte doch recht, wir sind zu unserem Verderben hierhergekommen …

»Reverend … Das sind … Hexen …«

John Maddox begann krampfhaft zu zucken und zu husten, bespuckte Jason mit Blut. Seine Augen – in denen bis dahin nur das Weiße gespenstisch geleuchtet hatte – kamen plötzlich zu sich, wurden normal – böse und feindselig. Er wird mich abkanzeln, dachte Jason, noch im Sterben wird er mich abkanzeln.

Der Reverend krächzte. »Flieh von hier … Junge«, kanzelte er kaum vernehmlich Jason ab. »Beweg dich schon … Trödel nicht …«

Jason stand von den Knien auf. Er blickte um sich. Rieb sich das Gesicht, verschmierte darauf das Blut des Pastors. Und wandte sich zur Flucht. Zwischen die Häuser, hinter den Abort, von dem es, wie er wusste, nicht weit zum Fluss, zu Weidendickicht und Wald war.

Er kam keine drei Schritte weit.

Plötzlich fühlte er sich, als habe er an jedem Fuß ein Zentnergewicht und auf dem Rücken einen Mühlstein. Der festgetretene Boden verwandelte sich unerwartet in zähen Schlamm, in einen Morast, in dem der Bursche bis über die Knie versank. Und so blieb er stecken, gefangen, seiner Bewegungsfreiheit beraubt und hilflos wie ein Insekt im klebrigen Inneren einer fleischfressenden Orchidee.

Die Angst lähmte ihn derart, dass er nicht einmal zu schreien vermochte.

»Bravo«, hörte er die Stimme von Dorothy Sutton. »Sehr gut, Miss Patience Whitney. Ein vorzüglich ausgeführter Zauber, Miss Ellen Bly. Ich lobe die jungen Damen.«

»Ich habe ihn als Erste gefangen!«, schrie Patience Whitney, die Schwarzhaarige, und packte Jason am Ärmel. »Lass ihn in Ruhe, Ellen!«

»Gar nicht!«, schrie Ellen Bly, die Hellhaarige, mit dünner Stimme zurück und ergriff den anderen Ärmel. »Ich habe ihn als Erste gefangen!«

»Von wegen! Lass los!«

»Lass selber los!«

»Ruhe, Ruhe, meine Fräuleins«, zügelte Dorothy Sutton beide. »Zorn schadet der Schönheit. Und ihr braucht euch nicht wegen der Beute in die Haare zu kriegen, denn die Beute gehört nicht euch. Den Burschen bekommt Mrs. Hypatia Harlow.«

»Warum?«, schrie Patience Whitney los. »Wie kommt sie dazu?«

»Sie hat schon einen!«, sekundierte ihr mit Piepsstimme Ellen Bly. »Sie hat schon Adrian van Rijssel! Warum sollte also Hypatia ...«

»Weil«, schnitt ihr Dorothy Sutton das Wort ab, »Hypatia das Bedürfnis hat.«

»Wir«, heulte Patience Whitney auf, »haben auch welches!«

»Ihr könnt euch mit eurem Bedürfnis noch gedulden«, sagte Dorothy trocken. »Oder es auf eine Weise befriedigen, die sich für euch Rotznasen noch schickt, aber nicht für eine reife Frau. Und genug davon. Hypatia! Erlaube. Wie der soeben verstorbene Pastor Maddox sagte, indem er das Dritte Buch Mosis zitierte: ›Willst du aber leibeigene Knechte und Mägde haben, so sollst du sie kaufen von den Heiden, die um euch her sind.‹ Kaufen wir uns also welche. Nimm dir diesen jungen Mann, Hypatia. Ich schenke ihn dir.«

»Danke, Dorothy.«

Der zähneklappernde Jason Rivet roch Seife, Kräuter und Tabak. Er wandte den Kopf. Er erblickte die korpulente, fröhliche Frau, die Pfeife geraucht hatte, als er zusammen mit dem Zimmermann Stoughton durch die Siedlung gegangen war. Er erblickte ihre mollige Hand, ihre Finger, die sich seinen Augen näherten. Er schloss sie. Er fühlte eine Berührung. In seinem Kopf flammte Licht auf, in den Ohren begann es zu rauschen. Seine Wille barst, stob auseinander wie zerstoßenes Steingut, und das Bewusstsein verflüchtigte sich in ein weiches, warmes und gegen alles gleichgültiges Nichtsein.

»Du gehörst mir«, erklärte eine gebieterische Stimme. »Komm.«

Er gehorchte. Der Gedanke, dass es von nun an für immer so sein würde, war einer der letzten seines halbwegs nüchternen Verstandes.

Patience und Ellen sahen mürrisch zu, fauchend, knurrend und Verwünschungen murmelnd.

Dorothy Sutton schaute sich um und sagte: »Man muss diese sterblichen Überreste hier entfernen, Jemima. Wo ist Annabel?«

»Ich bin hier.«

»Oho! Du warst nicht müßig, wie ich sehe. Hast für dich gesorgt.«

»Gewiss.« Annabel Prentiss betrachtete stolz Adam Stoughton, der mit leerem Blick, steif und gehorsam wie ein Hündchen hinter ihr herging. »Das ist ein Mannsbild, was? Tüchtig. Und scharf, oho!«

»Und wir?«, heulte Patience Whitney abermals kläglich auf. »Wann sind wir dran?«

»Nächstes Mal«, beschied sie Dorothy Sutton. »Annabel, ist dieser Verfechter von Gesetz und König schon ganz in deinem Bann? Unter Kontrolle? Er wird uns keine Überraschungen bereiten?«

»Wird er nicht«, versicherte Annabel Prentiss.

Adam Stoughton aber zeigte ihr, wie sehr sie sich irrte.

Er gab ihr einen so kräftigen Stoß, dass sie mit Schwung zu Boden fiel, unmittelbar vor die Füße von Jemima Tyndall. Der Zimmermann wandte sich zur Flucht. Er rannte Hals über Kopf die Straße entlang, durch das Spalier der überraschten Frauen. Er stürmte an den Männern vorüber, die mit den Löffeln in den Händen erstarrt waren, reglos an dem langen Tisch wie ein *tableau*, die reinste Parodie auf das Heilige Abendmahl.

»Haltet ihn!«, rief Dorothy Sutton.

Jemima Tyndall hob beide Hände, machte eine Geste, als stieße sie etwas Unsichtbares und zugleich Schweres von sich weg. Adam Stoughton stürzte, rollte in einer Staubwolke am Boden entlang, doch er sprang sofort wieder auf, war mit ein paar Sätzen bei dem grünen zweirädrigen Wagen der Frances Flowers, sprang auf den Bock, packte die Peitsche. »Jaaaa-haaa!«

Der von dem Schrei und dem Peitschenhieb über den Hintern erschreckte gescheckte Hengst stürmte mit Schwung vorwärts, die den Zimmermann verfolgenden Frauen jedoch stockten und duckten sich unter dem Hagel von Sand und Kies, der unter den Hufen hervorschoss. Einen Augenblick lang flog der Wagen hinter dem Pferd her, ohne mit den Rädern den Erdboden zu berühren, dann fiel er herab, sprang in einer Delle einen Klafter weit empor. An die Zügel geklammert, schwebte Adam Stoughton einen Augenblick lang in der Luft, es sah aus, als werde er vom Bock fallen. Doch er fiel nicht. Er schrie, schlug den Schecken noch einmal mit der Peitsche, der Wagen jagte zum Wald wie eine Quadriga bei einem Wagenrennen.

Und Adam Stoughton wäre entkommen, wäre nicht die kleine Verity Clarke gewesen.

Verity kam am Rand des Maisfeldes entlang und trug einen rötlichen Kater zärtlich und fest in den Armen. Der Kater hatte die Pfoten ausgestreckt und sah nicht begeistert aus, doch er ertrug die Zärtlichkeiten tapfer und mit Würde. Als aber der zweirädrige Wagen mit Adam Stoughton vorüberschoss, ließ Verity den Kater los, zielte mit einem Finger auf das Gefährt und schrie durchdringend. Von einer Radnabe sprühte ein Funkenregen, Rauch und Feuer brachen hervor. Der gescheckte Hengst stieg auf die Hinterbeine, Deichsel und Ortscheit zerbrachen krachend, die Sielen rissen ab. Der Wagen flog empor wie ein Komet mit feurigem Schweif und krachte zu Boden, zerfiel mit unbeschreiblichem Getöse in Trümmer.

»Das wollte ich nicht!«, ertönte in der Stille der dünne und klägliche Ruf Verity Clarkes. »Überhaupt nicht so! Ich wollte das Rad nur anhalten! Entschuldigung!«

Ein paar Frauen gingen zu der Stelle. Dorothy Sutton wartete, bis sie zurückkamen, die Arme vor der Brust verschränkt. Sie wusste sofort, womit sie zurückkehrten.

»Leider«, bestätigte Frances Flowers die Befürchtungen. »Er ist tot. Hat sich den Hals gebrochen. Schade.«

»Schade«, wiederholte mit zusammengebissenen Zähnen Annabel Prentiss.

»Schade«, gab Jemima Tyndall in sachlichem Ton zu. »Nur er, der Pastor und der Junge waren halbwegs brauchbares Material für die Fortpflanzung. Nun ja, passiert ist passiert. Mit diesem Kind muss aber gesprochen werden. Ernsthaft gesprochen.«

»Das werde ich tun«, versicherte Dorothy Sutton, worauf sie sich zum Tisch hin abwandte, wo die Männer, des apathischen Zuschauens überdrüssig, sich wieder dem Mahl zuwandten. Als ob nichts geschehen sei.

»Frances, schaff hier Ordnung.«

»Ja, natürlich. Herr Adrian van Rijssel!«

»*Tot Uw dienst, juffrouw.*«

»Bitte«, ordnete Frances Flowers an, »entfernt die Reste des Wagens vom Weg. Bitte fangt das Pferd ein. Bitte bringt die Leichen hier weg. Bitte tragt sie in den Wald und schlagt sie an Bäume. In der üblichen Entfernung von der Siedlung. Habt Ihr verstanden?«

»Ja, *juffrouw*.«

»Geh lieber mit, Frances«, empfahl Dorothy Sutton. »Und überwache alles.«

»Gut.«

»Verity! Komm her zu mir. Lass diesen Kater sein und komm her, mein Fräulein. Rasch!«

»Ich komme, Oma!«

Sie gingen langsam zwischen den Häusern dahin. Zwei Frauen. Eine alte und beleibte in einer schwarzen Pelerine und einem schwarzen Hut mit Schnalle, die die an ihrer Seite trippelnde junge im himmelblauen Kleidchen bei der Hand hielt.

»Oma, ich wollte wirklich nicht …«

»Sag nichts.«

Auf der Schwelle eines der Häuser stand Faith Clarke. In Gesellschaft einer jungen Frau mit hellem Haar. Die Hellhaarige verneigte sich.

»Es gibt keinen Grund zu Befürchtungen mehr«, sagte Dorothy Sutton gewichtig. »Es ist vorbei. Du bist in Sicherheit, Janet Hargraves.«

»Danke.« Janet Hargraves machte einen unbeholfenen Knicks, man sah, dass das Bein ihr immer noch Schwierigkeiten bereitete. »Danke. Ich weiß nicht, wie ich mich dankbar erweisen soll …«

»Du brauchst dich nicht dankbar zu erweisen.«

Janet Hargraves knickste abermals. Wortlos. Dorothy Sutton musterte sie. Forschend. Aber wohlwollend.

»Du hattest Glück«, sagte sie schließlich ernst. »Du hattest verdammt viel Glück. Bei mir war es einmal ähnlich, 1640, als sie mich in Reading ergriffen und in die Themse warfen. Ich hatte auch Glück. Vielleicht war es vorherbestimmt, dass ich eines Tages jemanden retten, jemandem bei der Flucht helfen würde. So, wie mir damals Agnes Simpson geholfen hat.

Später werden wir entscheiden«, setzte sie hinzu, »was wir mit dir anfangen, Schwester. Gemeinsam werden wir es entscheiden. Zunächst habe ich etwas anderes im Sinn. Befass dich mit ihr, Faith.«

»Natürlich.«

Die Sonne neigte sich zum Westen hin, der allmählich rot werdende Ball hing schon über der Wand des Waldes, als die beiden Frauen, die alte und die junge, endlich den Gipfel der Anhöhe erklommen hatten, die sich über der Siedlung erhob, in einer Schleife des Mischief Creek. Sie standen da und betrachteten schweigend den Horizont.

»Die Macht, die uns die Göttin verliehen hat«, sprach schließlich die alte Zauberin, »müssen wir benutzen, um zu helfen, zu retten und zu heilen. Mit der Macht, die wir haben, müssen wir die Welt verbessern. Darum müssen wir imstande sein, unsere Macht vernünftig einzusetzen. Und vernünftig heißt praktisch und nützlich. Die Macht darf man nicht vergeuden. Verstehst du, was ich sage, Miss Verity Clarke?«

»Ja.«

»Wie also kommt es, dass du, mein Fräulein, immerzu die Macht auf Spielereien vergeudest? Auf unpraktische Dinge? Auf Mechanismen? Räder und Rädchen?«

»Ich bitte um Entschuldigung wegen des Wagens«,

antwortete die junge Zauberin verlegen. »Ich habe schon gesagt, dass es mir leid tut und dass ich es nicht wollte … Aber so überhaupt … Da denke ich …«

»Was?«

»Dass Maschinen und Rädchen praktisch sind. Und Fahrzeuge, mit denen man auf den Straßen fährt. Irgendwann kommt eine Zeit …«

»Schau, Verity«, unterbrach die alte Zauberin sie. »Schau dorthin und sag mir, was du siehst.«

»Na … Wald.«

»Genau. Wald, nichts als Wald, von Cape Cod bis nach Louisiana, von Florida bis nach Kanada, nichts als wilder, dichter, undurchdringlicher Urwald. Das ist die Neue Welt. Das ist Amerika! Hier gibt es keine Straßen, auf denen irgendwelche Fahrzeuge oder Maschinen fahren könnten, und es wird nie welche geben. Hier in Amerika haben solche Dinge wie Maschinen und Fahrzeuge einfach keine Zukunft. Überhaupt keine Zukunft, Verity. Darum dürfen wir, die Zauberinnen von Amerika, auf irgendwelche Fahrzeuge und Maschinen keine Zeit vergeuden.«

»Aber …«

»Kein Aber. Schluss mit den Mechanismen. Hast du verstanden, mein Fräulein?«

»Ja.«

Über den von Cape Cod bis nach Louisiana und von Florida bis nach Kanada reichenden Wäldern stand weiß eine schmale Mondsichel. Über den Köpfen der Zauberinnen flog lautlos ein Ziegenmelker dahin.

»Einmal«, brach Dorothy Sutton sanft das Schweigen, während sie Verity Clarke über das kastanienbraune Haar strich, »einmal wirst du Töchter haben, mein Fräulein. Töchter, die nächste Generation der amerikanischen Zauberinnen. Wichtig ist, dass die Macht, die du ihnen vererbst, echt und nützlich ist. Du willst doch sicherlich nicht, dass deine Töchter weiter nichts können, als fahrende Wagen kaputt zu machen? Das würdest du nicht wollen, oder? Darum musst du lernen. Und die schlechten Angewohnheiten ablegen.«

»Ja, Oma. Ich verstehe.«

»Also lass uns zurückgehen. Ich bin sehr hungrig geworden.«

»Oh, und ich erst!«

Langsam gingen sie den Hang hinab, zwischen Disteln und hohem Gras. Sie gingen zur Siedlung, die lecker nach dem Rauch aus den Schornsteinen roch.

»Oma?«

»Ja.«

»Wenn ich groß bin, fangen wir dann auch für mich einen Mann?«

»Natürlich.«

»Und wenn keiner kommt?«

»Es kommen immer welche, Verity. Immer.«

Unten, zwischen den Ulmen, glitzerte silbern das Band des Mischief Creek.

»Maladie«

entstand als Ergebnis der Faszination für den Artus-Mythos und die ganze matière de Bretagne, *die ich empfand, als ich Thomas Malorys* Le Morte Darthur *und Joseph Bédiers* Der Roman von Tristan und Isolde *las, vor allem aber bei der Lektüre der Werke von Joseph Campbell:* Die Masken Gottes, Die Kraft der Mythen *und* Der Heros in tausend Gestalten. *Diese Faszination fand später ihren Ausdruck in meinem Sachbuch* Die Welt des Königs Artus, *das 1995 im Verlag SuperNOWA erschien. Zuerst aber kam, wie gesagt, »Maladie«, veröffentlicht im Dezember 1992 in der Zeitschrift* Nowa Fantastyka.

Maladie

Ich sehe den Tunnel der Spiegel, kantig und hart
Im Untergrund meiner Träume, drohend, gewunden
Wo keines Menschen Fuß je den Weg hin gefunden
Einsam, jenseits der Zeit und der Zeiten erstarrt.

Ich seh die gespiegelte Mär über uralten Gründen
Sonnenlos tot, vom Spalier der Kerzen gesäumt
Die Mär, die sich aus sich selbst ohne Ende erträumt
Nur, um im Traume niemals ein Ende zu finden …
Bolesław Leśmian

I

Die Bretagne verbindet sich für mich, soweit ich zurückdenken kann, mit Sprühregen, mit dem Tosen der Wellen, die gegen zerklüftete Felsufer schlagen. Die Farben der Bretagne, an die ich mich erinnere, sind Grau und Weiß. Und natürlich Aquamarin, wie denn sonst.

Ich berührte die Flanke des Pferdes mit dem Sporn, ritt auf die Dünen zu, zog den Mantel fester um mich. Feine Tröpfchen – zu fein, um aufgesaugt zu werden – sammelten sich dicht auf dem Gewebe, auf der Mähne des Pferdes, ließen als Dunst die Metallteile der Ausrüstung stumpfer glänzen. Der Horizont spie schwere, klumpige, grauweiße Wolken aus, die am Himmel zum Land hinzogen.

Ich kam auf ein Hügelchen, auf dem steifes, graues Gras wuchs. Und da erblickte ich sie, schwarz vor dem Hintergrund des Himmels, reglos, erstarrt wie ein Standbild.

Ich ritt näher. Das Pferd ging mit schweren Schritten durch den groben Sand, von dem nur eine dünne obere Schicht feucht war, die unter dem Druck der Hufe aufplatzte.

Sie saß auf einem Grauschimmel, im Damensitz, in einen langen dunkelgrauen Umhang gehüllt. Die Kapuze hatte sie zurückgeworfen, ihre hellen Haare waren feucht, verdreht, klebten an der Stirn. Sie verharrte reglos und schaute mich mit ruhigem, gleichsam nachdenklichem Blick an. Sie strahlte Ruhe aus. Ihr Pferd schüttelte den Kopf, ließ das Zaumzeug klirren.

»Gott mit dir, Ritter«, sagte sie und kam mir damit zuvor. Auch ihre Stimme war ruhig, beherrscht. So, wie ich es erwartet hatte.

»Und mit dir, Dame.«

Sie hatte ein ovales, liebes Gesicht, volle Lippen von interessanter Form, über der rechten Braue ein Mal oder eine kleine Narbe in Gestalt eines umgekehrten Halbmondes. Ich schaute mich um. Ringsum gab es nichts als Dünen. Keine Spur von einem Lager, einem Wagen, Knechten. Sie war allein.

Wie ich.

Ihr Blick folgte dem meinen, sie lächelte. »Ich bin allein«, bestätigte sie die unbestreitbare Tatsache. »Ich habe hier auf dich gewartet, Ritter.«

Aha. Sie hatte auf mich gewartet. Das sah interessant aus, denn ich hatte keine Ahnung, wer sie war. Und hatte nicht erwartet, auf diesem Strand jemandem zu begegnen, der auf mich warten mochte. So kam es mir jedenfalls vor.

»Also«, sagte sie und wandte mir das Gesicht zu, das Ruhe und Kälte verströmte, »reiten wir, Ritter. Ich bin Branwen von Cornwall.«

Sie war nicht aus Cornwall. Sie war auch keine Bretonin.

Es gibt Gründe, weshalb ich mich manchmal nicht an das erinnere, was selbst vor kurzer Zeit geschehen ist. Mitunter habe ich schwarze Lücken in der Erinnerung. Dann wiederum erinnere ich mich an Ereignisse, von denen ich mir fast sicher bin, dass sie nicht stattgefunden haben. Seltsame Dinge geschehen manchmal mit meinem Kopf. Manchmal täusche ich mich. Aber den irischen Akzent, den Akzent von Tara und den Temair-Höhen, könnte ich mit keinem anderen verwechseln. Niemals.

Ich hätte ihr das sagen können. Doch ich sagte es nicht.

Ich neigte den Helm, berührte mit dem Panzerhandschuh das Kettenhemd auf der Brust. Ich stellte mich nicht vor. Ich hatte das Recht, mich nicht vorzustellen. Der umgedrehte Schild neben meinem Knie war ein deutliches und respektiertes Zeichen, dass ich inkognito bleiben wollte. Der Ritterbrauch begann schon ernstlich, Züge einer allgemein anerkannten Norm anzunehmen. Das war durchaus keine besonders gesunde Erscheinung, wenn man bedachte, dass der Ritterbrauch immer törichter und absonderlicher wurde.

»Reiten wir«, wiederholte sie.

Sie lenkte ihr Pferd hinab zwischen die gewellten Dünen, auf denen Gräser standen wie Bartstoppeln. Ich folgte ihr, holte sie ein; wir ritten Seite an Seite. Gelegentlich schob ich mich sogar nach vorn – ein unbeteiligter Beobachter hätte glauben können, dass ich es sei, der sie führte. Es kümmerte mich nicht. Die Richtung schien alles in allem zu stimmen.

Denn hinter uns lag das Meer.

Wir unterhielten uns nicht. Branwen, die aus Cornwall stammen wollte, wandte mir mehrmals das Gesicht zu und machte den Eindruck, als würde sie gern etwas fragen. Doch sie fragte nicht. Ich war ihr dankbar. Ich fühlte, dass ich nur zu sehr wenigen Antworten imstande war. So schwieg ich ebenfalls und dachte nach – soweit man den Vorgang so nennen kann, bei dem ich die in meinem Kopfe umherschwirrenden Bilder und Tatsachen mühsam in eine sinnvolle Ordnung brachte.

Ich fühlte mich schlecht. Richtig schlecht.

Aus den Gedanken rissen mich ein erstickter Schrei Branwens und der Anblick einer gezähnten Spitze direkt vor meiner Brust. Ich hob den Kopf. Die Spitze gehörte zu einem Spieß, den ein Kerl in einer gehörnten Narrenkappe und einem löchrigen Kettenpanzer hielt. Ein zweiter, mit einer widerwärtigen, mürrischen Visage, hielt Branwens Pferd an der Trense. Der dritte, der ein paar Schritt hinter ihnen stand, zielte mit einer Armbrust auf mich. Ich kann es nicht leiden, wenn man mit der Armbrust auf mich zielt. Wenn ich, verdammt, der Papst wäre, würde ich die Herstellung von Armbrüsten bei Strafe der Exkommunikation verbieten.

»Ruhig, Ritter«, sagte der mit der Armbrust, während er mir direkt auf die Kehle zielte. »Ich werde dich nicht töten. Wenn ich nicht muss. Aber wenn du das Schwert anfasst, muss ich.«

»Wir brauchen was zu fressen, warme Kleidung und ein bisschen Kleingeld«, erklärte der Mürrische. »Euer Blut wollen wir nicht.«

»Wir sind keine Wilden«, sprach der mit der lächerlichen Mütze. »Wir sind solide, ordentliche Räuber. Wir haben unsere Prinzipien.«

»Sicherlich nehmt ihr von den Reichen und gebt den Armen?«, erkundigte ich mich.

Der mit der komischen Mütze grinste breit, bis zu den Ohren. Er hatte schwarze, glänzende Haare und das dunkle Gesicht eines Südländers, von mehrtägigen Bartstoppeln bedeckt.

»So weit reicht unsere Solidität nicht«, sagte er. »Wir

nehmen von allen, wie's gerade kommt. Aber da wir selber arm sind, läuft's auf dasselbe hinaus. Graf Orgellis hat uns entlassen, die Gefolgschaft aufgelöst. Bis wir bei jemand anderem in den Dienst treten, müssen wir leben, meinst du nicht?«

»Wozu sagst du ihm das, Bec de Corbin?«, ließ sich der Mürrische vernehmen. »Warum entschuldigst du dich vor ihm? Der macht sich doch lustig über uns. Er will uns beleidigen.«

»Darüber bin ich erhaben«, sagte Bec de Corbin stolz. »Das überhöre ich. Also, Ritter, lass uns keine Zeit verlieren. Mach die Satteltaschen los und wirf sie hier auf den Weg. Dazu bitte deinen Geldbeutel. Und den Mantel. Beachte, wir verlangen weder das Pferd noch die Rüstung. Wir wissen, wo die Grenze ist.«

»Leider«, sagte der Mürrische und kniff widerwärtig die Augen zusammen, »müssen wir dich auch um diese Dame bitten. Für einige Zeit.«

»Ach ja, das hätte ich fast vergessen.« Bec de Corbin bleckte die Zähne. »Wirklich, wir brauchen dieses Weib. Du verstehst schon, Ritter, die Einöde, die Einsamkeit ... Ich habe schon vergessen, wie eine nackte Frau aussieht.«

»Aber ich kann's nicht vergessen«, sagte der mit der Armbrust. »Ich seh's jede Nacht, kaum dass ich die Augen zumache.«

Ich musste wohl unwillkürlich gelächelt haben, denn Bec de Corbin schob mir mit einer heftigen Bewegung den Spieß vors Gesicht, und der andere hob die Armbrust an die Wange.

»Nein«, sagte Branwen plötzlich. »Nein, das muss nicht sein.«

Ich schaute sie an. Sie war ein Stück erbleicht, vom unteren Rand des Gesichts bis zum Mund. Doch ihre Stimme war ruhig, kalt, beherrscht.

»Das muss nicht sein«, wiederholte sie. »Ich will nicht, dass du meinetwegen umkommst, Ritter. Mir ist auch nicht daran gelegen, dass sie mich zusätzlich grün und blau schlagen und mir die Kleidung ruinieren. Letzten Endes, was ist das schon … Viel verlangen sie nicht.«

Ich wunderte mich nicht mehr als die Räuber. Ich hätte es mir denken können. Was ich für Kälte gehalten hatte, für Ruhe, für unerschütterliche Selbstbeherrschung, war einfach Resignation. Ich kannte das.

»Wirf ihnen deine Satteltaschen hin«, fuhr Branwen fort, »und reite. Ich bitte dich. Eine Viertelmeile von hier ist ein Kreuz an der Weggabelung. Dort wartest du auf mich. Ich denke, es wird nicht lange dauern.«

»Man trifft nicht alle Tage auf so vernünftige Leute«, sagte Bec de Corbin und senkte den Spieß.

»Schau mich nicht so an«, flüsterte Branwen. Zweifellos musste etwas in meinem Gesicht sein, obwohl ich glaubte, mich recht gut zu beherrschen.

Ich griff hinter mich und tat so, als löse ich den Riemen der Satteltaschen, dabei zog ich unbemerkt den rechten Fuß aus dem Steigbügel. Ich hieb dem Pferd den Sporn in die Seite und trat Bec de Corbin so ins Gesicht, dass er nach hinten fiel und dabei mit dem Spieß balancierte wie ein Seiltänzer. Während ich das Schwert zog, senkte ich den Kopf, und der auf meine Kehle gezielte Bolzen schlug laut gegen die Helmkalotte, glitt ab. Ich versetzte dem Mürrischen einen Hieb von oben, eine schöne, klassische Sinister, und der Sprung des Pferdes erleichterte es mir, die Klinge aus seinem Schädel zu reißen. Das ist gar nicht so schwer, wenn man weiß, wie es gemacht wird.

Bec de Corbin hätte sich, wenn er gewollt hätte, in die Dünen verdrücken können. Er wollte nicht. Er dachte, er könne mir, ehe ich das Pferd zu wenden vermochte, den Spieß in den Rücken bohren. Er irrte sich.

Ich schlug ihm mit einem weit geführten Hieb über die Hände, die den Spieß hielten, und dann noch einmal, über den Bauch. Ich hatte tiefer gezielt, aber es gelang mir nicht. Niemand ist vollkommen.

Auch der Armbrustschütze war kein Feigling; anstatt zu fliehen, spannte er die Sehne erneut und versuchte zu zielen. Ich hielt das Pferd an, packte das Schwert in der Mitte der Klinge und warf es. Es gelang. Er fiel so hübsch, dass ich nicht abzusteigen brauchte, um meine Waffe wieder zu ergreifen.

Branwen, den Kopf über den Pferdehals gebeugt, weinte, schluchzte. Ich sagte kein Wort, machte keine Geste. Ich tat nichts. Ich habe keine Ahnung, was man tun muss, wenn eine Frau weint. Ein gewisser Barde, den ich in Dinas Dinlleu kennengelernt hatte, in Gwynedd, behauptete, das beste Mittel sei, dann selbst loszuweinen. Ich weiß nicht, ob er scherzte oder im Ernst sprach.

Ich wischte die Schwertklinge sorgfältig ab. Unter dem Sattel habe ich einen Lappen bei mir, den ich bei solchen Gelegenheiten benutze. Das Abwischen der Klinge beruhigt die Hände.

Bec de Corbin warf sich hin und her, stöhnte und mühte sich zu sterben. Ich hätte absitzen und ihm den Rest geben können, aber ich fühlte mich nicht besonders gut. Außerdem hatte ich weiter kein Mitleid mit ihm. Das Leben ist grausam. Mit mir, soweit ich mich entsinnen konnte, hatte auch niemand Mitleid gehabt. So war es mir zumindest vorgekommen.

Ich nahm den Helm ab, die Kettenhaube und das Käppchen. Es war ganz nass. Ich hatte geschwitzt, sage ich euch, wie ein Schwein. Ich fühlte mich ekelhaft. Die Lider waren mir schwer wie Blei, und in Armen und Ellenbogen nahm die schmerzhafte Taubheit zu. Branwens Weinen hörte ich wie durch eine Wand aus Holzbalken, die ordentlich mit Moos abgedichtet ist. Im Kopfe dröhnte mir ein dumpfer, wogender Schmerz.

Wie bin ich auf diese Dünen geraten? Woher komme ich und wohin will ich? Branwen … Ich hatte diesen Namen schon einmal gehört. Aber ich konnte … ich konnte mich nicht erinnern …

Mit tauben Fingern berührte ich die Vertiefung am Kopf, die alte Narbe, die Spur jenes schrecklichen Hiebes, der mir den Schädel geöffnet und die umgebogenen Ränder des gespaltenen Helms hineingetrieben hatte.

Was Wunder, dachte ich, dass ich mit so etwas manchmal eine Leere im Kopf habe? Was Wunder, dass der schwarze, zu einem trüben Lichtschein führende Korridor aus meinen Träumen mich anscheinend auch im Wachen heimsucht?

Mit einem Schniefen und Räuspern gab mir Branwen zu verstehen, dass es Zeit sei. Ich überwand die Trockenheit in der Kehle. »Reiten wir?«, fragte ich, absichtlich trocken, fest, um meine Schwäche zu überspielen.

»Ja«, antwortete sie ebenso trocken. Sie wischte sich mit dem Handrücken über die Augen. »Ritter?«

»Was ist, Dame?«

»Du verachtest mich, nicht wahr?«

»Nein.«

Sie wandte sich heftig ab, trieb das Pferd an, den Weg durch die Dünen entlang, zu den Felsen hin. Ich folgte ihr. Ich fühlte mich schlecht.

Mir war, als röche es nach Äpfeln.

II

Ich mag keine verschlossenen Tore, herabgelassenen Fallgitter, hochgezogenen Zugbrücken. Ich mag es nicht, wie ein Idiot vor einem stinkenden Burggraben zu stehen. Ich hasse es, mir die Lunge aus dem Hals zu schreien, wenn ich den Kriegsknechten antworte, die von den Zinnen und aus Schießscharten heraus unverständliches Zeug rufen, und dabei nicht zu wissen, ob sie mich beschimpfen, verspotten oder nach dem Namen fragen.

Ich hasse es, meinen Namen zu nennen, wenn ich keine Lust dazu habe.

Es traf sich daher gut, dass das Tor offen war, das Gitter hochgezogen und die auf Hellebarden und Partisanen gestützten Knechte nicht allzu eifrig. Noch besser traf es sich, als der in Samt gekleidete Mann, der Branwen auf dem Hof begrüßte, sich mit ein paar Worten von ihr begnügte und nicht nach mir fragte. Er reichte Branwen höflich die Hand und hielt den Steigbügel; höflich wandte er den Blick ab, als beim Absitzen unter dem Rock Wade und Knie zum Vorschein kamen. Höflich bedeutete er uns, ihm zu folgen.

Das Schloss war entsetzlich leer. Wie ausgestorben. Es war kalt, und der Anblick der schwarzen, erloschenen Kamine bewirkte, dass einem noch kälter wurde. Branwen und ich warteten in einem großen, kalten Saal, inmitten von schrägen Lichtstreifen, die durch die spitzbogigen Fenster fielen. Wir warteten nicht lange. Eine niedrige Tür quietschte.

Jetzt, dachte ich, und der Gedanke flammte in meinem Schädel auf wie ein weißes, kaltes, blendendes Feuer und ließ für einen Augenblick die lange, nicht endende Tiefe des schwarzen Korridors sehen. Jetzt, dachte ich. Jetzt kommt sie herein.

Sie kam. Sie.

Iseult.

Es ging wie ein Ruck durch mich, als sie eintrat, als sie in dem dunklen Türrahmen weiß aufschien. Ob ihr es glaubt oder nicht, auf den ersten Blick war sie nicht von jener, der irischen Iseult zu unterscheiden, meiner Verwandten, Iseult Goldhaar von Átha Clíath, der Tochter des Diarmuid mac Cearbhaill, des Königs von Tara. Erst der zweite Blick ließ die Unterschiede erkennen: das Haar einen Schein dunkler und ohne die Neigung, sich zu Locken zu kringeln. Die Augen grün, nicht blau, rund, ohne jene einzigartige Mandelform. Ein anderer Ausdruck des Mundes. Und die Hände.

Ihre Hände waren eigentlich sehr schön. Ich denke, sie war die höflichen Vergleiche mit Alabaster oder Elfenbein gewohnt, mir jedoch verbanden sich das Weiß und die Glätte dieser Hände mit den im Halbdunkel brennenden, vor Hitze durchscheinend gewordenen Kerzen in der Kapelle von Ynis Witrin in Glastonbury.

Branwen machte einen tiefen Knicks. Ich beugte ein Knie, den Kopf gesenkt, hielt ihr mit beiden Händen Schwert und Scheide entgegen. Wie es der Brauch verlangte, bot ich ihr meine Klinge dar. Was immer das bedeuten mochte.

Sie antwortete mit einer Verbeugung, berührte das Schwert mit den Spitzen der schlanken Finger. Ich durfte nun aufstehen. Das Herkommen erlaubte es. Ich gab mein Schwert dem Samtgekleideten, wie es der Brauch gebot.

»Willkommen auf Schloss Carhaing«, sagte Iseult. »Frau …«

»Ich bin Branwen von Cornwall. Und das ist mein Gefährte …«

Da bin ich aber gespannt, dachte ich.

»… Ritter Morholt von Ulster.«

Bei Lugh und Lir! Ich erinnerte mich. Branwen von Tara. Und später Branwen von Tintagil, natürlich. Sie war es.

Iseult betrachtete uns schweigend. Endlich legte sie die berühmten weißen Hände zusammen und ließ die Finger knacken. »Seid ihr von ihr gekommen?«, fragte sie leise. »Aus Cornwall? Wie seid ihr hergelangt? Ich halte Tag für Tag nach einem Schiff Ausschau und weiß, dass es noch nicht an unsere Küste gekommen ist.«

Branwen schwieg. Ich wusste natürlich auch nicht, was ich antworten sollte.

»Sprecht«, sagte Iseult. »Wann wird das Schiff hier eintreffen, auf das wir warten? Wer wird an Bord sein? Welche Farbe wird das Segel haben, unter dem das Schiff aus Tintagil hier ankommt? Weiß? Oder schwarz?«

Branwen antwortete nicht. Iseult Weißhand deutete mit einem Nicken an, dass sie verstand. Darum beneidete ich sie.

»Tristan von Liones, mein Gemahl und Gebieter«, sagte sie, »ist schwer verwundet. Im Kampf gegen Graf Estult Orgellis und seine Söldner wurde ihm der Schenkel mit einer Lanze durchbohrt. Die Wunde schwärt … und will nicht heilen …«

Iseults Stimme brach, die schönen Hände begannen zu zittern.

»Das Fieber verzehrt Tristan seit vielen Tagen. Er phantasiert oft, wird ohnmächtig, erkennt niemanden. Ich bin es, die an seinem Bett wacht, ihn versorgt, behandelt, die Schmerzen lindert. Dennoch haben sicherlich meine Ungeschicklichkeit und Unfähigkeit bewirkt, dass Tristan meinen Bruder nach Tintagil schickte. Mein Gatte ist gewiss der Ansicht, dass sich in Cornwall leichter gute Ärzte finden lassen.«

Wir schwiegen, Branwen und ich.

»Doch immer noch gibt es keine Nachricht von meinem Bruder, immer noch keine Spur vom Segel seines Schiffes«, fuhr Iseult Weißhand fort. »Und da erscheinst plötzlich anstelle derjenigen, auf die Tristan wartet, du, Branwen. Was führt dich hierher? Dich, die Dienerin und Vertraute der Goldhaarigen Königin von Tintagil? Hast du vielleicht ein Zauberelixier mitgebracht?«

Branwen erbleichte. Auf einmal tat sie mir leid. Denn im Vergleich zu Iseult, die schlank war, großgewachsen, ätherisch und würdevoll, geheimnisvoll und hinreißend schön, sah Branwen wie eine einfache irische Dörflerin aus, pausbäckig, wie Leinen und Werg, rundlich in den Hüften, die Haare noch immer verklebt vom Regen. Ob ihr es glaubt oder nicht, sie tat mir leid.

»Einmal schon hat Tristan aus deinen Händen einen Zaubertrank empfangen, Branwen«, fuhr Iseult fort. »Einen Trank, der noch immer wirkt und ihn langsam tötet. Damals auf dem Schiff hat Tristan aus deinen Händen den Tod empfangen. Bist du vielleicht jetzt gekommen, um ihm das Leben zu bringen? Wahrlich, Branwen, wenn dem so ist, beeile dich. Es bleibt wenig Zeit. Sehr wenig.«

Branwen zuckte nicht. Ihr Gesicht war reglos wie das einer Wachspuppe. Ihrer beider Blicke, ihrer und Iseults, in denen Feuer und Kraft brannten, trafen sich, hielten einander fest. Ich spürte die Spannung, die zitterte wie eine verdrillte Schnur. Entgegen meiner Erwartung erwies sich Iseult als die Stärkere.

»Frau Iseult« – Branwen kniete nieder, neigte den Kopf –, »du hast ein Recht, mir gram zu sein. Doch ich bitte dich nicht um Vergebung, denn nicht vor dir habe ich mich schuldig gemacht. Ich bitte dich einzig und allein um eine Gnade. Ich will ihn sehen, schöne Iseult Weißhand. Ich will Tristan sehen.«

Ihre Stimme war leise, weich, ruhig.

In Iseults Augen lag nur noch Trauer. »Gut«, sagte sie. »Du wirst ihn sehen. Obwohl ich mir geschworen habe, nicht zu erlauben, dass fremde Augen und Hände ihn berühren. Vor allem ihre Hände. Die Hände der Frau aus Cornwall.«

»Es ist nicht gewiss, ob sie aus Tintagil hierherkommen wird«, flüsterte Branwen, noch immer auf Knien.

»Steh bitte auf.« Iseult Weißhand hob den Kopf, und in ihren Augen erglänzten feuchte Diamanten. »Es ist nicht gewiss, sagst du. Ich aber … Ich würde barfuß durch den Schnee laufen, durch Dornen, über glühende Kohlen, wenn … Wenn er mich nur riefe. Doch er ruft mich nicht, obwohl er das weiß. Er ruft nach der, bei der es nicht gewiss ist. Unser Leben, Branwen, hört nicht auf, uns mit seiner Ironie staunen zu machen.«

Branwen stand auf. Ihre Augen, ich sah es deutlich, hatten sich ebenfalls mit Diamanten gefüllt. Ach, die Weiber …

»Also geh zu ihm, liebe Branwen«, sprach Iseult bitter. »Gehe und bringe ihm, was ich in deinen Augen sehe. Aber sei auf das Schlimmste gefasst. Denn wenn du an seinem Bett niederkniest, wird dir Tristan einen Namen ins Gesicht schleudern, der nicht deiner ist. Er wird ihn dir ins Gesicht schleudern wie einen Schimpf. Geh. Die Diener werden dir den Weg zeigen.«

Ich blieb mit ihr allein, als Branwen hinter dem Knecht hinausging. Nicht gezählt den Kaplan mit der glänzenden Tonsur, der über die Gebetsbank gebeugt lateinisches Kauderwelsch vor sich hinmurmelte. Ich hatte ihn vorher nicht bemerkt. War er schon die ganze Zeit hier gewesen? Zum Teufel mit ihm. Er störte mich nicht.

Iseult, die noch immer unwillkürlich die Finger ihrer weißen Hände gegeneinanderdrückte, schaute mich prüfend an. Ich suchte in ihrem Blick Feindseligkeit und Hass. Denn sie musste es ja wissen. Wenn man eine lebende Legende heiratet, lernt man diese Legende in den kleinsten Einzelheiten kennen. Und ich, verdammt, war gar nicht so klein.

Sie schaute mich an, und in ihrem Blick lag etwas sehr Seltsames. Dann zog sie den langen Rock um die schmalen Hüften und setzte sich in einen geschnitzten Sessel, die schmalen Hände um die Armlehnen geklammert.

»Setz dich hier neben mich«, sagte sie, »Morholt von Ulster.«

Ich setzte mich.

Über meinen Zweikampf mit Tristan von Liones kursieren viele unwahrscheinliche, von A bis Z erlogene Geschichten. In einer machen sie aus mir sogar einen Drachen, den Tristan besiegte, womit er den formellen Anspruch auf Iseult Goldhaar errang. Gut, was? Sowohl romantisch als auch eine schöne Rechtfertigung. Einen schwarzen Drachen hatte ich tatsächlich auf dem Schild, vielleicht kommt es daher. Aber jeder weiß ja, dass es seit den Zeiten von Cuchulainn in Irland keine Drachen mehr gibt.

Eine andere Geschichte besagt, dass der Kampf in Cornwall stattfand, noch ehe Tristan Iseult kennenlernte. Das ist nicht wahr. Das hat sich ein Minnesänger ausgedacht. Tatsache ist, dass mich König Diarmuid zu Marke nach Tintagil entsandt hatte; ich war mehrmals dort und habe mich wirklich heftig wegen des Tributs gestritten, der Diarmuid von dem König Cornwalls zustand, weiß der Teufel, nach welchem Recht – um Politik habe ich mich nicht geschert. Aber damals bin ich niemals Tristan begegnet.

Ich habe ihn auch nicht getroffen, als er zum ersten Mal in Irland war. Ich lernte ihn erst bei seinem zweiten Besuch kennen, als er erschien, um für Cornwall um die Hand der Goldhaarigen zu bitten. Marke, der Sohn Meirchions, ein Vetter des Großen Arthur, wünschte unsere Iseult zur Herrin von Tintagil zu machen. Wie bei solchen Gelegenheiten üblich, schied sich der Hof Diarmuids in Befürworter und Gegner dieser Verbindung. Zu den Letzteren gehörte ich. Offen gesagt, ich hatte keine Ahnung, worum es eigentlich ging; wie schon gesagt, neigte ich weder zur Politik noch zu Intrigen. Es war mir gleichgültig, wem Iseult zur Frau gegeben wurde. Aber ich liebte das Kämpfen und verstand mich darauf.

Der Plan, soweit ich ihn verstand, war einfach; er konnte im Grunde nicht als Intrige gelten. Wir sollten Markes Brautwerbung zunichte machen, die Verbindung mit Tintagil verhindern. Gab es eine bessere Methode, als den Gesandten kaltzumachen? Ich fand eine Gelegenheit, legte mich mit Tristan an und beleidigte ihn, und er forderte mich. Er mich, wohlgemerkt. Nicht umgekehrt.

Wir schlugen uns in Dún Laoghaire, am Ufer der Bucht. Ich dachte, ich würde rasch mit ihm fertigwerden. Auf den ersten Blick übertraf ich ihn zweifach an Gewicht und mindestens zweifach an Erfahrung. So kam es mir jedenfalls vor.

Meinen Irrtum erkannte ich gleich beim ersten Zusammentreffen, als wir die Lanzen brachen. Mir wäre fast das Kreuz gebrochen, so warf er mich gegen die Sattellehne; es fehlte nicht viel, und er hätte mich mitsamt dem Pferd zu Boden geworfen. Als er wendete und, statt eine zweite Lanze zu verlangen, das Schwert zog, freute ich mich – Lanzen haben es an sich, dass mit ein wenig Glück und einem guten Ross ein junger Kerl sogar einen erfahrenen Ritter zu Bruch gehen lassen kann. Das Schwert ist auf lange Sicht gerechter.

Wir hieben ein wenig auf unsere Schilde ein. Er war

stark wie ein Stier, stärker, als ich angenommen hatte. Er kämpfte klassisch – *dexter, sinister,* oben-unten, Schlag auf Schlag, sehr schnell, und diese Schnelligkeit erlaubte mir nicht, meine größere Erfahrung auszuspielen, ihm meinen eigenen, weniger klassischen Stil aufzuzwingen. Allmählich begann er mich zu ermüden, also versetzte ich ihm bei der ersten Gelegenheit einen unfairen Hieb in den Schenkel, unter dem Schild, der mit dem schreitenden Löwen von Liones verziert war.

Hätten wir zu Fuß gekämpft, wäre er nicht auf den Beinen geblieben. Aber wir kämpften zu Pferde. Er beachtete nicht einmal, dass er blutete wie ein Schwein, dass er dunkles Karminrot auf den Sattel, die Kuvertüre, den Sand sprühte. Die Leute, die das mit ansahen, waren außer sich. Ich war mir sicher, dass der Blutverlust das Seine tun würde, und da ich selbst an der Grenze der Erschöpfung war, bedrängte ich ihn heftig, ungeduldig und unvorsichtig, um ein Ende zu machen. Und das war mein Fehler. Unwillkürlich hielt ich den Schild tief, weil ich glaubte, er werde sich mit einem ähnlich bösartigen, tief geführten Hieb revanchieren wollen. Plötzlich blitzte etwas in meinen Augen auf, und was danach geschah, weiß ich nicht.

Ich weiß es nicht. Ich weiß nicht, was danach geschah, dachte ich, während ich die weißen Hände Iseults betrachtete. War das möglich? Konnte es nur diesen Blitz gegeben haben, dort in Dún Laoghaire, den dunklen Korridor und gleich darauf die grauweiße Küste und das Schloss Carhaing?

War das möglich?

Und sofort, wie eine fertige Antwort, wie ein unwiderlegbarer Beweis, ein unschlagbares Argument kamen die Bilder, erschienen Gesichter, Namen, Worte, Farben, Gerüche. Alles war da, jeder Tag, jeder einzelne. Sowohl die kalten, kurzen Wintertage, trübe hinter den Fischblasen in den Fenstern, als auch die Tage im Frühling, warm, duftend, nach Regen und dampfender Erde riechend. Die Sommertage, lang und heiß, gelb von der Sonne und den Sonnenblumen. Die Herbsttage, die die Anhöhen bei Emain Macha in tausend Farben hüllten. Und alles, was in jenen Tagen geschehen war – Märsche, Kämpfe, Feldzüge, Jagden, Gelage, Frauen, wieder Kämpfe, wieder Gelage und wieder Frauen. Die Beltaine-Feuer und der Rauch von Samhain. Alles. Was von jenem Moment in Dún Laoghaire bis zum heutigen verregneten Tag an der Küste von Armorika geschehen war.

Das alles war gewesen. Hatte stattgefunden. Sich ereignet. Was ich daher nicht verstehen konnte: Das alles erschien mir …

Unwichtig.

Unwesentlich.

Ich holte tief Luft. Diese Erinnerung hatte mich ermüdet. Ich fühlte mich fast ebenso müde wie damals während des Kampfes. Wie damals fühlte ich den Schmerz im Genick, das Gewicht meiner Schultern. Die Narbe am Kopf pulsierte, riss an mir mit wütendem Schmerz.

Iseult Weißhand, die seit einer ganzen Weile zum Fenster geschaut hatte, zum wolkenverhangenen Horizont, wandte mir langsam das Gesicht zu. »Wozu bist du hergekommen, Morholt von Ulster?«

Was konnte ich ihr antworten? Ich wollte mich vor ihr nicht mit der schwarzen Leere im Gedächtnis verraten. Es hatte keinen Sinn, ihr von dem schwarzen, endlosen Korridor zu erzählen. Es blieb wie üblich der Ritterbrauch, die allgemein geachtete und anerkannte Norm. Ich erhob mich.

»Ich bin hier zu deinem Befehl, Frau Iseult«, sagte ich und verneigte mich steif. Ich hatte mir solch eine Verbeugung bei Kay abgeschaut, in Camelot; sie war mir immer würdevoll, distinguiert und nachahmenswert erschienen. »Ich bin gekommen, um jeden deiner Befehle zu erfüllen. Verfüge über mein Leben, Frau Iseult.«

»Ich fürchte«, sagte sie leise und bog ihre Finger, »dass es dafür schon zu spät ist.«

Ich sah eine Träne, einen dünnen, glänzenden Strich, der aus ihrem Augenwinkel abwärts glitt, seinen Lauf am Nasenflügel verlangsamte. Ich nahm den Geruch von Äpfeln wahr.

»Die Legende geht zu Ende, Morholt.«

III

Beim Abendessen leistete uns Iseult keine Gesellschaft. Wir waren allein, Branwen und ich, nicht gerechnet den Kaplan mit der gänzenden Tonsur. Der störte uns jedoch nicht. Nachdem er ein kurzes Gebet gemurmelt und den Tisch gesegnet hatte, widmete er sich dem Futtern. Bald nahm ich ihn überhaupt nicht mehr wahr. So, als sei er die ganze Zeit über dagewesen. Immer.

»Branwen.«

»Ja, Morholt?«

»Woher hast du es gewusst?«

»Ich erinnere mich von Irland her an dich, vom Hofe Diarmuids. Gut erinnere ich mich an dich. Nein, ich glaube nicht, dass du dich an mich erinnerst. Du hast mich damals nicht beachtet, obwohl ich mich – heute kann ich es gestehen – bemüht habe, deine Beachtung zu finden. Das ist verständlich. Wo Iseult war, wurden andere nicht wahrgenommen.«

»Nein, Branwen. Ich erinnere mich an dich. Heute habe ich dich nicht erkannt, weil ...«

»Ja, Morholt?«

»Damals, in Tara … hast du immer gelächelt.«
Schweigen.
»Branwen?«
»Ja, Morholt?«
»Was ist mit Tristan?«
»Es steht schlecht. Die Wunde schwärt, will nicht heilen. Es beginnt ein Wundbrand. Das sieht schrecklich aus.«
»Wird er …?«
»Solange er glaubt, lebt er. Und er glaubt.«
»Woran?«
»An sie.«
Schweigen.
»Branwen …«
»Ja, Morholt.«
»Wird Iseult Goldhaar … Wird die Königin … tatsächlich aus Tintagil hierherkommen?«
»Ich weiß es nicht. Aber er glaubt es.«
Schweigen.
»Morholt.«
»Ja, Branwen.«
»Ich habe Tristan gesagt, dass du hier bist. Er will dich sehen. Morgen.«
»Gut.«
Schweigen.
»Morholt …«
»Ja, Branwen.«
»Das in den Dünen …«
»Das hatte keine Bedeutung.«
»Hatte es. Ich bitte dich, versuch zu verstehen. Ich wollte nicht, ich durfte nicht zulassen, dass du umkommst. Ich durfte das nicht zulassen: Ein Armbrustbolzen, ein dummes Stück Holz und Metall, durchkreuzt … Ich durfte das nicht zulassen. Um keinen Preis, nicht ein-

mal um den Preis deiner Verachtung. Aber dort ... in den Dünen ... Der Preis, den sie verlangten, erschien mir nicht zu hoch. Siehst du, Morholt ...«

»Branwen ... Genug, bitte. Es reicht.«

»Ich habe schon einmal mit mir selbst bezahlen müssen.«

»Branwen. Kein Wort mehr.«

Sie berührte meine Hand, und ihre Berührung, ob ihr es glaubt oder nicht, war ein roter Sonnenball, der nach einer langen und kalten Nacht aufgeht, der Geruch von Äpfeln, der Sprung eines Pferdes, das zur Attacke galoppiert. Sie schaute mir in die Augen, und ihr Blick war wie das Knattern von Fahnen, an denen der Wind reißt, wie Musik, wie die Berührung eines Pelzes an der Wange. Branwen, die lächelnde Branwen von Tara. Die ernste, ruhige und traurige Branwen von Cornwall mit den Augen voll Wissen. War etwas in dem Wein gewesen, den wir getrunken hatten? Wie in jenem, den Tristan und die Goldhaarige auf dem Meer getrunken hatten?

»Branwen ...«

»Ja, Morholt?«

»Nichts. Ich wollte nur den Klang deines Namens hören.«

Schweigen. Das Rauschen des Meeres, gleichförmig und dumpf, darin ein Flüstern, aufdringlich, sich wiederholend, unerträglich hartnäckig.

Schweigen.

IV

»Morholt.«

»Tristan.«

Er hatte sich verändert. Damals in Átha Clíath war er

ein halbes Kind gewesen, ein junger Bursche mit verträumtem Blick, immer, unablässig mit demselben lieben Lächeln, von dem sich den Damen der Unterbauch zusammenzog. Immer dieses Lächeln, sogar, als wir in Dún Laoghaire mit den Schwertern aufeinander einschlugen. Jetzt aber … Jetzt war sein Gesicht grau, ausgemergelt, verkrampft, von Rinnsalen glänzenden Schweißes bedeckt, die Lippen aufgesprungen und zu einem Hufeisen des Schmerzes verzogen, die Augenhöhlen schwarz vor Qual.

Und er stank. Er stank nach Krankheit. Nach Tod. Nach Angst.

»Du lebst, Ire.«

»Ich lebe, Tristan.«

»Als sie dich forttrugen, sagten sie, du seiest tot. Du hattest …«

»Ich hatte einen gespaltenen Schädel und das Hirn halb draußen«, sagte ich, bemüht, es natürlich und gleichmütig klingen zu lassen.

»Ein Wunder. Jemand hat für dich gebetet, Morholt.«

Ich zuckte mit den Schultern. »Wohl kaum.«

»Die Wege des Schicksals sind unerforschlich.« Er runzelte die Stirn. »Du und Branwen … Ihr lebt beide. Und ich … In einer dummen Rangelei … Ich habe eins mit der Lanze in die Leistengegend gekriegt, sie ist durchgegangen, zerbrochen. Es ist wohl etwas vom Schaft abgesplittert, darum eitert die Wunde so. Das ist eine Strafe Gottes. Eine Strafe für all meine Schuld. Für dich, für Branwen. Und vor allem … für Iseult.«

Wieder runzelte er die Stirn, verzog den Mund. Ich wusste, welche Iseult er meinte. Auf einmal tat es mir sehr leid. In seinem verzerrten Gesicht lag alles. Die Ringe um ihre Augen, die Art, wie sie unbewusst die weißen Hände rang, die Finger bog. Die Bitterkeit in der Stimme. Wie oft, dachte ich, muss sie das gesehen haben. Dieser plötzlich, unwillkürlich verzogene Mund, wenn er »Iseult« sagte und nicht »Goldhaar« hinzufügen durfte. Sie tat mir leid, sie, die mit einer lebenden Legende vermählt war. Warum hatte sie in diese Heirat eingewilligt? Sie, die Tochter Hoels von Armorika, konnte schließlich jeden bekommen, den sie nur wollte. Warum hatte sie sich auf Tristan eingelassen? Warum hatte sie sich darauf eingelassen, als Name zu dienen, als leerer Klang? Hatte sie die Geschichten von ihm und jener aus Cornwall nicht gehört? Aber vielleicht hatte sie geglaubt, das habe keine Bedeutung? Vielleicht dachte sie, Tristan sei wie die anderen, wie die Kerle aus der Gefolgschaft Arthurs, wie Gawain, Gaheris, Lamorak oder Bedivere, die mit dieser idiotischen Mode angefangen haben, die eine anzubeten, die zweite zu vögeln und die dritte zu heiraten, und alles wäre gut, niemand würde sich beklagen?

»Morholt ...«

»Ich bin hier, Tristan.«

»Ich habe Caherdin nach Tintagil geschickt. Das Schiff ...«

»Es gibt immer noch keine Nachricht.«

»Nur sie ...«, flüsterte er. »Nur sie kann mich retten. Ich stehe am Abgrund. Ihre Augen, ihre Hände, allein schon ihr Anblick und der Klang ihrer Stimme. Eine andere Rettung gibt es für mich nicht mehr. Darum ... soll Caherdin, wenn sie an Bord ist, am Mast ...«

»Ich weiß.«

Er schwieg, schaute zur Decke, atmete schwer.

»Morholt ... Wird sie ... kommen? Wird sie daran denken?«

»Ich weiß nicht, Tristan«, sagte ich und bedauerte die Worte sofort. Zum Teufel, was schadete es mir, wenn ich eifrig und voller Überzeugung bejahte? Musste ich mich auch vor ihm mit meiner Unwissenheit bloßstellen?

Tristan drehte den Kopf zur Wand.

»Ich habe diese Liebe vergeudet«, stöhnte er. »Sie vernichtet. Dadurch habe ich einen Fluch über uns beschworen. Darum sterbe ich und kann nicht einmal in der Überzeugung sterben, dass Iseult meinem Ruf hierher folgen wird. Dass sie, wenn auch zu spät, kommen wird.«

»Sprich nicht so, Tristan.«

»Ich muss. Das ist alles meine Schuld. Oder vielleicht ist mein verfluchtes Schicksal schuld? Vielleicht war ich von Anfang an dazu verdammt? Du weißt, dass Blanchefleur mich in Verzeiflung geboren hat, die Wehen kamen über sie, als sie die Nachricht vom Tode Rivalins erhielt. Sie hat die Geburt nicht überlebt. Ich weiß nicht, ob sie es war, mit dem letzten Atemzug, oder später Foytenant ... Der mir diesen Namen gegeben hat, einen Namen, der wie ein Verderben ist, wie ein Fluch ... Wie ein Urteil. *La tristesse.* Ursache und Wirkung. *La tristesse,* die mich einhüllt wie ein Nebel ... Ein Nebel, wie er über der Liffey-Mündung hing, als ...«

Er verstummte, fuhr unbewusst mit den Händen über die Pelze, unter denen er lag.

»Alles, alles, was ich getan habe, hat sich gegen mich gewandt. Versetz dich in meine Lage, Morholt. Stell dir vor, du kommst nach Irland, triffst dort ein Mädchen ... Vom ersten Moment an, da sich eure Blicke berühren, spürst du, dass dein Herz dir die Rippen zermalmen will und die Hände zittern. Die ganze Nacht gehst du umher, ohne dich schlafen zu legen; du verzehrst dich vor Unruhe, zitterst, denkst nur an eins – sie morgen wieder zu erblicken. Und was? Anstatt Freude – *la tristesse ...*«

Ich schwieg. Ich verstand nicht, wovon er sprach.

»Und dann«, fuhr er fort, »das erste Gespräch. Die erste Berührung der Hände, die dich erschüttert wie ein Lanzenstoß beim Turnier. Das erste Lächeln, ihr Lächeln, das bewirkt, dass … He, Morholt. Was hättest du an meiner Stelle getan?«

Ich schwieg. Ich wusste nicht, was ich getan hätte, wäre ich an seiner Stelle gewesen. Denn ich war niemals an seiner Stelle. Denn, bei Lugh und Lir, nie hatte ich dergleichen erlebt. Nie.

»Ich weiß, was du nicht getan hättest«, sagte Tristan und schloss fast die Augen. »Du hättest sie nicht Marke empfohlen, hättest nicht sein Interesse geweckt, indem du unablässig von ihr geplappert hättest. Du wärst nicht nach Irland gefahren, um sie im Namen eines anderen zu holen. Du hättest die Liebe nicht vergeudet, die damals begann. Damals, nicht erst auf dem Schiff. Branwen wirft sich umsonst diese Sache mit dem Zaubertrank vor. Der Trank hatte damit nichts zu tun. Als sie an Bord des Schiffes kam, war sie schon die Meine. Morholt … Wenn du mit ihr an Bord dieses Schiffes gegangen wärst, wärst du nach Tintagil gefahren? Hättest du Iseult Marke übergeben? Gewiss nicht. Eher wärst du mit ihr ans Ende der Welt geflohen, in die Bretagne, nach Arabien, Hyperboräa, bis nach Ultima Thule. Morholt? Habe ich recht?«

Ich konnte diese Frage nicht beantworten. Und wenn ich es gekonnt hätte, hätte ich es nicht gewollt.

»Du bist entkräftet, Tristan. Du brauchst Schlaf. Ruhe dich aus.«

»Haltet Ausschau … nach dem Schiff …«

»Gut, Tristan. Brauchst du etwas? Soll ich dir … die Frau Weißhand schicken?«

Er verzog den Mund.

»Nein.«

V

Wir stehen auf den Mauern, Branwen und ich. Es nieselt, wie das eben ist in der Bretagne. Der Wind frischt auf, zaust Branwens Haare, schmiegt den Rock an ihre Hüften. Die Windstöße ersticken die Worte auf unseren Lippen. Sie ziehen Tränen aus den Augen, die auf den Horizont gerichtet sind.

Keine Spur von einem Segel.

Ich schaue Branwen an. Beim Lugh, welche Freude es mir bereitet, sie anzuschauen. Ich könnte sie ohne Ende anschauen. Und dabei war sie mir, als sie Iseult gegenüberstand, unschön vorgekommen. Wo hatte ich nur meine Augen gehabt?

»Branwen?«

»Ich höre, Morholt.«

»Du hast am Strand auf mich gewartet. Du wusstest, dass …«

»Ja.«

»Woher?«

»Du weißt es nicht?«

»Nein. Ich weiß es nicht … ich erinnere mich nicht. Branwen, genug von diesen Rätseln. Das ist zu viel für meinen Kopf. Für meinen zerschlagenen Kopf.«

»Die Legende kann ohne uns nicht zu Ende gehen. Ohne unser Zutun. Deines und meines. Ich weiß nicht, warum, aber wir sind in dieser Geschichte wichtig, unerlässlich. In der Geschichte von einer großen Liebe, die ein Strudel ist, der alles und alle einsaugt. Weißt du nicht, Morholt von Ulster, verstehst du nicht, welch mächtige Kraft dieses Gefühl ist? Eine Kraft, die die natürliche Ordnung der Dinge umzustoßen vermag? Verstehst du das nicht?«

»Branwen … Ich verstehe nicht. Hier, auf dem Schloss Carhaing …«

»Etwas wird sich ereignen. Etwas, das nur von uns abhängt. Und darum sind wir hier. Wir müssen hier sein, unabhängig von unserem Willen. Darum wusste ich, dass du auf dem Strand erscheinen wirst. Darum durfte ich nicht zulassen, dass du in den Dünen umkommst …«

Ich weiß nicht, was mir den Anstoß dazu gab. Vielleicht ihre Worte, vielleicht die plötzliche Erinnerung an die Augen der Goldhaarigen. Vielleicht etwas, das ich vergessen hatte, als ich durch den langen, endlosen, dunklen Korridor ging. Aber ich tat es ohne Überlegung, ohne Berechnung.

Ich nahm sie in die Arme.

Sie schmiegte sich an mich, nachgiebig und bereitwillig, und ich dachte, dass dieses Gefühl in der Tat eine mächtige Kraft sein kann. Doch ebensolche Macht hat sein langes, schmerzliches und erzwungenes Fehlen.

Es währte einen Augenblick. So kam es mir jedenfalls vor.

Branwen löste sich langsam aus meiner Umarmung, wandte sich ab, die Windstöße rissen an ihrem Haar.

»Etwas hängt von uns ab, Morholt. Von dir und von mir. Ich fürchte mich.«

»Wovor?«

»Vor dem Meer. Und vor dem Boot, das kein Steuer hat.«

»Ich bin bei dir, Branwen.«

»Sei es, Morholt.«

VI

Heute ist ein anderer Abend. Ein ganz anderer. Ich weiß nicht, wo Branwen ist. Vielleicht wacht sie gemeinsam mit Iseult am Bett Tristans, der wieder bewusstlos ist und sich im Fieber hin und her wirft. Er wirft sich hin und her, flüstert: »Iseult …« Iseult Weißhand weiß, dass nicht sie es ist, nach der Tristan ruft, aber sie zittert, wenn sie diesen Namen hört. Und sie ringt die weißen Hände. Branwen, wenn sie dort bei ihr ist, hat nasse Diamanten in den Augen. Branwen … Schade, dass … Ach, verdammt!

Ich aber … Ich trinke mit dem Kaplan. Ich weiß nicht, wo dieser Kaplan hier herkommt. Vielleicht war er schon immer da?

Wir trinken, und das schnell. Und viel. Ich weiß, dass mir das schadet. Ich soll das nicht tun, mein zerschmetterter Kopf verträgt das nicht besonders gut. Wenn ich mich betrinke, habe ich manchmal Halluzinationen. Kopfschmerzen. Manchmal werde ich ohnmächtig. Zum Glück selten.

Aber was soll's, trinken wir. Ich muss, verdammt, die Unruhe in mir unterdrücken. Das Händezittern vergessen. Das Schloss Carhaing. Branwens Augen, die voll Furcht vor dem Unbekannten sind. Ich will in mir das Heulen des Windes verdrängen, das Rauschen der Wellen, das Schwanken des Decks unter den Füßen. Und diesen Geruch nach Äpfeln, der mich verfolgt.

Wir trinken, der Kaplan und ich. Uns trennt der Eichentisch, schon stark von Wein befleckt. Uns trennt nicht nur der Tisch.

»Trink, Pfaffe.«

»Gott mir dir, mein Sohn.«

»Ich bin nicht dein Sohn.«

Wie viele andere trage ich seit der Schlacht von Badon ein Kreuz auf der Rüstung, aber mich hat nicht der Mystizismus erfasst, wie es vielen anderen widerfahren ist. Religion lässt mich ziemlich kalt. In allen ihren Erscheinungsformen. Der Busch, den in Glastonbury angeblich Joseph von Arimathia gepflanzt haben soll, unterscheidet sich für mich nicht von anderen Büschen – höchstens dadurch, dass er krummer und kahler ist als andere. Die Abtei selbst, von der manche Leute Arthurs mit frommer Andacht sprechen, weckt in mir keine tieferen Empfindungen, obwohl ich zugebe, dass sie sich hübsch in Wald, Anhöhe und See einfügt. Und dass sie dort regelmäßig die Glocken läuten, erleichtert es, im Nebel den Weg zu finden, und neblig ist es dort immer zum Kotzen.

Diese römische Religion, obwohl sie sich schon ganz schön breitgemacht hat, hat bei uns auf den Inseln keine großen Chancen. Bei uns in Irland, Cornwall oder Wales trifft man auf Schritt und Tritt auf Dinge, deren Existenz die Mönche hartnäckig leugnen. Jeder erste Beste hat bei uns Elfen, Pucks, Sylphen, Corrigans, Leprechauns, *Sidhe* gesehen, ja sogar *Bean Sidhe*. Und niemand, soweit mir bekannt ist, hat einen Engel gesehen. Nicht gerechnet Bors von Ganis, der angeblich sogar Gabriel gesehen hat, einmal vor einem Kampf oder während eines Kampfes, aber Bors ist ein Dummkopf und Lügner, wer glaubt dem schon.

Die Mönche erzählen von den Wundern, die Christus getan haben soll. Seien wir ehrlich – angesichts dessen, was Vivien vom See fertigbrachte, Morgan von den Weisen Frauen oder Morgause, die Frau König Lots von Orkney, hat Christus keinen Grund, sich zu rühmen. Ernsthafte, fachmännische Magie, sage ich, das ist schon was. Ein Zauberer oder Druide weckt Achtung und Respekt. Merlin, könnt ihr mir glauben, hätte sich niemals dazu herabgelassen, sich mit sinnlosem Umherlaufen auf dem Wasser hervorzutun. Wenn das überhaupt wahr ist mit diesem Gehen auf dem Wasser. Zu oft habe ich die Mönche beim Lügen ertappt, als dass ich alles glauben würde, was sie erzählen. Ihr glaubt vielleicht, ich kann die

Mönche nicht leiden? Dem ist nicht ganz so. Leiden können hat damit nichts zu tun. Wir verstehen einander einfach nicht. Sie sagen: »Pfingsten«, ich denke: »Beltaine«. Sie sagen: »die Heilige Brigitta«, ich denke: »Birgit von Kill Dara«. Wir verstehen einander nicht. Brauchen wir auch nicht. Denn die Mönche sind gekommen und werden wieder gehen. Aber die Druiden bleiben. Es ist nicht so, dass ich glaubte, die Druiden seien viel besser als die Mönche. Aber die Druiden gehören zu uns. Sie waren immer da. Und die Mönche sind zugelaufen. So wie dieser Pfaffe, mein Tischgenosse heute. Weiß der Teufel, was ihn hierhergeweht hat, nach Armorika. Er benutzt sonderbare Wörter und hat einen sonderbaren Akzent, so einen aquitanischen oder gallischen. Zum Teufel mit ihm.

»Trink, Pfaffe.«

Aber bei uns in Irland, dafür lege ich meine Hand ins Feuer, wird das Christentum eine kurze Episode sein. Wir Iren sind wenig anfällig für diesen römischen, unnachgiebigen und verbissenen Fanatismus, wir sind dafür zu nüchtern, zu einfältig. Unsere Insel ist ein Vorposten des Westens, das Letzte Ufer. Hinter uns, nicht weit, liegen die Alten Länder – Hy Brasil, Ys, Emain Ablach, Mainistir Leitreach, Beag-Arainn. Sie sind es, die wie vor Jahrhunderten so auch heute die Gedanken der Menschen beherrschen, nicht das Kreuz, nicht die lateinische Liturgie. Und im Übrigen sind wir Iren tolerant. Soll jeder glauben, was er will. In der Welt, höre ich, gehen die verschiedenen Abspaltungen der Christen einander schon an die Gurgel. Bei uns ist das nicht möglich. Alles kann ich mir vorstellen, aber nicht, dass beispielsweise so ein Ulster zum Schauplatz von Unruhen mit religiösem Hintergrund wird.

»Trink, Pfaffe.«

Trink, denn wer weiß, ob du nicht morgen einen arbeitsreichen Tag hast. Vielleicht musst du morgen schon abarbeiten, was du gefressen und gesoffen hast. Denn der, der abtreten soll, muss mit Pomp abtreten, mit allem, was der Ritus hergibt. Es stirbt sich leichter, wenn nebenan jemand ein Ritual vollzieht, ob derjenige das *Requiem Aeternam* herunterleiert, Weihrauch schwenkt, heult oder mit dem Schwert an den Schild schlägt. Dann ist es leichter, abzutreten. Und welchen Unterschied bedeutet es, zum Teufel, wohin man abtritt, ins Paradies, in die Hölle oder nach Tír nan Óg. Man tritt allemal ins Dunkel. Ich weiß das. Man geht in einen dunklen Korridor, der kein Ende hat.

»Dein Herr liegt im Sterben, Pfaffe.«

»Sir Tristan? Ich bete für ihn.«

»Du betest um ein Wunder?«

»Alles liegt in Gottes Hand.«

»Nicht alles.«

»Du lästerst, mein Sohn.«

»Ich bin nicht dein Sohn. Ich bin der Sohn von Flann Cernach mac Catháir, den die Dänen in der Schlacht am Ufer des Shannon erschlagen haben. Das, Pfaffe, war ein Tod, wie er eines Mannes würdig ist. Flann hat im Sterben nicht gestöhnt: ›Iseult, Iseult.‹ Flann hat, als er starb, gelacht und den Jarl der Wikinger mit solchen Wörtern belegt, dass der nach der Schlacht geschlagene drei Gebete lang die Fresse vor Staunen nicht zubekam.«

»Sterben, mein Sohn, soll man mit dem Namen des Herrn auf den Lippen. Außerdem ist es leichter, im Kampfe zu sterben, durch das Schwert, als im Bett hinzusiechen, von *la maladie* verzehrt. Der Kampf mit *la maladie* ist ein einsamer Kampf. Es ist schwer, einsam zu kämpfen, und noch schwerer ist es, einsam zu sterben.«

»*La maladie?* Du faselst, Pfaffe. Er würde mit dieser Wunde ebenso leicht fertig werden wie mit der, die …

Aber damals in Irland war er voller Leben, voller Hoffnung, jetzt aber rinnt die Hoffnung aus ihm heraus mitsamt dem kranken, stinkenden Blut. Zum Teufel, wenn er aufhören könnte, an sie zu denken, wenn er diese verfluchte Liebe vergessen würde …«

»Die Liebe, mein Sohn, kommt auch von Gott.«

»Von wegen. Alle reden hier von Liebe und wundern sich, wo sie herkommt. Tristan und Iseult … Soll ich dir sagen, Pfaffe, woher diese ihre Liebe kommt, oder wie man das nennen will? Soll ich dir sagen, was die beiden verbunden hat? Das war ich, Morholt. Ehe mir Tristan den Kopf aufgeschlagen hat, habe ich ihm einen Hieb in den Schenkel versetzt und ihn ein paar Wochen lang ans Bett gefesselt. Und er, kaum dass es ihm ein bisschen besser ging, hat die Goldhaarige in dieses Bett gezogen. Jeder gesunde Kerl hätte das getan, wenn er Zeit und Gelegenheit dazu gehabt hätte. Und dann begannen die Minnesänger vom Wald von Morois und vom blanken Schwert zu singen. Blödsinn, ich glaube das nicht. Du siehst selber, Mönch, wo die Liebe herkommt. Nicht von Gott, sondern von Morholt. Und darum ist sie wert, was sie eben wert ist, deine Liebe. Diese deine *la maladie*.«

»Du lästerst. Du sprichst von Dingen, die du nicht verstehst. Du solltest also lieber aufhören, davon zu sprechen.«

Ich gab ihm keins zwischen die Augen mit dem Zinnbecher, den ich in der Hand zu zerdrücken versuchte. Ihr wundert euch, warum? Ich will es euch sagen. Weil er recht hatte. Ich verstand nichts.

Wie sollte ich es verstehen? Ich war nicht im Unglück gezeugt, in der Tragödie geboren worden. Flann und meine Mutter hatten mich auf einem Heuhaufen gezeugt und dabei sicherlich eine Menge einfachen, gesunden Spaß gehabt. Als sie mir den Namen gaben, legten sie keinen verborgenen Sinn hinein. Sie nannten mich so, damit es leicht wäre, mich zu rufen. »Morholt, Abendessen!« »Morholt, du Stück Hundedreck!« »Hol Wasser, Morholt!« *La tristesse?* Scheiße und keine *la tristesse.*

Kann man mit so einem Namen träumen? Auf der Harfe spielen? Der Geliebten alle Gedanken widmen, alle Dinge des Alltags, und nachts in der Kammer umhergehen, ohne Schlaf zu finden? Scheiße. Mit so einem Namen kann man Bier und Wein saufen und dann unter den Tisch kotzen. Mit der Faust Nasen einschlagen. Mit dem Schwert oder der Axt Köpfe spalten beziehungsweise selbst eins vor den Kopf kriegen. Liebe? Jemand, der Morholt heißt, hebt das Nachthemd hoch und bumst, und dann schläft er ein oder sagt, wenn ihm gerade danach ist: »Och, du bist vielleicht 'n tolles Weib, Máire O'Connell, ich könnte dich ganz und gar auffressen, vor allem deine Titten.« Ihr könnt drei Tage und drei Nächte suchen, ihr werdet dabei keine Spur von *la tristesse* finden. Nicht einmal eine Spur. Und was heißt es schon, dass ich Branwen gern anschaue? Es gibt eine Menge Dinge, die ich gern anschaue.

»Trink, Pfaffe. Und schenk ein, schade um die Zeit. Was murmelst du da?«

»Es liegt alles in Gottes Hand, *sicut in coelo et in terris, amen.*«

»Vielleicht alles *in coelo*, aber bestimmt nicht alles *in terris.*«

»Du lästerst, mein Sohn. *Cave!*«

»Womit willst du mir Angst machen? Mit einem Blitz aus heiterem Himmel?«

»Ich mache dir keine Angst. Ich habe Angst um dich. Indem du Gott von dir weist, weist du die Hoffnung von dir. Die Hoffnung, nicht zu verlieren, was du gewinnen wirst. Die Hoffnung, dass du, wenn du eine Wahl treffen musst, die richtige triffst, dass du den richtigen Entschluss fasst. Und dass du dann nicht wehrlos sein wirst.«

»Das Leben, Pfaffe, ob mit Gott oder ohne ihn, mit Hoffnung oder ohne, ist ein Weg ohne Anfang und Ende, ein Weg, der am glitschigen Rande eines riesigen Blechtrichters entlangführt. Die meisten Leute merken nicht, dass sie im Kreis gehen, dass sie unzählige Male an demselben Punkt auf dem glitschigen, schmalen Rand vorbeikommen. Und es gibt welche, die abrutschen. Fallen. Und dann ist Schluss mit ihnen, sie kehren nie wieder auf den Rand zurück, nehmen den Marsch nicht mehr auf. Sie rutschen abwärts, bis sie sich alle am Ausgang des Trichters treffen, an der engsten Stelle. Sie treffen sich, aber nur für einen kurzen Augenblick, denn weiter, unter dem Trichter, erwartet sie der Abgrund. Und dieses Schloss, auf dem von Wogen umbrandeten Felsen, ist genau so ein Ort. Der Ausgang des Trichters. Verstehst du das, Pfaffe?«

»Nein. Ich glaube aber nicht, dass du deinerseits den Grund verstehen wirst, aus dem ich es nicht verstehe.«

»Zum Teufel mit den Gründen und mit den Folgen auch, *sicut in coelo et in terris.* Trink, Mönch.«

Wir tranken bis spät in die Nacht. Der Kaplan hielt das erstaunlich gut aus. Bei mir ging es schlechter. Ich besoff mich, sage ich euch, ganz fürchterlich. Ich betäubte in mir … alles.

So kam es mir jedenfalls vor.

VII

Heute hat das Meer die Farbe von Blei. Heute zürnt das Meer. Ich spüre seinen Zorn und habe Respekt davor. Ich verstehe Branwen, verstehe ihre Angst. Ich verstehe die Gründe nicht. Und nicht ihre Worte.

Heute ist das Schloss leer und entsetzlich still. Tristan wird vom Fieber verzehrt. Iseult und Branwen sind bei ihm. Ich, Morholt von Ulster, stehe auf den Mauern und schaue aufs Meer.

Nicht einmal die Spur eines Segels.

VIII

Ich schlief nicht, als sie eintrat. Und ich war nicht überrascht. Es war, als hätte ich es erwartet. Dieses seltsame Treffen am Strand, der Ritt durch die Dünen und die Salzwiesen, der dumme Zwischenfall mit Bec de Corbin und seinen Kumpanen, jener Abend beim Kerzenschein, die Wärme ihres Körpers, als ich sie auf den Mauern umarmte, vor allem aber die Aura von Liebe und Tod, die Carhaing erfüllte – das alles brachte uns einander näher, verband uns. Ich hatte schon begonnen, mich bei dem Gedanken zu ertappen, dass mir der Abschied schwerfallen würde …

Von Branwen.

Sie sagte kein Wort. Sie löste die Fibel, die den Umhang an der Schulter zusammenhielt, ließ das schwere Gewebe zu Boden sinken. Rasch zog sie das Hemd aus, ein einfaches Hemd, fast von Werg, wie es die irischen Mädchen alltags tragen. Sie drehte sich seitlich weg, vom Widerschein des Feuers gerötet, das über die Scheite im Kamin kroch, sie mit flammenden Glutaugen betrachtete.

Ebenfalls ohne ein Wort rückte ich zur Seite, machte ihr neben mir Platz. Sie legte sich langsam hin, das Gesicht abgewandt. Ich deckte sie mit den Pelzen zu. Wir schwiegen weiter alle beide, lagen reglos da und schauten zu den Schatten hinauf, die über die Zimmerdecke huschten.

»Ich konnte nicht einschlafen«, sagte sie. »Das Meer ...«

»Ich weiß. Ich höre es auch.«

»Ich habe Angst, Morholt.«

»Ich bin bei dir.«

»Sei es.«

Ich umarmte sie so sanft, so feinfühlig, wie ich nur konnte. Sie schlang mir die Arme um den Hals, drückte das Gesicht an meine Wange, streifte mich mit heißem Atem. Ich berührte sie vorsichtig, kämpfte gegen das freudige Verlangen nach heftiger, lüsterner Zärtlichkeit an, so, als würde ich die Federn eines Falken berühren, die Nüstern eines scheuen Pferdes. Ich berührte ihr Haar, den Hals, die Schultern, ihre vollen, wunderbar geformten Brüste mit den kleinen Warzen. Ich berührte ihre Hüften, die ich noch vor kurzem, man denke, zu rundlich gefunden hatte, die aber wunderbar rundlich waren. Ich berührte ihre glatten Schenkel, ich berührte ihre Weiblichkeit, den namenlosen Ort, denn nicht einmal in Gedanken würde ich es wagen, ihn bei ihr so zu nennen, wie ich es gewohnt war, mit keinem von den irischen, walisischen oder sächsischen Wörtern. Denn das wäre, als würde man Stonehenge einen Haufen Steine nennen. Als würde man den Glastonbury Tor ein Hügelchen nennen.

Sie zitterte, kam meinen Händen ungeduldig entgegen, lenkte sie mit Bewegungen des Körpers. Sie forderte, verlangte mit stummer Zunge, mit heftigem, ruckartigem Atem. Sie bat um vorübergehende Ergebung, weich und warm, um sich für einen Moment zu spannen, sich zu verhärten zu einem zitternden Diamanten.

»Liebe mich, Morholt«, flüsterte sie. »Liebe mich.«

Sie war mutig, gierig, ungeduldig. Aber wehrlos und machtlos in meinen Armen musste sie sich meiner ruhigen, vorsichtigen, maßvollen Liebe unterwerfen. Meiner.

So, wie ich es wollte. So, wie ich es für sie wollte. Denn in jener Liebe, die sie mir aufzudrängen versuchte, spürte ich Angst, Aufopferung und Entsagung, doch ich wollte nicht, dass sie sich fürchtete, dass sie für mich was auch immer opferte, dass sie irgendetwas entsagte. Und ich bekam meinen Willen.

So kam es mir jedenfalls vor.

Ich fühlte, wie das Schloss im langsamen Rhythmus der Wellen bebte, die gegen den Fels schlugen.

»Branwen …«

Sie schmiegte sich an mich, heiß, und ihr Schweiß roch nach nassen Federn.

»Morholt … Es ist gut …«

»Was, Branwen?«

»Es ist gut zu leben.«

Lange schwiegen wir. Und dann stellte ich die Frage. Diejenige, die ich nicht stellen sollte.

»Branwen … Wird sie … Wird Iseult aus Tintagil kommen?«

»Ich weiß nicht.«

»Du weißt nicht? Du? Ihre Vertraute? Diejenige, die …«

Ich verstummte. Beim Lugh, was bin ich doch für ein Idiot, dachte ich. Was für ein Volltrottel.

»Gräm dich nicht«, sagte sie. »Frag mich danach.«

»Wonach?«

»Nach der Hochzeitsnacht von Iseult und König Marke.«

»Ach, danach. Stell dir vor, das interessiert mich nicht.«

»Ich denke, du lügst.«

Ich antwortete nicht. Sie hatte recht.

»Es war so, wie es die Balladen erzählen«, sagte sie leise. »Ich tauschte rasch mit Iseult den Platz in Markes Bett, sobald die Kerzen erloschen. Ich weiß nicht, ob das wirklich notwendig war. Marke war so bezaubert von der Goldhaarigen, dass er das Fehlen ihrer Jungfernschaft ohne Vorwürfe hingenommen hätte. So kleinlich war er nicht. Aber es geschah so, wie es geschah. Den Ausschlag gaben meine Gewissensbisse wegen dessen, was auf dem Schiff vorgefallen war. Ich meinte an allem schuld zu sein, ich und dieser Trank, den ich ihnen gegeben hatte. Ich hatte mir eine Schuld eingeredet und wollte sie bezahlen. Erst später stellte sich heraus, dass Iseult und Tristan schon in Átha Clíath miteinander geschlafen hatten. Dass mich keinerlei Schuld traf.«

»Lass gut sein, Branwen. Spar dir die Einzelheiten.«

»Nein. Hör es dir bis zu Ende an. Höre, wovon die Balladen schweigen. Iseult hatte mir befohlen, dass ich sofort, nachdem ich meine Jungfräulichkeit bewiesen hatte, aus dem Bett huschte und wir zum zweiten Mal die Plätze tauschten. Vielleicht fürchtete sie, entlarvt zu werden, vielleicht wollte sie einfach nicht, dass ich mich zu sehr an den König gewöhnte, wer weiß. Sie war mit Tristan im Nebenzimmer, beide sehr miteinander beschäftigt. Sie löste sich aus seinen Armen und ging zu dem Mann aus Cornwall, nackt wie sie war, ohne auch nur das Haar zu ordnen. Und ich blieb nackt ... bei Tristan. Bis zum Morgen. Ich weiß selber nicht, wie und warum.«

Ich schwieg.

»Das ist nicht das Ende«, sagte sie und wandte den Kopf zum Kaminfeuer. »Dann kamen die Flitterwochen, in denen Marke keinen Schritt von Iseults Seite wich. Notgedrungen konnte sich Tristan ihr nicht nähern. Wohl aber mir. Ohne mich in Einzelheiten zu ergehen: In diesen paar Monaten liebte ich ihn. Auf Leben und Tod. Ich weiß, dass du dich wunderst. Ja, es stimmt, uns verband ausschließlich das Bett, in dem Tristan übrigens, wie für mich sogar damals schon offensichtlich war, seine Liebe zu Iseult zu betäuben versuchte, den Neid auf Marke, das Schuldgefühl. Mich behandelte er als Mittel zum Zweck. Dass ich es wusste, half mir überhaupt nicht.«

»Branwen …«

»Geduld. Das ist noch nicht das Ende. Die Flitterwochen gingen vorüber. Marke wandte sich wieder den üblichen königlichen Beschäftigungen zu, und Iseult bekam zahlreiche Gelegenheiten. Tristan aber … Tristan nahm mich überhaupt nicht mehr zu Kenntnis. Mehr noch, er begann mir aus dem Weg zu gehen. Ich aber war wahnsinnig vor Liebe.«

Sie verstummte, suchte unter den Pelzen meine Hand, drückte die Finger.

»Ich unternahm etliche Versuche, ihn zu vergessen«, sagte sie, den Blick starr zur Decke gerichtet. »In Tintagil gab es reichlich junge und unkomplizierte Ritter. Es gelang mir nicht. Eines Morgens also fuhr ich mit dem Boot aufs Meer. Als ich schon ziemlich weit vom Ufer entfernt war, sprang ich hinaus.«

»Branwen«, sagte ich und umarmte sie kräftig, um mit dem Druck ihr Zittern zum Stillstand zu bringen. »Das ist vergangen. Vergiss es. Du bist wie viele andere in den Strudel ihrer Liebe geraten. Einer Liebe, die sie selbst unglücklich gemacht hat, für andere aber einfach mörderisch war. Denn auch ich … Ich habe eins auf den Kopf bekommen, obwohl ich diese Liebe nur gestreift habe, ohne überhaupt von ihr zu wissen. In Dún Laoghaire hat Tristan mich besiegt, obwohl ich stärker und erfahrener war. Denn er kämpfte damals um Iseult, um seine Liebe. Ich wusste das nicht, kriegte eins auf den Schädel, und wie du verdanke ich mein Leben denen, die in der Nähe waren und es für angebracht hielten, zu Hilfe zu kommen. Zu retten. Aus dem bodenlosen Abgrund herauszuziehen. Und so wurden wir gerettet, du und ich. Wir leben, und zum Teufel mit dem Rest.«

Sie schob mir einen Arm unter den Kopf, fuhr mir mit der Hand durch die Haare, berührte die Verdickung, die vom Scheitel zum Ohr verlief. Ich verzog ein wenig das Gesicht. Die Haare auf der Narbe wachsen in sonderbare Richtungen, und die Berührung bereitet mir manchmal unerträglichen Schmerz.

»Der Strudel ihrer Liebe«, flüsterte sie. »Der Strudel ihrer Liebe hat uns eingesogen. Dich und mich. Aber sind wir wirklich gerettet worden? Und wenn wir zusammen mit ihnen im Abgrund versinken? Was erwartet uns, Morholt? Das Meer? Das Boot ohne Steuer?«

»Branwen …«

»Liebe mich, Morholt. Das Meer erinnert sich an uns, hörst du? Aber solange wir hier sind, solange die Legende noch nicht zu Ende ist …«

»Branwen …«

»Liebe mich, Morholt.«

Ich bemühte mich, einfühlsam zu sein. Feinfühlig. Ich bemühte mich, zugleich Tristan, Marke und alle unkomplizierten Ritter in Tintagil zu sein. Von dem Knäuel an Wünschen, das ich in mir hatte, ließ ich einen übrig – ich wünschte, sie möge vergessen. Alles vergessen. Ich bemühte mich, dass sie sich in meinen Armen nur an mich erinnerte. Ich bemühte mich. Ob ihr es glaubt oder nicht.

Vergebens.

So kam es mir jedenfalls vor.

IX

Keine Spur von einem Segel. Das Meer …

Das Meer hat die Farbe von Branwens Augen.

Ich gehe in der Kammer umher wie ein Wolf im Käfig. Mein Herz hämmert, als wolle es die Rippen zermalmen. Etwas drückt mir Zwerchfell und Kehle zusammen, etwas Seltsames, das in mir sitzt. Ich werfe mich angezogen aufs Bett. Zum Teufel. Ich schließe die Augen und sehe goldene Funken. Ich rieche Äpfel. Branwen. Der Geruch der Federn des Falken, der auf meiner Hand sitzt, wenn ich von der Jagd zurückkehre. Goldene Funken. Ich sehe ihr Gesicht. Ich sehe die Krümmung der Wange, die kleine Stupsnase. Die Rundung der Schulter. Ich sehe sie … Ich trage sie …

Ich trage sie an der Innenseite der Lider.

X

»Morholt …«

»Du schläfst nicht?«

»Nein. Ich kann nicht … Das Meer lässt mich nicht einschlafen.«

»Ich bin bei dir, Branwen.«

»Wie lange noch? Wie viel Zeit bleibt uns?«

»Branwen …«

»Morgen … Morgen trifft das Schiff aus Tintagil ein.«

»Woher weißt du das?«

»Ich weiß es.«

Schweigen.

»Morholt?«

»Ja, Branwen.«

»Wir sind gebunden. Auf dieses Rad der Folter geflochten, mit einer Kette festgemacht, in den Strudel eingesogen. Morgen, hier in Carhaing, wird die Kette brechen. Ich wusste es in dem Augenblick, da ich dich am Ufer getroffen habe. Als sich erwies, dass du lebst. Als sich erwies, dass auch ich lebe. Aber wir leben nicht für uns selbst, nicht mehr, wir sind nur ein Teilchen vom Schicksal Tristans von Liones und der Goldhaarigen Iseult von der Grünen Insel. Und hier, im Schloss Carhaing, haben wir einander nur gefunden, um uns sogleich zu verlieren. Das Einzige, was uns verbindet, ist die Legende von der Liebe, die nicht unsere Legende ist. In der wir uns unverständliche Rollen spielen. Die diese Rollen vielleicht nicht einmal erwähnen oder sie verfälschen und verunstalten wird, uns Worte in den Mund legen wird, die wir nicht gesagt, uns Taten zuschreiben, die wir nicht getan haben. Es gibt uns nicht, Morholt. Es gibt die Legende, die zu Ende geht.«

»Nein, Branwen«, sagte ich und bemühte mich, meine Stimme fest, sicher und entschlossen klingen zu lassen. »So darfst du nicht reden. Die Trauer, nichts anderes, diktiert dir solche Worte. Denn wahr ist, dass Tristan von Liones im Sterben liegt, und selbst wenn die Goldhaarige auf dem Schiff ist, das aus Tintagil kommt, fürchte ich, kann sie zu spät kommen. Und obwohl dieser Gedanke auch mich traurig macht, werde ich nie der Behauptung zustimmen, dass seine Legende das Einzige sei, was uns verbindet. Niemals werde ich dem zustimmen, jetzt, da ich bei dir liege, da ich dich in den Armen halte. In diesem Augenblick gibt es für mich keinen Tristan, keine Legende, kein Schloss Carhaing. Es gibt nur uns beide.«

»Und ich halte dich in den Armen, Morholt. So kommt es mir jedenfalls vor. Aber ich weiß, dass es uns nicht gibt. Es gibt nur die Legende. Was wird aus uns? Was wird morgen geschehen? Welche Entscheidung werden wir treffen müssen? Was wird aus uns?«

»Es wird sein, wie es das Schicksal will. Der Zufall. Diese ganze Legende, von der wir so hartnäckig reden, ist ein Werk des Zufalls. Eine Folge von Zufällen. Wäre nicht das blinde Schicksal, gäbe es vielleicht keine Legende. Damals in Dún Laoghaire, denke nur, Branwen, wenn da nicht das blinde Schicksal … Denn es hätte ja sein können, dass damals nicht ich, sondern er …«

Ich verstummte, von einem plötzlichen Gedanken erschreckt. Von dem Wort, das mir auf der Zunge lag.

»Morholt«, flüsterte Branwen. »Das Schicksal hat mit uns schon getan, was zu tun war. Der Rest kann kein Werk des Zufalls mehr sein. Wir unterliegen dem Zufall nicht mehr. Das, was zu Ende geht, geht auch für uns zu Ende. Denn es kann sein …«

»Was, Branwen?«

»Vielleicht war damals in Dún Laoghaire …«

»Branwen!«

»Vielleicht war deine Wunde tödlich? Vielleicht bin ich … im Sabrina-Meer ertrunken?«

»Branwen! Wir leben doch.«

»Bist du dir sicher? Wie sind wir an diese Küste gekommen, gleichzeitig, du und ich? Erinnerst du dich daran? Hältst du es nicht für möglich, dass uns das Boot ohne Steuer hergebracht hat? Dasselbe, das einst Tristan an die Mündung des Flusses Liffey getrieben hat? Das aus dem Nebel auftauchende Boot aus Avalon, das Boot, das nach Äpfeln riecht? Das Boot, das zu besteigen uns befohlen wurde, weil die Legende ohne uns, ohne unser Zutun nicht enden kann? Weil kein anderer als wir diese Legende beenden muss? Und wenn wir sie beendet haben, werden wir an die Küste zurückkehren, und das Boot ohne Steuer wird uns erwarten, und wir werden hineinsteigen müssen und fortfahren, im Nebel zerfließen? Morholt?«

»Wir leben, Branwen.«

»Bist du dir sicher?«

»Ich berühre dich. Du bist da. Du liegst in meinen Armen. Du bist schön, warm, hast eine glatte Haut. Du riechst wie der Falke, der auf meinem Handschuh sitzt, wenn ich von der Jagd zurückkomme und der Regen in den Birkenblättern rauscht. Du bist da, Branwen.«

»Ich berühre dich, Morholt. Du bist da. Du bist warm, und dein Herz schlägt so stark. Du riechst nach Salz. Du bist da.«

»Also ... leben wir, Branwen.«

Sie lächelte. Ich sah es nicht. Ich spürte es an der Bewegung der Lippen, die an meine Schulter gepresst waren.

XI

Später, tief in der Nacht, als ich reglos dalag, der Arm eingeschlafen vom Druck ihres Kopfes, da ich ihren unruhigen Schlaf nicht stören wollte, lauschte ich dem Rauschen des Meeres. Zum ersten Mal im Leben beunruhigte mich dieses Rauschen wie ein schmerzender Zahn, störte mich, ließ mich nicht einschlafen. Ich hatte Angst. Ich fürchtete das Meer. Ich, ein Ire, an der Küste aufgewachsen, von Kindesbeinen an mit dem Tosen der Brandung vertraut. Das Meer rauschte, und in diesem Rauschen war der Gesang des versunkenen Ys zu hören. Ich hörte das gedämpfte Läuten der Glocken von Liones, das von den Wogen verschlungen wurde. Und noch später, schon im Traum, sah ich das von Wellen mit Schaumkämmen umhergeworfene Boot ohne Steuer, ein Boot mit hohem, zurückgebogenem Bug, der Mast mit Girlanden geschmückt.

Es roch nach Äpfeln.

XII

»Gute Branwen ...« Der Page rang um Atem. »Frau Iseult ruft dich in die Kammer von Sir Tristan. Dich und Sir Morholt von Ulster. Beeil dich, Herrin.«

»Was ist geschehen? Ist Tristan ...?«

»Nein, Herrin, das ist es nicht. Aber ...«

»Rede, Junge.«

»Ein Schiff von Tintagil ... Sir Caherdin kehrt zurück. Ein Bote vom Vorgebirge ist gekommen. Man sieht es schon ...«

»Welche Farbe hat das Segel?«

»Das ist nicht zu sehen. Das Schiff ist zu weit entfernt. Hinter dem Vorgebirge.«

Die Sonne ging auf.

Als wir eintraten, stand Iseult Weißhand mit dem Rücken zum Fenster, das halb geöffnet war, von Lichtfunken erhellt, die auf den Scheiben in den Bleirahmen tanzten. Sie strahlte in einem unnatürlichen, nebelhaften, reflektierten Licht.

Tristan, das Gesicht glänzend vor Schweiß, atmete schwer, stoßweise, arhythmisch. Seine Augen waren geschlossen.

Iseult schaute uns an. Ihr Gesicht war verkrampft, von zwei tiefen Furchen verunstaltet, die der Schmerz zu beiden Seiten des Mundes gegraben hatte.

»Er ist kaum bei Bewusstsein«, sagte sie. »Er redet wirr ...«

Branwen zeigte zum Fenster. »Das Schiff ...«

»Zu weit, Branwen. Es ist kaum ums Vorgebirge gebogen. Zu weit ...«

Branwen blickte Tristan an und seufzte. Ich wusste, woran sie dachte.

Nein. Ich wusste es nicht.

Ich hatte es gehört.

Ob ihr es glaubt oder nicht, ich hörte ihre Gedanken. Branwens Gedanken, unruhig und voll Furcht, aufgewühlt wie die Gischt an den Uferfelsen. Die Gedanken Iseults, weich, bebend, aufgeregt und wild wie ein mit der Hand umklammerter Vogel. Die Gedanken Tristans, zusammenhanglos, zerfasert wie ein Nebelstreif.

Alle, dachte Iseult, alle sind wir bei dir, Tristan ... Branwen von Cornwall, die die Herrin der Algen ist. Morholt von Ulster, der die *Entscheidung* ist. Und ich, die dich liebt, Tristan, dich mehr liebt mit jeder Minute, die vergeht und dich mir langsam fortnimmt. Mich dir fortnimmt, welche Farbe das Segel des Schiffes auch haben mag, das zu den Ufern der Bretagne gefahren kommt. Tristan ...

Iseult, dachte Tristan, Iseult. Warum schauen sie nicht zum Fenster hinaus? Warum schauen sie mich an? Warum sagen sie mir nicht, welche Farbe das Segel hat? Denn ich muss es doch erfahren, ich muss, und sofort, denn sonst ...

Er wird einschlafen, dachte Branwen. Einschlafen und nicht mehr erwachen. Er ist schon an dem Ort, von dem es gleich weit ist zur leuchtenden Oberfläche wie zu den grünen Algen, die am Grunde wachsen. An dem Ort, wo man nicht mehr kämpft. Und dann ist da nur noch die Ruhe.

Tristan, dachte Iseult, jetzt weiß ich, dass ich mit dir glücklich war. Trotz allem. Obwohl du die ganze Zeit, da du bei mir warst, an eine andere gedacht hast. Obwohl du mich so selten bei meinem Namen genannt hast. Für gewöhnlich hast du »Herrin« zu mir gesagt. Du hast dich so sehr bemüht, mich nicht zu verletzen. So sehr hast du dich bemüht, dich so angestrengt, dass du mich gerade mit dieser Mühe und dieser Anstrengung am meisten verletzt hast. Und trotzdem war ich glücklich. Du hast mir Glück gegeben. Du hast mir goldene Funken gegeben, die unter den Lidern aufblitzen. Tristan …

Branwen schaute zum Fenster hinaus. Zu dem Schiff, das ums Vorgebirge bog. Schneller, dachte sie. Schneller, Caherdin. Schärfer an den Wind. Egal, unter welchem Segel, schärfer an den Wind, Caherdin. Komme an, Caherdin, bringe Hilfe. Rette uns, Caherdin …

Doch der Wind, der seit drei Tagen wehte, Kälte und Nieselregen brachte, flaute ab. Die Sonne kam durch.

Sie alle, dachte Tristan. Sie. Iseult Weißhand. Branwen. Morholt … Und jetzt ich … Iseult, meine Iseult … Welche Segel hat dieses Schiff … Von welcher Farbe …

Wir sind wie Grashalme, die am Saum des Mantels kleben bleiben, wenn man über eine Wiese geht, dachte Iseult. Wir sind Grashalme an deinem Mantel, Tristan. Gleich wirst du den Mantel abklopfen, und wir werden frei sein … und der Wind wird uns forttragen. Fordere nicht, dass ich nach jenen Segeln schaue, Tristan, mein Gemahl. Bitte fordere es nicht.

Schade, dachte Tristan, schade, dass ich dich nicht früher kennengelernt habe. Warum hat mich das Schicksal ausgerechnet nach Irland geworfen? Von Liones war es nach Armorika näher … Ich hätte dich früher kennenlernen können … Schade, dass ich dich nicht lieben konnte … Schade … Was für Segel hat dieses Schiff? Schade … Gern wäre ich imstande, dir Liebe zu erweisen, Herrin. Meine gute Iseult Weißhand … Aber ich kann nicht … Ich kann nicht …

Branwen wandte das Gesicht dem Gobelin zu, Weinen ließ ihre Schultern beben. Also hatte sie es auch gehört.

Ich umarmte sie. Bei allen Tritonen Lirs, ich verfluchte meine bärenhafte Ungeschicklichkeit, meine knorrigen

Hände und die aufgerissenen Fingerkuppen, die sich in der Seide verfingen wie Angelhaken. Aber Branwen, die mir in die Arme fiel, erfüllte alles, berichtigte die Fehler, glättete die Kanten – wie eine Welle, wenn sie den von Hufen zerwühlten Sand am Ufer glatt wäscht. Plötzlich waren wir eins. Plötzlich wusste ich, dass ich sie nicht verlieren durfte. Um keinen Preis. Um nichts auf der Welt.

Über ihrem Kopf, der an meine Brust geschmiegt war, sah ich das Fenster. Das Meer. Und das Schiff.

Du kannst mir Liebe erweisen, Tristan, dachte Iseult. Ehe ich dich verliere, erweise sie mir. Ein Mal, ein einziges Mal. So sehr verlangt mich danach. Fordere nicht, dass ich nach den Segeln jenes Schiffes schaue. Bitte mich nicht, dir zu sagen, welche Farbe sie haben. Zwinge mich nicht, in deiner Legende eine Rolle zu spielen, die ich nicht spielen will.

Ich kann nicht, dachte Tristan. Ich kann nicht. Iseult Goldhaar … Wie schrecklich kalt mir ist … Iseult … Iseult … Meine Iseult …

Das ist nicht mein Name, dachte Iseult. Das ist nicht mein Name.

»Das ist nicht mein Name!«, schrie sie.

Tristan schlug die Augen auf, blickte um sich, wobei er den Kopf auf dem Kissen hin und her warf. »Herrin …«, stieß er mit einem pfeifenden Flüstern hervor. »Branwen … Morholt …«

»Wir sind alle hier«, sagte Iseult sehr leise.

Nein, dachte Tristan. Iseult ist nicht hier. Also … ist es so, als ob niemand hier wäre.

»Herrin …«

»Fordere nicht …«, flüsterte sie.

»Herrin … Bitte …«

»Fordere nicht, dass ich nach den Segeln schaue, Tristan. Zwing mich nicht, dir zu sagen …«

»Ich bitte dich …« Er spannte sich. »Bitte …«

Und da sagte er es. Anders. Branwen zuckte in meinen Armen zusammen.

»Iseult.«

Sie lächelte. »Ich wollte den Lauf der Legende ändern«, sagte sie sehr ruhig. »Was für ein wahnsinniger Gedanke. Legenden kann man nicht ändern. Nichts kann man ändern. Nun ja, fast nichts …«

Sie verstummte, schaute mich an, Branwen, die wir noch immer umarmt dastanden, hinter uns den auf einem Gobelin gestickten Apfelbaum von Avalon. Sie lächelte. Ich wusste, dass ich dieses Lächeln niemals vergessen würde.

Langsam, ganz langsam trat sie zum Fenster, blieb stehen, stützte die ausgestreckten Hände gegen die beiden Flanken des Spitzbogens.

»Iseult«, stöhnte Tristan. »Was … Was für …«

»Sie sind weiß«, sagte sie. »Weiß, Tristan. Weiß wie Schnee. Leb wohl.«

Sie drehte sich um. Ohne ihn anzuschauen, ohne jemanden in der Kammer anzuschauen. In dem Augenblick, da sie aus der Kammer ging, hörte ich ihre Gedanken nicht mehr. Ich hörte nur das Meer rauschen.

»Weiß!«, rief Tristan. »Iseult Goldhaar! Endlich …«

Die Stimme erlosch ihm in der Kehle wie eine erstickte Flamme im Kamin. Branwen schrie auf. Ich lief zum Bett. Tristan bewegte sacht die Lippen. Er versuchte sich aufzurichten. Ich hielt ihn fest, zwang ihn mit leichtem Druck zurück auf die Kissen.

»Iseult«, flüsterte er. »Iseult. Iseult …«

»Bleib liegen, Tristan. Steh nicht auf.«

Er lächelte. Beim Lugh, ich wusste, dass ich dieses Lächeln nie würde vergessen können.

»Iseult … Ich muss es selbst sehen …«

»Bleib liegen, Tristan …«

»… dieses Seg…«

Branwen, die am Fenster stand, wo eben noch Iseult Weißhand gestanden hatte, schluchzte laut auf. »Morholt!«, rief sie. »Dieses Schiff …«

»Ich weiß«, sagte ich. »Branwen …«

Sie drehte sich um.

»Er ist tot.«

»Was?«

»Tristan ist gestorben. In diesem Augenblick. Das ist das Ende, Branwen.«

Ich schaute zum Fenster. Das Schiff war näher als zuvor. Aber immer noch zu weit entfernt.

Entschieden zu weit, als dass man die Farbe des Segels erkennen könnte.

XIII

Ich traf sie im großen Saal, dort, wo uns Iseult Weißhand begrüßt hatte. In dem Saal, wo ich ihr mein Schwert zu Diensten geboten hatte, sie gebeten, über mein Leben zu verfügen. Was immer das bedeuten mochte.

Ich hatte Iseult und den Kaplan gesucht, gefunden hatte ich die anderen.

Sie waren zu viert.

Ein gewisser walisischer Druide namens Hwyrddyddwg, ein kluger alter Knacker, hat mir einmal gesagt, dass die Absichten eines Menschen, und wenn er sie noch so schlau verberge, immer von zwei Dingen verraten würden – von seinen Augen und seinen Händen. Also achtete ich wachsam auf Augen und Hände der Ritter, die in dem großen Saal standen.

»Ich bin Sir Mariadoc«, sagte der größte von ihnen. Auf dem Waffenrock trug er ein Wappen: auf silbern und rot schräggeteiltem Feld zwei Eberköpfe. »Und das sind die guten Ritter Gwydolwyn, Anoeth und Deheu ap Owein. Wir kommen aus Cornwall mit einer Botschaft für Sir Tristan von Liones. Führt uns zu ihm, Herr Ritter.«

»Ihr kommt zu spät«, sagte ich.

»Wer seid Ihr?« Mariadoc runzelte die Stirn. »Ich kenne Euch nicht.«

In diesem Augenblick kam Branwen herein. Mariadocs Gesicht verzerrte sich, Wut und Hass traten darauf hervor, wanden sich wie Schlangen.

»Mariadoc.«

»Branwen.«

»Gwydolwyn, Anoeth, Deheu. Ich hätte nicht gedacht, euch noch einmal zu sehen. Denn es heißt, dass Tristan und Corvenal euch seinerzeit im Wald von Morois erledigt hätten.«

Mariadoc lächelte böse. »Die Wege des Schicksals sind unerforschlich. Ich hätte auch nicht gedacht, dich noch einmal zu sehen, Branwen. Schon gar nicht hier. Nun, führt uns zu Tristan. Was wir für ihn haben, duldet keinen Aufschub.«

»Woher die Eile?«

»Führt uns zu Tristan«, wiederholte Mariadoc wütend. »Wir haben etwas mit ihm zu klären. Nicht mit seinen Dienern. Und nicht mit den Kupplerinnen der Königin von Cornwall.«

»Woher kommst du, Mariadoc?«

»Aus Tintagil, wie ich es gesagt habe.«

»Seltsam.« Branwen lächelte. »Denn das Schiff ist noch nicht eingetroffen. Aber es ist schon nahe. Willst du wissen, unter welchem Segel es fährt?«

»Nein«, sagte Mariadoc ruhig.

»Ihr kommt zu spät.« Branwen, die noch immer die

Tür versperrte, lehnte sich an die Mauer. »Tristan von Liones ist tot. Er ist soeben gestorben.«

Mariadocs Augen änderten nicht einmal einen Moment lang den Ausdruck. Mir wurde klar, dass er es gewusst hatte. Alles wurde mir klar. Das Licht, das ich am Ende des dunklen Korridors sah, wurde immer heller.

»Geht fort«, knurrte ich und legte die Hand an den Schwertgriff. »Verlasst das Schloss. Auf der Stelle.«

»Wie seid ihr hergekommen?«, fragte Branwen lächelnd. »Nicht vielleicht mit dem Boot ohne Steuer? Mit einem schwarzen, zerrissenen Fetzen statt eines Segels? Mit dem Wolfsschädel, der an den hochgezogenen Bug genagelt ist? Wozu seid ihr hergekommen? Wer schickt euch?«

»Geh aus dem Weg, Wasserleiche. Behindere uns nicht, denn du könntest es bereuen.«

Branwens Gesicht war ruhig. Doch diesmal war es nicht die Ruhe von Machtlosigkeit und Resignation, die Kälte verzweifelter, fühlloser Gleichgültigkeit. Diesmal war es die Ruhe eines unerschütterlichen, eisernen Willens. Nein, ich durfte sie nicht verlieren. Um keinen Preis.

Um keinen? Und die Legende?

Ich roch Äpfel.

»Seltsame Augen hast du, Mariadoc«, sagte Branwen plötzlich. »Augen, die das Licht des Tages nicht gewohnt sind.«

»Geh uns aus dem Weg.«

»Nein. Ich werde dir nicht aus dem Weg gehen. Erst wirst du mir eine Frage beantworten. Die Frage lautet: Warum?«

Mariadoc rührte sich nicht. Er schaute mich an.

»Es wird keine Legende von einer großen Liebe geben«, sagte er, aber ich wusste, dass gar nicht er es war, der da sprach. »Unnütz und schädlich wäre so eine Legende. Ein unnötiger Wahnsinn wäre der Sarg von Beryll und der Weißdorn, der daraus hervorwächst, um mit seinen Zweigen einen anderen Sarg zu umschlingen, der von Chalzedon ist. Wir wollen solche Särge nicht. Wir wollen nicht, dass die Geschichte von Tristan und Iseult unters Volk kommt, dass sie ein Beispiel und Vorbild ist, dass sie sich jemals wiederholt. Wir werden nicht zulassen, dass irgendwo, irgendwann junge Leute zueinander sagen: ›Wir sind wie Tristan und Iseult.‹«

Branwen schwieg.

»Wir werden nicht zulassen, dass so etwas wie die Liebe dieser beiden in Zukunft die Geister vernebelt, die zu höheren Dingen bestimmt sind. Denn sie würde die Arme schwächen, deren Aufgabe es ist, zu zerbrechen und zu töten. Denn sie würde die Charaktere erweichen, die die Macht in stählernen Zangen festhalten müssen. Und vor allem, Branwen, werden wir nicht zulassen, dass das, was Tristan und Iseult verbindet, als eine triumphierende Liebe in die Legende eingeht, eine Liebe, die die Hindernisse überwindet, die Liebenden sogar noch im Tode verbindet. Darum muss Iseult von Cornwall weit von hier sterben, gewöhnlich, im Kindbett, während sie wieder einen Nachkommen König Markes zur Welt bringt. Tristan aber, wenn er es geschafft hat, sich vor unserem Eintreffen elend davonzumachen, muss am Grund des Meeres ruhen, mit einem Stein am Halse. Oder verbrennen. O ja, es wird viel besser sein, wenn er verbrennt. Von dem versunkenen Liones sind an der Oberfläche des Meeres die Gipfel des Scillies geblieben, von Tristan aber darf nichts bleiben. Und das Schloss Carhaing muss zusammen mit ihm in Flammen aufgehen. Und das sofort, nachdem das Schiff aus Tintagil in die Bucht einläuft. Und genau so wird es sein. Anstatt eines Sarges von Beryll eine stinkende Brandstätte. Anstatt einer schönen Legende die hässliche Wahrheit. Die Wahrheit von der selbstgefälligen Blindheit, von dem Marsch über Leichen, vom Herumtrampeln auf den Gefühlen anderer Menschen, von der ihnen angetanen Kränkung. Was sagst du dazu, Branwen? Willst du dich uns in den Weg stellen, den Kämpfern für die Wahrheit? Ich wiederhole, geh uns aus dem Weg. Gegen dich haben wir nichts. Wir wollen dich nicht vernichten, wozu auch? Du hast deine Rolle gespielt, die nicht besonders ruhmreich ist, du kannst fortgehen, zurück an die Küste. Dort wartet man auf dich. Dasselbe gilt für dich, Ritter ... Wie lautet dein Name?«

Ich schaute auf ihre Augen und Hände, und ich dachte, dass der alte Hwyrddyddwg keine besonders originelle Entdeckung gemacht hatte. Ja, in der Tat, Augen und Hände verrieten, was sie vorhatten. Denn in ihren Blicken lagen Grausamkeit und Entschlossenheit, und in den Händen hielten sie Schwerter. Ich aber hatte mein Schwert nicht bei mir, jenes, das ich Iseult Weißhand zu Diensten geboten hatte. Na und, dachte ich, was hilft's. Letzten Endes, was ist das schon, im Kampfe umzukommen? Ist es etwa das erste Mal für mich?

Ich bin Morholt! Der, der die *Entscheidung* ist.

»Dein Name«, wiederholte Mariadoc.

»Tristan«, sagte ich.

Der Kaplan erschien wer weiß woher, tauchte wie ein Puck aus der Erde auf. Vor Anstrengung ächzend, warf er mir durch den Saal ein großes, beidhändiges Schwert zu. Mariadoc sprang auf mich zu, hob das seine zum Schlag. Eine Zeitlang waren beide Schwerter oben – das von Mariadoc und das, das in meine ausgestreckten Hände flog. Es schien so, als könnte ich nicht schneller sein. Doch ich war es.

Ich versetzte ihm einen Hieb unter die Brust, mit ganzer Kraft, aus der Halbdrehung heraus, und die Schneide fuhr schräg just die Linie entlang, die die Farben auf seinem Wappen trennte. Ich drehte mich zur anderen Seite, senkte das Schwert, und Mariadoc rutschte von der Klinge vor die Füße der drei anderen, die auf mich zuliefen. Anoeth stolperte über den Körper, und ich konnte ihm ohne Hindernisse den Kopf einschlagen. Was ich auch tat.

Gwydolwyn und Deheu stürzten sich von zwei Seiten auf mich; ich warf mich zwischen sie, wirbelte wie ein Kreisel mit ausgestrecktem Schwert herum. Sie mussten zurückspringen, ihre Breitschwerter waren einen guten Fuß kürzer. Ich ließ mich auf ein Knie sinken und schlug Gwydolwyn gegen den Schenkel; ich fühlte, wie die Schneide über den Knochen knirschte und ihn zermalmte. Deheu drang von der Seite her auf mich ein, schlug nach mir, rutschte aber im Blut aus, stürzte auf ein Knie. In seinen Augen standen Entsetzen und Bitte, doch ich fand in mir kein Erbarmen. Ich suchte nicht einmal danach. Ein Stich mit einem beidhändigen Schwert aus der Nähe ist nicht zu parieren. Wenn man nicht wegspringen kann, dringt die Klinge zu zwei Dritteln ein, bis zu den eisernen Zinken, die eigens an ihr angebracht sind. Was sie auch tat.

Ob ihr es glaubt oder nicht, keiner von ihnen hatte auch nur geschrien. Ich aber … Ich fühlte in mir nichts. Absolut nichts.

Ich warf das Schwert auf den Boden.

»Morholt!« Branwen kam gelaufen, presste sich an mich, zitternd vor langsam abklingendem Entsetzen.

»Schon gut, Mädchen, es ist vorbei«, sagte ich und strich ihr übers Haar, blickte aber zu dem Kaplan hin, der bei dem sterbenden Gwydolwyn kniete.

»Ich danke dir, Pfaffe, für dieses Schwert.«

Der Kaplan hob den Kopf und blickte mir in die Augen. Wo kam er her? War er schon die ganze Zeit hier? Und wenn er die ganze Zeit hier war ... wer war er? Wer war er, zum Teufel?

»Es liegt alles in Gottes Hand«, sagte er, worauf er sich wieder über Gwydolwyn beugte. *»Et lux perpetua luceat ei ...«*

Trotzdem überzeugte er mich nicht. Weder mit der ersten noch mit der zweiten Behauptung. Letzten Endes war kein anderer als ich Morholt. Ich war die *Entscheidung*. Und das ewige Licht? Ich wusste, wie dieses Licht aussieht. Ich wusste es besser als er.

XIV

Später fanden wir Iseult.

Im Bad, das Gesicht an die Holzverschalung geschmiegt. Die reinliche, pedantische Iseult Weißhand konnte das nirgendwo anders tun als hier auf dem Steinfußboden neben der Abflussrinne. Jetzt glänzte diese Rinne in ihrer ganzen Länge von dunklem, geronnenem Rot.

Sie hatte sich die Adern an beiden Armen aufgeschnitten. Geschickt, so dass sie nicht zu retten gewesen wäre, selbst wenn wir sie früher gefunden hätten. Den ganzen Unterarm entlang, auf der Innenseite. Und zusätzlich quer, an den Handgelenken. Über Kreuz.

Ihre Hände waren noch weißer als sonst.

Und da, ob ihr es glaubt oder nicht, erkannte ich, dass das nach Äpfeln riechende Boot ohne Steuer vom Ufer ablegte. Ohne uns. Ohne Morholt von Ulster. Ohne Branwen von Cornwall. Aber nicht leer.

Ade, Iseult. Ade für immer. Ob in Tír nan Óg oder in Avalon, für immer, auf ewig wird das Weiß deiner Hände überdauern.

Ade, Iseult.

XV

Wir verließen Carhaing, ehe Caherdin eintraf. Wir hatten keine Lust, mit ihm zu sprechen. Weder mit ihm noch mit sonst jemandem, der sich an Bord des Schiffes befinden mochte, das aus Cornwall, aus Tintagil gekommen war. Für uns war die Legende schon zu Ende gegangen. Es interessierte uns nicht, was die Minnesänger daraus machen würden.

Es waren wieder Wolken aufgezogen, es nieselte. Normal, wie es eben ist in der Bretagne. Vor uns lag der Weg. Der Weg durch die Dünen zu jenem steinigen Strand. Ich wollte nicht daran denken, was weiter sein würde. Das war nicht von Bedeutung.

»Ich liebe dich, Morholt«, sagte Branwen, ohne mich anzuschauen. »Ich liebe dich, ob du willst oder nicht. Ob ich es will oder nicht. Das ist wie eine Krankheit. Wie eine Ohnmacht, die mir die Fähigkeit zur freien Entscheidung nimmt, die mich in einem Abgrund versinken lässt. Ich habe mich in dir verirrt, Morholt, ich werde mich nie wiederfinden, werde mich nie wieder so finden, wie ich einst war. Und wenn du meine Liebe erwiderst, wirst du dich ebenso verirren, verloren sein, im Strudel versinken, wirst du den Morholt von früher nie wiederfinden. Darum überlege gut, ehe du mir antwortest.«

Das Schiff lag am Felsufer. Etwas wurde ausgeladen. Jemand schrie und fluchte auf walisisch, trieb die Lastträger an. Die Segel waren gerefft. Die Segel …

»Das ist eine schreckliche Krankheit, diese Liebe«, fuhr Branwen fort, den Blick ebenfalls zu den Segeln des Schiffes gerichtet. »*La maladie,* wie sie im Süden sagen, im Landesinneren. *La maladie d'espoir,* die Krankheit der Hoffnung. Eine selbstsüchtige Verblendung, die allen ringsum Kränkungen zufügt. Ich liebe dich, Morholt, in selbstsüchtiger Verblendung. Mich kümmert nicht das Los der anderen, die ich unwillkürlich in meine Liebe verstricken, die ich kränken und in den Untergang führen könnte. Ist das nicht schrecklich? Wenn du aber meine Liebe erwiderst … Überleg es dir gut, Morholt, ehe du mir antwortest.«

Die Segel …

»Wir sind wie Tristan und Iseult«, sagte Branwen, und die Stimme brach ihr. »*La maladie* … Was wird aus uns, Morholt? Wird auch uns am Ende ein Busch von Weißdorn oder wilden Rosen vereinen, der aus einem Sarg von Beryll wächst, um mit den Zweigen einen anderen Sarg zu umschließen, den aus Chalzedon? Ist es das wert? Morholt, überleg es dir gut, ehe du mir antwortest.«

Ich hatte nicht vor, es mir zu überlegen. Ich denke, Branwen wusste das. Ich sah es in ihren Augen, als sie mir das Gesicht zuwandte.

Sie wusste, dass wir nach Carhaing gesandt worden waren, um die Legende zu retten. Und wir hatten es getan. Auf die vollkommenste Weise.

Indem wir eine neue begannen.

»Ich weiß, was du empfindest, Branwen«, sagte ich, den Blick auf die Segel gerichtet. »Denn ich empfinde genau das Gleiche. Das ist eine schreckliche Krankheit. Die schreckliche, unheilbare *maladie*. Ich weiß, was du empfindest. Denn ich bin auch erkrankt, Mädchen.«

Branwen lächelte, und es schien mir, als dringe die

Sonne durch die tief hängenden Wolken. So ein Lächeln war das, ob ihr es glaubt oder nicht.

Ich gab dem Pferd die Sporen.

»Und nieder mit den Gesunden, Branwen!«

Die Segel waren schmutzig.

So kam es mir jedenfalls vor.

Quellenhinweise

In ›Tandaradei!‹ werden zwei Strophen aus ›Under der linden‹ Walthers von der Vogelweide in der neuhochdeutschen Nachdichtung Richard Zoozmanns zitiert. Die in ›Der goldene Nachmittag‹ vorkommenden Zitate aus Lewis Carrolls ›Alice im Wunderland‹ und ›Alice hinter den Spiegeln‹ lehnen sich, soweit möglich, an die Übersetzung von Christian Enzensberger an. Den als Motto zu ›Maladie‹ verwendeten Auszug aus dem Prolog zu Bolesław Leśmians ›Buch der Vorahnungen‹ dichtete Erik Simon nach.

Andrzej Sapkowski

Der Hexer Geralt im dtv

»Das ist die Fantasy des 21. Jahrhunderts.«
Nautilus

Der letzte Wunsch
ISBN 978-3-423-**20993**-9
Der Hexer Geralt von Riva verdient sein Geld mit Kämpfen gegen Ungeheuer aller Art. Über einen Mangel an Aufträgen kann er sich nicht beklagen, denn es gibt genügend Leute, die dringend Hilfe gegen Vampire, Drachen und andere dämonische Wesen brauchen.

Das Schwert der Vorsehung
ISBN 978-3-423-**21069**-0
Geralt schließt sich einer Gruppe von Drachenjägern an – denn die Zauberin Yennefer, seine verlorene Geliebte, ist unter ihnen.

Das Erbe der Elfen
Roman · dtv premium
ISBN 978-3-423-**24754**-2
Seit dem blutigen Überfall auf Cintra ist Cirilla, die Thronerbin des Reiches, verschollen. Kaer Morhen, der halbverfallene Stammsitz der Hexer, wird zum Schauplatz einer großen Prüfung …

Die Zeit der Verachtung
Roman · dtv premium
ISBN 978-3-423-**24726**-9
Krieg kündigt sich an. Der undurchsichtige Rience verfolgt Ciri, die unter Geralts Schutz steht …

Feuertaufe
Roman · dtv premium
ISBN 978-3-423-**24755**-9
Begleitet von der Bogenschützin Milva macht sich Geralt auf die Suche nach Ciri, die angeblich in Nilfgaard ist und den Kaiser heiraten soll.

Der Schwalbenturm
Roman · dtv premium
ISBN 978-3-423-**24786**-3
Laut einer uralten Prophezeiung ist der Schwalbenturm der Ort, an dem sich Ciris Schicksal erfüllen wird …

Die Dame vom See
Roman · dtv premium
ISBN 978-3-423-**24817**-4
Der fulminante Abschluss der Hexer-Saga.

Alle Bände wurden übersetzt von Erik Simon.